T0146758

Sammlung Metzler
Band 249

Carola L. Gottzmann

Artusdichtung

J. B. Metzlersche Verlagsbuchhandlung
Stuttgart

CIP-Titelaufnahme der Deutschen Bibliothek

Gottzmann, Carola L.:
Artusdichtung / Carola L. Gottzmann.
– Stuttgart : Metzler, 1989
(Sammlung Metzler ; Bd. 249)
ISBN 978-3-476-10249-2
NE: GT

ISBN 978-3-476-10249-2
ISBN 978-3-476-03951-4 (eBook)
DOI 10.1007/978-3-476-03951-4

© 1989 Springer-Verlag GmbH Deutschland
Ursprünglich erschienen bei J. B. Metzlersche Verlagsbuchhandlung
und Carl Ernst Poeschel Verlag GmbH in Stuttgart 1989

Inhalt

Abkürzungen

ABäG	Amsterdamer Beiträge zur älteren Germanistik
Acta Neoph.	Acta Neophilologica
AETB	Altenglische Textbibliothek
AfdA	Anzeiger für deutsches Altertum [in ZfdA]
AL	Arthurian Literature, ed. R. W. Barber
DVjs.	Deutsche Vierteljahresschrift
ALMA, 1959	Arthurian Literature in the Middle Ages, ed. R. S. Loomis
ALMA	Archivum Latinitatis Medii Aevi
AM	Artusrittertum im späten Mittelalter, hrsg. F. Wolfzettel
AMT	Alt- u. Mittelenglische Texte
ANTS	Anglo-Norman Text Society
AR	Arthurischer Roman, hrsg. Kurt Wais (WdF)
ATB	Altdeutsche Textbibliothek
AUMLA	Journal of Australiesian Universities, Modern Lang. and Lit. Association
BBCS	Bulletin of the Board of Celtic Studies
BBIAS	Bibliographical Bulletin of the International Arthurian Society
BBSIA	Bulletin Bibliographique de la Société internationale Arthurienne
BLVS	Bibliothek des literarischen Vereins Stuttgart
CCM	Cahiers de Civilisation Médiévale. Poitiers
CFMA	Classiques Français du Moyen Age
CL	Comparative Literature, Oregon
CNRS	Centre National de la Recherche Scientifique
Coll. Germ.	Colloquia Germanica, Bern
DA	Dissertation Abstracts
DTM	Deutsche Texte des Mittelalters
DU	Der Deutschunterricht
DVjs.	Deutsche Vierteljahrsschrift für Literaturwissenschaft
EA	Editiones Arnamagnaeanae (Series B)
EETS, OS	Early English Text, Society, Original Series
EETS, ES	Early English Text Society, Extra Series
EH	Europäische Hochschulschriften
Et. Germ.	Études Germaniques
Euph.	Euphorion
FMLS	Forum for Modern Language Studies
FR	French Review. New York

GAG	Göppinger Arbeiten zur Germanistik
GdG	Grundlagen der Germanistik
Germ.	Germanica
GGA	Göttingische Gelehrte Anzeigen
GLL	German Life and Letters
GR	Germanic Review
GRL	Gesellschaft für Romanische Literatur
GRLMA	Grundriß der Romanischen Literaturen des Mittelalters, hrsg. H. R. Jauss u. E. Köhler
GRM	Germanisch-Romanische Monatsschrift
HRG	Handwörterbuch zur deutschen Rechtsgeschichte
HSRL	Harvard Studies in Romance Languages
IASL	Internationales Archiv für Sozialgesch. der dt. Literatur, Tübingen
IUI	Information und Interpretation, hrsg. C. L. Gottzmann
JEGP	The Journal of English and Germanic Philology
KTRM	Klassische Texte des Romanischen Mittelalters
LAM	The Legend of Arthur in the Middle Ages
LdM	Lexikon des Mittelalters, München, Zürich
MA	Moyen Age
ME	Medium Aevum
MGH	Munumenta Germaniae Historica
MHRA	Annual Bulletin of the Modern Humanities Research Association
MLN	Modern Language Notes
MLQ	Modern Language Quarterly
MLR	Modern Language Review
MP	Modern Philology, Chicago
MT	Münchner Texte
MTU	Müchner Texte und Untersuchungen
Neophil.	Neophilologus
NF	Neue Forschung
OL	Orbis Litterarum
PBB	Paul-Braunes Beiträge zur Gesch. der dt. Spr. u. Lit.
PMLA	Publications of the Modern Language Association
R	Romania, Paris
RF	Romanische Forschungen, Frankfurt a. M.
RLR	Revue des Languages Romanes
RPL	Res Publice Litterarum
RR	Romanic Review
RS	Rolls Series
SA	Spätmittelalterliche Artusliteratur, 1984. Hrsg. K. H. Göller
SATF	Société des Anciens Textes Français. Paris
SM	Sammlung Metzler
SP	Studies in Philology, Chapel Hill
Spec	Speculum

I. Allgemeines

1. Die Grundzüge der literarischen Gattung

Die Artusdichtung hat ihren Namen durch den legendären König Arthur (engl.)/Artus (frz., dt.) erhalten. Entscheidend ist jedoch, daß Artus zwar Auslöser der Erzählung, Bezugspunkt der Handlung sowie Ziel- und Endpunkt des Geschehens sein kann, aber als Haupthandlungsträger fungiert er mit Ausnahme der chronikalisch ausgerichteten Dichtung Englands nicht. Diese Tatsache machen auch die meisten Titel der Dichtungen deutlich, die kennzeichnen, daß ein bestimmter Ritter, nicht jedoch Artus das Geschehen beherrscht. Die Gewichtung der Handlungsfunktion von König Artus ist in den Dichtungen ganz unterschiedlich. Sie reicht von einer neben einem Protagonisten gleichberechtigten Rolle (z. B. »Daniel«, »Garel«, Lancelot-Zyklus) bis zu einer nur periphären Stellung (z. B. Eilharts oder Heinrichs von Freiberg »Tristan«), die rein episodischen Charakter im Erzählganzen besitzt. Die Präsenz der Artusgestalt bzw. seines Hofes in einem Werk ist daher ausschlaggebend für seine Zugehörigkeit zu der literarischen Gattung der Artusdichtung. Gottfrieds von Straßburg »Tristan«, der von der älteren Forschung in übergreifenden Darstellungen meist der Artusdichtung zugerechnet wurde, kann nicht dieser Gattung angehören, weil der Name von König Artus lediglich beiläufig zweimal erwähnt wird und weder der Artusgestalt noch seinen Rittern eine Handlungsfunktion zukommt. Anders jedoch verhält es sich mit dem französischen »Prosa Tristan« und mit Sir Thomas Malorys großem Sammelwerk, wo der Tristan-Stoff eng mit dem Artushof und dem Lancelot-Stoff verzahnt wird. Ähnliches gilt für die Graldichtungen, in denen der Artushof nicht mit dem Gral-Komplex handlungsstrukturell verknüpft wurde (z. B. »Lohengrin«, »Lorengel«), während Chrétiens »Perceval«, Wolframs »Parzival«, die verschiedenen »Lancelot«-Bearbeitungen und die »Crône« Heinrichs von dem Türlîn den Gral nicht losgelöst von der arthurischen Welt erfassen. Die Ausgrenzung gilt auch für Wolframs »Titurel-Fragmente«, wenngleich sie durch den »Jüngeren Titurel« stofflich wieder in die Gattung einbezogen werden.

Das Artusbild ist in der europäischen Literatur ungemein facettenreich. Artus ist ein Krieger *(dux bellorum)*, ein vorbildlicher König und Heiliger, sowie ein blasser Herrscher oder sogar ein *rex tyrannus*. Er wird in den Dichtungen gefürchtet, geliebt, verehrt und verherrlicht. Er wird als feige und unerschrocken, als gerecht und als das Recht beugender König dargestellt. Aufbrausend und zornig einerseits, liebenswürdig, ausgleichend andererseits, gibt er sich in den verschiedenen Dichtungen. Artus wird gepriesen und geschmäht, ironisiert und idealisiert. Offensichtlich hat er in den Dichtungen die Funktion, Maßstab der gesellschaftlichen und religiösen Bewertung zu sein. Wenn der Artushof einerseits als absoluter Bezugspunkt der Beurteilung des vorbildlichen Handelns einzelner Ritter gilt, das sich der Idealität der von Artus verkörperten Gesellschaft annähert, dann steht der Hof für ein nachzuahmendes Wertesystem. Wenn andererseits Artus' Reich durch einen Usurpator bedroht, wenn seine Frau Ginover entführt, wenn gar die Integrität des von ihm repräsentierten Rittertums in Frage gestellt wird (die häufigere Konstellation in den Dichtungen), dann bildet das arthurische Rittertum und der ihm vorstehende Herrscher Artus eine kontrastive Folie. Durch sie sollen die Defizienzen sichtbar gemacht werden, die zur Erhaltung des christlichen *ordo* durch echtes sozial-ethisches *(caritas)* und wahres gottgefälliges Leben überwunden werden müssen. Artus kann daher in sehr vielen Dichtungen als Seismograph gesellschaftlicher, ethischer sowie politischer und natürlich auch religiöser Mißstände erachtet werden. In diesen Fällen wird seine Figur zum Vehikel und Signal eines offensichtlich übernationalen geistesgeschichtlichen Programms, kultursoziologischer, theologischer und staatsphilosophischer Art. Daraus läßt sich folgern, daß trotz nationaler Eigenheiten der Ausbildung der Stoffe in den einzelnen Sprachräumen, supranationale Interessen mit dieser Gattung verbunden waren, die ihre rasche Verbreitung begünstigten. Der Stellenwert, den diese Gattung durch ihren Namensträger besitzt, wird dann in der Forschung zu oberflächlich beurteilt, wenn die Gestalt von König Artus nur dahingehend gedeutet wird, daß er z. B. in der hochhöfischen Zeit ein passiver Held sei und in den späteren Dichtungen eine aktivere Rolle übernehme (z. B. *Gürttler*, u. v. a.). Es geht bei dieser Figur weder nur um die Polarität, ob er ein aktiver oder passiver Herrscher ist, noch um die irrige Vorstellung, daß Artus als ein idealer *primus inter pares* dargestellt wird (trotz des runden Tisches bleibt er den Rittern übergeordnet, von demokratischer Gleichordnung ist nicht die Rede). Ausschlaggebend für die Beurteilung der Gestalt und damit für die Intention der Gattung ist vielmehr, daß, aufgrund der schillernden, ambivalenten, ja polyvalenten Darstellung, Artus zum tertium comparationis gemacht wird, an dem das Verhalten der übrigen Personen und das des Protagonisten zu messen ist. Aus dieser Konzeption ergibt sich, daß die arthurischen Gegebenheiten entweder als Vorbild dienen (selten) oder aber Anlaß geben, sie zu überwinden (in der Mehrzahl der Dichtungen). Immer bleibt Artus Vergleichspunkt für die christlichen sozial-ethischen, staatsphilosophischen und religiösen Bewertungen. Mit dem Artushof kann das Schicksal des bzw. der Protagonisten aufs Engste verknüpft sein (z.B. »Diu Crône«, »Daniel«, »Garel«), durch ihn kann es geprägt worden sein (z.B. »Erec«, »Iwein«, »Parzival«), an ihm vermag es bewertet zu werden. Umgekehrt erhält der Artushof seine jeweils unterschiedliche Bedeutung in den einzelnen Werken aus der Konzeption des bzw. der Protagonisten. Er kann Durchgangsstadium für den Artusritter sein, zum Gradmesser seiner Bewährung werden, als Repräsentant für die Erhaltung arthurischer Herrschaft, wofür auch immer diese steht, eintreten, dem Untergang des morbiden arthurischen Reiches Vorschub leisten und schließlich nur zu einer Metapher werden, die nach Belieben in den Dichtungen wie eine Chiffre erwähnt wird. Da eine Aufstellung dieser sicher sehr zahlreichen Verweise auf Artus fehlt (vgl. Gottfrieds »Tristan«, Rudolfs von Ems »Weltchronik«, in der Artus im Zeitalter Abrahams erwähnt wird), läßt sich bisher nicht erkennen, in welcher Weise diese Chiffre jeweils verwendet worden ist.

Die Werke dieser Gattung, die sich über einen Zeitraum von ca. 1135/38 (erste größere stoffliche Gestaltung durch die Chronik Geoffreys of Monmouth) bis in das 16. und gar 17. Jh. (späte Überlieferung im skandinavischen Bereich) erstrecken, verteilen sich auf vier verschiedene Dichtungstypen: 1. Chronik (England, Frankreich, Spanien); 2. Versepik (in allen Ländern außer Schweden und zu allen Zeiten verbreitet); 3. Prosaromane (Volksbücher, Dtl., Niederl., Dänemark, u. die nordische Saga-Literatur werden hierunter subsumiert); 4. Balladen (in Skandinavien, England, Spanien).

Die Handlungen der Artusdichtungen sind final (nicht wie viele Heldendichtungen kausal) angelegt, d.h. die Teleologie beinhaltet die Wirkursächlichkeit, weil sie in ihrer Kausalität auf das Ziel gerichtet, folglich Zielursache ist. Der teleologischen Ausrichtung entspricht es in ontologischer Sicht, daß alles Geschehen auf das Ende eines Werkes hin bezogen werden muß. Durch den Schluß erhalten alle Begebenheiten der Erzählung ihren eigentlichen Sinn. Charakteristisch für die Artusdichtung ist, daß die Ereignisse als *aventure* (frz.), *âventiure* (mhd.), d.h. Begegnungen verschiedenster Art dargestellt und benannt werden. Diese Begegnungen stellen

3

erstens meist Kämpfe mit anderen Rittern oder irrealen Wesen dar (Riesen, Zwerge, Drachen, Zentauren, etc.), die entweder in aktiver Weise den Mitmenschen helfen, indem sie eine Befreiungs- bzw. Erlösungstat bedeuten, oder als Selbstverteidigung zu werten sind (Selbsthilfe), die dem Erfahrungsprozeß des Protagonisten dienen. Zweitens können die Begegnungen vergangene Zusammenhänge enthüllen, die Aufschluß über die Verfaßtheit des Helden bzw. über die Intention des Werkes geben. Drittens können sie Minnebegegnungen enthalten, durch die wahre und falsche Liebe verdeutlicht wird, wobei nicht selten auch die kämpferische Seite der *âventiure* hineinspielt. Diese Darstellungsart, die Handlung in zahlreiche *âventiuren* zu gliedern, bringt es mit sich, daß eine additive (Muster: A + B + C) und/oder verschachtelte Erzählstruktur (Muster: $A_1 + B_1 + C + D + B_2 + A_2$) für die Werke bestimmend ist. Die geschachtelte Erzählweise (frz. *entrelacement*) ist besonders in den längeren Artusdichtungen der nachhochhöfischen Zeit außerordentlich kunstvoll verwendet worden. Ihre Verwendung ist als Fromprinzip in engem Zusammenhang mit der Aussage eines Werkes zu sehen. Charakteristisch für die Erzählweise der Artusdichtung ist auch, daß sie im Gegensatz zur Heldendichtung relativ häufig von Rückwendungen bzw. Rückblicken Gebrauch macht, die das gegenwärtige Geschehen in ein größeres zeitliches Kontinuum stellen.

Kennzeichnend für die Artusdichtungen ist vor allem, daß die Erzählungen neben der reinen Handlungsebene einen symbolischen Aussagegehalt aufweisen. Thomasin von Zerclaere (V. 1121−1126) beschreibt ihn im »Waelschen Gast«:

> »ich schilt die âventiure niht,
> swie uns ze liegen geschiht
> von der âventiure rât,
> wan si bezeichenunge hât
> der zuht unde der wârheit:
> daz wâr man mit lüge kleit.«

Die Natur (Wald, bestimmte Baumarten, Bäche, Moor), Tiere (Pferd, Löwe), irreale Wesen (Drachen, Zwerge, Riesen, monsterhafte Erscheinungen), Waffen (Schwert, Lanze), Kleidungen, Edelsteine, Farben, Zahlen (drei, sieben, zwölf), Bauwerke (achteckige Türme, gläserne Burgen) und vieles andere mehr haben Verweischarakter und bilden, wie *Friedrich Ohly* es formulierte, die zweite Sinndimension eines Werkes. Die Linde beispielsweise ist der Baum der Minne, aber auch des Rechts. Wenn sich ein Ritter unter einer Linde niederläßt, dann wird dieser Bedeutungsrahmen mit impliziert. Der dunkle Wald, durch den z.B. der suchende Parzival reitet, kann Ausdruck seiner Verirrung auf der Suche nach dem wahren Gottesverständnis sein. Die christliche Symbolik ist grundlegend für das Verständnis der Artusdichtungen, da wie beim vierfachen Schriftsinn der Buchstabensinn stets auf eine translative Bedeutung verweist. Für das Verständnis dieser Ausdrucksweise ist nicht nur die typologische Bibelexegese seit Origines heranzuziehen, sondern auch der Symbolismus Anselms von Canterbury und mit ihm die Realismus-Diskussion der Scholastik (Universalien).

Beherrschende Themen der Artusdichtung sind rechtes oder falschverstandenes Rittertum (bes. der Kampf), adäquates oder unsoziales Herrschertum, wahre und unzulängliche Minne sowie Ehe (alles Ausdruck weltlichen Verhaltens) und die Suche nach der Gottesschau (Möglichkeit, die Transzendenz der Welt durch den im Irdischen verhafteten Menschen zu offenbaren; Nachfolge Christi). In der teleologisch angelegten Handlung wird je nach den zeitlichen und räumlichen Bedingungen, in denen die Werke verfaßt worden sind, menschliches Fehlverhalten und ein dem mittelalterlichen *ordo*-Verständnis gemäßes Verhalten exemplifiziert (z.B. die Ausgewogenheit der weltlichen und religiösen Tugenden, d.h. von *fortitudo, temperantia, prudentia, iustitia* und *fides, spes, caritas*), so daß diese Dichtungen in Handlung umgesetzte Soziallehren enthalten, die auch fürstenspiegelartigen Charakter annehmen können (Lehre, wie ein vorbildlicher Herrscher als *vicarius Dei* herrschen, d.h. *rex* sein soll = *regere, exigere, dirigere, corrigere*). Aber nicht nur der ideale Herrscher, sondern auch die nach vielen Irrungen zustandegekommene ideale Vereinigung mit der geliebten Frau kann das Telos der Handlung bilden, da die intakte kleinste soziale Einheit für das Ganze (den christlichen *ordo*) steht. Es ist ferner bezeichnend für die Artusdichtung, daß keine literarische Gattung außerhalb mystischer Texte das Thema der Gottesschau (Gralthematik) so eingehend behandelt hat wie sie (»Prosa-Lancelot« und die verschiedenen frz. Gestaltungen, »Crône«, »Jüngerer Titurel«, Füetrers »Buch der Abenteuer«, etc.). Viele Aspekte, die hiermit zusammenhängen, sind in der Forschung bisher kaum zur Sprache gebracht worden, so daß sich für den Interpreten noch ein weites Feld der Analysen eröffnet.

Trotz immer wieder neuer Gestalten, die Träger der Werke der Artusdichtung sind, gibt es außer Artus noch einige wenige Figuren, die in fast keiner Dichtung fehlen. Zu diesen gehören (die Schreibungen differieren je nach Text), Ginover, Gawein und Keie. Obwohl in einigen Studien der Eindruck erweckt wird, als seien auch diese Figuren in bestimmter Weise festgelegt, läßt sich feststellen, daß sie ebenso variierend dargestellt werden wie König Artus. Gleichwohl gibt es auch hier einige Konstanten, die aber durchaus nicht immer in ein und demselben Werk realisiert worden sein müssen. Gawein gilt zwar als bester Ritter der Tafelrunde, zeigt aber Schwächen, wenn es um Frauen geht. Dennoch macht ihn Heinrich von dem Türlîn, im Gegensatz zu Wolframs »Parzival« und zum »Prosa-Lancelot« zum Gralritter, dem es allein vergönnt ist, das Wunder Gottes zu schauen. Interessanterweise wird Gawein in der späteren französischen und englischen Dichtung häufig zum Haupthelden der Handlung gemacht. Keie ist ein bramarbasierender Ritter bzw. Truchseß, der die Defizienzen des Artushofes deutlich macht. Gleichwohl übernimmt er nicht selten die Rolle, die einem die Wahrheit sagenden Hofnarren zukommt, so daß er bisweilen als Korrektiv des Artushofes fungiert. Ginover bleibt oft nur das Objekt von Handlungen (z.B. der Entführung), die Ausdruck der Verfaßtheit des Artushofes und ihres Ehemannes sind. Sie kann als blasse Hintergrundsfigur, aber auch als intrigenreiche und sogar bösartige Frau erscheinen. Vor allem die außereheliche Beziehung zu Lancelot hat ihr Bild in der Artusliteratur geprägt. Herrisch ihre Minne einklagend, abweisend und doch nach Minne buhlend, gilt sie als Prototyp einer Minneherrin, die ihren Ritter zu einem somnambulen, unritterlichen Wesen machen kann (vgl. die Besteigung des Schandkarrens durch Lancelot). So vielschichtig die Dichtungen sind, so divergierend werden auch die immer wiederkehrenden Gestalten gezeichnet.

Können die Heldendichtungen zu bestimmten Stoffgruppen zusammengefaßt werden, weil sie in verschiedenen Fassungen und Ausformungen rezipiert wurden, so läßt sich dies nur in eingeschränktem Maße von der Artusdichtung sagen. Die Mehrzahl der Stoffe weist zwar eine reiche Überlieferung auf (eine Ausnahme bildet Hartmanns »Erec«, der nur im »Ambraser Heldenbuch« und in einigen Fragmenten für die Neuzeit erhalten blieb), aber eine mehrfache Bearbeitung ein und desselben Stoffes ist nicht die Regel. Bezeichnend ist jedoch, daß gerade der Gral-Stoff (einschließlich des »Titurel«), verbunden mit dem Lancelot-Stoff, dem »Tristan« und dem »Parzival« vielfach rezipiert bzw. direkt aus dem Französischen in das Deutsche übertragen wurde (z.B. »Prosa-Lancelot«, »Parzifal« und Füetrers erstes »Buch der Abenteuer«).

2. Verbreitung der Artusdichtung

Aufgrund der Einteilung von Jean Bodel in der »Chanson des Saisnes« (um 1200, V. 6–11), gehört die Artusdichtung zur »matière de Bretagne«, die deutlich von der matière de Rome (antike Stoffe) und matière de France (chanson de geste) abgegrenzt wird:

> »Li Conte de Betraigne sont si vain et plaisant;
> Cil de rome sont sage et de san aprenant.
> Cil de France sont voir chascun jor apparant.«

Die Keimzelle der Gattung war England, wobei nicht klar auszumachen ist, wo der Stoff ursprünglich entstand, ob im walisischen, im südenglischen oder im nördlichen Teil des Landes. Da der Stoff die erste in sich geschlossene Gestaltung durch Geoffrey of Monmouth in der Chronik fand, bildet der heroisch-politische Grundcharakter den Ausgang der Tradition. Dieser Zug bleibt in vielen späteren englischen Dichtungen erhalten, was auch durch die moderne Rezeption bestätigt wird, und beherrscht auch den Lancelot-Gral-Zyklus. Aufgrund dieses Sachverhalts wird besonders in der jüngeren Forschung die These vertreten, daß die Entfaltung der arthurischen Tradition im 11. und besonders im 12. Jh. auf politische Motive der sich etablierenden Normannenherrschaft in England zurückzuführen ist. Henry I. von England (1068–1135, seit 1100 König), der jüngste Sohn Wilhelms des Eroberers, habe die arthurische Überlieferung vehement propagiert und angekurbelt, um ein Gegengewicht zu Karl dem Großen zu schaffen, der in Frankreich durch die chanson de geste als Begründer des Reiches verherrlicht wurde. Dieser Ansatz macht verständlich, daß Henry II. (1154–1189) diese Idee engagiert aufgriff. Nicht nur entstanden an seinem Hof die ersten bedeutenden arthurischen Dichtungen, sondern er forderte die Benediktinermönche von Glastonbury (Somerset), der ältesten Abtei in England, (gegründet im 7. Jh.) auf, nach den Gebeinen von Arthur und Ginovere zu suchen. 1184 wurde dort mit Unterstützung des Königs damit begonnen, ein neues Kirchengebäude zu errichten. Erst während der Bauarbeiten suchte man systematisch nach den Gebeinen des legendären Königs. Zwei Gründe werden für Henrys Anliegen ins Feld geführt. Erstens sollte aus politischen Gründen dem walisischen Irrglauben, daß Arthur eines Tages zurückkehren werde, ein Ende bereitet werden. Zweitens stehen diese Bemühungen in engem Zusammenhang mit dem Karlskult, dem das junge normannische Herrscherhaus in England nichts entgegenzusetzen hatte. Im Jahre 1000 ließ Otto III. das wegen der Bedrohung durch die Normannen eingemauerte Grab

Karls wieder öffnen. Am 29. 12. 1165, der Vigil des König-David-Tages, ließ Friedrich I. Karl vom Gegenpapst Paschalis III. heiligsprechen. Die Gebeine wurden in einem (zunächst provisorischen) Reliquienschrein auf dem Altar beigesetzt. Dieser Akt steht in engem Zusammenhang mit der Reichsidee Karls des Großen, die sich Friedrich I. zu eigen machte und die dadurch eine Renaissance erfuhr *(translatio imperii, imitatio Karoli Magni)*. Wichtig ist auch, daß Henry 1161 König Edward den Bekenner kanonisieren ließ. Doch die legendäre Gestalt Arthurs bot offensichtlich eine viel engere Beziehung zu reichspolitischen Ideen der anglonormannischen Herrschaft, die seit 1066 eine historische Verankerung eigenständiger Prägung suchte. Die Mönche fanden in Glastonbury tatsächlich Gebeine. Sie warteten mit der Bergung, bis Richard I. Löwenherz, der die Legende vom König Arthur für seine Herrschaft ebenfalls nutzte, 1191 anwesend sein konnte. Die angeblichen Gebeine Arthurs wurden geborgen und einer Translatio gleich bestattet (die Translatio Karls fand erst unter Friedrich II. am 27. Juni 1215 statt). Man behauptete, daß man ein Kreuz im Grab gefunden habe (echt oder gefälscht), das die Inschrift trug: *Hic iacet sepultus inclitus rex Arturius in insula Avalonia*. Glastonbury wurde von da an mit Avalon gleichgesetzt.

Mögen politische Gründe für die Entstehung der arthurischen Stoffe ausschlaggebend gewesen sein, ungeklärt bleiben die Ursachen, warum die Artusdichtung in allen europäischen Ländern Verbreitung fand. Hauptträger der Tradition waren jedoch England, Frankreich und Deutschland. Während der Artus-Stoff in England zunächst in den Chroniken weit verbreitet wurde, setzen die Dichtungen erst spärlich um die Mitte des 13. Jhs. ein (»Arthour and Merlin«). Die Hauptphase liegt hier im 14. und 15. Jh. (ca. 24 Werke). Die dichterische Überlieferung klingt erst im 16. Jh. aus, in einer Zeit also, in der in Frankreich schon lange keine Artusdichtung mehr lebendig war. Denn die französische Tradition setzt bereits um 1165/1170 ein. Bis etwa 1280 erscheinen die meisten Werke. Jean Froissart de Hainaut mit seinem »Meliador« (1373) bildet den Schluß einer insgesamt 48 Werke umfassenden Überlieferung.

Die deutschen Artusdichtungen lassen sich aufgrund der Textüberlieferung in drei Phasen gliedern. Die 1. Phase mit 5 Werken reicht von ca. 1180 bis 1215. Die 2. Phase mit 11 Werken schließt sich nahtlos an und dauert das gesamte weitere 13. Jh. hindurch, wobei anzunehmen ist, daß einige Werke verlorengegangen sind (vgl. Füetrers »Buch der Abenteuer«). Aus dem 14. Jh. stammt nur der »Parzifal« von Claus Wisse und Philip Colin (1331/1336). Die dritte und letzte Phase im 15. Jh. findet ihren Abschluß mit Ulrich Füetrer (um 1480), der ältere Stoffe noch einmal bearbeitet.

Skandinavien partizipiert wohl hauptsächlich in der zweiten Hälfte des 13. Jhs. mit ca. 9 Werken an der Tradierung der Artus-Stoffe, wobei Entstehung und tatsächliche Überlieferung teilweise zeitlich weit auseinanderliegen. Zahlreiche Balladen der Spätzeit sind bisher nur wenig in die literaturgeschichtliche Betrachtung einbezogen worden.

Relativ früh erscheint der erste italienische Artusroman von Rusticiano da Pisa mit dem Titel »Meliadus« (um 1275). Erst am Ende des 14. Jhs. ist der große Zyklus »Tavola ritonda« (1391) entstanden. Von der 2. Hälfte des 13. Jhs. an bis etwa in das 1. Drittel des 14. Jhs. reichen die holländischen Werke (etwa 11), die sich nicht auf die deutsche, sondern auf die französische Tradition stützen. Erst im 14. Jh. und 15. Jh. beteiligen sich Spanien und Portugal an der Rezeption der französischen Dichtung. Allerdings ist bereits um 1228 der catalonische »Jaufré« entstanden. Vom Ende des 13. Jhs. sind in einer Hs. drei lateinische Werke überliefert, von denen zwei von einem Engländer bzw. Normannen wohl im Süden von Wales verfaßt wurden.

Die zahllosen Bemerkungen über Artus, seine Ritter und seinen Hof belegen, daß König Artus über alle nationalen Grenzen hinweg eine der literaturträchtigsten Gestalten im Mittelalter gewesen ist. Da mehrere Stoffe in unterschiedlichen Sprachräumen überliefert wurden und sehr viele Motive häufige Wiederverwendung fanden, ist eine überregionale Behandlung der Artusdichtungen unerläßlich.

Literatur

Göller, Karl-Heinz: Arthurs Aufstieg zum Heiligen. Eine weniger beachtete Entwicklungslinie des Herrscherbildes. AM 1984, S. 87–103.

Ders.: The Figure of King Arthur as a Mirror of Political and Religious Views. In: Functions of Literature. Essays presented to Erwin Wolf. Eds.: *Ulrich Broich, Theo Stemmler* and *Gerd Stratmann.* Tübingen 1984, S. 55–79.

Ders.: Giraldus Cambrensis und der Tod Arthurs. Anglia 91, 1973, S. 170–193.

Ders.: »Saint Arthur«. Bretagne 802, 1962, 2.

Masseron, Alexandre: »Saint Arthur«. Nouvelle Revue de Bretagne 5, 1948, S. 394–395.

Lehmann, Paul: Das literarische Bild Karls des Großen: Vornehmlich im lateinischen Schrifttum des Mittelalters. München 1934.

3. Rezeption in der Neuzeit

In der Brechung von Vergangenheit und Gegenwart dient Arthur oft als Medium der Analyse gegenwartsbezogener politischer, gesellschaftlicher und ethischer Zeiterscheinungen. Trotz der Fülle ganz verschiedenartiger arthurischer Texte im Mittelalter, ist in der Neuzeit eine starke Einengung erfolgt, die sich meist auf drei Überlieferungsträger zurückführen läßt, nämlich auf Thomas Malorys »Le Morte Darthur«, den französischen Lancelot-Graal-Zyklus und Wolframs von Eschenbach »Parzival«. Die Trennung zwischen englischer und französisch/deutscher Tradition, die lediglich im Lancelot-Graal-Zyklus aufgehoben ist, hat sich bis in die Gegenwart erhalten. Die anglo-amerikanische Rezeption, bis hinein in die populäre Literatur, hält mehr oder minder an einer heroischen Arthur-Gestalt fest, wobei mythisch-märchenhafte Elemente den Reiz des Schwebens zwischen Realität und Wunderwelt erhöhen, was offensichtlich die intensive Rezeption steigerte und wodurch der Stoff auch Eingang in die Kinder- und Jugendliteratur sowie in den Jugendfilm fand. Malory erweist sich als schier unerschöpfliche Fundquelle neuer Bearbeitungen und bestimmter Akzentsetzungen für die modernen Autoren. So wie die griechische Mythologie nach dem Zweiten Weltkrieg durch den Film (z.B. durch die frz.-ital. Koproduktionen) popularisiert wurde, so griff die anglo-amerikanische Welt auf ihren Nationalhelden Arthur zurück, den sie zum Vehikel nicht nur politischer und gesellschaftlicher Identifikationsmodelle stilisierte, sondern der auch der zeitbedingten Flucht vor der Realität entsprach und noch entspricht. Demgegenüber wurde mit wenigen Ausnahmen in Frankreich und Deutschland die Gral-Idee am stärksten weiter geführt. Interessanterweise hat die Artus-Rezeption am Ende der 70iger Jahre bis zur Gegenwart besonders in Amerika eine erneute Blüte erfahren, deren Begründung sicher nicht nur in nostalgischen Modeerscheinungen zu suchen ist. Wurde Deutschland bis etwa vor 15 Jahren nur wenig von der englischen Tradition berührt, so überlagert sie durch die zahlreichen Übersetzungen sowie durch Film und Fernsehen derzeitig die heimische Rezeption. Tankred Dorsts Drama ist eine Folge dieses Einflusses.

Ähnlich wie in der jüngsten Zeit, wurde der Stoff im 17. und 18. Jh. in England nur volkstümlich oder als Kinderlektüre rezipiert. Die Nachdrucke von Malorys Werk zu Beginn des 19. Jhs. führten in England zu einer großen Wiederbelebung des Stoffes. Die Rezeption beginnt mit John Thelwall, der in dem Drama »The Fairy of the Lake: A Dramatic Romance in Three Acts« (1801) gemäß einigen zeitbedingten Tendenzen in Horrorvisionen schwelgt. Melodramatisch und nationalistisch gestaltet Henry Hart Milman sein »Heroic Poem« von »Samor« (1818), während Walter Scott »The Bridal of Triermain« (1813) satirisch angelegt hat. Arthur, der im Bewußtsein vieler Menschen als eine idealisierte heroische Gestalt einer glorreichen Vergangenheit lebt, bildet in England oft die Folie für eine heftige Kritik und beißende Ironie. Als Alfred Tennyson seine Trilogie »Idylls of the King« (1859−1888) veröffentlichte, war der Boden für diese Art der Rezeption längst bereitet. Es ist ein Zyklus von elf umfangreichen Gedichten, in denen der ruhmvolle Aufstieg des Artushofes und der langsame Fall durch die Verstrik-kungen in Schuld und Sünde sowie das Versagen von Arthur darge-stellt werden. Wie bei Malory bleibt der Tristan-Stoff Bestandteil des gesamten arthurischen Komplexes. Die außereheliche Liebe, Lancelot und der Gral faszinierten das 19. Jh. ebenso wie das 20. Jh.

Owen Meredith (1855) gestaltete ein pittoreskes Bild der Königin Guenevere, und in der Zeit der Pre-Raphaeliten wandten sich Mor-ris und Swinburne der arthurischen Traum- und Märchenwelt zu, die in eigentümlich psychologischer Sicht erscheint. Erinnerungen und Rückblicke nehmen daher einen breiten Raum ein. Für die neuere englische Rezeption können folgende Autoren als richtungs-weisend genannt werden: T. H. White »The Once and Future King« (1939−1958), ein pazifistisch-idealistischer Erziehungsroman; Mark Skinner »The Return of Arthur« (1966), ein zeitkritisch-ironisches strophisches Epos; Mary Stewart mit ihren erfolgreichen Roman-Nacherzählungen (1970−1983); Rick Wakemann mit sei-nem Rock-Album »The Myths and Legend of King Arthur and The Knights of the Round Table« (1974−1975); der parodistische Film »Mont Python and the Holy Grail« (1974) belegt die moderne Rebellion gegen einen jahrhundertelangen Mythos. Nach dem Zweiten Weltkrieg begann man fieberhaft (wie zu Zeiten Henrys II.) Arthur historisch festzumachen. Ausgrabungen und Publikationen, die den Erweis bringen sollen, daß Arthur gelebt hat, kennzeichnen diesen Rezeptionsstrang. Einer seiner Hauptvertreter ist Geoffrey Ashe. Eines seiner Bücher, »The Discovery of King Arthur«, stellt den populärwissenschaftlichen Versuch dar, das Geheimnis der Herkunft von König Arthur zu lüften.

Amerika, auf der Suche nach historischen Wurzeln, entdeckte das Mittelalter unter anderem durch Percys »Reliques of Ancient Eng-lish Poetry« (1765/94) und durch George Ellis' »Specimens of Early English Romances in Metre« (1805). Doch von Anfang an projizie-ren die Autoren ihre Geschichte bzw. Zeitgeschichte auf den Stoff. Diese aktuelle Anpassung ist der Gattung der Heldendichtung inhä-rent, so daß Amerika in ganz starkem Maße Arthur als politische, historische und gesellschaftliche Folie gegenwartsbezogener Probleme benutzt. Mark Twain veröffentlichte 1889 eine zeitkritische Artus-Parodie unter dem Titel »A Connecticut Yankee in King Arthur's Court«. Hank Morgan wird in die arthurische Zeit zurückversetzt, überwindet die Zauberkraft Merlins durch die moderne Technologie und macht das arthurische Reich zu einem Abbild Amerikas mit Telephon, Tageszeitungen und allen modernen Errungenschaften. Nach der Schlacht zwischen Modred und Arthur, erklärt Hank das Land zu einer Republik. Doch da erwachen die alten Kräfte. Merlin versetzt Hank in einen Schlaf und er erwacht im englischen 19. Jahrhundert. Der Nord-Süd-Konflikt wird mit und durch den Arthur-Stoff eminent politisch gesehen. Auch Edwin Arlington Robinson fußt stofflich auf Malory. Das dreiteilige Versepos »Merlin« (1917), »Lancelot« (1920), »Tristram« (1927) drängt die märchenhafte Welt zurück und transponiert den zeitlosen Stoff in eine zeitbezogene Welt. So wird der Erste Weltkrieg (vgl. die Gestaltung von Lancelot) als Untergang der westlichen Kultur dargestellt, wobei wohl deutliche Anspielungen auf die historische Rolle Deutschlands in dieser Phase intendiert sind. Auch T. S. Eliots berühmte Dichtung »The Waste Land« (1922) exemplifiziert an diesem Stoff die ethische Dekadenz der Neuzeit.

Die neueste Entwicklung ist außerordentlich disparat. Arthur wird als roher und barbarischer König dargestellt und damit entidealisiert und entromantisiert, gleichzeitig aber auch eskapistisch in eine vergangene Traumwelt versetzt, und schließlich für gegenwärtige Problemdiskussionen eingespannt. Vier Tendenzen zeichnen sich ab: a) Eine komisch, satirische Behandlung des Stoffes (T. H. White und Thomas Berger). b) Eine realistisch antimärchenhafte Darstellung, die geradezu als naturalistisch bezeichnet werden kann, in der Sex, Gewalt und drastischer Naturalismus vorherrschen. c) Realistische Darstellung im Verbund mit nicht rationalen Elementen, die psychoanalytisch genutzt werden, so daß sich ein surrealistischer Effekt ergibt. d) Eine magisch-mythische Weltentfaltung mit extensiver Symbolik, in der das Arthurbild wieder eine positive Wendung erfährt. Die außereheliche Liebe zwischen Lancelot und Guinevere bildet ebenso den zentralen Stoffbezug wie die Gralsuche und die mit ihr verbundene Gestalt Galaads aus dem Lancelot-Graal-Zyklus. Interessant ist, daß Problemstellungen der chronikalischen Tradition und des Lancelot-Graal-Zyklus wieder aufgegriffen werden. 1956 macht Martin Borowsky in »The Queen's Knight« Artus zur Marionette und zum großen Feldherrn, der jedoch aufgrund seiner Geburt ein »outlaw« ist und deshalb nicht ein von den Briten akzeptierter Herrscher sein kann, so daß die

Problematik des 12. Jh.s wieder zum Ausgang der dichterischen Darstellung zurückführt. Die Romane von Rosemary Sutcliff (z. B. »Sword at Sunset«, 1963) versetzen Arthur in die römische Zeit zurück und idealisieren ihn. Dagegen kosten Mary Stewarts Romane (z. B. »The Crystal Cave«, 1970, Quelle hauptsächlich Geoffrey of Monmouth) die visionären Fähigkeiten Merlins bis zur intellektuellen Qual und zum Wahnsinn aus. Dieser wird schließlich zum willenlosen, jede geistige Potenz negierenden Wesen.

Die Fülle der Weitertradierung des Arthur-Stoffes in Amerika läßt sich hier im einzelnen gar nicht erfassen. Exemplarisch seien daher genannt: Die weitverbreitete Comic-Serie »Prince Valiant« (dt. »Prinz Eisenherz«) von Harold R. Foster, die von 1937 an veröffentlicht wurde; die aus dem Nachlaß des berühmten Schriftstellers John Steinbeck 1976 publizierte Malory-Nacherzählung (entstanden 1956–1959); das publikumswirksame Musical »Camelot« (1960) von Alan Jay Lerner u. Frederick Loewe, das in seiner Verfilmung über die ganze Welt Verbreitung fand. Mit dem Aufkommen der Fantasy-Romane nahm auch die Rezeption der arthurischen Stoffe einen neuen Aufschwung: H. Warner Munn »Merlin's Ring, Merlin's Godson« (1939–1974); Sanders Ann Laubenthal »Excalibur« (1973); Walker Percy transponiert in seinem »Lancelot«-Roman (1977) die Geschichte in die Südstaaten und läßt sie während der 60iger Jahre spielen; Marion Zimmer Bradley erzählt den Stoff Malorys in ihrem Fantasy-Roman »The Mists of Avalon« (1982) aus der Perspektive der Frau (dt. Übersetzung unter dem Titel »Die Nebel von Avalon« zuerst 1983, seither viele Neuauflagen, zuletzt 1987). Es ist interessant, daß selbst in den zahlreichen Filmen die der mittelalterlichen englischen Tradition inhärente Mischung von schuldhaftem und idealisiertem Verhalten von König Arthur inhärent bleibt. Vor allem wurde der Film von Richard Thorpes »Knights of the Round Table« (1953, in den Hauptrollen Robert Taylor, Ava Gardner und Mel Ferrer) berühmt, der auch mehrfach im deutschen Fernsehen wiederholt wurde. Hervorzuheben ist auch der Film von John Boorman »Excalibur« (1980), der ebenfalls weltweite Verbreitung fand. Die politischen Implikationen der Arthur-Rezeption scheinen voll bis in die Neuzeit erhalten zu sein. Denn es ist auffällig, daß während der Präsidentschaft von John F. Kennedy »Camelot« in den USA zu einer Art Chiffre wurde, mit der die stagnierende und in Pessimismus verfallende Großmacht eine psychologische Durchhalteaufforderung (vgl. den Machtkampf um Kuba) mit dem Aspekt der Hoffnung an die Hand gegeben wurde. Die Mythisierung der Kennedy-Gestalt und die damit verbundenen Parallelen nach seinem gewaltsamen Tod, bestätigen die Aktualisierbarkeit des heroisch aufgefaßten Stoffes in Amerika.

Obwohl die Stoffe dominieren, durch die am ehesten zeitgeschichtliche Bezüge hergestellt werden können, greifen manche Autoren auf das arthurische Ritterepos »Sir Gawain and the Green Knight« zurück, das nicht zur chronikalischen Tradition gehört. Durchschlagender Erfolg war diesen Erneuerungsversuchen jedoch nicht gegönnt.

Das Weiterleben der arthurischen Dichtungen verläuft in Frankreich und Deutschland in wesentlich anderen Bahnen. In Deutschland stehen der Parzival und der Gral im Zentrum der Neubearbeitungen. Die Konzeption Malorys bleibt bis auf eine Ausnahme ebenso unbeachtet wie die französische Überlieferung. Nur Martin Christian Wieland stützt sich in seinen Verserzählungen auf französische Werke: »Geron der Adeliche« (1777) nach dem Ritterbuch »Le Roman de Gyron le Courtois« und »Das Sommermärchen« (1777) (anonymes, nicht von Chrétien stammendes Fabliau). Nachdem die Editionen von Christoph Heinrich Myller (1783/1784) und Karl Lachmann »Parzival« (1833) erschienen waren, trugen vor allem die Übersetzungen von San Marte (1836–1841) und Karl Simrock (1842) zu einer weiten Verbreitung des Stoffes bei, der prägend für die Art der gesamten Rezeption wurde. Friedrich de la Motte-Fouqué, der zu den Hauptträgern der Mittelalterrezeption zu zählen ist, war daher auch einer der ersten, der sich dieses Stoffes annahm. Sein »Parcival«-Epos ist bis heute nicht veröffentlicht, eine Initialwirkung war daher ausgeschlossen. Wie für die Heldendichtung war vor allem Richard Wagner für den weiteren Verlauf der Rezeption bestimmend. Sein »Bühnenweihfestspiel« »Parsifal« (1845–1852 – Uraufführung 1882), dem bereits der »Lohengrin« (1845–1847) vorausgegangen war (vermittelt durch Görres 1813), setzte aufgrund der dichten Symbolik die Akzente für die Transmission des Artus-Stoffes. Erst in der neuesten Zeit sind Bearbeitungen erschienen, die sich weniger mit dem Stoff selbst, als mit der Wagner-Rezeption auseinandersetzen. Hierzu gehören das Puppentheaterspiel von Nathalie Harder (1979/1982), die Aktualisierung des Wolframschen Romans durch den Film von Richard Blank (1980) und das Experimentierstück »Flechtungen. Der Fall Partzifall« des Werkhauses Moosach (1978), das den Stoff psychologisiert und die Thematik des Außenseitertums in den Vordergrund stellt. Trotz mehrerer Übersetzungen, Paraphrasen oder Nacherzählungen die zwischen 1977 und 1987 von Wolframs »Parzival« erschienen sind, haben sie keine Auswirkungen auf die Rezeption gehabt. Der Betrug an König Artus durch die Liebe zwischen Lanzelot und Guinevere steht in dem Drama »König Arthur« (1907) von F. Lienhard und in »Lanzelot« (1909) von E. Stucken im Zentrum der Gestaltung. Mit Tankred Dorsts Stück »Merlin« ist erstmalig in der gesamten deutschen Artustradition der englische Traditionsstrang für eine Neubearbeitung zugrundegelegt worden. Dieses Theaterstück, das in seiner vollen Länge etwa 10−15 Stunden Spielzeit in Anspruch nehmen würde, versucht (wie Faust II), durch eine schnelle Bilderfolge ein Weltganzes zu erfassen. Merlin, der Sohn des Teufels, möchte durch die Tafelrunde von König Artus das Gute (die Utopie) als Lebensprinzip der Menschen etablieren, während sein Vater nur die Destruktion wünscht. Der Idealismus von Merlin scheitert an dem Verhalten der Menschen selbst, so daß sein Vater obsiegt. Das Werk lebt aus der vielfältigen Brechung der Zeit, aus Vergangenheit und Gegenwart, aus mythischer Vorvergangenheit der Artusrunde, aus neuzeitlichen historischen Gestalten (z.B. Mark Twain) und aus aktuellen Problemen, die zu einer dichterischen Vision des Hier und Jetzt genutzt werden. Es ist sicher kein Zufall, daß Tankred Dorst auf den englischen, hoch gesellschaftspolitischen Traditionsstrang zurückgegriffen hat, da die heimischdeutsche Überlieferung den politischen Gehalt sublimiert und verschlüsselt hat, so daß ein neuzeitlicher Zugang die subtile Kenntnis des Mittelalters voraussetzt.

In Frankreich basieren einige Bearbeitungen auf dem spätmittelalterlichen Zyklus um Artus, Lancelot, Perceval und den Graal. Dazu gehören das ironische Drama »Les Chevaliers de la Table Ronde« (1927) von Jean Cocteau und das gigantische »Graal-Théâtre« von Florence Delay u. Jacques Roubaud (1977 ff.), von dem bisher weder alle Teile veröffentlicht noch aufgeführt wurden. In dem Film »Lancelot du Lac« (1974) von Robert Bresson wird dieser Artus-Stoff benutzt, um auf eine überlebte Gesellschaftsordnung hinzuweisen. Eine Wiederbelebung des Chrétienschen »Perceval« versuchte Eric Rohmer in seinem Film 1979, der hohe literarische Anforderungen an das Publikum stellte.

Literatur

Müller, Ulrich: ›Our Man in Camelot‹. Mittelalter-Rezeption in der Literatur, aufgezeigt an Artus-Romanzen der Jahre 1970−1983. Mit einem Verzeichnis zur internationalen Artus-Rezeption 1970−1985. In: Forum. Materialien und Beiträge zur Mittelalter-Rezeption. Bd. 1 Hrsg. *Rüdiger Krohn*. Göppingen 1986 (GAG 360), S. 3−32.
Ders.: Zur Rezeption einzelner Stoffkreise. Der Artus- und Grals Mythos.

In: Epische Stoffe des Mittelalters. Hrsg. von *Volker Mertens* u. *Ulrich Müller*. Stuttgart 1984 (Kröner Bd. 483), S. 438—441.

Taylor, Beverly and *Brewer, Elisabeth:* The Return of King Arthur. British and American Arthurian Literature since 1800. Bury St. Edmunds, Suffolk 1983 (Arthurian Studies 9).

Frenzel, Elisabeth: Stoffe der Weltliteratur. Ein Lexikon dichtungsgeschichtlicher Längsschnitte. 7. überarb. u. erw. Aufl., Stuttgart 1988. [Stichwort »Artus«].

Krohn, Rüdiger: Tankred Dorst: *Merlin oder Das wüste Land.* Dramatische Parabel über das notwendige Scheitern der Utopie. In: Deutsche Gegenwartsdramatik. Bd. 2. Hrsg. L. Pikulik, H. Kurzenberger, G. Guntermann. Göttingen 1987, S. 7—34.

Jenkings, Elizabeth: The Mystery of King Arthur, London 1975.

4. Allgemeine Literatur

Bezeichnend für die Forschung ist, daß Bibliographien und Sammelwerke in ausreichendem Maße zur Verfügung stehen, kritische Forschungsberichte hingegen kaum vorliegen. Die Auswahl, die nicht immer leicht zu treffen war, soll vor allem den Studierenden einführende Hinweise geben.

4.1. Bibliographien

Bulletin Bibliographique de la Société Internationale Arthurienne [BBSIA bzw. BBIAS]. (Ab Bd. 37 Bibliographical Bulletin of the International Arthurian Society) Paris (ab 1985 Bury St. Edmunds, Suffolk), jährlich ab 1949 [kurze Inhaltsangaben zu den Studien].

Pickford, Cedric E. u. Last, Rex (Eds.): The Arthurian Bibliography. 3 Vols. Bury St. Edmunds, Suffolk 1981, 1983, 3. Bd. Supplement, ed. R. Last, 1985 (Arthurian Studies 3, 6, 15).

Reiss, Edmund; Reiss, Louise Horner u. Taylor, Beverly (Eds.): Arthurian Legend and Literature. An Annotated Bibliography. Vol. I: The Middle Ages. New York, London 1984.

Parry, John Jay: A Bibliography of Critical Arthurian Literature for the Years 1922—1929. New York 1931. Fortsetzung: *Parry, John Jay* and *Schlauch, Margaret:* A Bibliography of Critical Arthurian Literature for the Years 1930—1935. New York 1936. Von da ab jährlich bis 1964 zusammengestellt von *J. J. Pary* bzw. *P. A. Brown* in MLQ.

Germanistik. Internationales Referatenorgan mit bibliographischen Hinweisen. Tübingen, jährlich ab 1960 [mit Kurzrezensionen].

Jauss, Hans Robert und *Köhler, Erich:* Grundriß der Romanischen Literaturen des Mittelalters [GRLMA], Heidelberg, auf 13 Bde. konzipiert. Erschienen bisher: Bd. 1, 1972; Bd. 4,1, 1978; Bd. 4,2, 1984;

Bd. 6,1, 1968; Bd. 6,2, 1970, Bd. 8,1, 1988. Darin Bd. 4,1: *Frappier, Jean* und *Grimm, Reinhold* (Eds.): Le roman jusqu'à la fin du XIIIe siécle.

4.2. Gesamtdarstellungen

Lacy, Norris J. (Ed.): The Arthurian Encyclopedia. New York, London 1986.

Cavendish, Richard: King Arthur and the Grail. The Arthurian Legends and their Meaning. London 1978. Repr. London 1980.

Brogsitter, Karl Otto: Artusepik. 2. Aufl. Stuttgart 1971.

Loomis, Roger Sherman (Ed.): Arthurian Literature in the Middle Ages. Oxford 1959 [ALMA].

Bruce, James Douglas: The Evolution of Arthurian Romance from the Beginnings down to the Year 1300. 2 Bde. Göttingen, Baltimore 1923/24. 2. Aufl. Gloucester, Mass. 1958.

4.3. Literaturgeschichten

Verfasserlexikon. Hrsg. *Kurt Ruh* u. a., 2. Aufl. Berlin – New York [bisher 7 Bde. bis »Passau«, ab Bd. 1, 1979–1987]. 1. Aufl. Hrsg. *Wolfgang Stammler* und *Karl Langosch.* 5 Bde. Berlin, Leipzig 1933, 1936, 1943, Berlin 1953, 1955.

Lexikon des Mittelalters [Hrsg. der Verlag unter Hinzuziehung zahlreicher Fachvertreter]. München, Zürich [bisher 3 Bände ab 1977/80 bis 4,1 »Gart« 1988].

Heinzle, Joachim (Hrsg.): Geschichte der dt. Literatur von den Anfängen bis zum Beginn der Neuzeit. 2 Bde. Königstein 1984, 1986.

Frey, Winfrid; Raitz, Walter; Seitz, Dieter: Einführung in die deutsche Literatur des 12.–16. Jhs. Opladen 1985 (durchges. Nachdr. von 1979).

See, Klaus von (Hrsg.): Neues Handbuch der Literaturwissenschaft. Bd. 7: Europäisches Hochmittelalter. Hrsg. *Hennig Krauß.* Wiesbaden 1981. Bd. 8: Europäisches Spätmittelalter. Hrsg. *Willi Erzgräber.* Wiesbaden 1978.

Reallexikon der dt. Literaturgeschichte. 2. Aufl. neu bearb. *W. Kohlschmidt, W. Mohr, K. Kanzog* u. *A. Masser.* 4 Bde. Berlin 1955–1984.

Boor, Helmut de: Geschichte der deutschen Literatur von den Anfängen bis zur Gegenwart. Bd. 2: Die höfische Literatur. 1170–1250. 10. Aufl. bearb. U. Hennig. München 1979. Bd. 3/1: Die dt. Literatur im späten Mittelalter. 1250–1350. München 4. Aufl. 1973. Bd. 4/1 Hrsg. *Hans Rupprich:* Die dt. Literatur vom späten Mittelalter bis zum Barock. Das ausgehende Mittelalter. 1370–1520. München 1970.

Ehrismann, Gustav: Geschichte der deutschen Literatur bis zum Ausgang des Mittelalters. 4 Bde. München 2. Aufl. 1932–1935. Nachdr. 1954.

4.4. Sammlungen

Texte:

Langosch, Karl u. *Lange, Wolf-Dieter* (Hrsg.): König Artus und seine Tafelrunde. Europäische Dichtung des Mittelalters. Stuttgart 1980.

Ehrismann, Otfrid u. *Kaminsky, Hans H.* (Hrsg.): Literatur und Geschichte im Mittelalter. Versuch in deutschsprachige Texte der Stauferzeit einzuführen. Texte von ca. 1150–ca. 1220. Kronberg 1976.

Chambers, E. K.: Arthur of Britain. The Story of King Arthur in History and Legend. London 1927. Nachdr. New York 1966 [Textauszüge bes. der frühen Zeit].

Abhandlungen:

Foulon, Charles, u. a. (Eds.): Actes du 14e Congrès International Arthurien. 2 Bde. Rennes 1984/1985 [49 Aufsätze].

Wais, Kurt (Hrsg.): Der Arthurische Roman. WdF 157, WBG Darmstadt 1970 [16 Aufsätze].

Varty, Kenneth (Ed.): An Arthurian Tapestry. Essays in Memory of Lewis Thorpe. Glasgow 1981 [29 Aufsätze mit Schwerpunkt auf Chrétien].

4.5. Allgemeine Studien:

Keen, Maurice: Das Rittertum. München, Zürich 1987, Übers. aus dem Engl. (Originaltitel: Chivalry. New Haven, London 1984).

Bumke, Joachim: Höfische Kultur. Literatur und Gesellschaft im hohen Mittelalter. 2 Bde. München 1986.

Eifler, Günther: Ritterliches Tugendsystem. WdF 56, WBG Darmstadt 1970.

Gurjewitsch, Aaron J.: Das Weltbild des mittelalterlichen Menschen. Dresden 1978 (aus dem Russischen, Moskau 1972).

Schlösser, Felix: Andreas Capellanus. Seine Minnelehre u. das christliche Weltbild um 1200, 2. Aufl. Bonn 1962. Edition: Andreas Capellanus: De amore libri tres. Ed. *E. Trojei.* Kopenhagen 1892, Nachdr. München 1964. Engl. Übers. von *J. J. Parry:* The Art of Courtly Love. New York 1941, 2. Aufl. 1959.

Imbs, Paul: De la fin' amor. CCM 12, 1969, S. 265–285 [zusammenfassender Bericht].

4.6. Figuren

Morris, Rosemary: The Character of King Arthur in Medieval Literature. Cambridge 1982 (Arthurian Studies 4).

Ven-Ten Bensel, E. van der: The Character of King Arthur in English Literature. Amsterdam 1925.

Noble, Peter: The Character of Guinevere in the Arthurian Romances of Chrétien de Troyes. MLR 67, 1972, S. 524–535.

Marx, Jean: La vie et les aventures de la reine Guenièvre et la transformation de son personnage. In: Journal des Savants 1965, S. 332–342. Wieder in: Ders.: Nouvelles recherches sur la littérature arthurienne. Paris 1965 (Bibliothèque Française et Romane 9), S. 260–269.

Webster, Kenneth G. T.: Guinevere. A Study of Her Abductions. Milton, Mass. 1951.

Noble, Peter: Kay the Seneschal in Chrétien de Troyes and His Predecessors. In: Reading Medieval Studies 1, 1975, S. 55–70.

Haupt, Jürgen: Der Truchseß Keie im Artusroman. Untersuchungen zur Gesellschaftsstruktur im höfischen Roman. Berlin 1971 (Philolog. Studien u. Quellen 57).

Busby, Keith: Gauvain in Old French Literature. Amsterdam 1980.

Larmat, Jean: Le personnage de Gauvain dans quelques romans arthuriens du XIIe et du XIIIe siècles. In: Etudes de langue et de littérature francaises offertes à A. Lanly. 2 Vols. Nancy 1980 (Publications de l'Université de Nancy 2), S. 185–202.

Homberger, Dietrich: Gawein. Untersuchungen zur mittelhochdeutschen Artusepik. Diss. Bochum 1969.

4.7. Symbolik

Chapeaurouge, Donat de: Einführung in die Geschichte der christlichen Symbole. 1984. 2. verb. Aufl. WBG Darmstadt 1987.

Lurker, Manfred: Wörterbuch der Symbolik. 3. Aufl. Stuttgart 1985 (Kröner 464).

Baltrusaitis, Jurgis: Das phantastische Mittelalter. Frankfurt, Berlin, Wien 1985 (Übers. aus dem Franz.: Le Moyen Age Fantastique Paris 1981).

Endres, Franz Carl und *Schimmel, Annemarie:* Das Mysterium der Zahl. Zahlensymbolik im Kulturvergleich. Köln 1984.

Heinz-Mohr, Gerd: Lexikon der Symbole. Bilder und Zeichen der christlichen Kunst. Düsseldorf, Köln 1971, 8. erw. Aufl. Darmstadt 1984.

Lecouteux, Claude: Les monstres dans la Littérature Allemande du Moyen Age. 3 Bde. Göppingen 1982 (GAG 330, I–III).

Forstner, Dorothea: Die Welt der christlichen Symbole. Innsbruck, Wien, München 4. Aufl. 1982.

Lippfert, Klementine: Symbol-Fibel. Eine Hilfe zum Betrachten und Deuten mittelalterlicher Bildwerke. 7. durchges. Aufl. Kassel 1981.

Engelen, U.: Die Edelsteine in der deutschen Dichtung des 12. u. 13. Jhs. München 1978 (Münsterische Mittelalter-Schriften 27).

Ohly, Friedrich: Vom geistigen Sinn des Wortes im Mittelalter. ZfdA 89, 1958, S. 1–23. Wieder in WBG Darmstadt 1966 (Separatdruck).

4.8. Fürstenspiegel

Anton, Hans Hubert: Fürstenspiegel und Herrscherethos in der Karolinger-
  zeit. Bonn 1968 (Bonner Historische Forschungen 32).
Berges, Wilhelm: Die Fürstenspiegel des hohen und späten Mittelalters.
  Stuttgart 1938. Unveränd. Nachdr. 1952.
Kleineke, Wilhelm: Englische Fürstenspiegel vom Policraticus Johanns von
  Salisbury bis zum Basilikon Doron König Jakobs I. Halle 1937 (Studien
  zur englischen Philologie 90).
Röder, Josef: Das Fürstenbild in den mittelalterlichen Fürstenspiegeln auf
  französischem Boden. Diss. Münster 1932, Emsdetten 1933.

4.9. Bildende Kunst

Ott, Norbert H. (Hrsg.): Text und Illustration im Mittelalter. Aufsätze zu
  den Wechselbeziehungen zwischen Literatur und bildender Kunst. München 1975 (MTU 50).
Ders.: Geglückte Minneaventiure. Zur Szenenauswahl literarischer Bild-
  zeugnisse im Mittelalter. Jb. der Oswald von Wolkenstein Gesellschaft 1,
  1982/83, S. 1–32.
Loomis, Roger Shermann and *Loomis, Laura Hibbard:* Arthurian Legends in
  Art. New York, London 1938. Repr. New York 1970.

II. Grundlagen des Stoffes

Die dürftige Quellenlage läßt es nicht zu, ein schlüssiges Bild über die Genese des Artusstoffes etwa ab dem 6. Jh. bis zum Chronisten Geoffrey of Monmouth (1135/38) zu gewinnen. Erschwerend kommt hinzu, daß nicht einmal die Datierung der wenigen Quellen immer gesichert ist. Es ist daher teilweise nicht zu entscheiden, ob die Zeugnisse der Phase der Herausbildung der arthurischen Stoffe zuzurechnen sind, oder ob sie bereits unter dem Einfluß der dichterisch geformten Werke stehen. Es lassen sich drei dem walisischen und englischen Raum zugehörige Quellengruppen unterscheiden, in denen Artus vor der Chrétienschen Konzeption faßbar wird: 1. Die Legende, 2. volkstümliche Erzählungen und vor allem 3. die Historiographie.

Heute wird allgemein angenommen, daß die Gestalt des Königs Artus auf eine historische Person zurückgeht. Der Name soll römischen Ursprungs sein, da es einen römischen Offizier namens Lucius Artorius Castus gegeben hat (in Rom ist eine Gens Artoria bezeugt), der in der Mitte des 3. Jhs. in England stationiert war. Die Gestalt, die diesen Namen trägt und die als Keimzelle der arthurischen Tradition angesehen wird, war aber ein Krieger, der mit den Briten um 500 gegen die einfallenden Sachsen gekämpft und sich in diesen Kriegen offensichtlich sehr hervorgetan hat. Entweder handelt es sich also um einen Briten, der römischer Abkunft war oder um einen Briten, der einen römischen Namen angenommen hatte *(Nitze)*. Dieser historischen These wurden zwei weitere gegenübergestellt: Arthur sei eine Gestalt der keltischen Mythologie *(Rhŷs)* und Folklore. Daher wurden mehrere Deutungsvorschläge seines Namens unterbreitet wie: *artos* »Bär« und *viros* »Mann« (»männlicher Bär«; *E. W. B. Nicholson* 1895) oder *Artaios*, abgeleitet von einem keltischen Gott, der mit Mercurius gleichgesetzt werden kann (*S. Singer* 1926). Diese Meinungen sind heute ebenso nur noch von wissenschaftsgeschichtlichem Interesse, wie der Versuch *Kemp Malones*, zwischen beiden Positionen zu vermitteln. Er leitete den Namen aus walisisch *aruthr* »schrecklich« ab. Da der Held teilweise als *mab uthr* »schrecklicher Sohn« bezeichnet wird, sei dies mißverstanden worden, so daß man daraus »Sohn Uthers« machte. Diese

Figur sei dann mit der historischen Gestalt des römischen Offiziers vermischt worden. Die dritte These macht Arthur aufgrund verschiedener Örtlichkeiten zu einem nordenglischen Stammesfürsten.

Literatur

Nitze, William A.: Arthurian Names: Arthur. PMLA 64, 1949, S. 585–596. *Ders.:* Correction. Ebd. S. 1235. *Ders.:* Additional Note on Arthurian Names. PMLA 65, 1950, S. 1287–1288.
Malone, Kemp: The Historicity of Arthur. JEGP 23, 1924, S. 463–491.
Singer, Samuel: Die Artussage. Bern, Leipzig 1926.
Pokorny, Julius: Der Ursprung der Arthursage. In: Mitteilungen der Anthropologischen Ges. in Wien 39, 1909, s. 90–119. Wieder in: AR 1970, S. 19–44.
Rhŷs, John: Studies in the Arthurian Legend. Oxford 1891. Nachdr. New York 1966.

1. Legenden und volkstümliche Überlieferungen

Eine der frühesten Legenden, die den Namen Arthurs (Arturus) nennen, ist die »Vita Columbae« des irischen Mönchs Adamnans (um 692/697). In der Legende des Heiligen Goeznorius (um 1019) heißt es: *Quorum suberbia postmodum per magnum Arturum Britonum regem fuit ad tempus repressa, eis pro parte maxima ab insula repulsis et servire coactis.*

Bei aller Unsicherheit mancher Datierungen scheint aber alles darauf hinzudeuten, daß sich der arthurische Stoff im 11. Jh. auszubreiten beginnt, da sich die Zeugnisse von dieser Zeit an mehren. In einer Sammelhandschrift, die zwar aus der Zeit um 1200 stammt, aber wohl ca. 1065 verfaßt sein dürfte, findet sich die Heiligenvita des »Cadocus«, die von Lifric, einem Mönch und Lehrer zu Llancarfan, stammt und Arthur als tyrannus bezeichnet:

Arthur sitzt zusammen mit den beiden Rittern, Cei und Bedguir, auf einem Hügel und spielt mit diesen Würfel. Während des Spieles werden sie Augenzeugen, wie eine Jungfrau von einem Ritter entführt wird, um sie dem tyrannischen Vater zu entziehen. Statt den bedrängten Fliehenden aber zu Hilfe zu eilen, verliebt sich Arthur selbst in das Mädchen, so daß er es für sich besitzen will. Cei und Bedguir können gerade noch rechtzeitig an die Standespflicht appellieren, so daß Arthur von seinem Vorhaben abläßt. Der heilige Cadocus wirkt in einem Streit ein Wunder, das den König Arthur zum Einlenken bewegt.

Abgesehen davon, daß die Gestalt Arthurs als Kontrast für die Reinheit und Tugendhaftigkeit des Heiligen benutzt wird, zeigt sich hier, daß der König als einer gezeichnet wird, der seinen Leidenschaften erliegt und nur durch andere bzw. Wunder davon abgehalten werden kann, sich ihnen ganz hinzugeben. Züge, die die chronikalische, aber auch die dichterische Tradition aufnimmt, sind hier bereits vorgezeichnet.

Das Motiv des hilfesuchenden Königs findet sich in der »Vita Sancti Carantoci«, die um 1090/1100 verfaßt sein kann. Arthur, der in Cornwall regiert, bittet den Heiligen, ihn und sein Reich von einem gefährlichen Drachen zu befreien, ein Motiv, das in den arthurischen Dichtungen keine Seltenheit ist. Ähnliches berichtet die »Vita Paterni« (frühes 12. Jh.). Am interessantesten dürfte wohl der Bericht in der »Vita Gildae« von Caradoc of Llancarfan sein, die vor 1136 datiert wird:

Der König des Sommerlandes (aestiva regio) mit Namen Melvas (wal. *mael gwas* »Prinz-Jugend«, wohl Chrétiens Meléagant) entführt Guennuvar, die Frau von König Arthur und bringt sie in sein Haus zu Glastonbury (Caradoc interpretiert diesen Namen als vitrea civitas »Glasstadt«). Nach einjähriger Suche entdeckt Arthur, wo sich seine Frau aufhält und belagert den Ort der Gefangenschaft Guennuvars. Durch die Intervention des Abtes von Glastonbury erhält Arthur seine Frau auch ohne Kampf zurück.

Die Entführung Ginovers (vgl. Hartmanns »Iwein«, Ulrichs »Lanzelet«, Chrétiens »Lancelot«, »Prosa-Lancelot«, Heinrichs »Crône«, etc.) ist hier deutlich vorgegeben. Interessant ist, daß Giraldus Cambrensis in »De Principis Instructione« (1195) schreibt, daß die Briten Glastonbury als gläserne Insel bezeichneten, so daß die Sachsen später den Namen *Glaestingabyrig* prägten.

Herman von Tournai (um 1095–nach 1147) vermerkt in »De Miraculis Sanctae Mariae Laudunensis« (um 1146), daß die Mönche von Laon Boten entsandten, um für ihren Bau einer Kathedrale Unterstützung zu erlangen. Ihre Diener diskutierten mit Leuten aus Cornwall über die Frage, ob Arthur noch am Leben sei *sicut Britone solent iurgari cum Francis pro rege Arturo* (Migne PL 156, Sp. 973). Die Legende von der Wiederkehr Arthurs wurde besonders in Wales reich ausgestaltet. Die Textzeugnisse zeigen, daß sich wohl ein reicher Motivschatz um die Gestalt Arthurs herumgerankt hat, dessen Spuren zwar in den Dichtungen zu finden sind, der sich aber aufgrund der dürftigen Überlieferung nicht mehr im einzelnen rekonstruieren läßt.

Neben der walisischen Hagiographie gibt es einige kymrische Dichtungen, die trotz der unsicheren Datierung vielleicht noch als

Zeugnisse für eine mythische Tradition vor Geoffrey of Monmouth herangezogen werden können. Die Handschriften stammen aus der Zeit von ca. 1200–1500. Sprachuntersuchungen, die jedoch nicht ganz unproblematisch sind, lassen es wahrscheinlich erscheinen, daß die Texte in eine ältere Zeit zurückreichen. Für den Nachweis der Sagenbildung um Arthur ist besonders ein Gedicht aus der Sammlung des sog. »Black Book of Carmarthen« (Hs. um 1200) wichtig. Das Gedicht Nr. XXXI, das wohl in die vornormannische Zeit datiert werden kann, schildert einen Dialog zwischen Arthur und seinem Torhüter Glewlwyd, in dem der heimkehrende Arthur auf die Frage, wer er und seine Leute seien, die Taten seiner Gefährten erzählt, wobei die Aktivitäten Cais und Bedwyrs besonders herausgehoben werden. Bezeichnenderweise werden nicht Kriegstaten geschildert, sondern Kämpfe, die sie gegen hexenhafte Frauen und Ungeheuer geführt haben. Hier wie auch in einigen Legenden wird Arthur in eine übernatürliche Welt versetzt.

Ein anderes Gedicht, »Preidu Annwfn«, was wohl »Beraubungen der Unterwelt« bedeuten dürfte, ist als Nr. XXX in der Sammlung »Book of Taliesin« (Hs. um 1275) aufgeführt. Der Name wurde ihr nach dem legendären Dichter Taliesin, der im 6. Jh. gelebt haben soll, gegeben. Das Gedicht erzählt von folgendem verhängnisvollen Unternehmen Arthurs und seiner Gefährten: Arthur und seine Leute befinden sich auf seinem berühmten Schiff Prydwenn (bei Geoffrey heißt Arthurs Schild so), das sie zu der geheimnisvollen Festung Caer Siddi, offensichtlich Annwfn (kelt. für »otherworld«) bringen soll, weil sie dort die Schätze und besonders einen Zauberkessel rauben wollen. Von dieser Fahrt kehren aber nur sieben Leute zurück. Da die Essenz dieser Geschichte auch in dem Mabinogi »Culhwch ac Olwen« und in »Branwen« erzählt wird, dürfte sie zu einer festen Sagentradition gehören.

Die kriegerische Seite Arthurs wird kurz in der kymrischen Elegie »Gododdin« angedeutet (Hs. spätes 13. Jh.), die zwar dem um 600 n. Chr. lebenden Dichter Aneirin zugeschrieben wird *(Loomis)*, aber von der Forschung teils in das 9., 10. oder 11. Jh. *(Lot)* datiert, teils als ältestes Zeugnis für die heroische arthurische Tradition gewertet wird. Arthur findet in den Versen 1241–1242 nur im Vergleich mit einem Krieger Erwähnung, der sich im Kampf um eine befestigte Anlage besonders auszeichnete, so daß seine Tapferkeit der von Arthur in nichts nachstand (»er kämpfte außerordentlich tapfer, obwohl er nicht Arthur war«).

Zwei weitere Gedichte, die allerdings sehr spät überliefert sind, können vielleicht noch in diesen Kontext gestellt werden. Es handelt sich um den sog. »Dialogue of Arthur and Gwenhwyfar« (älteste

Hs. 16. Jh.) und um »Dialogue of Arthur and the Eagle« (Hs. 16. Jh.). *Ifor Williams* suchte nachzuweisen, daß der Dialog zwischen Arthur und Gwenhywyfar eigentlich ein Gespräch zwischen Melwas und Gwenhywyfar ist, so daß hier, wie in Caradocs »Vita Gildae« und Chrétiens »Lancelot«, die Entführung Gegenstand der Erzählung ist. Arthurs Gespräch mit dem Adler, das in das 12. Jh. datiert wird und im wesentlichen einen religiösen Dialog enthält, enthüllt, daß der Adler ein Enkel Uthers ist. Die keltischen Prophetien Merlins, in die die Arthur-Gestalt teilweise einbezogen wird, haben oft politischen Charakter.

Mit großer Wahrscheinlichkeit waren die Bretonen die Hauptträger der Überlieferung, durch die den Franzosen die Sagenstoffe vermittelt wurden. Eine Reihe von Erwähnungen scheinen dies zu belegen, so etwa die von Hermann of Laon, der berichtet, daß im Jahre 1113 auf einer Reise von Exeter in Devon nach Bodmin in Cornwall ein Stuhl und ein Ofen des Königs Arthur gezeigt wurden, der durch die Dichtungen der Bretonen berühmt geworden sei.

Ein Bildzeugnis am Portal der Kathedrale von Modena mit den Namen des Königs Artus und seiner Helden, das zwischen 1099 und 1120 datiert wird, könnte darauf hinweisen, daß die Bretonen den Sagenstoff während der Vorbereitungen für den ersten Kreuzzug nach Italien brachten. Sicher ist dies nicht, da die Namen erst später angebracht worden sein können. In norditalienischen Urkunden aus den Jahren 1114 und 1136 werden die Namen Artusius und Galvanus bezeugt. Aber auch dieses angeblich frühe Zeugnis ist umstritten, da die Namen ganz anderer Herkunft sein können. Schließlich wurde früher auf den »Liber Floridus« des Lambert v. S. Omer (um 1120) hingewiesen, in dem der Palast Arthurs erwähnt wird *(Est palatium in Britannia, in terra Pictorum, Arturi militis, arte mirabili et varietate fundatum, in quo factorum bellorumque ejus omnia gesta sculpta videntur [...])*. Es wurde aber geltend gemacht, daß hier lediglich Nennius ausgeschrieben wurde.

Literatur

Jackson, Kenneth Hurlstone: The International Popular Tale and Early Welsh Tradition. Cardiff 1961 (The Gregynog Lectures 1961), S. 117 ff.
Loomis, Roger Sherman: The Spoils of Annwn: An Early Welsh Poem. PMLA 56, 1941, S. 887—936 [mit Ausg. und engl. Übers.].
Williams, Ifor: Lectures on Early Welsh Poetry. Dublin 1944 (bes. S. 49—65).
Ders.: Canu Anerin. Cardiff 1938 [Ausgabe].

Ders.: Ymddiddan Arthur a'r Eryr. BBCS 2, 1923–25, S. 269–286 [Ausgabe des Adlergesprächs und Untersuchung].
Baring-Gould, Sabine (Transl.): The Lives of the Saints. Edinburgh 1872, 2nd Ed. 1914 [darin: »Vita Cadoci«, »Vita Carantoci«, »Vita Gildae«, »Vita Paterni«].

2. Die chronikalische Tradition

In England besteht eine lange chronikalische Überlieferung, die bis weit in das Spätmittelalter reicht. Während dieser Überlieferungsstrang auch in Frankreich seinen Niederschlag findet, bleibt Deutschland davon unberührt.

Literatur

Fletcher, Robert Huntington: The Arthurian Material in the Chronicles, Especially Those of Great Britain and France. Boston 1906, 2nd Ed. New York 1966.
Faral, Edmond: La Légende Arthurienne. Études et Documents. 3 Vols. Paris 1929 (Bibliothèque de l'Ecole des Hautes Études 255–257). Repr. New York 1973.

2.1. Die frühesten Zeugnisse bis ca. 1136

Die chronikalischen Zeugnisse, die über die Herrscher und ihre Taten in England berichten und dabei Arthur erwähnen, sind vor Geoffrey of Monmouth spärlich. Der walisische Verfasser der »Historia Brittonum« (Anfang 9. Jh., Sammelwerk von 7 verschiedenen Schriften), Nennius, erwähnt in Kap. 56, daß Arthur als *dux bellorum* zusammen mit britischen Königen gegen die eingedrungenen bzw. von Vortigern ins Land gerufenen Sachsen kämpfte, deren Anführer Hengists Sohn Octha war, der sich in Kent niederlassen wollte. Bezeichnend ist, daß er nicht ausdrücklich zu den Königen gerechnet wird. Er war wahrscheinlich nur eine Art Unterführer, der den bei Gildas und Beda erwähnten Befehlshaber der Schlacht am Mons Badonis (um 540), Ambrosius Aurelius, verdrängt hat (Der Name Ambrosius wird im Zusammenhang mit Merlin weiter tradiert). In den Schilderungen der Schlachten wird bei der achten, die bei dem Castellum Guinnion (bei Durham) stattfand, vermerkt, daß Arthur das Bildnis der Jungfrau Maria auf seinen

26

Schultern trug. Bei der zwölften Schlacht, die sich am Mons Badonis zutrug, habe Arthur 960 Feinde getötet.

Bedeutsam ist, daß Arthur hier zum erstenmal erwähnt wird, während alle früheren Quellen diesen Heerführer in den Auseinandersetzungen zwischen Briten und Sachsen um 500 n. Chr. nicht kennen. Gildas erzählt im Kap. 26 seines homiletischen Traktates »De excidio et conquestu Britanniae« (um 540), daß die Briten ihre sächsischen Gegner am Mons Badonicus besiegten und daß die Schlacht 44 Jahre vor der Niederschrift seines Werkes stattgefunden habe. Beda (672/73–735), der wahrscheinlich Gildas als Quelle benutzt hat, vermerkt ebenfalls diese Schlacht am Mons Badonicus, nennt Arthur aber auch nicht.

Dem Geschichtswerk von Nennius folgt eine Reihung von »Mirabilia«, von denen sich zwei auf Arthur beziehen. In einem wird ein Steinhügelgrab in Breconshire mit Namen Carn Cabal beschrieben. Der oberste Stein enthielt angeblich einen Fußabdruck von Arthurs Hund Cabal, als dieser den Eber Troyt jagte. In der zweiten Geschichte wird über den wundersamen Grabhügel von Arthurs Sohn Amr an der Quelle des kleinen Flusses Gamber in Herefordshire berichtet, der in seiner Länge nie gleich war.

Aus diesen Zeugnissen läßt sich erkennen, daß zu Beginn des 9. Jhs. die Gestalt Arthurs Eingang in die Legendendichtung gefunden hatte und daß offensichtlich lokal bedingte Überlieferungen existierten.

Beiläufig wird Arthur in den »Annales Cambriae« (ca. 954/976) erwähnt. Zum Jahr 516 wird von der Schlacht *(bellum Badonis)* berichtet, in der Arthur drei Tage und drei Nächte das Kreuz Christi (jetzt nicht mehr das Bildnis Marias wie bei Nennius) auf seinen Schultern getragen habe, und in der die Briten siegten. Wichtig für die langsame Entstehung dieses Stoffes ist, daß sich zum Jahre 537 der Eintrag findet, daß in der Schlacht bei Camlann Arthur und Medraut fielen. Ob sie, wie in den späteren Dichtungen verwandt und verfeindet waren, geht aus diesem Bericht nicht hervor. Der Name des späteren Verräters Modred ist hier jedoch vorgeprägt.

Das »Chronicle of Mont St. Michael« (nach 1056) nennt Arthur nicht *dux*, sondern einen *rex britannorum*. Das Wunder, von dem Herman of Tournai (nach 1113) erzählt, bezeugt, daß schon vor William of Malmesbury der Glaube an die Unsterblichkeit Arthurs bestanden hat. Obwohl die »Gesta Regum Anglorum« von William of Malmesbury (Abschluß ca. 1125) in Abhängigkeit zu Nennius stehen, enthalten sie doch einige bezeichnende Neuerungen. Vor allem weist William auf eine lebhafte volkstümliche Tradition hin, wenn er schreibt: »Das ist der Arthur, über den dumme Possen der

Bretonen *(de quo Britonum nugae hodieque delirant)* noch heute phantasiert werden, ein Mann, der nicht würdig ist, daß man über ihn in trügerischen Farben träumt, aber den man in glaubwürdigen Erzählungen bekannt machen sollte, da er lange den Prozeß des dem Niedergang geweihten Vaterlandes aufhielt und den sinkenden Geist seiner Landsleute zu Kriegstaten wieder anspornte.« Er erwähnt auch den Namen Walwen *(non degener Arturis ex sorore nepos)*, der in Wales beerdigt wurde. Diese Erwähnung stellt den ersten Beleg für den Artusritter Gawain dar. Henry of Huntingdon bezieht seine Kenntnis von Arthur in der »Historia Anglorum« (um 1129) aus der Chronik des Nennius.

Wichtig im Zusammenhang mit der chronikalischen Überlieferung ist die Erwähnung, daß Arthurs Kriegstaten in Verbindung mit dem Niedergang des Reiches gebracht werden, so daß Arthur als Retter des Landes erscheint, wodurch der reichspolitische Aspekt, der für die späteren Chroniken bestimmend ist, in die Tradition eingeführt ist.

Vergleicht man diese dürftigen Angaben mit Geoffreys geschlossener Fabel über den König Arthur, dann darf, unter Berücksichtigung der Tatsache, daß vielleicht viele Quellen verloren gegangen sind, vermutet werden, daß Geoffrey die Gestalt Arthurs, die zu seiner Zeit in Legende und Volksdichtung offensichtlich sehr popularisiert wurde, ohne aber ein eigenes Profil zu besitzen, nun zum Exemplum seiner politischen Darstellung machte, die er besonders durch die Merlin-Prophezeihungen verdeutlicht.

Wenn eine historische Gestalt Ausgangspunkt der sich an sie rankenden Erzählungen ist, dann liegt es nahe, die Vorgeschichte durch archäologisches Material zu erhellen. Verschiedene Grabungen haben jedoch lediglich ergeben, daß Festungen oder Siedlungen an den für den Arthur-Stoff relevanten Lokalitäten existiert haben. Belege für die Existenz Arthurs ergaben sich aber nicht. Grabungen an dem South Cadbury Castle genannten Hügel (48 km südlich von Bristol), die unter dem Titel »Is it Camelot?« weite Publizität erlangten, brachten lediglich die Erkenntnis, daß Befestigungswälle aus vorrömischer Zeit bestanden, die etwa um 500 erneuert und verstärkt worden waren. Populärwissenschaftlich aufgemachte Publikationen *(Ashe)* erweckten zwar immer wieder den Eindruck, als könnten die Gestalt Arthurs und die Lokalitäten fixiert werden, belegen lassen sich diese Aussagen jedoch nicht *(Alcock)*. Mögen jedoch die Lokalitäten des arthurischen Reiches Legende sein, in Glastonbury hingegen wurde für die Fiktion ein realer Ort gefunden, mit dem handfeste Kirchenpolitik betrieben wurde (s. S. 7f.).

Literatur

Dumville, David N. (Ed.): The Historia Brittonum. Vol. 3: The ›Vatican‹ Recension. Cambridge 1985 [auf 10 Bde. geplante Edition aller Versionen].

Ders.: The Historical Value of the ›Historia Brittonum‹. In: Arthurian Literature. Ed. Richard Barber. VI, 1986, S. 1–26.

Williams, Ifor: The Nennian Preface: A possible Emendation. BBCS 9, 1939, S. 342–344.

Ders.: Mommsen and the Vatican Nennius. BBCS 11, 1941, S. 43–48.

Lot, Ferdinand (Hrsg.): Nennius et l'Historia Brittonum. Étude critique, suivie d'une édition des diverses versions de ce texte. 2 Bde. Paris 1934 (Bibliothèque de l'Ecoll des Hautes Études 263).

Faral, Edmond: La Légende Arthurienne. Études et Documents. 3 Vols. Paris 1929 [Nennius Edition Bd. 3, S. 1–62].

Mommsen, Theodor (Hrsg.): [Nennius] Historia Brittonum. Cum additamentis Nennii. MGH, Auctores Antiquissimi Bd. 13: Chronica Minora Saeculorum. Berlin 1898, S. 111–222. Dazu: Rudolf Thurneysen, ZfcPh. 1, 1897, S. 157–168.

Wade-Evans, A. W.: Nennius' »History of the Britons«. Together with »The Annals of the Britons« and »Court pedigrees of Hywel the Good«, also the Story of »The Loss of Britain«. London 1938 (Publications of the Church Historical Society, N. S. 34) [Übers. mit Einführung u. Anmerkungen].

Tatlock, John S. P.: The Legendary History of Britain. Geoffrey of Monmouth's Historia Regum Britanniae and its early vernacular versions. Berkeley, Los Angeles 1950, S. 180–183.

Jackson, Kenneth H.: A Celtic Miscellany. London 1951.

Mommsen, Theodor (Hrsg.): [Gildas] De Excidio et Conquestu Britanniae. MGH, Auct. Ant. 13: Chronica Minora Saeculorum. Berlin 1898, S. 1–85.

Williams, Hugh (Übers.): Gildae de excidio Britanniae (547). 2 Bde. London 1899, 1901 (Cymmrodorion Record Series 3).

Textauszüge in Chambers (s. o.) S. 234–237.

Phillimore, Egerton (Ed.): The Annales Cambriae and Old-Welsch genealogies from Harleian Ms. 3859. In: Y Cymmrodor 9, 1888, S. 141–183.

Textauszüge in Chambers S. 240–241.

Bibliographien:

Pickford, Cedric E. u. Last, Rex (Eds.): The Arthurian Bibliography. 2 Bde. Cambridge 1981 u. 1983 [zu den historischen Vorstufen Bd. 2].

Bonser, Wilfrid: An Anglo-Saxon and Celtic Bibliography (450–1077). 2 Bde. Oxford 1957.

Kenney, James F.: The Sources for the Early History of Ireland. Vol. 1: Ecclesiastical. New York 1929 (Gildas S. 150–152; Nennius S. 152–155).

Best, R. J.: Bibliography of Irisch Philology and of Printed Irisch Literature. Dublin 1913. Bd. I, S. 253 u. Bd. II S. 168 [Nennius]. Fortsetzung der Bibliographie für die Jahre 1913–1941. Dublin 1942.

Studien:

Collingwood, Robin George and *Myres, John Nowell Linton:* Roman Britain and the English settlements. Oxford 2. ed. 1937. The Oxford History of England. Bd. I, S. 321–324.

Salway, Peter: Roman Britain. Oxford 1981. (The Oxford History of England 1A) [Nachfolgebd. von Collingwood-Myres].

Myres, John Nowell Linton: The Englisch settlements. Oxford 1986 (The Oxford History of England 1B) [zu Artus S. 15–16].

Liebermann, Felix: Nennius, the Author of the ›Historia Brittonum‹. In: Essays in Mediaeval History, presented to T. F. Tout. Manchester 1925, S. 25–44.

Zimmer, Heinrich: Nennius Vindicatus. Über Entstehung, Geschichte und Quellen der Historia Brittonum. Berlin 1893. Rez.: *R. Thurneysen,* ZfdPh. 28, 1896, S. 80–113.

Gransden, Antonia: The Growth of the Glastonbury Traditions and Legends in the Twelfth Century. Journal of Ecclesiastical History 27, 1976, S. 337–358.

Treharne, R. F.: The Glastonbury Legends: Joseph of Arimathea. The Holy Grail and King Arthur. London 1967. 2nd. Ed. 1971.

Duxbury, Brenda and *Williams, Michael:* 1st Part: King Arthur Country in Cornwall.

Wilson, Colin:, 2nd Part The Search for the Real Arthur. St. Teath, Bodmin 1979.

Alcock, Leslie: »By South Cadbury is that Camelot…«. Excavations at Cadbury Castle 1966–1970. London 1972.

Dies.: Arthur's Britain: History and Archaeology AD 367–634. London 1971, 2nd. Ed. Harmondsworth 1973.

Ashe, Geoffrey: The Quest for Arthur's Britain. London, New York 1968, 2. Ed. London 1971 [mehrmals nachgedruckt; dt. Übers.: König Arthur. Die Entdeckung Avalons. Düsseldorf, Wien 1986].

2.2. Geoffrey of Monmouth

Geoffrey (oder Galfrid), wohl Bretone (vielleicht auch Waliser) hat nachweisbar in Oxford und in London gelebt. Vier Werke stammen von ihm: »Libellus Merlini« (ca. 1135, dem Bischof Alexander of Lincoln gewidmet; eine der Prophetien ist an Henry I. gerichtet), »Prophetia Merlini«, »Historia Regum Britanniae« (1135/1138) und die »Vita Merlini«. Geoffrey gilt als der Schöpfer einer erstmals in sich geschlossenen arthurischen Stofftradition.

Da Geoffrey in der »Historia« (über 190 lat. Hss., davon 48 vollständige Hss.) erwähnt, daß er sich auf ein sehr altes Buch stützt, das heute als Pseudo-Geoffrey oder als Variant-Text bezeichnet wird, bestehen trotz einiger Abweichungen begründete Zweifel im Hinblick auf die Eigenständigkeit der Vulgata, wie Geoffreys Text genannt wird *(Hammer)*. Geoffrey erzählt die Geschichte der Briten, die sich über einen Zeitraum von ca. 1900 Jahren erstreckt. Angefangen bei dem mythischen Brutus, einem Urenkel des Aeneas, der dem Land den Namen gegeben haben soll, bis zum letzten König Cadwallader, der nach Plagen, Hungersnöten und nicht enden wollenden Invasionen vom Kontinent Britannien im 7. Jh. den Sachsen überließ. Indem König Arthur ein breiter Raum im Werk eingeräumt wird, bildet er gegenüber den vorangegangenen Herrschern Brutus und Belinus eine Klimax, die mit dem letzten Kapitel über Cadwallader abfällt.

Das Leben und Wirken von König Arthur ist ganz nach dem Schema einer »Heldenvita« *(J. de Vries)* gebaut: ungewöhnliche Geburt, siegreiche Taten und jäher Tod.

Arthur wird durch einen Ehebetrug, der durch einen Gestaltentausch zustande kommt, gezeugt. Im Zentrum der Ereignisse stehen 3 Kriegsphasen, die jeweils mit 3 Friedensphasen alternieren, wobei die 4. Kriegsphase, die breit ausgestaltet ist, mit dem Tod Arthurs endet. Die erste Kriegsphase gliedert sich in 4 Teile, die nach dem Prinzip der Steigerung gebaut sind. In diesem Abschnitt führt er als ›dux bellorum‹ reine Verteidigungskriege, in denen er sich vom unerfahrenen zum erfahrenen Kriegshelden entwickelt. Im 1. Kampf gegen die Sachsen in York erliegt er der List seiner Gegner. Im 2. Kampf in Lincolnshire erringt er zwar einen Sieg, kann seine Feinde aber nicht endgültig schlagen. Seine innere Reifung manifestiert sich dadurch, daß er die gefangenen Krieger frei läßt. In der 3. Schlacht am Mons Badonis tritt er wie Karl der Große als Krieger im Dienste des christlichen Glaubens auf. Der Verteidigungskampf dient nicht nur der Erhaltung der Integrität des Reiches, sondern er soll auch die christlich begründete Herrschaft vor den Heiden bewahren. Jetzt tut sich Arthur als Einzelkämpfer hervor. Die Klimax dieser Defensivkriege bildet die Rückgewinnung des Sees Lumond, der Inbegriff der Integrität des Reiches ist, weil an diesem Ort Adler das Schicksal des Reiches prophezeien. Die anschließende Friedensphase dient der Restitution des durch die Kriege desolat darniederliegenden Reiches. Bezeichnenderweise beginnt Arthur mit der Restitution des kirchlich-religiösen Bereichs, die die Basis seiner Herrschaft bildet. Nachdem er das Bistum erneuert hat, kann er sich der Ordnung im weltlichen Bereich widmen und die von den Sachsen vertriebenen Fürsten wieder in ihre Ämter einsetzen. Als drittes folgt die Festigung seines eigenen Herrschertums durch die Ehe.

Könnte nun gezeigt werden, wie Arthur die Aufgabe als König erfüllt und an ihr reift, so folgt statt dessen die zweite Kriegsphase, die dem Herrscher nicht aufgezwungen worden ist. Nur der Drang nach Expansion seiner Macht treibt Arthur zu diesen Kämpfen. Die Siege, die er bei den Eroberungen Hiberniens und Irlands erringt, tragen ihm den Ruf ein, unschlagbar zu sein.

Gotland ergibt sich kampflos, da es nicht unnötig seine Leute hingemetzelt sehen will. Vorläufig genügt Arthur diese Machtexpansion. 12 Jahre lang hält er Frieden und entfaltet ein prächtiges Hofleben. Doch diese friedliche Zeit birgt den Keim zu neuen Kriegen, da die Landesfürsten ihm nicht trauen und sich auf mögliche Übergriffe militärisch vorbereiten. Es ist also ein Frieden für den Krieg. Diese Vorbereitungen bringen Arthur erst dazu, nun ganz Europa zu erobern. Die dritte Kriegsphase ist dadurch gekennzeichnet, daß Arthur gegen den Willen der eroberten Länder seine eigenen Leute als Regenten einsetzt. Er erobert beispielsweise Norwegen, um seinen angeheirateten Verwandten Lot dem norwegischen Volk aufzuzwingen, obwohl es Riculaf zum König gewählt hatte. Die Eroberung Galliens gelingt Arthur u. a. dadurch, daß er die Krieger des von Rom eingesetzten Tribuns Frolo durch Bestechung für sich gewinnt.

Die dritte Friedensphase bedeutet wiederum eine Steigerung, da Arthur seine Herrschaft offiziell bestätigen läßt und seine überragende Stellung besonders hevorgehoben wird. Zu Pfingsten, einem Fest, dessen zentrale Bedeutung in den späteren Dichtungen beibehalten wird, läßt sich Arthur mit seiner Frau im Beisein aller seiner Vasallen von den Erzbischöfen krönen. Die Stellung Arthurs als König der Könige, die große Prachentfaltung und seine Freigebigkeit auch der Kirche gegenüber wird empfindlich durch die briefliche Herausforderung Roms gestört. Angesichts der uneingeschränkten Macht König Arthurs bedeuten die Forderungen Roms, die ihn zu einem tributpflichtigen Vasallen machen, der nicht anders eingestuft wird, als die Herrscher, die Arthur sich untertan gemacht zu haben glaubt, die Negierung all dessen, was Arthur erreicht zu haben wähnte. Hinzu kommt, daß er sich persönlich für seine Eroberungszüge vor Rom rechtfertigen soll, die als unrechtmäßig deklariert werden, weil er den von diesen Ländern zu entrichtenden Tribut für sich in Anspruch genommen hat. In Rom will man Arthur gemäß seinen Vergehen bestrafen. Arthur berät sich daraufhin mit seinen Vasallen und bringt die grundsätzliche Problematik, die durch diese Forderungen aufgeworfen wird, auf folgenden Nenner: Caesar mag das für eine Gegenwehr zu schwache Land erobert und es unter römische Knechtschaft gebracht haben, doch jetzt herrschten andere Verhältnisse, da das Land unter Arthur wieder erstarkt sei. Das alte (römische) Recht sei durch das neue (arthurische) ersetzt worden, da uneingeschränkt das Recht des Stärkeren gelte. Arthur nimmt daher die Forderung Roms zum Anlaß, in die Offensive zu gehen, um durch einen weiteren Expansionskrieg seine Rechtsauffassung als richtig zu erweisen. Dieser Krieg findet durch die Prophezeiung, daß Arthur das römische Reich erobern werde, eine weitere Legitimation. Wichtig für die spätere dichterische Gestaltung ist, daß Arthur nun mit Wesen aus der Fabelwelt konfrontiert wird. Er muß einen riesenhaften Unhold besiegen, der sich gegen unschuldige und wehrlose Menschen vergeht. Angesichts der Bedrohung von Außen wird Arthur jetzt als helfender und umsichtiger Herrscher dargestellt. Er zeichnet sich nicht nur als kühler Stratege im Kampf aus, sondern auch als christlicher Heerführer, der seine toten Feinde nicht auf dem Schlachtfeld liegen läßt. Vielmehr befiehlt er, daß sie bestattet werden. Im Gegensatz hierzu steht jedoch die Motivation seiner Kriege. Er verteidigt sein Reich nicht gegen Rom, sondern verläßt sein Land, nicht etwa, um es zu schützen, sondern um Expansionskriege zu führen. Als er sein Land in die Obhut seines Neffen Modred gibt, mißbraucht dieser sein Amt und reißt nicht nur die Herrschaft während der Abwesenheit Arthurs an sich, sondern nimmt sich auch die Ehefrau Arthurs zum Weib. Durch diesen usurpatorischen Akt wird das Volk gespalten. Der nachfolgende Bürgerkrieg wird unausweichlich. Arthur hat durch seine Expansionskriege weder die Einheit seines angestammten Reiches erhalten, das er am Anfang so hart erkämpfte, noch sich zum Beherrscher der Welt machen können. Alle gepriesenen Erfolge waren umsonst, da die Spaltung des Reiches die Sachsen wieder stärkt. Ihre Bedrohung besteht also genauso, wie sie vor der Übernahme der Herrschaft durch Arthur existiert hat. Als Arthur im Kampf für die Verteidigung seiner Herrschaft fällt, ist das Schicksal des Reiches besiegelt, da es dem Bürgerkrieg, dem Chaos, anheimfällt.

Es steht heute außer Zweifel, daß Geoffrey das Werk aus aktuellem politischen Anlaß in der überlieferten Form konzipierte, da das Reich nach dem Tode Henry's I. (1. 12. 1135) und nach der Ernennung Stephens zum neuen König, statt der von Henry designierten Mathilda, innerlich völlig zerrüttet wurde. Zeitgenossen, wie Henry of Huntingdon und William of Malmesbury, legen ein beredtes Zeugnis von den inneren Wirren ab. Auf diesem Hintergrund erklären sich Geoffreys ständige Mahnungen zur Einheit der Nation und die zeitbezogenen Anspielungen in den Prophetien. Der Chronist zeichnet zwar das Bild eines ausgezeichneten Kriegers und eines ständig um Frieden bemühten Arthur (vgl. die Gestaltungsweise Theoderichs/Dietrichs in den dt. Chroniken; *R. Wisniewski*, Slg. Metzler Bd. 205), so daß in diesen Teilen Arthur ausgesprochen positiv gesehen wird, aber Geoffrey umgibt diese Erzählung mit dem Rahmen einer außerehelichen Zeugung, die wohl in diesem mittelalterlichen Text als Wurzel unzulänglicher Herrschaft gesehen wird, so daß sich der Sturz Arthurs hieraus zwangsläufig ergeben muß. Denn ausgehend von 2. Samuel 11/12 hängt die Thronfähigkeit von einer rechtmäßigen Ehe und der in ihr gezeugten Kinder ab *(Fritz Kern)*. Parallelen hierfür bieten der ruhmreiche Alexander, Theoderich (vgl. »Kaiserchronik«) und Ortnit (vgl. auch Hercules). Der Fall von König Arthur wird analog zu dem Vergehen seines Vaters nicht nur durch die Usurpation, sondern auch durch Modreds und Guineveres Ehebruch herbeigeführt. Noch deutlicher ist dieser Zug im Lancelot-Zyklus (vgl. »Prosa-Lancelot«) aufgenommen. In diesen Texten ist Mordred Artus' illegitimer Sohn, der die Waffe gegen seinen Vater erhebt und ihn tötet. Der Makel pflanzt sich also vom Großvater auf den Vater fort, bis schließlich das Ende der Herrschaft durch den Sohn herbeigeführt wird. Geoffrey zeigt, wie eine gute Herrschaft aussehen könnte, macht aber ebenso deutlich, wo die Schwächen liegen (vgl. die Anspielung auf die Geldgier Henry's I.). In diesem Zusammenhang darf auch nicht außer acht gelassen werden, daß er in der »Vita Merlini« davor warnt, auf die Rückkehr Arthurs zu warten. Ein König, der nicht dauerhaft die Einheit in England erreichen kann, vermag auch nicht als Vorbild zu dienen, dessen Wiederkehr die Menschheit sehnsüchtig erwartet.

Geoffrey hat mit seinem Werk die chronikalische Tradition in England bis zum Spätmittelalter geprägt. Er begründete aber auch einen Wesenszug in den Dichtungen (z. B. Lancelot-Stoff in den verschiedensten Sprachräumen, zahlreiche Werke in England: z. B. »The Alliterative Morte Arthure« und Malorys »Morte Darthur«, der die gegenwärtige Rezeption bestimmt), der typische Charakteristika der literarischen Gattung der Heldendichtung aufweist, und zu der die realkonkrete Raum- und Zeitgestaltung ebenso gehört wie der politische Hintergrund. Mit Chrétien und den deutschen Dichtern wird der offenkundige nationale und aktuelle Bezug getilgt und die arthurische Welt in eine zeitlose Sphäre gehoben, so daß die Artusdichtung nicht mehr in die Nähe der Heldendichtung gerückt werden kann. Eine neue literarische Gattung wird konstituiert. Aber zumindestens in der Abstraktion bleibt in den deutschen Dichtungen das Thema des guten oder schlechten Herrschertums erhalten. Hierin ist auch eine der Ursachen für die unterschiedliche Sichtweise der Gestalt des Königs Arthur/Artus in den Dichtungen zu sehen, der Eheproblematik und der diversen Herausforderungen des Artushofes, mit denen zahlreiche Werke den Gang der Handlung motivieren.

Literatur

Hammer, Jacob (Ed.): Galfrid von Monmouth. Historia Regum Britanniae. A Variant Version. Cambridge, Mass. 1951.

Faral, Edmond (Ed.): Galfrid von Monmouth. Vita Merlini. La Légende Arthurienne. Études et Documents. Bd. III Paris 1929, S. 305–352.

Griscom, Acton (Ed.): Galfrid von Monmouth. Historia Regum Britanniae. New York, London 1929.

Thorpe, Lewis (Transl.): Geoffrey of Monmouth. The History of the Kings of Britain. Harmondsworth 1966; zahlreiche Nachdr. (Penguin Classics).

Flint, Valerie I. J.: The Historia Regum Britanniae of Geoffrey of Monmouth: Parody and Its Purpuse. A Suggestion. Spec 54, 1979, S. 447–468.

Göller, Karl Heinz: König Arthur in der englischen Literatur des späten Mittelalters. Göttingen 1963 (Palaestra 238); [grundlegende Arbeit für die gesamte chronikalische Tradition].

Pähler, Heinrich: Strukturuntersuchungen zur Historia Regum Britanniae des Geoffrey of Monmouth. Diss. Bonn 1958.
Schirmer, Walter F.: Die frühen Darstellungen des Arthurstoffes. Köln, Opladen 1958 (Arbeitsgemeinschaft für Forschung des Landes Nordrhein-Westfalen. Geisteswissenschaften 13, Heft 73).

Giraldus Cambrensis. Opera. 8 Bde. London 1861–1891 (RS). Bd. 1–4 ed. *J. S. Brewer,* Bd. 5–7 ed. *J. F. Dimock;* Bd. 8 ed. *G. F. Warner.*

Unter dem Einfluß von Geoffrey of Monmouth fügte Geoffrey Gaimar in der »Estoire des Engleis« (um 1147/1151) die Arthurgeschichte ein. Das Werk wurde im Auftrag von Constance, Ehefrau von Robert Fiz-Gislebert von Scrampton, Lincolnshire, geschrieben.

2.3. Wace

Wace, auf der Insel Jersey geboren, studierte in Paris und Caen. Nach 1135 dürfte er den Titel *clerc lisant* verliehen bekommen haben. Sein »Roman de Brut« (14 865 Verse) bzw. die »Geste des Bretons« (nach dem legendären Begründer Britanniens, Brutus benannt, ca. 1154/1155) ist Eleonore gewidmet. Er schrieb nicht nur zahlreiche Heiligenlegenden, sondern verfaßte auch im Auftrag Henry's II. den »Roman de Rou« (Rollo) bzw. die »Geste des Normands«. Er brach dieses Werk ab, da Henry II. offensichtlich seinen Zahlungsverpflichtungen nicht nachkam. Um für weitere materielle Unterstützung zu werben, schrieb er ein 315 Strr. umfassendes Werk im Alexandrinervers, das als »Chronique ascendante« bekannt ist. Die Chronik reicht bis zur Entscheidungsschlacht von Tinchebray (1160), in der Henry II. über Robert Kurzhose siegte und die Normandie wieder mit England vereinigen konnte.

Stofflich stellt sein Brut zwar eine anglonormannische Paraphrase der »Historia« Geoffreys dar, aber mehrere Charakteristika verleihen dem Werk eine eigenständige Bedeutung. Das Hauptmerkmal seiner Bearbeitung ist die Ausgestaltung des Hofes von König Arthur, der *curteisie,* die zum Anziehungspunkt vieler Edlen wird. Die 12 Friedensjahre werden hier genutzt, um den höfischen Glanz breit zu entfalten, nicht aber um die Furcht vor Arthur zu demonstrieren. Durch die höfische Verfeinerung gelangt Arthur zum *afaitement* (V. 9736), das er aus sich heraus und *senz altre enseinement* erreicht. Vor diesem Hintergrund erklärt sich auch, daß Wace als erster die Tafelrunde, die auf kymrische Erzählungen zurückgeführt werden kann, einführt. Ohne Unterschied des Ranges sitzen alle zum Hofe gehörigen Ritter nebeneinander *(assis main)*, und der König nimmt keinen exponierten Platz ein, wie etwa am hohen *dais* (»Perceval«-Fortsetzung) oder in der Mitte des Halbkreises (Walter Map). Arthur wird zu einem Herrscher stilisiert, dessen *virtus, bonitas, probitas* und *largitas* gerühmt werden. Wace gelingt es, den Stoff dem Bereich der Heldendichtung oder der chanson de geste streckenweise zu entreißen und den Übergang in eine neue Gattung zu eröffnen.

Literatur

Lacy, Norris: The form of the Brut's Arthurian Sequence. Jean Misrahi Memorial Volume: Studies in Medieval Literature. Columbia, S. C. 1977, S. 150–157.
Meneghetti, M. L.: Ideologia cavalleresca e politica culturale nel Roman de Brut. Studi di Letteratura francese 3, 1974, S. 26–48.
Arnold, Ivor (Hrsg.): Le roman de Brut de Wace. SATF. 2 Bde., Paris 1938–1940.
Houck, Margaret E.: Sources of the ›Roman de Brut‹ of Wace. Berkeley 1941.
Philpot, J. H.: Maistre Wace. London 1925 [Biographie].
Waldner, L.: Waces Brut und seine Quellen. Diss. Jena. Karlsruhe 1914.

2.4. Laȝamon

Der englische Priester in Ernley (Arley Regis, Worcester) Laȝamon (bzw. Layamon, »Lawman«), dessen alliterierende und in gereimten Distichen verfaßte Chronik »Brut« (16000 Langzeilen) nach dem Tod von Henry II. (1189) und vor 1206 geschrieben sein muß (also um 1200), kehrt wieder zur heroischen Darstellung zurück. Das Werk liegt in zwei unterschiedlichen Redaktionen vor, wobei die Handschrift B den Erzählstoff, der in A doppelt so lang ist wie in Waces Text, deutlich strafft und kürzt. Der Autor stützt sich auf Wace, Beda und kymrisches Erzählgut. Arthur ist kein höfischer Ritter mehr, sondern ein erbarmungsloser Krieger, dem Edelmut und Mitleid fremd sind, der ungezügelte Reden hält und dem seine Gefolgsleute aus Furcht vor grausamen Strafen dienen. Als ein Tumult am runden Tisch ausbricht, bestraft er nicht nur die Unruhestifter erbarmungslos, sondern läßt auch deren Frauen die Nase abschneiden. Die ganze Welt erzittert vor ihm (*swulche weoren his custes that al volc hit wuste*, V. 19958–59). Wenn der Glossator der »Historia Britonum« (Hs. B) vermerkt, Arthur [...] *a puericia sua crudelis fuit*, dann arbeitet er letztlich nur die subtile Aussage Geoffreys heraus. Alle Züge, die Arthur als bedächtigen, gesitteten König zeigen, sind getilgt. Statt dessen ist sein Schicksal von Anfang an determiniert. Von seiner übernatürlich-mythischen Geburt an ist er vom Zauber der Elfen umgeben, die ihn in einem *wyrd-/wurd*-ähnlichen Fatum das Leben lang begleiten. Die Elfen empfangen Arthur, verzaubern ihn und geben ihm ihre Gaben, damit er der mächtigste König wird. Gemäß diesem Determinismus ist alles irgendwie vorausbestimmt, da nach seiner übernatürlichen Geburt sein Leben von Prophezeiungen, Visionen und Träumen begleitet wird und Arthur ständig in Kontakt mit Elfen steht. Sein Tod ist daher auch nicht endgültig. Er geht zur Elfenkönigin von Avalun, Argante, die ihn von seinen schweren Verletzungen heilen soll, damit er wieder in sein Königreich zurückkehren kann.

Geoffreys of Monmouth Heldenvita und Waces Höfisierung haben die Eckbausteine für die beiden divergierenden Überlieferungszweige der Artusdichtung geschaffen. Laʒamons »Brut« kann dagegen als eine Vergröberung der heroischen Intention des Stoffes verstanden werden, dem eine nachhaltige Resonanz versagt blieb. Die neuzeitliche Rezeption beweist allerdings, daß die Tradition der Heldenvita letztlich stärker gewesen ist als die höfisch-ethisch-philosophische.

Literatur

Brook, G. L. and *Leslie, R. F.:* Laʒamon ›Brut‹. EETS, OS 250, 1963.
Madden, Frederick (Hrsg.): Laʒamon's Brut, or Chronicle of Britain. 3 Bde., London 1846.
Mason, Eugene (Trans.): Arthurian Chronicles by Wace and Layamon. London, New York 1912. Repr. With Introduction by *Gwyn Jones* 1962 (Everyman's Library); zahlreiche Nachdrucke.

O'Skarkey, Eithne: King Arthur's Prophetic Dreams and the Role of Modred in Layamon's ›Brut‹ and the Alliterative ›Morte Arthure‹. R 99, 1978, S. 347–362.
Pilch, Herbert: Layamons ›Brut‹. Eine literarische Studie. Heidelberg 1960 (Anglistische Forschungen 91).
Schirmer, Walter F.: ›Laʒamon's Brut‹. MHRA 29, 1957, S. 15–27.
Gillespy, Frances L.: Layamon's ›Brut‹. A Comparative Study in Narrative Art. Univ. of California Publ. in Mod. Phil. 3,4, Berkeley 1916, S. 361–510.

III. Hochhöfische Artusdichtungen

Etwa« 30 bis 35 Jahre nach Geoffrey of Monmouth und nur ca. 10 Jahre nach Wace entsteht in Frankreich durch Chrétien de Troyes (bzw. Chrestien) eine epische Dichtung, die den arthurischen Stoff ganz neu faßt. Warum gerade Frankreich diese bretonische heroische Gestalt in das Zentrum der neuen literarischen Gattung stellt, die die Bearbeitungen antiker Stoffe (Troja, Alexander) langsam ablöst und die nicht der Gattung der Heldendichtung (chanson de geste) zuzuordnen ist, läßt sich heute immer noch nicht schlüssig beantworten, da wegen der gesamteuropäischen Verbreitung des Stoffes rein nationale Gründe zur Erklärung nicht ausreichen. Mehrere Faktoren waren für die Ausbildung dieser langlebigen Gattung von Bedeutung:

1. Es entstand die höfisch-ritterliche Kultur *(courtoise)* mit ihrer Verfeinerung der Sitten und Gebräuche. Für den französischen und anglonormannischen Sprachraum, der sprachlich und politisch eng verklammert war, übten folgende Zentren einen entscheidenden Einfluß auf das kulturelle und geistige Leben aus: a) Der Pariser Hof Ludwigs VII. (1137–1180); der König war ab 1137 bis zur Annulierung der Ehe mit Eleonore von Poitou verheiratet. b) Der Hof des Grafen von Champagne, der seit 1164 mit Marie (1145–1198), der Tochter des französischen Königs und Eleonores verheiratet war und die die Gönnerin Chrétiens war. c) Der mächtige Londoner Hof Henry's II. (1154–1189) und Eleonores von Poitou, die Henry vor der Thronbesteigung 1152 geheiratet hatte. Dieser Hof war eines der größten Kulturzentren und von ihm gingen entscheidende Impulse aus, da Henry namhafte Gelehrte (Theologen, Rechtsgelehrte, etc.) an seinen Hof zu binden wußte. Eine volkssprachige englische Rezeption des arthurischen Stoffes war unter den Anglo-Normannen undenkbar. Sie entstand erst im 14. Jh. d) Der Hof Philipps von Flandern, der weitreichende verwandtschaftliche Beziehungen hatte, u. a. mit dem Haus Hennegau. Chrétiens »Perceval« verdankt dieser Beziehung seine Entstehung. – So klar die Kulturzentren im französischen Raum erkennbar sind, so vage sind sie in Deutschland, wo Landgrafen und Fürsten Träger der

Dichtungen waren. Da kaum ein Werk direkt einem Gönner gewidmet ist, lassen sich nur Aussagen über wahrscheinliche Vermittler der arthurischen Tradition machen, z.B. Landgraf Hermann I. von Thüringen, die Grafen von Wertheim (vgl. Wolfram); das Geschlecht der Andechser-Meranier, die Grafen von Henneberg (vgl. Wirnt); die Grafen von Zollern-Hohenberg, die Freiherrn von Tengen, die Herzöge von Zähringen (vgl. Hartmann). Dies hängt nicht nur mit der politischen Struktur zusammen, sondern auch mit dem durch sie bedingten ›Reisekönigtum‹, das erst langsam durch die Territorialisierung zu einem ›Residenzkönigtum‹ wurde. Höfe in Wien, Goslar, Eisenach, München waren die Ausnahme.

2. Mit der Höfisierung bildete sich eine neue Minneideologie heraus, die Frankreich und dann auch Deutschland erfaßte. Um 1185 hat Andreas Capellanus in seinem Werk »De amore libri tres« diese sog. Doktrin zusammenfassend dargestellt.

3. Der Kontakt zu kymrischem Erzählgut (auf welchem Wege dies auch geschah) brachte neue Motive und Perspektiven für die Dichtungen.

4. Das theologisch-philosophische Gedankengut der Scholastik wirkte ebenfalls auf die Gestaltung der Dichtungen ein. Inwieweit bestehende Gattungen (chanson de geste und antiker Roman) die Form und Konzeption der neuen Dichtungen beeinflußte, ist umstritten.

Die Gruppe der hochhöfischen Artusdichtungen ergibt sich primär durch die Datierung der Werke. Wenn auch Texte wie Ulrichs »Lanzelet« oder Wirnts »Wigalois« in der früheren Forschung aus dieser literarischen Epoche ausgeschlossen wurden, gehören sie doch aufgrund ihrer Entstehungszeit zu diesem Kanon von 12 Werken (7 französische und 5 deutsche). Aber auch inhaltliche Kriterien weisen darauf hin, daß diese Werke ein und derselben Epoche zugeordnet werden können. Forschungsgeschichtlich lag bisher der Schwerpunkt auf den Werken Chrétiens, Hartmanns und Wolframs, so daß sie auch die Grundlage für die Gattungsbestimmung bildeten.

1. Frankreich

Die erste Phase der Artusdichtung erstreckt sich etwa über den Zeitraum von 1160–1190. Sie wurde im Wesentlichen in Frankreich von nur einem Autor, nämlich Chrétien de Troyes, geprägt. Chrétien hat durch seine 5 überlieferten Werke strukturell, d.h. formal wie inhaltlich, den Weg für viele Variationsmöglichkeiten des Stoffes in späterer Zeit gewiesen.

Artus fand auch Eingang in die Gattung der Lais. Obwohl die Datierung nicht unproblematisch ist, spricht einiges dafür, den »Lai du Cor« von Robert Biket und den »Lai de Lanval« von Marie de France der Chrétienschen Zeit zuzurechnen. Der Begriff ›Lai‹ ist von irisch *laid* »Lied, Weise, Gesang« abgeleitet und bezeichnet ursprünglich einen von verschiedenen Instrumenten begleiteten Text (Melodien sind nicht überliefert). Die Lais sind Kurzerzählungen und haben eine bestimmte *aventure* oder eine Episode aus dem Leben einer Sagengestalt oder ein herausragendes Ereignis zum Inhalt.

1.1. Robert Biket

Über den Autor des »Lai du Cor« ist nichts bekannt. Wahrscheinlich war er Anglonormanne. Die Datierung des Lais ist problematisch. Während einige Forscher glaubten, die Entstehung des Textes nach Chrétien und Marie de France ansetzen zu müssen (zw. 1190 u. 1204), sprechen doch zahlreiche Gründe dafür, ihn zwischen 1155/1160 zu datieren. Denn Robert Biket verwendet statt des üblichen achtsilbigen Versmaßes ein sechssilbiges. Die erwähnten Personennamen deuten darauf hin, daß er Waces »Roman de Brut« gekannt hat.

Der Lai erzählt von einer Keuschheitsprobe, die am Artushof durch ein Trinkhorn erfolgt. Nur derjenige, dessen Gemahlin wirklich treu ist, vermag das Horn zu leeren. Artus nimmt die Prüfung als erster auf sich und begießt sich von oben bis unten mit dem Wein. Daraufhin will der König Guenievre mit einem Messer zu Leibe rücken. Die Ritter können ihn mit Mühe von seinem Vorhaben abbringen, indem sie darauf hinweisen, daß es wohl keine Frau gibt, die nicht einmal in Gedanken untreu gewesen ist. Danach versuchen viele Ritter des Artushofes, die Probe zu bestehen, aber alle scheitern. Erst Garadue aus Cirencester kann das Horn leeren, ohne einen Tropfen zu vergießen. Seine innere Vollkommenheit entspricht seiner äußeren Schönheit (Kalokagathie), so daß sich die mittelalterliche Auffassung bestätigt (vgl. Scotus Eriugena), daß das Schöne mit dem Wahren und Guten identisch ist. Garadue erhält das Horn als Geschenk für seine Frau.

Der Name des Ritters Garadue (gemäß der Hs., Bodleian Lib., Digby 86), im Walisischen Caradawc Vreichvras (»Waffen-Stark«), im Bretonischen Karadoc Brech Bras und in Chrétiens »Erec« Caradué Briebraz (V. 1689), ist ein sprechender Name: aus *vreich/breich* wurde frz. *brie(f)* »kurz« und aus *vras* wurde frz. *bras* »Arm« =

»Kurz-Arm«. In der französischen Tradition wird diese Keuschheitsprobe unter starken Veränderungen in die erste Fortsetzung
von Chrétiens »Perceval« aufgenommen. In Deutschland läßt Heinrich von dem Türlin »Diu Crône« mit der Hornprobe beginnen.

Wenn dieser Text vor Chrétien zu datieren ist, dann stellt er das
erste dichterische Zeugnis dar, in dem Artus nicht nur nicht idealisiert, sondern außerordentlich negativ gezeichnet wird. Artus ist
durch seine Ehefrau unvollkommen und glaubt, wenn er dieses
Hindernis eliminiert, dem ethischen Ideal der Tugendprobe zu entsprechen. Dabei vergißt er, daß er, gemäß der hochhöfischen Dichtung, nie allein als König, sondern nur im Verbund mit seiner Frau
idealer Herrscher sein kann, was die Tugendprobe auch bestätigt.

Der anonyme »Lai Mantel mautaillé« (s. S. 131 f.) beschreibt
ebenfalls eine Tugendprobe. Jede Frau, die irgendwelche Fehler im
ethischen Bereich besitzt, kann den Mantel nicht anziehen, da er ihr
nicht paßt. Entweder sind die Ärmel zu kurz bzw. zu lang oder die
Länge des Mantels paßt nicht zur Körpergröße der Trägerin. Nur
der vollkommenen Dame paßt dieses Kleidungsstück so, als wäre es
für sie maßgeschneidert (Vgl. Ulrichs von Zatzikhoven »Lanzelet«,
Mǫttuls saga).

1.2. Marie de France

Über diese Dichterin wurden die unterschiedlichsten biographischen Spekulationen angestellt. Sicher ist, daß sie sehr belesen war
und mehrere Sprachen beherrschte. Von ihr stammen 12 Lais (zwischen ca. 1160 und 1189), 102 Fabeln unter dem Titel »Esope« (um
1180) und Legendendichtungen (»L'espurgatoire de Seint Patriz«,
um 1190). Die Lais sind wohl Henry II. von England gewidmet.
Man vermutet, daß Marie entweder mit Marie de Champagne, der
Tochter Eleonores von Poitou und Ludwigs VII. von Frankreich,
oder mit der Tochter Geoffrois Plantagenet, des Schönen, von An-
jou (1113–1151), einer Halbschwester Henry's II., zwischen 1181
und 1216 als Äbtissin von Shaftesbury urkundlich bezeugt, zu iden-
tifizieren ist. Beweisen läßt sich keine der zahlreichen Thesen.

Obwohl die Lais alle eine in sich geschlossene Handlung besitzen,
bilden sie ein zusammenhängendes Corpus, da Marie stets zu Anfang an den vorangegangenen Lai anknüpft. Der Lai »Lanval«, in
dem der Ritter die Schönheit der Geliebten nicht preisen darf (vgl.
»Gauriel« und Füetrers »Seifrid de Ardemont«, stark abgewandelt
auch in Füetrers »Poytislier«) ist bis heute nicht sicher zu datieren.
Einige Forscher datieren ihn in die Zeit nach Chrétien. Auch in

diesem Lai findet sich ein negatives Bild von König Artus und seiner Gattin.

Der Königssohn Lanval ist in die Dienste König Artus' eingetreten, ohne aber wie die anderen Ritter dafür belohnt zu werden. Um am Hofe leben zu können, mußte er deshalb seinen eigenen Besitz aufzehren und ist nun mittellos. Wegen seiner außergewöhnlichen Taten beneiden ihn allerdings die Höflinge. Da trifft er das überaus schöne Mädchen, das bereits auf ihn gewartet hat. Sie verheißt ihm, daß er nun keine materielle Not mehr zu leiden brauche und sie, für andere unsichtbar, auf sein Verlangen immer bei ihm sein werde. Bedingung ist jedoch, daß er keinem etwas von dieser Liebe erzählt und ihre Schönheit nicht lobt. Es kommt zur Liebesvereinigung. Lanval muß von ihr Abschied nehmen. Zu Hause kann er im Überfluß leben. Eines Tages, während er sehnsuchtsvoll an seine Geliebte denkt, tritt die Königin hinzu und bietet ihm ihre Liebe an. Da er sie abweist, wirft sie ihm Homosexualität vor. Da kann sich Lanval nicht zügeln und preist die Schönheit seiner Geliebten. Die Königin verleumdet ihn bei König Artus und erklärt, daß Lanval sie verführen wollte. Artus besteht sofort auf einer öffentlichen Rechtfertigung, andernfalls werde er ihn verbrennen oder hängen lassen. Nach großen Beratungen wird ein Gerichtstag festgesetzt, auf dem beschlossen wird, daß er beweisen müsse, daß er eine Geliebte habe. Lanval ist untröstlich, da er seine Liebe verspielt hat und deshalb glaubt, den Beweis nicht antreten zu können. Artus treibt die Versammlung zur Eile an, ihr Urteil zu fällen. Im allerletzten Moment erscheint Lanvals Geliebte, deren Schönheit alle überwältigt und versichert, daß die Königin Unrecht hatte, da nur sie Lanval geliebt habe. Sie reitet davon. Da schwingt sich Lanval hinter sie auf das Pferd. Keiner hat je etwas danach über Lanval gehört. Beide sollen entrückt in Avalon leben.

Der aufbrausende Zorn von König Artus (vgl. die späteren frz. Dichtungen), die Verletzung der Tugend der *largesse*, und seine Leichtgläubigkeit, rücken ihn in die Nähe eines willkürlich handelnden Tyrannen. Hierzu paßt das Bild der Ehefrau, die Lanval durch den Verführungsversuch zum Treuebruch gegen den Herrn treiben will und ihn dann auch tatsächlich dieser Tat bezichtigt. Artus und die Königin bilden einen scharfen Kontrast zu Lanval und seiner Fee, die die Benachteiligung des Ritters beseitigt und mit ihm die reine Liebe verkörpert.

Ausgaben u. Übersetzungen

Erickson, C. T. (Ed.): The Anglo-Norman Text of ›Le Lai du Cor‹. Oxford 1973 (ANTS 24).
Rychner, Jean (Ed.): Marie de France: Le Lai de Lanval. Texte critique et édition diplomatique des quatre manuscrits francais. Genf, Paris 1958.
Schirmer, Ruth (nhd. Übers.): Marie de France. Novellen u. Fabeln. Nachwort v. Kurt Ringger. Zürich 1977 (Manesse Bibliothek).

Mickel, Emanuel J., Jr.: Marie de France. New York 1974.

Ringger, Kurt: Die Lais. Zur Struktur der dichterischen Einbildungskraft der Marie de France. Tübingen 1973 (Beih. zur ZfrPh. 137).

Rychner, Jean: Les Lais de Marie de France. Paris 1971.

Baum, Richard: Recherches sur les oeuvres attribuées à Marie de France. Heidelberg 1968 (Annales Universitatis Saraviensis. Reihe: Philos. Fakultät 9).

Baader, Horst: Die Lais. Zur Geschichte einer Gattung der altfranzösischen Kurzerzählungen. Frankfurt M. 1966 (Analecta Romanica 16).

Hoepffner, Ernest: The Breton Lais. ALMA 1959, S. 112−121.

Francis, E.-A.: The Trial in Lanval. In: Studies in French Language and Medeaeval Literature presented to Prof. M. K. Pope. Manchester 1939, S. 115−124.

Hoepffner, Ernest: Les Lais de Marie de France. Paris, Nizet 1935, [2]1966.

1.3. Chrétien de Troyes

Über Chrétiens Leben ist wenig bekannt. Als sicher kann gelten, daß er am Hofe der Marie de Champagne längere Zeit wirkte (vielleicht ab 1164) und daß er sein unvollendet gebliebenes Werk »Perceval« Philipp von Flandern widmete, so daß anzunehmen ist, daß er den Ort seines Wirkens (vielleicht nach dem Tod Heinrichs von Champagne 1181?) gewechselt hat. Daraus ergeben sich die hypothetischen Lebensdaten von ca. 1135−1190. Über seine Stellung ist viel spekuliert worden. Er sei Jurist *(W. Wilmotte)*, Waffenherold *(G. Paris)*, Kleriker, ja sogar ein konvertierter Jude *(U. T. Holmes)* gewesen. Unbezweifelt ist, daß er eine fundierte Ausbildung genossen haben muß, wenngleich meist bezweifelt wird, daß er Kleriker war. Man ist sich heute über die Chronologie seiner Werke mehr oder minder einig, ihre Datierung hingegen ist immer noch umstritten: »Erec« (um 1165 oder um 1170), »Cligès« (nach 1172?, aufgrund der zeitgeschichtlichen Anspielungen die einzige relativ gesicherte Datierung), »Lancelot« bzw. »Le Chevalier de la Charrette« (um 1175/80 oder früher?), »Yvain« bzw. »Le Chevalier au Lion« (um 1180?), »Perceval« (zwischen 1182 und 1190?). Aufgrund der Bemerkungen im »Cligès« werden Chrétien 4 frühere Werke zugeschrieben, die nicht erhalten sind: a) »Commandemanz Ovide et l'art d'Amors«; b) »Le Mors de l'espaule«; c) eine Tristan-Dichtung und d) »De la Hupe et de l'Aronde et del Rossignol la muance«.

1.3.1. Überlieferung, Ausgaben und Übersetzungen

Gesamtausgabe u. Übersetzung:

Foerster, Wendelin: Christian von Troyes. Sämtliche erhaltene Werke. 4 Bde. Halle 1884–1899. [I. »Cligès«, II. »Yvain«, III. »Erec et Enide«, IV. »Lancelot«].

Comfort, W. W. (Übers.): C. d. T. Arthurian Romances. London, New York 1914, Nachdr. zuletzt 1975 (Everyman's Library No. 698) [engl. Übersetzung aller Werke außer »Perceval«].

A. *»Erec«* (6879 Verse)

7 Hss., bes. wichtig Paris B. N. fr 794 u. B. N. 1450 13. Jh.; 4 Frgme 13. Jh.

Roques, Mario: C. d. T. Les Romans I: Erec et Enide. Paris 1952 (CFMA 80) [nach Hs. fr. 794].

Gier, Albert (Hrsg. u. Übers.): C. d. T. Erec et Enide. Stuttgart 1987 [zwei- sprachige Ausgabe: afrz./nhd.].

Kasten, Ingrid (Hrsg. u. Übers.): C. d. T. Erec und Enide. München 1979 (KTRM 17).

B. *»Cligès«* (6784 Verse)

7 Hss., 5 Frgme. Wichtig die Hs. Paris B. N. fr. 794 u. das Frgm. Annonay. Foersters Ed. Leit-Hs. B. N. fr. 1374)

Micha, Alexandre: C. d. T. ›Cligès‹. Paris 1957 (CFMA 84) [nach Hs B. N. fr. 794].

Ders.: neufrz. Übers. Paris 1957, Neudr. 1981.

C. *»Lancelot«,* bzw. »Chevalier de la Charrette« (7134 Verse)

6 Hss., die nicht alle vollständig sind aus dem 13. u. 14. Jh.

Rahilly, Léonard J.: La tradition manuscrite du ›Chev. d. l. Ch.‹ et la manuscrit Garret 125. R 95, 1974, S. 395–413.

Roques, Mario (Ed.): Bd. IV. Paris 1958 (CFMA 86)

Kibler, William W. (Ed. and Transl.): C. d. T. Lancelot or The Knight of the Cart. New York, London 1981.

Jauss-Meyer, Helga (Hrsg. u. Übers.): C. d. T. Lancelot. München 1974 (KTRM 13) [zweisprachige Ausgabe: afrz./nhd.].

D. *»Yvain«* (6818 Verse)

7 Hss. vollständig, 3 Frgme. Wichtigste Hss.: P (Paris B. N. 1433, 13. Jh., pikardisch); V (Vatican Reg. Lat. 1725, 2. H. 13. Jhs.); An (Annonay, um 1200, champagnisch, 3 Frgme, insges. 758 Verse).

Foerster, Wendelin: Der Löwenritter. Halle 1891, ⁴1912. Nachdr. mit Ver- besserungen von T. B. W. Reid: Chrétien de T., Yvain. Manchester 1943, ²1948.

Rahilly, Leonard: La tradition manuscrite du ›Chevalier au Lion‹ et le manuscrit Garrett 125. R 99, 1978, S. 1–30.

Roques, Mario (Ed.): Crétien d. T. Les Romans IV: Le Chevalier au Lion (Yvain) après la copie de Guiot. Paris 1960, Neudr. 1981.

Nolting-Hauff, Ilse (Hrsg. u. Übers.): C.d.T. Yvain. München 1962 (KTRM 2) [zweisprachige Ausgabe: afrz./nhd.]. Zahlreiche Übers. ins Engl. u. Frz.

E. *»Perceval«* bzw. *»Le Conte du Graal«* (9698 Verse)
16 Hss. insgesamt, davon einige Frgme.; 11 aus dem 13. u. 5 aus dem 14. Jh.
Hilka, Alfons (Hrsg.): Der Percevalroman. Halle 1932 [mit Kommentar]. Weitere Ausg. von Roach, William, Genève 1956, ²1959 (TLF) (nach Hs. B. N. fr. 12576) und Lecoy, Félix, 2 Bde. Paris 1973 u. 1975 (CFMA 100, 103) (nach Hs. B. N. fr. 794).
Cline, Ruth Harwood (engl. Übers.): C.d.T. Perceval, or the Story of the Grail. New York, Oxford 1983.
Sandkühler, Konrad (dt. Übers.): C.d.T. Perceval oder die Geschichte vom Graal. Stuttgart ⁵1976.

Allgemeine Literatur

GRLMA (Hrsg. *Jean Frappier* u. *Reinhold R. Grimm*) Vol. IV, 1/2: Le Roman jusqu'a la fin du XI–IIᵉ. Heidelberg 1978 u. 1984. Darin: *Alexandre Micha:* C.d.T. Bd. IV, 1, S. 231–264. Oeuvres et Chritiques. Bd. V: Réception critique de l'oeuvre de C.d.T. Paris 1981.
Kelly,Douglas (Ed.): The Romances of Chrétien de Troyes: A Symposium. Lexington, Ky. 1985 (The Edward C. Armstrong Monographs on Medieval Lit. 3) [mit Auswahlbibliographie].
Kelly, Douglas: Chrétien de Troyes. An Analytic Bibliography. London 1976 (Research Bibliographies & Checklists).

Grout, P. B., Lodge, R. A., Pickford, C. E., Varty, E. K. C. (Ed.): The Legend of Arthur in the Middle Ages. Studies pres. to A. H. Diverres. Woodbridge, Suffolk 1983.
Bullock-Davies, Constance: Chrétien d. T. and England. AL 1, 1981, S. 1–61.
Topsfield, L. T.: Chrétien de Troyes. A Study of the Arthurian Romances. Cambridge 1981.
Green, D. H.: Irony in the Medieval Romance. Cambridge 1979.
Köhler, Erich (Hrsg.): Der altfranzösische höfische Roman. WdF 425, WBG Darmstadt 1978.
Carasso-Bulow, Lucienne: The ›Marvelleux‹ in Chrétien d. Ts' Romances. Genf 1976 (Histoire des idées et critique littéraire 153).
Heitmann, Klaus (Hrsg.): Der französische Roman vom Mittelalter bis zur Gegenwart. Düsseldorf 1975 [Bd. I zu Chrétien].
Zaddy, Z. P.: Chrétien Studies: Problems of Form and Meaning in ›Erec‹, ›Yvain‹, ›Cligès‹ and the ›Charette‹. Glasgow 1973.
Brand, Wolfgang: Chrétien de Troyes. Zur Dichtungstechnik seiner Romane. München 1972 (Freiburger Schr. z. Rom. Philologie 19).

Kelly, Douglas: Gauvain and Fin'Amors in the Poems of Crestien d.T. In: Studies in Philology 67, 1970, S. 453–460.

Wolf, Alois: Die ›adaptation courtoise‹. Kritische Anmerkungen zu einem neuen Dogma. GRM 57, 1977, S. 257–283.

Köhler, Erich: Ideal und Wirklichkeit in der höfischen Epik. 1956, 2. erg. Aufl. Tübingen 1970 (Beih. zur ZfrPh. 97).

Hofer, Stefan: Chrétien de Troyes. Leben und Werke des altfranzösischen Epikers. Graz, Köln 1954.

Loomis, Roger Sherman: Arthurian Tradition and C.d.T. New York, London 1949. Nachdr. London ³1961.

Bezzola, Reto R.: Les sens de l'aventure et de l'amour. Paris 1947. Dt. Kurzfassung, Reinbeck 1961.

Frappier, Jean: C.d.T.: l'homme et l'oeuvre. Paris 1957 (Connaissance des Lettres 50).

Nitze, William A.: The Character of Gauvain in the Romances of Chrétien d.T. MP 50, 1952/53, S. 219–225.

Fourrier, Anthime: Encore la chronologie des oeuvres de C.d.T. BBSIA 2, 1950, S. 69–88.

Adolf, Helen: A historical background for Chrétien's Perceval. PMLA 58, 1943, S. 597–620.

Cartellieri, A.: Philipp August und Graf Philipp v.Flandern. Leipzig 1899 (Habil. Schr.).

Immer noch ist es umstritten, woher Chrétien die Stoffe und Motive für seine Epen nahm. Die drei extremen Positionen, die in der Vergangenheit vertreten wurden, sind: a) die Werke beruhen auf Chrétiens eigener Erfindung (*Wendelin Foerster*, Edition 1888–1899), b) sie sind gänzlich keltischen Ursprungs (*Roger Sherman Loomis* 1949) und c) sie stützen sich auf antike Stoffe (*C. B. Lewis* 1922), werden in ihrer Ausschließlichkeit heute nicht mehr akzeptiert. Sicher ist, daß Chrétien Geoffreys »Historia« und Waces »Brut« gekannt haben muß. Die Abhängigkeit von einer walisisch-kymrischen Tradition ist deshalb nicht eindeutig zu klären, weil die Texte meist erst aus dem 14. oder 16. Jh. stammen, folglich vielleicht sogar erst eine Rezeption der Bearbeitungen Chrétiens darstellen. Allerdings ist bekannt, daß sich zu Beginn des 12. Jhs., möglicherweise schon am Ende des 11. Jhs. in Wales eine Arthurtradition ausbildete. Da es aus sprachlichen Gründen unwahrscheinlich ist, daß Chrétien direkt Zugang zu diesen Quellen hatte, müssen andere, heute nicht mehr nachvollziehbare Überlieferungskanäle bestanden haben, aus denen der französische Dichter schöpfte. Hierzu ist auch der Motivschatz der antiken Epen zu rechnen. Noch ein anderer Gesichtspunkt, der in der Forschung diskutiert wurde, ist bemerkenswert. Es fällt auf, daß die chanson de geste, in der Kaiser Karl die Zentralgestalt bildete, als literarische Gattung an Bedeutung verlor und daß auch das Interesse an den antiken Stoffen geringer wurde. In dieses sich bildende Vakuum sei Artus getreten. Die zwölf *pairs de France* seien durch die Tafelrunde ersetzt und Artus zum idealen Zentralkönig stilisiert worden, auf den hin sich alles orientiert. Die Prinzipien edelsten menschlichen Sittlichkeitsstrebens, *chevalerie, leauté, justise, honor, usage, foi, coustume, don, largesce* werden in ihm ebenso verkörpert wie menschliche Schwächen und Unzulänglichkeiten. Inwieweit die arthurische Dichtung in Frankreich auch als politisches Programm aufgefaßt wurde und damit noch den Hintergrund ihrer Entstehung bewahrte, ist umstritten.

Wie kaum ein anderer Dichter hat sich Chrétien theoretisch in seinen Werken geäußert. Seinem Vokabular entstammt die Unterscheidung von *matière, sens* (z. B. »Lancelot« V. 25) und *conjointure* (z. B. »Erec« V. 9–22). Wurden diese Begriffe in der Vergangenheit viel diskutiert, so ist man sich heute über die Definitionen relativ einig. Die *matière* verweist auf die stoffliche Vorlage, vergleichbar dem Hinweis auf das *welsche buoch* in der deutschen Artusepik. *Sens* bezieht sich auf die Deutung, auf die *signification*, den Grundgedanken der Erzählung. In der Karrenrittererzählung verwendet Chrétien noch einen weiteren Begriff, nämlich *antancïon* (V. 29), der sich vielleicht von *sens* darin unterscheidet, daß hier stärker die Intention des Autors hervorgehoben wird, sein Bemühen, die Bedeutung des Stoffes zu glossieren bzw. erläuternde Hinweise zu geben. Kontrovers ist der Terminus *conjointure* behandelt worden. Ob u. a. auch stilistische Kriterien hierunter fallen, mag dahingestellt sein, zentral ist wohl, daß der Begriff auf die Handlungsverknüpfung zielt (›story pattern‹) und die Kohärenz der Struktur bezeichnet.

Abgesehen von der Doppelkomposition und der Zweiteilung der Handlung (s. S. 56 f.), gehören die Artusszenen zum Bauprinzip der Chrétienschen Dichtungen. Der Artushof (vgl. die graphischen Darstellungen bei *Köhler* 1970, S. 257–261) setzt die Zäsuren im Geschehnisablauf. Von ihm geht die Handlung aus oder zu ihm strebt sie hin, so daß an den Artusszenen die Gewichtung der Handlungsteile ablesbar ist. Im »Erec« finden sich 3 Haupt-Artusszenen u. eine Zwischeneinkehr; im »Cligès« stehen die beiden Hauptszenen am Anfang, denen aber 2 Nebenszenen folgen; der »Lancelot« weist am Anfang und am Ende die Hauptszenen auf, wobei die Nebenszene dem Schluß fast unmittelbar vorgelagert ist; der »Yvain« besitzt drei Hauptszenen, zwei im 1. Teil u. eine kurz vor dem Ende des Romans; im unvollendet gebliebenen »Perceval« bildet der Artushof ebenfalls dreimal einen zentralen Fixpunkt in der Handlung.

Chrétien ist es gelungen, aus dem Kriegsherrn der chronikalischen Tradition eine Artusgestalt zu schaffen, die zum Kristallisationspunkt *(primus inter pares)* des höfischen Rittertums wird. Die *costume* (Brauch, Sitte im positiven wie im negativen Sinne) gehört ebenso zum festen Bestandteil des arthurischen Lebens, wie das Ideal der *courtoisie*, Inbegriff der Leitlinien ritterlichen Wohlverhaltens (vgl. Raoul de Houdenc, der von der göttlichen Herkunft der *courtoisie* spricht; *Gustave Cohen:* Histoire de la chevalerie en France au moyen âge. Paris 1949, S. 146). Die Problematisierung von Ehe und Minne (bzw. Minnekonventionen) und die Suche *(queste)* nach religiösen Bezügen des Menschen, entfalten durch die *aventure* in den Epen ein Bild der *chevalerie*, welches den Unzulänglichkeiten ein ethisch-religiöses Ideal des ritterlichen Menschen entgegenstellt, das Vorbild für die Verfaßtheit einer Gemeinschaft sein soll.

1.3.2. Die einzelnen Werke

A. »Erec«

Der »Erec« ist vielleicht für den englischen König Henry II. und Eleonore verfaßt worden. Da der Stoff in 3 weiteren Textzeugnissen rezipiert wurde (Mabinogi »Gereint«, Hartmanns »Erec« und Erex saga), die Abweichungen gegenüber Chrétien aufweisen, vermutet man, daß noch andere Versionen dieses Stoffes bestanden haben.

Im Gegensatz zu Hartmann erzählt Chrétien die Geschichte des Ritters, der beleidigt wird, sich rächt und Enide gewinnt, seinen ritterlichen Pflichten nicht nachkommt und sich auf der mit seiner Frau gemeinsam unternommenen *aventure*-Fahrt bewährt (s. S. 64 f.), in außerordentlich straffer Weise und verweilt nur an entscheidenden Handlungsknotenpunkten. Einige markante Abweichungen Chrétiens gegenüber Hartmann allein auf der Handlungsebene weisen bereits auf die unterschiedliche Konzeption hin: Erec reitet zwar mit einem Schwert bewaffnet in Begleitung der Königin, aber Lanze u. Schild fehlen ihm. Beim *geiselslac* hält er sich weise zurück, da nach seiner Ansicht, Unbesonnenheit Kühnheit nicht ersetzt. Der Vater Enides wartet auf einen König oder Grafen als Mann für seine Tochter. Erec besteht darauf, sein eigenes Schwert und sein Pferd zu nehmen, nur die übrige Rüstung läßt er sich von Enides Vater geben. Vor dem Aufbruch zu der *aventure*-Kette kommt es zu einem Dialog zwischen Vater und Sohn. Erec lehnt jede Hilfe für seine Fahrt ab, obwohl der Vater darauf hinweist, daß ein Königssohn nicht allein reiten soll. Morgain heilt Erec in der Zwischeneinkehr am Artushof mit einem Pflaster, von einem Teufelswerk ist keine Rede. Die Befreiung der 80 Witwen fehlt. Erec und Enide erhalten die Krone am Schluß aus den Händen von König Artus.

Erec mißversteht den Vorwurf der *recreantise* (Waffenmündigkeit), weil er Liebe, Ehe und Rittertüchtigkeit nicht in Einklang bringen kann. Er verliegt sich aus blinder Liebe zu seiner Frau und verletzt damit das Gebot der *chevalerie*, alle Erfordernisse des Lebens in ein Equilibrium zu bringen. Es obliegt hier gerade der Frau, der *fame* und *amie*, Erec wieder in die Gesellschaft zurückzuführen. Denn das Grundprinzip der höfischen Liebe ist es, daß »die Gesellschaft durch die Liebe, über die Frau, ihre Glieder zur Tat und zur Bewährung führt« (*Köhler*, S. 145).

Literatur

Burgess, Glyn S.: Chrétien d. T. E. et E. London 1984 (Critical Guides to French Texts 32).

Sturm-Maddox, Sara: The ›Joie de la Cort‹. Thematic Unity in Chrétien's 'Erec et Enide. R 103, 1982, S. 513−528.

Schmolke-Hasselmann, Beate: Henry II Plantagenêt, roi d'Angleterre et la genèse d'Erec et Enide. CCM 24, 1981, S. 241−246.

Murphy, Margueritte S.: The Allegory of ›Joie‹ in Chr.s ›E. e. E.‹ In: Allegory, Myth and Symbol. Ed. Morton Bloomfield. Cambridge 1981, S. 109−127.

Maddox, Donald: Structure and Sacring: The Systematic Kingdom in Chrétien's E. e. E. Lexington 1978 (French Forum Monographs 8).

Mandel, Jerome: The ethical Context of Erec's Character. FR 50, 1977, S. 421−428.

Zaddy, Zara P.: The Structure of Chrétien's ›Erec‹. MLR 62, 1967, S. 607−619.

Hruby, Antonín: Die Problem-Stellung in C.s und Hartmanns ›Erec‹. DVjs. 38, 1964, s. 337−360.

Hatto, A. T.: Enid's Best Dress. A Contribution to the Understanding of C.s and Hartmann's Erec and the Welsh Gereint. Euph. 54, 1960/61, S. 437−441.

B. »Cligès«

Der »Cligès« erzählt von der Liebe zwischen dem griechischen Prinzen Alexander und Soredamors sowie von den Verwicklungen der Liebe ihres Sohnes Cligès zur deutschen Prinzessin Fenice. Während der Alexander-Teil fest in die Artushandlung integriert ist, da der Sohn des Kaisers von Konstantinopel König Artus von dem Usurpator Angrés befreit und am Artushof seine Geliebte heiratet, ist der Artushof im Cligès-Teil nur noch der Ort ritterlichen Ruhmes und der Zuflucht vor dem gefährlichen Onkel in Konstanti-

nopel. Zwei Merkmale kennzeichnen dieses Werk: 1. Ausgedehnte
Minnelehren und -reflexionen, wie sie bei Andreas Capellanus (s.
S. 18; 4.5) ihren Niederschlag fanden. 2. Zeitgeschichtliche Anspielungen und teilweise eine höchst realistische Darstellungsweise.
Nicht nur spielt der Hof zu Konstantinopel eine entscheidende
Rolle, sondern auch der deutsche Kaiser, der erst in Regensburg,
dann in Köln weilt, sowie der Herzog von Sachsen, dem trotz des
Heiratsversprechens des Kaisers, die Tochter Fenice nicht zur Frau
gegeben wird. Seit *Foerster* wird das Werk zu Recht ein Antitristan
genannt, denn Fenice lehnt es lange ab, sich in eine Isolde-Minne
zwischen ihrem Geliebten Cligès und dem ihr angetrauten Ehemann
zu verstricken.

Literatur

Polak, Lucie: C.d.T. ›Cligès‹. London 1983 (Critical Guides to French
    Texts 23).
Freeman, Michelle: The Poetics of ›Translatio Stuii‹ and Conjointure.
    C.d.T.s Cligès. Lexington 1979.
Kooijman, J.-C.: Cligès, héros ou anti-héros. R 100, 1979, S. 505–519.
Schwake, Helmut Peter: Der Wortschatz des ›Cligès‹ von C.d.T. Tübingen
    1979 (Beih. zur ZfrPh. 149).
Shirt, David: ›Cligès‹: realism in romance. FMLS 13, 1977, S. 368–380.
Maddox, Donald L.: Critical Trends and Recent Work on the ›Cligès‹ of
    C.d.T. Neuph. Mitt. 74, 1973, S. 730–745.
Robertson, D.W.: ›Cligès‹ and the Ovidian Spirit. CL 7, 1955, S. 32–42.
Micha, Alexandre: Tristan et Cligès. Neophil. 36, 1952, S. 1–10.

Obwohl der Name des Ritters auch in Deutschland bekannt war,
sind nur 2 Fragmente überliefert (a) Züricher Pergamentstreifen
von 60 Versen u. b) ein z.T. unzusammenhängendes Stück von 236
Versen, die beide Ulrich von Türheim zugeschrieben werden. Rudolf von Ems erwähnt jedoch (»Willehalm« V. 2256–2270,
4390–4398; »Alexander« V. 3239–3248), daß neben Ulrich auch
Konrad Fleck den Stoff bearbeitet haben soll.

Vizkelety, András: Neue Fragmente des mhd. Cligès-Epos aus Kalocsa
(Ungarn). ZfrPh. 88, 1969, S. 409–432.

C. »Lancelot«

Chrétien hat dieses Werk nicht selbst zu Ende geführt. Die letzten
966 Verse schrieb ein Geistlicher namens Godefroi de Leigni, der
sich im Epilog nennt. Der »Lancelot« enthält die Grundhandlungs-
struktur, die später im »Lancelot propre« bzw. »Lancelot-Graal«

Zyklus und den auf ihnen basierenden deutschen Werken (»Prosa-Lancelot«, Füetrers »Lantzilet«-Bearbeitungen) eine ungeheure Stofferweiterung erfuhr. In welchem Abhängigkeitsverhältnis Chrétiens Bearbeitung zu den Prosaversionen steht, ist bisher sehr kontrovers diskutiert worden. Anders als die genannten Werke, hat Chrétien die *matière* nicht mit dem Graal verknüpft. Er beschränkt sich lediglich auf die beiden Zentralmotive, die Entführung Guenièvres durch Méléagant (Ausgangspunkt und Endpunkt der Handlung) und die Liebe Lancelots zu der Königin, die durch die Suche nach ihr mit zahlreichen Abenteuern durchsetzt, aber vom *sens* her mit der Gesamtkonzeption des Werkes verbunden ist. Chrétien hat in seinem Werk konzeptionelle Akzente gesetzt, die in den anderen Rezeptionen oft verschärft, meist jedoch ins Tragische umgebogen wurden.

Handlungselemente u. -teile (vgl. dazu S. 143 ff.): Keu scheitert nach dem Versprechen, Guenièvre nach der Herausforderung durch Kampf zu erringen, so daß Méléagant sie entführt. Auf der Suche nach ihr trifft der Artushof Lancelot, der kein Pferd besitzt (das von Gauvain geschenkte Roß wird getötet), so daß er den Karren eines Zwerges besteigt, um der Königin zu folgen. Gauvain u. Lancelot gelangen zum Turm. Lancelot besteht das Abenteuer des gefährlichen Betts. Verfolgung ins Land, aus dem niemand zurückkehrt u. wo jeder in Knechtschaft lebt. Trennung der Wege Lancelots und Gauvains, um in dieses Land einzudringen. Nach mehreren Abenteuern Lancelots (z. B. Kampf mit 2 Rittern u. 4 Knechten; Nichtberührung der gastfreundlichen Herrin; Friedhofsabenteuer, in dem er sein eigenes Grab leer findet und wo sich durch das Heben des Grabsteins die Erfüllung der Prophezeihung anzeigt) gelangt er zur Schwertbrücke. Bericht über den guten Bademagu und seinen bösen Sohn Méléagant; Zweikampf durch Fürsprache Guenièvres beendet; Vertagung des Entscheidungskampfes; die Gefangenen Méléagants sind frei. Selbstmordversuch Lancelots. Liebesnacht. Kampf für den beschuldigten Keu mit Méléagant wegen der Blutspuren bei der Königin. Vertagung der Entscheidung. Suche nach Gauvain, der zum Pont Evage reiten wollte. Gefangenschaft durch List des Zwergs. Freilassung für das Turnier. Verschärfte Haft durch Méléagant. Zweikampftermin, den der gefangene Lancelot nicht wahrnehmen kann, so daß Gauvain gegen den heimtückischen Méléagant kämpft. Befreiung Lancelots durch die Schwester Méléagants und Tötung ihres Bruders.

Der »Lancelot« lebt aus der Spannung des Widerspruchs zwischen dem Auftrag des Ritters *(chevalerie)*, zu kämpfen und in Not geratenen Menschen zu helfen, und der geradezu somnambulen Abhängigkeit Lancelots von seiner Herrin, in der die Anschauungen der provenzalischen Liebeslyrik (dienender *amant*) brillant episch umgesetzt wurden. Doch anders als dort, kommt es wie in den Tageliedern zur Liebesvereinigung. So kontrovers die Forschung diese

Diskrepanz behandelt hat, so halbherzig tat sie den Schluß des Werkes ab, der eigentlich noch viel mehr Fragen aufwirft (vgl. *Nitze*, der den Ausgang als nichts zur Bedeutung beitragend erachtete oder *Southworth*, der ihn als Antiklimax bezeichnete). Lancelot besiegt den Entführer Guenièvres, so daß dieses Handlungsproblem beseitigt ist. Von einer Fortführung ihrer Liebe nach diesem Ereignis ist nirgends die Rede. Heißt das, daß sich der Minnedienst Lancelots nur auf die Zeit der Abwesenheit Guenièvres vom Artushof erstrecken soll und mit der Rückführung der Königin als beendet erachtet wird? Soll andererseits davon ausgegangen werden, daß die ehebrecherische Liebe, ohne dies expressis verbis zu formulieren, andauern wird? (z.B. *Kelly* S. 150). Das Werk läßt alle Möglichkeiten offen, wenngleich doch unübersehbar ist, daß der *chevalier errant* mit der Rückführung seiner Geliebten in die arthurische Gesellschaft die *stabilitas* des *ordo* wieder errungen hat. Die Entführung durch Méléagant hat den Artushof destabilisiert und die Liebe zwischen Lancelot und Guenièvre ermöglicht. Der Sieg über den Aggressor führt zwar zu der alten Ordnung zurück, über deren tatsächliche Verfassung nichts ausgesagt zu werden braucht, da sonst die Entführung nicht möglich gewesen wäre. Lancelot erfüllt die an ihn gestellten Aufgaben als helfender Ritter vorbildlich, verfällt der individualistisch motivierten Liebe, löst aber den Konflikt, indem er die Geliebte wieder dem ursprünglichen sozialen Gefüge zurückgibt, in der sie Garant der heilen (oder nur vermeintlich heilen) Welt ist. Stellt also Lancelots Liebe ein Produkt der Unordnung, einen Ausdruck des dienenden Ritters, dar, der sich in der Minne selbst verleugnet, oder ist sie Symptom eines tiefen Zweifels an dem edukativen Auftrag der Minne, der auch in den Liedern Walthers und anderer Minnesänger spürbar ist?

Literatur

Looze, Laurence N. de: Chivalry Qualified: The Character in C.d.T.s' ›L. Chev. d. l. Ch.‹. RR 74, 1983, S. 253–259.

Morgan, Gerald: The Conflict of Love and Chivalry in ›Le Chev. d. l. Ch.‹ R 102, 1981, S. 172–201.

Shirt, D. J.: Chretien's ›Charrette‹ and its Critics, 164–1974. MLR 73, 1978, S. 38–50.

Kooijman, Jacques Cornélis: Le motif de la Charrette dans le ›Lancelot‹ de C.d.T. RF 87, 1975, S. 342–349.

Mickel, Emanuel J. Jr.: The Theme of Honor in C.s ›Lancelot‹. ZfrPh. 91, 1975, S. 243–272.

Zaddy, Z. P.: Le Chevalier de la Charrette an the ›De amore‹ of Andreas Capellanus. In: Studies in Medieval Literature and Languages in Memory of Fr. Whitehead. Ed. W. Rothwell u. a. Manchester 1973, S. 363–399 [dort auch die ältere Literatur].

Kelly, F. Douglas: ›Sens‹ and ›conjointure‹ in the Chevalier de la Charette of C. d. T. Diss. Wisconsin 1962. Den Haag, Paris 1966.

Foulon, Charles: Les deux humiliations de Lancelot. BBSIA 8, 1956, S. 79–90.

Webster, Kenneth G. T.: Guinevere. A Study of Her Abductions. Milton Mass. 1951.

Micha, Alexandre: Sur les sources de la ›Charette‹. R 71, 1950, S. 345–358.

Weston, Jessie L.: The legend of Sir Lancelot du lac. Studies upon its origin, development, and position in the Arthurian Romantic Cycle. London 1901 (Grimm Library 12).

D. »Yvain«

Ungeklärt ist die Quellenfrage. Geht z. B. das Mabinogi von »Owen und Lunet« mit Chrétiens Werk auf eine gemeinsame Vorstufe zurück? Strittig ist auch, wie stark der keltische Anteil zu bewerten ist, welche Motive auf Entlehnungen beruhen (der unsichtbar machende Ring aus dem Troja-Roman? der dankbare Löwe – Löwe des Androklus? Quelle im Walde Broceliande aus Waces »Brut«?) und ob Chrétien schon auf eine dichterische Vorlage aufbauen konnte. Auffälligerweise haben die zahlreichen Bearbeitungen dieses Stoffes in Deutschland, England und Skandinavien nur geringe Veränderungen erfahren.

Chrétien hat einen Roman geschaffen, der in ausgewogener Weise einen Liebes- mit einem Abenteuerroman, symbolische mit rationaler Darstellung verbindet. Einer relativ drastischen Ausdrucksweise am Anfang des Epos', komödienhaften Szenen, ironischen Untertönen, einer merkwürdig anmutenden Prinzipientreue Laudines und dem Raffinement der *dameisele* Lunete, stehen die tiefe Verstrikkung Yvains in seine Schuld sowie psychologisch fein ziselierte Dialoge gegenüber. Das Werk lebt aus der Spannung zwischen karikierender Überzeichnung, subtilem Humor (z. B. die Begegnung von Calogrenant mit dem *vilain*) und dem Bemühen des Helden, den ethischen Normen gerecht zu werden. Es ist sicher Absicht, daß die Löwen-Begegnung in die Mitte des Epos' fällt.

Literatur

Dubost, Francis: ›Le Chevalier au Lion‹. Une ›conjointure‹ signifiante. MA 90, 1984, S. 195–222.

Hunt, Tony: The Lion and Yvain. LAM 1983, S. 86–98.

Press, A. R.: Chrétien de Troyes's Laudine: A ›Belle Dame sans Mercy‹? FMLS 19, 1983, S. 158–171.

Accarie, Maurice: La structure du ›Chevalier au Lion‹ de C.d.T. MA 84, 1978, S. 13–34.

Newstead, Helaine: Narrative Techniques in C.s ›Yvain‹. ZfrPh. 30, 1976/77, S. 431–441.

Frappier, Jean: Étude sur ›Yvain‹ ou le ›Chevalier au lion‹ de C.d.T. Paris 1969.

Reason, J.A.: An Inquiry into Structural Style and Originality of C.s ›Yvain‹. Washington 1958.

E. »Perceval«

Chrétiens »Perceval« ist unvollendet geblieben (er bricht bei dem vereinbarten Zweikampf zwischen Gauvain und Guiromelant ab, vgl. Wolframs Buch XIII, Mitte), so daß das Werk Zudichter (Chrétiens Text setzt erst bei dem jungen Perceval in der Einöde ein) und zahlreiche Fortsetzer gefunden hat (siehe S. 85, 89 ff.). Die Dichtung ist ein Auftragswerk für Philipp von Flandern, dessen Mutter von einem der Jerusalemer Könige abstammte und dessen Vater viermal im Heiligen Land war und von dort die Reliquie des Blutes Christi nach Brügge gebracht hat.

Da Wolfram ab Buch III im Wesentlichen das Grundhandlungsmuster übernommen hat (vgl. *Bumke,* s. S. 75), genügt es, stichwortartig auf einige Abweichungen Chrétiens hinzuweisen: breite Darstellung der Begegnung Percevals mit den Rittern im Walde; Schilderung der Schwertleite bei Gornemant (fehlt bei Wolfram); Percevals Frau heißt Blancheflor und Anfortas, Trevrizent, etc. bleiben ohne Namen; Perceval begegnet Sigune nur einmal und errät selbst seinen Namen. Vor allem aber ist der gesamte Graal-Komplex von Chrétien anders als bei Wolfram gestaltet (vgl. Stein statt Schale u.a.m.).

Die Etymologie des Wortes *graal* ist nicht geklärt (*gradalis* »gestuft«, *cratis* »Geflecht«, *crater* »Mischgefäß, Eimer«?). Bei Chrétien (u. späteren Dichtern) ist der Graal ein heiliges Gefäß (Schüssel, Kelch), das in Beziehung zur Eucharistie steht. Denn im »Perceval« dient er als Hostienbehälter *(ciborium),* in dem eine geweihte Oblate dem alten Graalkönig überbracht wird. Mit ihm ist die blutende Lanze eng verbunden, die Chrétien zwar nicht erläutert, die aber mit dem Longinusspeer identifiziert wird. Parallelen zwischen dem Herumtragen von Graal und Lanze und der byzantinischen Meßliturgie hat Konrad Burdach festgestellt: im großen Introitus wird der Abendmahlskelch von einem Priester vorangetragen. Es folgt der Diakon mit dem δίσκος, in dem die Hostie liegt, dem wiederum ein Zelebrant mit der λόγχη, dem lanzenförmigen Messer, Symbol des Longinusspeers, folgt. Die von den späteren Dichtern (von der

»1. Continuation« an) erwähnte Speisung durch den Graal fehlt bei Chrétien. Der Name *Perceval* wird aus dem frz. *perce val* »dring durch das Tal« abgeleitet (vgl. die Interpretation von Sigune in Wolframs Dichtung: *der nam ist rehte enmitten durch* V. 140, 17). Im Mabinogi (vgl. S. 241 f.) heißt der Held Peredur. Dieser Name erscheint erstmalig in der Chronik Geoffreys of Monmouth, wo einer der Gäste des Hoffestes von König Artus so benannt wird. Ob er aus einer mündlichen Tradition stammt, läßt sich nicht mehr entscheiden. Sicher ist jedoch, daß die keltischen Herleitungsthesen nicht mehr in Gänze akzeptiert werden können, wenngleich ein gewisser keltischer Motivschatz wahrscheinlich ist, der tief mit antikem und christlichem Ideengut durchtränkt wurde.

Chrétiens Werk bildet den Anfang einer religiösen Auseinandersetzung mit der höfisch-ritterlichen Welt, die später auch den »Lancelot«-Stoff ergriff. Dem egoistisch handelnden, auf Ruhm bedachten Ritter wird eine neue, transzendente Aufgabe im Graal und in dessen Dienst zugewiesen *(Hofer)*. Die weltlichen arthurischen Bereiche von *chevalerie, aventure, costume* und *amor* werden in den religiös-christlichen Vorstellungen des Graals aufgehoben. Die *queste*, bereits innerweltlich im »Lancelot« angelegt, wird damit zum spirituellen Movens der gesamten Erzählung erhoben, auf das sich die gesamte Handlung richtet bzw. wohl gerichtet hätte, wenn Chrétiens Werk nicht unvollendet geblieben wäre.

Literatur

Klenke, Sister *M. Amelia*, O.P.: C. d. T. and ›Le Conte du Graal‹: A Study of Sources and Symbolism. Madrid 1981.
Rutledge, Amelia A.: Perceval's Sin. Critical Perspectives. In: Oeuvres et Critique 5, 1981, S. 53-60.
Williams, Harry F.: Le ›Conte du Graal‹ de Chrétien de Troyes: positions critiques et nouvelles perspectives. In: Oeuvres et Critique 5, 1981, S. 119–123.
Buettner, Bonnie: The Good Friday Scene in C. d. T.' ›Perceval‹. In: Traditio 36, 1980, S. 415–426.
Ribard, J.: C. d. T. – Le Conte du Graal. Paris 1979.
Laurie, Helen C. R.: Some New Sources for Chrétien's Conte du Graal. R 99, 1978, S. 550–554.
Rider, Paule le: Le chevalier dans le Conte du Graal de C. d. T. Paris 1978.
Weinraub, Eugene T.: Chrétien's Jewish Grail. A New Investigation of the Imagery and Significance of C. d. T.' Grail Episode Based Upon Medieval Hebraic Sources. Chapel Hill 1976.
Frappier, Jean: C. d. T. et le Mythe du Graal. Étude sur Perceval ou le Conte du Graal. Paris 1972.
Gallais, Pierre: Perceval et l'initiation. Essais sur le dernier roman de C.d.T.,

ses correspondances ›Orientales‹ et sa signification anthropologique. Paris 1972.

Kellermann, Wilhelm: Aufbaustil und Weltbild C.s von T.s im Perceval-roman. Halle 1936 (Beih. zur ZfrPh. 88), Tübingen ²1967.

Schröder, Walter Johannes: Horizontale und vertikale Struktur bei Chrétien und Wolfram. WW 9, 1959/60, s. 321–326.

Les Romans du Graal dans la littérature des XII⁰ et XIII⁰ siècles. Colloques Internationaux du Centre National de la Recherche Scientifique. Paris 1956 (Editions du CNRS 13) [Aufsatzsammlung].

2. Deutschland

Es ist heute unbestritten, daß die Artusepik durch den »Erec« Hart-manns von Aue (um 1180) in Deutschland eingeführt wurde. Strittig ist, auf welchem Wege der Stoff nach Deutschland gelangte. Ein-flußreiche Gönner deutscher Fürstenhäuser mit engen Beziehungen zu Frankreich und der dort bereits in voller Blüte stehenden höfi-schen Kultur sind wohl als Vermittler anzusehen. Deshalb wurden drei Thesen zu der Stoffrezeption entwickelt: 1. über die Staufer; 2. über die Zähringer und 3. über den mittelniederrheinischen Raum mit seinen engen Beziehungen nach Frankreich. Es darf jedoch nicht vergessen werden, daß kein einziger französischer Text in Deutsch-land überliefert ist, so daß offen bleiben muß, wie sich die Autoren der hochhöfischen Zeit ihre Vorlagen beschafft haben. Der Hinweis auf eine Quelle, auf die sich die vier Autoren dieser Zeit fast durch-weg berufen, oder auf Autoren (vgl. das Kyot-Problem in Wolframs »Parzival«) sagt kaum etwas über die Art und Weise der Quellenver-mittlung aus. Lediglich Ulrich von Zatzikhoven vermerkt, daß er seine Vorlage durch eine Geisel, namens Hûc von Morville, die sich im Gefolge des gefangenen englischen Königs Richard Löwenherz aufhielt, erhalten habe. Dieser Beleg ist der einzige, der auf den englischen Hof als Quellenbasis hinweist.

Die Forschung wurde jahrzehntelang durch folgende Charakteri-stika, die an Chrétiens »Erec« und »Yvain« bzw. an Hartmanns Epen entwickelt wurden, bestimmt: Das sogenannte klassische Ar-tusepos werde durch eine ›Zweiteilung‹ *(Reto R. Bezzola)*, einen ›doppelten Kursus‹ *(Hugo Kuhn)*, eine ›Doppelwegstruktur‹ *(Hans Fromm u. a.)* bzw. durch ›zwei Zyklen‹ *(Kurt Ruh)* bestimmt. *Bez-zola* hat wohl als erster 1947 die Doppelung und die damit verbunde-ne Spannung von Individuum und Gesellschaft als Strukturprinzip der Chrétienschen Epen erkannt, als er auf die Parallelen zu der

Auslegung der Vergilschen »Aeneis« von Bernardus Silvestris hinwies. Demzufolge seien die Epen durch einen Dualismus gekennzeichnet, der den Helden zunächst zu der individuellen Erfüllung seines Lebens führe (Minne und Ehe; Erec erwirbt Enite, Iwein heiratet Laudine), ihn dann aber mit den Belangen der Gesellschaft konfrontiere, wodurch er schuldig werde (Krise der Helden). Durch die nachfolgenden *âventiuren* bewähre sich der Held in der Gesellschaft und gliedere sich wieder in sie ein. Der Artushof sei daher ein Seismograph der Sozialisationsfähigkeit des Protagonisten. Vom Artushof gehe im »Erec« und »Yvain/Iwein« das Geschehen aus, zu ihm kehre nach einer Zwischeneinkehr auch der Held zurück und bekunde nach den bestandenen *âventiuren* seine Reintegration in die arthurische Gemeinschaft.

Dieser These wurde jüngst eine andere gegenübergestellt, wonach der Held im »Erec« und im »Iwein« von Anfang an schuldig werde und die Epen kumulative verschiedene Bereiche des Vergehens (Rittertum, Minne, Ehe, Herrschertum) aufzeigten, ehe die Läuterung des Protagonisten einsetze. Ziel sei nicht die Wiedereingliederung des Helden in die arthurische Gesellschaft, sondern die eigenständige vorbildliche Herrschaft des Helden, die aufgrund der *âventiuren* in ihrem ethischen Anspruch den Artushof übertreffe *(Gottzmann).*

Die Dichter der deutschen Epen haben der Gattung ihr eigenes Gepräge gegeben. Dies läßt sich eindeutig durch den Vergleich mit den vorhandenen Vorlagen belegen. Nicht nur hat Hartmann gegenüber Chrétien die der Handlung inhärenten Probleme stärker herausgearbeitet, sondern auch Wolfram vertiefte und steigerte die Konzeptionen seiner Quellen. Obwohl der »Wigalois« von Wirnt von Gravenberc dieser Epoche zuzurechnen ist, zeigt er besonders in der Bildwelt Zeichen des Übergangs zu den späteren Artusdichtungen.

2.1. Überlieferungen, Ausgaben, Übersetzungen

Hartmann von Aue: Erec (10135 Verse)
Hs.: In einer einzigen, nicht einmal vollständigen Handschrift des Ambraser Heldenbuches von Hans Ried im Auftrag von Kaiser Maximilian zwischen ca. 1504–1514 geschrieben (Wien, Österr. Nationalbibl. Cod. Vind. Ser. nov. 2663; bis 1806 befand sich der Codex auf Schloß Ambras bei Innsbruck. Im dortigen Inventarverzeichnis von 1596 wird er als ›das hölden Puech‹ bezeichnet); Lücken am Anfang (Hirschjagd), nach Vers 4317, eine größere zwischen den Versen 4629 und 4630. Das Wolfenbütteler Fragment W Bl. III–VI aus der 1. H. des 13. Jhs. (zwei Doppelblätter) füllt zum größten

Teil die Lücke von V. 4549–4832. Ebenfalls zwei Doppelblätter eines weiteren Wolfenbütteler Bruchstücks, W Bl. I–II enthalten Textteile, die zur Handlung nach V. 3722 (Galoein-*âventiure*) passen, aber eine selbständige Redaktion gegenüber der Ambraser Handschrift darstellen. Mehr oder minder deckungsgleich mit dem Ambraser Codex sind die Fragmente: Koblenz, ein Doppelblatt, 1. H. des 13. Jhs., die Verse 7522–7705 und 8436–8604 enthaltend, und Wien, letztes Drittel des 14. Jhs., das die Verse 10047–10135 tradiert.

Datierung: um 1180 (unwahrscheinlich um 1190)

Ausgaben: Haupt, Moritz: Erec, eine Erzählung von Hartmann von Aue. Leipzig 1839; erw. durch einen Anmerkungsteil 1871. *Bech, Fedor:* Hartmann von Aue. Bd. 4. Erek. Wiesbaden 1867, [3]1888, Repr. 1934 (Dt. Klassiker des Mittelalters).

Leitzmann, Albert: Erec. Tübingen 1939. ATB 39, [5]1972, besorgt von Ludwig Wolff, [6]1985 besorgt v. C. Cormeau u. K. Gärtner [Standardausgabe; aus der Handschrift des 16. Jhs. rekonstruierte Lautung und Graphie einer nicht existenten mittelhochdeutschen Gemeinsprache um 1180].

Schwarz, Ernst: Hartmann von Aue. Erec. Iwein. WBG Darmstadt 1967 [mit Nacherzählung und Worterklärungen].

Literatur: Gärtner, Kurt: Der Text der Wolfenbütteler Erec-Fragmente und seine Bedeutung für die Erec-Forschung. PBB 104 (Tüb.), 1982, S. 206–230 u. S. 359–430.

Nellmann, Eberhard: Ein zweiter Erec-Roman? Zu den neugefundenen Wolfenbütteler Fragmenten. ZfdPh. 101, 1982, S. 28–78 u. S. 436–441.

Milde, Wolfgang: ›daz ih minne an uch suche.‹ Neue Wolfenbütteler Bruchstücke des Erec. Wolfenbütteler Beitr. 3, 1978, S. 43–58.

Heinemann, Otto von: Wolfenbütteler Bruchstücke des Erec. ZfdA 42, 1898, S. 259–267.

Brommer, Peter: Ein unbekanntes ›Erec‹-Fragment in Koblenz. ZfdA 105, 1976, S. 188–194.

Vancsa, Kurt: Wiener ›Erec‹-Bruchstück. Jb. f. Landeskunde i. Niederösterr. NF 29, 1944/48, S. 411–415 (mit Faksimile).

Übersetzungen: Cramer, Thomas: Hartmann von Aue. Erec. Frankfurt/M. [9]1986 (Bücher des Wissens, Fischer Tb 6017). Zu älteren Paraphrasen vgl. Neubuhrs Bibliographie S. 40–41.

Hartmann von Aue: Iwein (8165 Verse)

Hss.: 15 vollständige Hss., 17 Bruchstücke. Das älteste Zeugnis ist das Gießener Fragment B (Nr. 97, um 1200, nicht später als 1220). Leithandschrift der Ausg. von Lachmann war die Pergamenthandschrift A (Pal. Germ. 397 Heidelberg, Mitte des 13. Jhs.). Aufgrund der komplizierten Überlieferungslage konnte bisher kein eindeutiges Handschriftenstemma erstellt werden.

Hartmann von Aue. Iwein. Handschrift B. Nachdr. in Originalgröße. Köln 1964 (Dt. Texte i. Hss. 2).

Okken, Lambertus (Hrsg.): Hartmann von Aue. Iwein. Ausgewählte Abbildungen zur handschriftl. Überlieferung. Göppingen 1974 (Litterae 24).

Tervooren, Helmut: Ein neues ›Iwein‹-Fragment. ZfdA 113, 1984, S. 235–239 [4 Pergamentstücke aus dem Ende des 13., Anfang 14. Jhs., V. 3651–3811].

Datierung: Abschluß um 1205.

Ausgaben: Benecke, Georg Friedrich u. *Lachmann, Karl:* Iwein der riter mit dem lewen. Berlin 1827. Von der 5. Aufl. an hrsg. von Ludwig Wolff, 7. Aufl. 2 Bde., Berlin 1968 [kommentierte Standardausg.]. *Henrici, Emil:* Hartmann von Aue. Iwein, der Ritter mit dem Löwen. 2 Teile (Text u. Anmerkungen), Halle 1891, 1893 (Germanist. Handbibl. VIII u. VIII,2).

Hilfsmittel: Benecke, Georg Friedrich: Wörterbuch zu Hartmanns Iwein. Göttingen 1833; Nachdr. der 2. Ausg. 1874, Wiesbaden 1965.

Übersetzungen: Cramer, Thomas: Iwein. Berlin (1968) ²1974 (mit Text der 7. Aufl. von Benecke, Lachmann, Wolff und Anmerkungen).

Ulrich von Zatzikhoven: Lanzelet (9144 Verse)

Hss.: 2 vollständige Hss., W (Wien Nr. 2698, frühes 14. Jh.), P (Palatina Heidelberg, CPG 371, 1420, beide hauptsächlich alemannisch). 3 Fragmente, B, das älteste Zeugnis (Bodleian, Oxford MS Germ. b3, ff. 9–10, frühes 13. Jh.); S (Straßburg, vernichtet, nach Mone spätes 13. Jh.); G und G^k (Goldhahn, Harvard College Library. The Houghton Library, MS Ger 80, G-Klagenfurt, Perg. Hs. 47, 14. Jh.).

Datierung: um 1194–1200

Ausgabe: Standardausgabe *Hahn, K. A.:* Lanzelet. Eine Erzählung von Ulrich von Zatzikhoven. Frankfurt/M. 1845, Neudr., hrsg. mit einem Nachwort und einer Bibliographie von Frederick Norman. Berlin 1965 (Texte des Mittelalters). Sie ist seit Jahren revisionsbedürftig, da sie dem Handschriftenbefund nicht mehr entspricht. Die in Aussicht gestellten Editionen sind nicht verwirklicht worden, nämlich von *O. Hannink:* Vorstudien zu einer Neuausgabe des Lanzelet von Ulrich von Zazikhoven. Diss. Göttingen 1914, von *Werner Richter:* Der Lanzelet des Ulrich von Zazikoven. Frankfurt/M 1934 (Deutsche Forschungen 27) und von *Rosemary N. Combridge:* The Problems of a New Edition of Ulrich von Zatzikoven's ›Lanzelet‹. In: Probleme mittelalterlicher Überlieferung und Textkritik. Oxforder Colloquium 1966. Hrsg. Peter F. Ganz u. Werner Schröder. Berlin 1968, S. 67–80 und *dies.:* Das Fragment B des Lanzelets Ulrichs von Zatzikhoven. Euph. 57, 1963, S. 200–209. Ferner: *Menhardt, Hermann:* Das neue Klagenfurter Lanzelet Bruchstück G^k ZfdA 66, 1929, S. 257–267.

Wolfram von Eschenbach: Parzival (827 Verseinheiten à 30 Zeilen = 24810 Verse)

Hss.: Der »Parzival« ist überaus reich in etwa 89 Textzeugnissen überliefert (davon in 17 vollständigen Hss.) vom Beginn des 13. Jhs. bis zum Ende des 15. Jhs. Seit Lachmann werden die Hss. in zwei Hauptklassen gegliedert, in die *D-Gruppe, die dem ursprünglichen Text vielleicht am nächsten steht, und in die *G-Gruppe (D, St. Gallen, Stiftsbibliothek 857; G, München, Staatsbibliothek Cgm. 19). Die Siglen der Handschriften stellen gegenwärtig keine einheitliche Ordnung dar, da die Kriterien Lachmans, Martins und Hartls vermischt wurden.

Faksimile-Ausgaben u. Abbildungen: August, Gerhard u. *Ehrismann, Otfrid* u. *Engels, Heinz* (Hrsg.): ›Parzival‹, ›Titurel‹, Tagelieder, Cgm 19 der Bayerischen Staatsbibliothek München. Faksimileband, Textbd., Transkription. Mit einem Beitrag zur Gesch. der Hs. von Fridolin Dreßler. 2 Bde. Stuttgart 1970.

Kühnel, Jürgen (Hrsg.): Wolfram von Eschenbach ›Parzival‹. Lachmanns Buch III. Abbildung und Transkription der Leithandschriften D und G. Göppingen 1971 (Litterae 4).

Ulzen, Uta (Hrsg.): Wolfram von Eschenbach ›Parzival‹. Abbildungen und Transkriptionen zur gesamten handschriftlichen Überlieferung des Prologs. Göppingen 1974 (Litterae 34).

Datierung: zw. 1200 und 1210

Ausgaben: Lachmann, Karl: Wolfram von Eschenbach. Berlin 1833, 6. Aufl. von Eduard Hartl. (Die 7. Aufl. 1952 von E. Hartl wird wegen der Einwände gegen die Normalisierung der Orthographie nicht mehr nachgedruckt, so daß sämtliche Nachdrucke auf die 6. Aufl. zurückgehen; maßgebliche Edition). Eine Neubearbeitung der Ausgabe unter Berücksichtigung der jüngsten Entdeckungen von Fragmenten stellt ein dringendes Desiderat dar.

Leitzmann, Albert: Wolfram von Eschenbach. 5 Hefte, Tübingen 1902–1906 (Heft 1–3 »Parzival«; letzte Aufl., H. 1 ⁷1961, H. 2 ⁶1963, H. 3 ⁶1965; Leitzmanns Ausgabe verzeichnet nicht die Lesarten der Hss., sondern nur die Abweichungen von Lachmann.

Weber, Gottfried: Wolfram von Eschenbach. Parzival. Text, Nacherzählung, Worterklärungen. WBG Darmstadt 1963 (Textgrundlage = 5. Aufl. der Ausg. von Lachmann; Neuaufl. ³1977 von Werner Hoffmann).

Hilfsmittel: Martin, Ernst (Hrsg.): Wolframs von Eschenbach Parzival und Titurel. 2. Teil: Kommentar. Halle 1903, Nachdr. WBG Darmstadt 1976 (1. Teil: Text).

Heffner, R.-M. S.: Collected Indexes to the Works of Wolfram von Eschenbach. Madision 1961 (Univ. of Wisconsin Press).

Pretzel, Ulrich u. *Bachofer, Wolfgang:* Bibliographie zu Wolfram von Eschenbach. 2. stark erw. Aufl. 1968 (Bibliographien zur dt. Lit. des Mittelalters 2; Neubearb. im Druck).

Übersetzungen: Der »Parzival« gehört zu den mittelalterl. Werken, die neben dem »Nibelungenlied« am häufigsten übersetzt wurden. Deshalb werden hier nur die erwähnt, die entweder nachhaltig benutzt wurden oder die jüngst erschienen sind.

Stapel, Wilhelm: Wolfram von Eschenbach. Parzival. In Prosa übertragen (1937), Neudr. München, Wien 1982.

Hatto, Arthur T.: Parzival. Harmondsworth 1980 (Penguin Classics).

Spiewok, Wolfgang: Wolfram von Eschenbach. Parzival. 2 Bde. (Leipzig 1977) Stuttgart 1981 (Reclam 3681/3682[8]).

Mohr, Wolfgang: Wolfram von Eschenbach. Parzival. Göppingen 1977 (GAG 200; Versübersetzung).

Pretzel, Ulrich: Die Übersetzungen von Wolframs ›Parzival‹. DU 6, 1954, S. 41–64. Wieder in: U.P.: Kleine Schriften. Berlin 1979, S. 209–233.

Wirnt von Gravenberc: Wigalois (11 707 Verse)

Hss.: Der Text ist reich überliefert, 13 vollständige Hss. (mit kleineren Lücken) und 29 Bruchstücke aus dem frühen 13. bis zum späten 15. Jh. Die ältesten Textzeugnisse sind die Hs. A, Kölner Pergamenths., südbair. mit großen Ähnlichkeiten zur Hs. A des »Nibelungenliedes«, sowie das Fragment E (Wien, selbständige Redaktion gegenüber A u. B, wohl südbair.), beide Anfang des 13. Jhs. B, Leydener bebilderte Pergamenthandschrift, die die Jahreszahl 1372 trägt, geschrieben im Zisterzienserkloster Amelunxborn für Herzog Albrecht II. von Braunschweig-Grubenhagen. Die Hs. hat Lücken zwischen den Versen 6870–7079, 8982–9170, 11307–11524. Eine eindeutige Sprachzuweisung fehlt, nachdem Otto Behaghel die Zuordnung zum thüringischen Raum bezweifelte. C, Stuttgarter Papierhs., vor 1356, Gemeinsamkeiten mit A. Kapteyn bezeichnete sie als schwäbisch, Behaghel jedoch als alemannisch. Bemerkenswert ist, daß der »Wigalois« häufig zusammen mit Wolframs »Parzival« überliefert ist.

Datierung: Frühe Datierung um 1205 (heute mehr und mehr akzeptiert); Mitteldatierung zw. 1205 und 1210 (zeitgleich mit dem Abschluß von Wolframs »Parzival«); Spätdatierung um 1210/1215 oder gar um 1220 und später (heute nicht mehr propagiert).

Ausgaben: Myller, Christoph Heinrich (Hrsg.): Sammlung deutscher Gedichte aus dem 12., 13. und 14. Jahrhundert. III. o.O. 1785, S. I–XII (Fragment aus Einsieden).

Benecke, Georg Friedrich (Hrsg.): Wigalois, der Ritter mit dem Rade, getihtet von Wirnt von Gravenberch. Berlin 1819 (Leiths. A, Ergänzung durch C, L, B u. H; mit Glossar).

Pfeiffer, Franz (Hrsg.): Wigalois, eine Erzählung von Wirnt von Gravenberg. Leipzig 1847 (Dichtungen des dt. Mittelalters 6). [Einführung eines Lesartenapparats und alphabetischer Siglen].

Kapteyn Johannes Marie Neele (Hrsg.): Wigalois der Ritter mit dem Rade. 1. Bd. Text (kein weiterer erschienen), Bonn 1926 (Rheinische Beiträge und Hülfsbücher zur germanischen Philologie und Volkskunde 9). Die bis heute leider gültige Edition, die dringend einer Revision bedarf, da Kapteyn weder alle Hss. u. Fragmente, die bis zu seiner Zeit bekannt waren, selbst eingesehen hat, noch sie konsequent im Lesartenapparat verzeichnet, noch die neueren Funde berücksichtigt werden konnten.

Literatur: Janko, Anton: Zwei Wigalois-Fragmente aus Ljubliana. Acta Neoph. 15, 1982, S. 3–15.

Pausch, Oskar: Handschriftenfunde zur Literatur des Mittelalters. 62. Beitrag. Eine zweite Überlieferung des ›Wigalois‹. ZfdA 107, 1979, S. 340–345.

Hilgers, Heribert A.: Materialien zur Überlieferung von Wirnts Wigalois. PBB 93 (Tüb.), 1971, S. 228–288. Ders.: Zur Geschichte der Wigalois-Philologie. Überlegungen zu einigen Problemen der Textkritik am Beispiel von Wirnts Wigalois. Euph. 65, 1971, S. 245–273.

Behaghel, Otto: Rez. der Ausgabe von Kapteyn. Literaturblatt für germanische u. romanische Philologie 49, 1928, Sp. 408–409.

Habicht, Victor Curt: Zu den Miniaturen der Leidener Wigalois-Handschrift. In: Der Cicerone 14, 1922, S. 471−475.
Übersetzung: Thomas, John Wesley: Wigalois. The Knight of Fortune's Wheel. Lincoln, London 1977.

Allgemeine Literatur

Gottzmann, Carola L.: Deutsche Artusdichtung. Bd. I. Rittertum, Minne, Ehe und Herrschertum. Die Artusepik der hochhöfischen Zeit. Frankfurt, Bern, New York 1986, 2. durchges. Aufl. 1988 (Information u. Interpretation 2) [darin: »Erec«, »Iwein«, »Lanzelet«, »Parzival« u. »Wigalois«].
Sieverding, Norbert: Der ritterliche Kampf bei Hartmann und Wolfram. Seine Bewertung im ›Erec‹ und ›Iwein‹ und in den Gahmuret- und Gawan Büchern des ›Parzival‹. Heidelberg 1985 (Diss. Kiel).
Ruh, Kurt: Höfische Epik des deutschen Mittelalters. I. Von den Anfängen bis zu Hartmann von Aue (1967). 2. verb. Aufl. Berlin 1977; II. ›Reinhart Fuchs‹, ›Lanzelet‹, Wolfram von Eschenbach, Gottfried von Straßburg, Berlin 1980 (GdG 7 u. 25).
Gürttler, Karin: »Künec Artûs der guote.« Das Artusbild der höfischen Epik des 12. und 13. Jahrhunderts. Bonn 1976.
Knoll, Hiltrud Katharina: Studien zur realen und außerrealen Welt im deutschen Artusroman (Erec, Iwein, Lanzelet, Wigalois). Diss. Bonn 1966.
Emmel, Hildegard: Formprobleme des Artusromans und der Gralsdichtung. Die Bedeutung des Artuskreises für das Gefüge des Romans im 12. und 13. Jahrhundert in Frankreich, Deutschland und den Niederlanden. Bern 1951.

2.2. Hartmann von Aue

Die Herkunft Hartmanns ist nicht geklärt. Sie wurde jedoch auf vier Orte mit dem Namen Aue eingegrenzt: Obernau bei Rottenburg, Eglisau, Reichenau, Aue bei Freiburg im Breisgau. Er stammte wohl aus dem alemannischen (oberrheinischen?) Raum und muß über eine fundierte Bildung verfügt haben. Neben den Artusepen hat er den »Gregorius«, den »Armen Heinrich«, die »Klage« sowie Minne- und Kreuzzugslyrik verfaßt. Hartmanns epische Werke weisen eine tiefe Auseinandersetzung mit der Schuldproblematik auf, die er ganz auf die Person bezieht, und nicht in makrokosmische Strukturen (vgl. »Parzival«, »Wigalois«) einbettet.

Wapnewski, Peter: Hartmann von Aue. Stuttgart ⁷1979 (SM 17) [dank der Darstellung im Rahmen dieser Reihe wurden die Ausführungen hier bewußt knapp gehalten].

Neubuhr, Elfriede: Bibliographie zu Hartmann von Aue. Berlin 1977 (Bibliographien zur deutschen Literatur des Mittelalters 6 [Verzeichnis der Literatur bis einschließlich 1976].

Kuhn, Hugo u. Cormeau, Christoph: Hartmann von Aue. WdF 359, WBG Darmstadt 1973 [Darin die Aufsätze von *Kuhn*, Hugo: ›Erec‹ (1948), S. 17–48. *Tax*, Petrus W.: Studien zum Symbolischen in Hartmanns ›Erec‹. Erecs ritterliche Erhöhung (1963), S. 287–310. *Hruby, Antonin:* Die Problemstellung in Chrétiens und Hartmanns ›Erec‹ (1964), S. 342–372. *Kellermann*, Wilhelm: Die Bearbeitung des »Erec- und -Enide«-Romans Chrestiens von Troyes durch Hartmann von Aue (1970), S. 511–531. *Ruberg, Uwe:* Bildkoordinationen im ›Erec‹ Hartmanns von Aue (1970), S. 532–560. *Ruh, Kurt:* Zur Interpretation von Hartmanns ›Iwein‹ (1965), S. 407–425. *Cramer, Thomas:* ›Saelde und êre‹ in Hartmanns ›Iwein‹ (1966), S. 426–449. *Wehrli, Max:* Iweins Erwachen (1969), S. 491–510].

Cormeau, Christoph u. Störmer, Wilhelm: Hartmann von Aue. Epoche – Werk – Wirkung. München 1985 (Arbeitsbücher zur Literaturgeschichte).

Voß, Rudolf: Die Artusepik Hartmanns von Aue. Untersuchungen zum Wirklichkeitsbegriff und zur Ästhetik eines literarischen Genres im Kräftefeld von soziokulturellen Normen und christlicher Anthropologie. Köln, Wien 1983.

Arndt, Paul Herbert: Der Erzähler bei Hartmann von Aue. Formen und Funktionen seines Hervortretens und seine Äußerungen. Göppingen 1980 (GAG 299).

Kuttner, Ursula: Das Erzählen des Erzählten. Eine Studie zum Stil in Hartmanns ›Erec‹ und ›Iwein‹. Bonn 1978 (Studien zur Germanistik, Anglistik und Komparatistik 70).

Thum, Bernd: Politische Probleme der Stauferzeit im Werk Hartmanns von Aue: Landesherrschaft im ›Iwein‹ und ›Erec‹. In: Stauferzeit. Hrsg. *Rüdiger Krohn, Bernd Thum, Peter Wapnewski.* Stuttgart 1978, S. 47–70.

Kaiser, Gert: Textauslegung und gesellschaftliche Selbstdeutung. Die Artusromane Hartmanns von Aue. Frankfurt 1973, 2. Aufl. Wiesbaden 1978.

Sparnaay, Hendricus: Hartmann von Aue. Studien zu einer Biographie. 2 Bde. Halle 1933, 1938. Unveränd. Nachdr. Tübingen, Darmstadt 1975, mit einem Vorwort von Christoph Cormeau.

Kramer, Hans-Peter: Erzählerbemerkungen und Erzählerkommentare in Chrestiens und Hartmanns Erec und Iwein. Göppingen 1971 (GAG 35).

2.2.1. »Erec«

Hartmanns Werk umfaßt 3256 Verse mehr als der Text Chrétiens
(zu den Unterschieden s. S. 48 f.). Nicht geklärt ist, ob Hartmann
den Chrétienschen Text direkt als Vorlage benutzte, so daß die
Abweichungen auf ihn selbst zurückzuführen sind, oder ob er noch
eine weitere Quelle besaß (vgl. »Erex saga« und das Mabinogi »Gereint«; beide Texte weisen Übereinstimmungen mit Hartmann auf,
weichen aber von Chrétien ab), oder ob ein von Chrétien unabhän-
giger Text benutzt wurde. Wenn man von der Überlieferungslage
ausgeht, hat das Werk keine große Verbreitung gefunden. Allerdings ist nicht auszuschließen, daß zahlreiche Handschriften verloren gegangen sind.

Inhaltsskizze

Erec reitet mit der Königin Ginover aus, während Artus den weißen
Hirsch jagd. Sie treffen auf einen prächtig gekleideten Ritter mit
seiner Dame. Als Ginover erfahren möchte, wer der Ritter ist, erhält
die von ihr geschickte Hofdame einen *geiselslac* von dem das Paar
begleitenden Zwerg. Auch Erec ergeht es nicht anders. Da er keine
Waffen trägt, kann er sich für diesen Affront nicht umgehend rächen. Obwohl er immer noch waffenlos ist, stürmt er dem Ritter
nach. Mittellos, findet er bei einem verarmten Grafen und seiner
Tochter Aufnahme für die Nacht. Enite versorgt sein Pferd. Da
erfährt er von dem bevorstehenden Sperberkampf. Er bittet Kora-
lus, ihm Waffen und seine Tochter zu geben, da er ohne sie den
Schönheitspreis nicht erwerben kann. Er geht als Sieger hervor,
weigert sich aber, daß Enite die ihrer Schönheit gemäße Kleidung
erhält. Auf dem Ritt zu Artus entbrennt er in Minne zu ihr. Erst dort
wird Enite herrlich gekleidet, und es findet die Hochzeit statt. Erec
geht mit Enite in das Reich seines Vaters, der ihm die Regentschaft
überträgt. Ganz der Minne zu seiner Frau hingegeben, *verliget* sich
Erec. Als Enite glaubt, der Geliebte schläft, klagt sie, daß sich alle
über Erecs Untätigkeit beschweren. Erec hört diese Klage und befiehlt sogleich, daß Enite ihr schönstes Kleid anlege, und daß sie auf
âventiure gehen. Er selbst stiehlt sich heimlich vom Hof fort. Auf
dem Weg befiehlt er seiner Frau unter Androhung des Todes, ihn
nicht vor irgendwelchen Gegnern zu warnen. Da nähern sich 3
Räuber, die auf Beute aus sind. Enite warnt Erec, so daß er die
Räuber bezwingen kann. Da Enite das Schweigegebot übertreten
hat, nimmt Erec zwar Abstand davon, sie zu töten, aber er überträgt
ihr die Sorge für die 3 Pferde. Sie stoßen auf 5 Räuber, die zwar

Mitleid mit Enite haben, aber gleichwohl Beute zu machen suchen. Wieder warnt Enite ihren Mann, der die Räuber besiegt. Statt sie, wie angedroht, zu töten, bestraft er seine Frau erneut, indem sie Pferdeknechtsdienste zu verrichten hat. Sie treffen auf einen namenlosen Grafen (bei Chrétien heißt er Galoein), der Enite heiraten will, da Erec in der Herberge fern von seiner Frau sitzt. Sie wendet die Gefahr ab, indem sie Galoein belügt, so daß Erec und Enite fliehen können. In der nächsten Begegnung stoßen sie auf den zwergenhaften Guivreiz, der Erec auffordert, nachdem sich der Held geweigert hat zu kämpfen, wenigstens um der Frau willen den Kampf aufzunehmen. Beide Ritter werden verwundet und schließen Freundschaft.

Durch eine List bringt Gawein, der dem verschwundenen Erec begegnet, diesen gegen seinen Willen an den Artushof, wo seine Wunden vorübergehend geheilt werden (Pflaster Morganes). Es gelingt Erec, Cadoc aus den Fängen eines Riesen zu befreien. Da aber seine Wunden wieder aufgebrochen sind, fällt er in Ohnmacht, so daß Enite glaubt, ihn hätte der Tod ereilt. Mit Gewalt will der Graf Oringles Enite heiraten. Ihr leidvolles Aufschreien erweckt Erec wieder zum Leben, so daß er Oringles besiegen kann. Auf dem Weg stellt er sich ohne dringende Veranlassung dem nicht erkannten Guivreiz entgegen, der auf der Suche nach Erec war. Die Freunde erkennen sich schließlich, und Erec und Enite finden in wahrer Liebe zueinander. Da hört er von Mabonagrin, der jeden Ritter, der in sein Reich eindringt, tötet. Es gelingt Erec, den Ritter zu überwinden und dessen Frau und 80 Witwen aus der Isolation zu befreien. Erec und Enite gehen in das angestammte Reich zurück, wo sie gekrönt werden.

In der Forschung wurde besonders die Frage der Schuld kontrovers diskutiert. Da Enite mit auf *âventiure* reitet, die Abenteuer aber der Bewährung dienen, suchte man vielfach nach einer Mit- oder Hauptschuld Enites. Es wurde postuliert, daß Enite eine objektive Schuld am Ehrverlust Erecs zukomme, weil sie durch ihr weibliches Geschlecht als Verführerin schuldlos schuldig werde *(Reinitzer, Mayer)*; daß sie eine subjektive Schuld durch ihr Klagen in Karnant selbst anerkannt habe *(Schulze)*; daß sie zwar nicht schuldig sei, aber ihr Seufzer in Karnant einem Schuldgeständnis gleichkomme *(Thoran)*; daß die Ehegemeinschaft auf die Probe gestellt werde *(Smits)*; daß Erec seine Frau aus unbegründeter Eifersucht der Untreue verdächtige, so daß er sie Proben unterwerfe *(Blosen)*. Divergierende Meinungen herrschen auch darüber, von welcher Stelle ab im Text schuldhaftes Verhalten anzusetzen sei. Als punktuelle Schuld wurde allgemein die *verligen*-Szene gewertet, auf die die nachfolgenden *âventiuren* Bezug nähmen. Ferner wurde die Schuld in Enites inferiorem Stand gegenüber dem Königssohn Erec gesucht, als sie vor dem Kampf um den Sperberpreis einwilligt, Erec zu heiraten *(Cramer)*. Schließlich wurde die Schuld als Akkumulation von mehreren Schuldfaktoren gedeutet, die bereits mit Erecs Ausritt in Begleitung von Ginover beginnt und noch die Räuber- und Galoein-*âventiure* miteinschließt. *(Gottzmann)*. Die unterschiedlichsten Meinungen herrschen auch über die thematische Struktur des Werkes. Es handle sich um einen Konflikt zwischen Minne und Ritterpflicht *(Wapnewski)*; es werde das Verhältnis von ehelicher und höfischer Minne dargestellt, das an der Ehekrise bzw. ihrer Überwindung exemplifiziert werde, so daß es um die Rechtfertigung der Ehe in ihrer sozialen Funktion gehe *(Kuhn, Ruh)*; es gehe um die Neubewertung der Rolle der Frau als Vermittlerin ritterlichen, religiös verankerten Rittertums *(Hruby)*; es werde die Domestizierung eines von Sexualität und Gewalttätigkeit beherrschten Artusritters vorgeführt *(Fischer)*. Kreisen diese Darstellungen stets um die Themen, Minne, Ehe, Rittertum, die noch um das Herrschertum als Telos ergänzt werden *(Gottzmann)*, so akzentuieren andere Darstellungen die sozialgeschichtlichen Bedingungen dieses Textes. Durch das Vorführen von *dienest* versuche sich die aufstrebende Ministerialität zu legitimieren *(Kaiser)*; durch die Bestimmungen heilsgeschichtlicher Positionen solle die feudale Ordnung abgesichert werden *(O. Ehrismann)*; es gehe um die kollektive Schuld, die aus der metaphysischen Situation des Menschen schlechthin und der Normenproblematik des feudal-aristokratischen Systems abgeleitet werde.

Schwerpunkte der zahlreichen Untersuchungen von Einzelproblemen waren bisher z. B. die Deutung der *Joie de la curt-âventiure*, der Totenklage Enites, des Sattels von Enites Pferd, der Rolle des Erzählers u. a. m. Ein Forschungsbericht über alle divergierenden Meinungen ist ein Desiderat.

Literatur

Vgl. die Bibliographie von *E. Neubuhr* (bis 1976). Auf grundlegende Analysen vor 1976 wird natürlich zur Orientierung hingewiesen.

Schulze, Ursula: Amîs unde man. Die zentrale Problematik in Hartmanns ›Erec‹. PBB 105 (Tüb.), 1983, S. 14–47.

Lewis, Robert, E.: Erec's Knightly Imperfections. Res Publica Litterarum 5, 1982, S. 151–158.

Smits, Kathryn: Die Schönheit der Frau in Hartmanns ›Erec‹. ZfdPh. 101, 1982, S. 1–28.

Dies.: Enite als christliche Ehefrau. Fschr. John Asher. Berlin 1981, S. 13–25.

Bayer, Hans: bî den liuten ist sô guot. Die *meine* des Erec Hartmanns von Aue. Euph. 73, 1979, S. 272–285.

Cormeau, Christoph: Joie de la curt. Bedeutungssetzung und ethische Erkenntnis. In: Formen und Funktionen der Allegorie. Symposion Wolfenbüttel 1978. Hrsg. Walter Haug. Stuttgart 1979, S. 194–205 u. S. 336–340.

Ehrismann, Otfrid: Enite. Handlungsbegründungen in Hartmanns von Aue ›Erec‹. ZfdPh. 98, 1979, S. 321–344.

Mayer, Hartwig: ein vil vriuntlîchez spil: Erec und Enites gemeinsame Schuld. Analecta Helvetica et Germanica. Fschr. H. Boeschenstein. Bonn 1979, S. 8–19.

Tobin, Frank: The Perils of Young Love. Seminar 14, 1978, S. 1–14.

Blosen, Hans: Noch einmal: Zu Enites Schuld in Hartmanns ›Erec‹. Mit Ausblicken auf Chrétiens Roman und das Mabinogi von ›Gereint‹. OL 31, 1976, S. 81–109.

Knapp, Fritz Peter: Enites Totenklage und Selbstmordversuch in Hartmanns Erec. Eine quellenkritische Analyse. GRM 26, 1976, S. 83–90.

Reinitzer, Heimo: Über Beispielfiguren im ›Erec‹. DVjs. 50, 1976, S. 597–639.

Peters, Ursula: Artusroman und Fürstenhof. Darstellung und Kritik neuerer sozialgeschichtlicher Untersuchungen zu Hartmanns *Erec.* Euph. 69, 1975, S. 175–196.

Rupp, Heinz: Neue Literatur zur höfischen Epik. (Forschungsbericht). DU 6, 1954, 5, S. 108–113.

2.2.2. »Iwein«

Die Datierung des »Iwein« schwankt in der Forschung. Einerseits wird angenommen, daß Hartmann ihn vor dem »Gregorius« und dem »Armen Heinrich« begonnen und erst zwischen 1199 und 1205 vollendet habe, andererseits wird von einer einheitlichen Konzeption ausgegangen, wobei sich am Abschlußdatum, das aufgrund der Erwähnung der Zerstörung der Erfurter Gärten im »Parzival« (379, 18 ff.) ermittelt wird, forschungsgeschichtlich kaum etwas ändert. Ulrichs »Lanzelet« dürfte damit wohl vor dem Iwein entstanden sein.

Inhaltsskizze

Iwein hört den Bericht Kalogrenants (oder Kalogreants), der erzählt, daß er *âventiure* suchend zu einer Quelle gelangt sei, wo der von ihm herausgeforderte Gegner Ascalon einen Sieg über ihn erringen konnte. Artus und seine Ritter beschließen, gemeinsam zu dieser Quelle zu gehen. Doch Iwein will Gawein einen möglichen Sieg nicht gönnen, so daß er heimlich zur Quelle aufbricht. Als auf seine Herausforderung (Begießen des Steins mit dem Quellwasser) Ascalon zum Kampf erscheint, kann er ihm eine tödliche Wunde beibringen. Er verfolgt Ascalon bis zur Burg, wo Iwein zwischen den beiden Fallgittern, die herunterschnellen, nachdem Ascalon sie passiert hat, gefangen wird. Er erblickt die Burgherrin Laudine und entbrennt in großer Liebe zu ihr. Doch sie beklagt den Tod ihres Mannes. Als gemeldet wird, daß sich König Artus dem Quellenreich nähert und Laudine eines männlichen Schutzes entbehrt, gibt sie dem Drängen ihrer Dienerin Lunete nach und läßt den Töter ihres Mannes die Verteidigung übernehmen. Der über die Artusritter erfolgreiche Iwein heiratet Laudine, begehrt aber nach der Mahnung Gaweins, für eine festgesetzte Zeitspanne an den Artushof zurückzukehren. Iwein wird sich bewußt, daß er die Frist überschritten hat. Da ist es bereits zu spät, da Lunete im Auftrag ihrer Herrin erscheint und Iwein am Artushof der *untriuwe* bezichtigt. Iwein wird wahnsinnig. Seiner Sinne beraubt, finden ihn die Dienerinnen der Dame von Narison. Sie heilen ihn mit einer Salbe von seinem Wahnsinn und Iwein hilft der Dame von Narison aus ihrer Bedrängnis. Iwein trifft auf einen Löwen, der mit einem Drachen kämpft. Er befreit den Löwen, der von nun an sein ständiger Begleiter wird.

Auf seinem Weg begegnet er Lunete, der Tod durch einen von Laudine angeordneten Gerichtskampf droht, weil sie einst Iwein geholfen hat (A1). In die nun folgende geschachtelte Erzählweise [vgl. die Großbuchstaben zur Kennzeichnung des Baumusters der Handlung] wird die Entführung Ginovers vom Artushof eingeblendet (B1). Iwein verspricht Lunete seine Hilfe. Doch inzwischen ergibt sich eine neue Bedrohung, in der Iweins Hilfe gefordert ist. Mit Unterstützung des Löwen vermag er den Riesen Harpin zu überwinden, der eine ganze Familie ins Unglück stürzte (C). In letzter Minute gelangt er zu Lunete zurück (A2) und kann den Gerichtskampf mit Hilfe des Löwen zu Gunsten der Dienerin Laudines entscheiden. Kaum hat er diesen Kampf überstanden, wird er von der jüngeren Tochter vom Schwarzen Dorn gebeten, ihr im Erbschaftsstreit mit der älteren Schwester, die am Artushof Gawein für sich gewinnen konnte, zu helfen (D1). Ehe dieser Konflikt gelöst wird, besteht Iwein das Schlimme Abenteuer (E). Mit dem Sieg über zwei Riesen, den er wieder durch die Unterstützung des Löwen erringt, befreit er 300 Jungfrauen. Ein *âventiure*-suchender Ritter hatte sich kampflos der Übermacht der Riesen ergeben und war für die Erhaltung seines Lebens zum Tribut von jeweils 30 Frauen pro Jahr verpflichtet worden. Schließlich kommt es zum Kampf um das Erbe der Schwestern vom Schwarzen Dorn (D2), wo sich Iwein und Gawein gegenüberstehen. Die Kraft entscheidet nicht den Ausgang (beide Kämpfer sind gleich stark), sondern das Eingreifen von König Artus selbst, der das unrechte Verhalten der älteren Schwester aufdeckt. Der wiederhergestellten Eintracht am Artushof folgt die Versöhnung zwischen Iwein und Laudine, die aber wiederum nur durch eine List Lunetes möglich wird. Iwein, nominell immer noch Quellenherr, fordert selbst das Reich Laudines heraus, so daß Lunete ihrer Herrin eine Bedrohung der Quelle suggeriert, die nur der Ritter mit dem Löwen, d.h. Iwein abwenden könne. Die Versöhnung erfolgt, nachdem beide ihre Schuld bekundet haben.

Die »Iwein«-Forschung weist mehrere Schwerpunkte auf. Zum einen nimmt natürlich die Frage der Schuld einen breiten Raum ein. Diese Kontroversen lassen sich vergröbernd wie folgt zusammenfassen: Die Hauptschuld liegt bei Iwein, der a) den gesetzten Termin Laudines versäumt habe *(Ruh)*, der b) eidbrüchig geworden sei *(Zutt)*, der c) seinen Verpflichtungen der Ehe gegenüber nicht gerecht werde *(McConeghy)*, bzw. seine Rechtsverpflichtungen nicht einhalte *(Mertens)*, der d) *âne zuht* Ascalon getötet habe *(Wapnewski, Cramer;* dagegen *Ruh, Schupp, Gellinek, Scholler)*. Hatte die ältere Forschung die Quellenherrin fast ausschließlich in Kategorien des Minnedienstes gesehen, so hinterfragten jüngere Untersuchungen die Rolle Laudines als Königin (zu rasche Heirat des Mörders ihres Mannes Ascalon, zu rasche Versöhnung mit Iwein am Schluß). Laudines Handlungsweise wurde daher dahin gedeutet, daß Laudine Iwein am Anfang nur aus Staatsraison geheiratet habe, und daß die Spannung zwischen *mariage de convenience* und *mariage d'inclination* eine Identifikationsmöglichkeit für weibliche Adelige geboten hätte *(Mertens,* dazu *Kaiser)*. Der »Iwein« war einer der ersten Texte, bei dem die Idealität des Artushofes in Zweifel gezogen wurde. Deutete die ältere Forschung den Prolog als Glorifizierung König Artus', so interpretierten ihn jüngere Arbeiten als heftige Kritik am arthurischen Königtum *(Schweikle, Pütz)*. Eine Verbindung zwischen dem unzulänglichen Artushof, der Schuld des Helden und der Haltung Laudines, bot ein jüngster Interpretationsansatz *(Gottzmann)*. Iwein sei das Produkt der Defizienzen des Artushofes (daher sein heimlicher Ausritt vor dem Aufbruch des Artushofes zur Quelle und der abschließende Kampf mit Gawein), die sich in Laudines Qullenherrschaft spiegeln. Der Protagonist, der zwar mit dem Aufbruch zur Quelle schuldig werde (Iweins Alleingang), trage aber am Zerwürfnis mit Laudine nicht die alleinige Schuld. Denn sie denke nur an ihr eigenes Wohl, an die Erhaltung des Quellenreiches. Persönliche Beziehungen werden den staatspolitischen Aufgaben untergeordnet. Der *âventiure*-Weg tilge nicht nur eine individuelle Schuld, sondern zeige auch, daß das falsche *âventiure*-Verständnis des Artushofes, an dem Iwein teilhat, revidiert werden muß.

Der »Iwein« wurde sowohl in rechtlicher Hinsicht hinterfragt (Tod des Quellenherren, Vorwurf der *untriuwe*, Bedeutung des Löwen, etc.), als auch im Hinblick auf die symbolischen Bedeutungen (Waldmensch, Quelle, Löwe, etc.). Zahlreiche Einzelaspekte wurden beleuchtet (z. B. Wahnsinn, Schlimmes Abenteuer, Ginovers Entführung u. a. m.), so daß sich gegenwärtig erst aus der Synopse vieler Arbeiten ein Spektrum der Deutungsvielfalt dieses Epos' ergibt. War in der älteren Forschung die Meinung vorherrschend, daß der »Iwein« eine gewisse Homogenität der Handlungsmotivation vermissen lasse (z. B. die Versöhnung am Schluß als deus ex machina-Effekt, die Inkohärenz der Ginover-Entführung, u. s. w.), so wird heute allgemein die Struktur als eine vom Dichter bewußt intendierte akzeptiert und dementsprechend nach Begründungen ihres vermeintlichen Dissenses geforscht.

Literatur

(Literatur bis 1976 s. *Neubuhr*).

Hahn, Ingrid: ›güete und wizzen‹. Zur Problematik von Identität und Bewußtsein im ›Iwein‹ Hartmanns von Aue. PBB (Tüb.) 106, 1985, S. 190–217).

McConeghy, Patrick M.: Aventiure and Anti-*Aventiure* in Ulrich von Zatzikhoven's *Lanzelet* and Hartmann von Aue's[!] *Iwein*. GR 57, 1982, S. 60–69.

Sage, David le: ›Âne zuht‹ or ›âne schulde‹? The Question of Iwein's Guilt. MLR 77, 1982, S. 100–113.

Schupp, Volker: Die Ywain-Erzählung von Schloß Rodenegg in Literatur und bildender Kunst im Tiroler Mittelalter. In: Innsbrucker Beiträge zur Kulturwissenschaft. Hrsg. Egon Kühebacher. Germanistische Reihe Bd. 15, Innsbruck 1982, S. 1–29.

Hennig, Beate: ›maere‹ und ›werc‹. Zur Funktion von erzählerischen Handeln im ›Iwein‹. Göppingen 1981 (GAG 321).

Mertens, Volker: Iwein und Wigalois – der Weg zur Landesherrschaft. GRM 31, 1981, S. 14–31.

Sinka, Margit M.: ›Der höfschste man‹: An Analysis of Gawein's Role in Hartmann von Aue's[!] *Iwein*. MLN 96, 1981, S. 471–487.

Wells, David A.: Die Ikonographie von Daniel IV und der Wahnsinn des

Löwenritters. In: Interpretation und Edition deutscher Texte des Mittelalters. Fschr. J. Ascher. Berlin 1981, S. 39−57.

Brandt, Wolfgang: Die Entführungsepisode in Hartmanns ›Iwein‹. ZfdPh. 99, 1980, S. 321−354.

Kaiser, Gert: ›Iwein‹ oder ›Laudine‹. ZfdPh. 99, 1980, S. 20−28. [Auseinandersetzung mit den Thesen von V. *Mertens*].

Keller, Thomas L.: Iwein and the Lion. ABaG 15, 1980, S. 59−75.

Zutt, Herta: König Artus. Iwein. Der Löwe. Die Bedeutung des gesprochenen Worts in Hartmanns ›Iwein‹. Tübingen 1979.

Kraft, Karl-Friedrich: Iweins Triuwe. Zu Ethos und Form der Aventiurenfolge in Hartmanns ›Iwein‹. Amsterdam 1979 (Amsterdamer Publikationen zur Sprache und Literatur 42).

Jackson, William Henry: Friedensgesetzgebung und höfischer Roman. Zu Hartmanns ›Erec‹ und ›Iwein‹. In: Poesie und Gebrauchsliteratur im deutschen Mittelalter. Würzburger Colloquium 1978, Tübingen 1979, S. 251−264.

Markey, T. L.: The *Ex lege* Rite of Passage in Hartmann's ›Iwein‹. Colloquia Germanica 11, 1978, S. 97−110.

Mertens, Volker: Laudine. Soziale Problematik im ›Iwein‹ Hartmanns von Aue. Berlin 1978 (Beihefte zur ZfdPh. 3).

Gellinek, Christian J.: Iwein's Duel and Laudine's Marriage. In: The Epic in Medieval Society. Aesthetic and Moral Values. Ed. Harald Scholler. Tübingen 1977, S. 226−239.

Mertens, Volker: Imitatio Arthuri. Zum Prolog von Hartmanns ›Iwein‹. ZfdA 106, 1977, S. 350−358.

Priesack, Theodor: Laudine: Laudines Dilemma. In: ›Sagen mit Sinne‹. Fschr. M.-L. Dittrich. Göpingen 1976, S. 109−132.

Lewis, Robert E.: Symbolism in Hartmann's ›Iwein‹. Göppingen 1975 (GAG 154).

Shaw, Frank: Die Ginoverentführung in Hartmanns ›Iwein‹. ZfdA 104, 1975, S. 32−40.

Szklenar, Hans: Iwein-Fresken auf Schloß Rodeneck in Südtirol. BBIAS 27, 1975, S. 172−180.

Pütz, Horst Peter: Artus-Kritik in Hartmanns ›Iwein‹. GRM 22, 1972, S. 193−197.

Wolf, Alois: Erzählkunst und verborgener Schriftsinn. Zur Diskussion um Chrétiens ›Yvain‹ und Hartmanns ›Iwein‹. In: Sprachkunst 2, 1972, S. 1−42.

Mohr, Wolfgang: Iweins Wahnsinn. ZfdA 100, 1971, S. 73−94.

Wheeler, J. A.: Hartmann's *Iwein* and Chrétien's *Yvain* as seen by the Critics. AULLA 2, 1954, S. 49−56.

Schupp, Volker u. *Szklenar, Hans:* Der Iwein-Zyklus auf Schloß Rodenegg. [Erscheint demnächst].

2.3. Ulrich von Zatzikhoven »Lanzelet«

Mag Ulrich als Pfarrer an das Geschlecht der Toggenburger oder Kiburger im schweizerischen Thurgau gebunden gewesen sein (über seine Gönner ist nichts bekannt), so vermittelt er wertvolle Informationen über seine Quelle. Er habe sie von einem Hûc von Morville erhalten, der sich unter den Geiseln für Richard I., Löwenherz (1189–1199), in Deutschland aufhielt. Wie kaum ein anderer Text läßt sich Ulrichs Werk in einen realhistorischen Kontext einbetten (z. B. Tod Thomas à Becket 1170 und die Ereignisse danach im Reich Henry's II.) (vgl. *Jackson*).

Obwohl das Werk, für das es keine Vorlage gibt, nach dem »Erec« am Anfang der Tradierung in Deutschland steht, besteht immer noch ein Unbehagen in der Forschung, es der Gruppe der hochhöfischen Epen zuzuordnen *(Brogsitter)*. Ursache für diese Problematik ist – wie auch beim »Wigalois« – die fast durchgehend vertretene Auffassung, daß der Held in keine Krise gestürzt werde. Hervorstechendes Merkmal dieses Epos' seien hingegen die zahlreichen Minnebegegnungen des Helden, die Findung seines Namens und die Forderung, zum besten Artusritter zu werden, Kriterien, die der Einleitung des Epos' wenig Beachtung schenken.

Inhaltsskizze

König Pant wird zwar durch das sich gegen ihn erhebende Volk getötet, seine Frau hingegen wird geschont.Eine Meerfee rettet den Sohn Lanzelet und läßt ihn in ihrem Land zwar in den Künsten, aber ohne ritterliche Unterweisung aufwachsen. Als er ausziehen möchte, um Ritter zu werden, weigert sich die Meerfee, ihm seinen Namen zu nennen. Er werde ihn erst dann erfahren, wenn er den Ritter Iweret getötet habe. Da er sich nicht einmal auf seinem Pferd halten kann, vermag er sich auch nicht gegen den *geiselslac* des Dieners der Dame von Pluris zur Wehr zu setzen. Von nun an bildet nicht nur die Namensuche, sondern auch der Wunsch nach Vergeltung für diesen Schlag das Ziel der Handlung [Zweifache Motivation]. Nachdem er im ritterlichen Handwerk unterwiesen wurde, muß er drei *âventiuren* bestehen. Er kämpft gegen den Wirt Galagandreiz und tötet ihn, da dieser seiner Tochter verboten hat, einen Ritter zu lieben. Er verläßt das Mädchen, weil sie ihn nach anderen Rittern zuletzt auffordert, sie zu lieben. In der nächsten *âventiure* nimmt ihn Linier gefangen und will ihn töten. Auf Betreiben Ades, die sich in Lanzelet verliebt hat, läßt er ihn am Leben, um mit dem ausgehungerten Lanzelet erst dann zu kämpfen, als er bereits fast unüberwindbare Gegner besiegt hat. Da Ade ihn bei Kräften hält, gelingt ihm seine Befreiung. Doch als Lanzelet durch den Zauber von Mabuz eines Tages feige gemacht wird, wendet sich Ade von ihm ab. Lanzelet erblickt Iblis und entbrennt in Minne zu ihr. Für Mabuz kämpft er gegen Iweret, besiegt ihn, erfährt seinen Namen und darf Iblis zur Frau nehmen.

Bevor er an den Artushof gelangt, kämpft er mit Valerin, der Prioritätsansprüche auf die Königin Ginover geltend macht. Er besiegt ihn zwar, tötet ihn aber nicht. Nachdem Lanzelet gute Aufnahme am Artushof gefunden hat, will er zur Dame von Pluris gehen, um das Leid zu rächen, das ihm angetan wurde. Während er dort in Minnehaft sehnsuchtsvoll an Iblis denkt, besteht seine Frau am Artushof eine Tugendprobe (Mantelprobe). Mit Hilfe der Artusritter kann Lanzelet aus der Minnegefangenschaft befreit werden. Er erfährt, daß Valerin Ginover entführt hat. Dabei wurde Artus verwundet, und zahlreiche Artusritter fanden den Tod. Zusammen mit den Artusrittern macht er sich zur Befreiung der Königin auf. Sie treffen auf den stummen Gilimar, der das Minnegebot des Schweigens übertreten hat. Dann gelangen sie zu dem Zauberer Malduc, der nur dann Hilfe gegen Valerin zusagt, wenn ihm die Ritter Erec und Gawein ausgeliefert werden, die seinen Vater und Bruder getötet haben. An diesen Taten war auch Artus nicht unschuldig. Valerin wird überwunden und schließlich können auch die Artusritter aus der Gefangenschaft Malducs befreit werden, weil Malducs Tochter dem Helden hilft. Als Lanzelet und Iblis wieder zusammen sind, bittet ein häßlicher Drache, daß Lanzelet ihn küßt. Der Held tut dies und erlöst die in den Drachen verwandelte Frau, die Inbegriff der *hübschheit* ist. Das Paar kehrt in das Land von König Pant zurück, und sie werden dort als vorbildliches Herrscherpaar gefeiert.

Die mangelnde Individualschuld des Helden hat lange die Beurteilung dieses Epos' erschwert, da die Möglichkeit der Erbschuld (vgl. »Gregorius«, »Parzival«) in die Deutung des Werkes nicht miteinbezogen wurde. Der unschuldige Held ist aufgrund dieser Sicht sehr wohl ein ›schuldbeladener‹ Held, der für die Vergehen seines Vaters zu büßen hat. Der Aufbau des »Lanzelet« ist in der Forschung nur insofern umstritten, als die Grenze zwischen dem ersten und zweiten Teil unterschiedlich angesetzt wird. Während der erste Sieg über Valerin und Lanzelets Aufnahme an den Artushof als Abschluß des 1. Teils bewertet wurde *(Trendelenburg, Ruh)*, da der Weg zum Artushof als Endpunkt der ritterlichen Vervollkommnung erachtet wurde (Beginn des 2. Teils mit der Pluris-Begegnung), wurde die Namensnennung als Endpunkt des Anfangsteils angesehen *(Huby,*

Gottzmann). Die interpretatorische Bewertung des Textes geht in der Forschung hingegen sehr weit auseinander. Es wird hervorgehoben, daß es darum gehe, den Weg Lanzelets zum besten Artusritter darzustellen. Der Ritter müsse sich vervollkommnen, um einen Platz in der ritterlichen Gesellschaft einnehmen zu können *(Soudek)*, er müsse sich selbst verwirklichen, um dann durch den Dienst für die Gesellschaft zur Artuswürdigkeit zu gelangen, was durch die extensive Minnethematik gestaltet werde *(Ruh, Schüppert)*. Da Lanzelet als Königssohn geboren sei, gehe es darum, zu zeigen, daß der beste Ritter auch der richtige König sei *(Combridge)*. Das Epos demonstriere ferner, wie der Sohn die Schuld des tyrannischen Vaters Pant tilge. Daraus erklärten sich die Namensuche und die zahlreichen Minnebegegnungen, die sukzessiv darlegen, daß Lanzelet die Schuld seines Vaters tilgt, so daß die Erlösung des Drachen am Ende erst die endgültige Tilgung der Vergehen des Vaters Pant bedeutet. Erst dann kann Lanzelet zum vorbildlichen Herrscher werden und sein Erbe zurückerobern *(Gottzmann)*.

Als Desiderat der gegenwärtigen Forschung bleibt die Wertung des Artushofes in diesem Werk (Entführung Ginovers, Gefangennahme der Artusritter aufgrund einer Verfehlung von Artus), die Deutung der Symbolstruktur (z. B. Meerfee, Sohn Mabuz und dessen Zauber, Minnezelt, Mantel, Malduc und Valerins Zauber) und die Diskussion des Problems, warum unter dem Titel »Lanzelet« bzw. »Lancelot« zwei grundverschiedene Stoffe tradiert wurden. Denn bezeichnenderweise erfährt der Stoff Ulrichs nicht einmal bei Urich Füetrer eine Neubearbeitung (dieser greift auf den »Lancelot« zurück).

Literatur

Quellenproblematik und vergleichende Studien:
Bumke, Joachim: Die romanisch-deutschen Literaturbeziehungen im Mittelalter. Ein Überblick. Heidelberg 1967 (bes. S. 14, 16, 82–83).
Hofer, Stefan: Der ›Lanzelet‹ des Ulrich von Zazikhoven und seine französische Quelle. ZfrPh. 75, 1959, S. 1–36.
Tilvis, Pentti: Über die unmittelbaren Vorlagen von Hartmanns ›Erec‹ und ›Iwein‹, Ulrichs ›Lanzelet‹ und Wolframs ›Parzival‹. Neuphil. Mitt. 60, 1959, S. 29–65 u. S. 130–144.
Öhmann, Emil: Anklänge an Ulrichs von Zatzikhoven ›Lanzelet‹ im Nibelungenlied, Nibelungenklage und Wigalois. Neuphil. Mitt. 47, 1946, S. 61–82.
Webster, Kenneth G. T.: Ulrich von Zatzikhoven's ›Welsches Buoch‹. Harvard Studies and Notes in Philology and Literature 6, 1934, S. 203–228.

Leitzmann, Albert: Zu Ulrichs Lanzelet. PBB 55, 1931, S. 293−305.

Weston, Jessie L.: The Legend of Sir Lancelot du Lac. Studies upon its Origin, Development, and Position in the Arthurian Romantic Cycle. London 1901 (Grimm Library 12).

Zwierzina, Konrad: Mittelhochdeutsche Studien. ZfdA 45, 1901, S. 317−418 [darin ein Exkurs über das Verhältnis zwischen ›Erec‹ und ›Lanzelet‹].

Gruhn, Albert: Erek und Lanzelet. ZfdA 43, 1899, S. 265−302.

Bächtold, Jakob: Der Lanzelet des Ulrich von Zatzikhoven. Diss. Zürich 1870.

Analysen (vgl. Gottzmann, Ruh, Gürttler)

Brogsitter, Karl Otto: Der Held im Zwiespalt und der Held als strahlender Musterritter. AM, Gießen 1984, S. 16−27.

Thoran, Barbara: Zur Struktur des ›Lanzelet‹ Ulrichs von Zatzikhoven. ZfdPh. 103, 1984, S. 52−77.

Schmidt, K. H.: Frauenritter oder Artusritter. Über Struktur und Gehalt von Ulrichs von Zatzikhovens ›Lanzelet‹. ZfdPh. 98, 1979, S. 1−18.

Ruh, Kurt: Der ›Lanzelet‹ Ulrichs von Zatzikhoven. Modell oder Kompilation? In: Deutsche Literatur des späten Mittelalters. Hamburger Colloquium 1973. Hrsg. von W. Harms u. L. Peter Johnson. Berlin 1975, S. 47−55. Wieder in: K. R. Kleine Schriften Bd. 1. Hrsg. *V. Mertens.* Berlin, New York 1984.

Schüppert, Helga: Minneszenen und Struktur im ›Lanzelet‹ Ulrichs von Zatzikhoven. Würzburger Prosastudien II. Fschr. Kurt Ruh. München 1975, S. 123−138.

Jackson, William Henry: Ulrich von Zatzikhoven's ›Lanzelet‹ and the Theme of Resistance of Royal Power. GLL 28, 1974−75, S. 285−297.

Cambridge, Rosemary N.: Lanzelet and the Queens. In: Essays in German and Dutsch Literature. Ed. William Douglas Robson-Scott. University of London 1973, S. 42−64.

Soudek, Ernst: Die Funktion der Namensuche und der Zweikämpfe in Ulrich von Zatzikhovens ›Lanzelet‹. AbäG 2, 1972, S. 173−185.

Pérennec, René: Ulrich von Zatzikhoven ›Lanzelet‹. Traduction en français moderne, accompagnée d'une introduction et de notes. 2 Bde. Diss. Paris 1970−71.

Trendelenburg, Armgart: Aufbau und Funktion der Motive im Lanzelet des Ulrich von Zatzikhoven im Vergleich mit dem deutschen Artusroman um 1200. Diss. Tübingen 1953.

Richter, Werner: Der Lanzelet des Ulrich von Zatzikhoven. Frankfurt 1934 (Deutsche Forschungen 27).

2.4. Wolfram von Eschenbach »Parzival«

Aufgrund der ausführlichen Darstellung von *Joachim Bumke* in dieser Reihe (Wolfram von Eschenbach. 5. vollständig neubearb. Aufl., Stuttgart 1981, SM 36, S. 36−113) kann hier auf detaillierte

Ausführungen verzichtet werden (dort Inhaltsangabe, Forschungs-übersicht und Literaturangaben). Es sei daher nur auf die wichtig-sten Problembereiche und auf die neueste Literatur hingewiesen.

Obwohl über Wolfram wenig bekannt ist, so ist doch sicher, daß er im gesamten Mittelalter mit einer Ausnahme (Gottfried) sehr hoch geschätzt wurde. Albrecht gab sich in seinem »Jüngeren Titu-rel« sogar über weite Passagen als Wolfram aus. Wahrscheinlich stammt Wolfram aus dem fränkischen Ort Ober-Eschenbach, süd-östlich von Ansbach. Seine ständische Zugehörigkeit bleibt dunkel. Gehen die Auffassungen über seine Bildung noch heute weit ausein-ander, so dürfte anhand seiner Werke (»Parzival«, »Willehalm«, »Titurel« und Lyrik) feststehen, daß er über ausgezeichnete Kennt-nisse der Theologie, der Naturwissenschaft, der Jurisprudenz und der Medizin verfügte. Mehrere Gönner Wolframs kommen in Fra-ge, da eine eindeutige Zuordnung durch eine Widmung fehlt: Die Grafen von Wertheim, der Landgraf Hermann I. von Thüringen, die Markgräfin von Vohburg, die Freiherrn von Durne.

Es kann als sicher gelten, daß Chrétiens »Conte du Graal« von Buch III bis Buch XIII Wolfram vornehmlich als Vorlage gedient hat. Die zahlreichen, z. T. erheblichen Abweichungen machten die Frage nach den Quellen (keltische, französische, orientalische, latei-nische u. deutsche Quellen sowie das Kyotproblem) und der Stoff-geschichte zu einem der Schwerpunkte der Erforschung dieses Tex-tes.

Der zweite Schwerpunkt der Forschung liegt auf dem Verständnis des Werkes, wobei wissenschaftsgeschichtlich interessant ist, daß bestimmte Problemstellungen erst nach dem Zweiten Weltkrieg ins Blickfeld rückten. Hierzu gehören vor allem die Deutung der Gah-muret- und der Gawan-Handlungen, die in der älteren Forschung kaum Beachtung fanden. Kennzeichnend für die Studien der letzten 25 bis 30 Jahre ist, daß minutiöse Detailuntersuchungen dominie-ren, während Deutungen des gesamten Werkes (z. B. *Weber*) kaum mehr gewagt werden.

Von jeher bildete die Parzival-Handlung das Herzstück der inter-pretatorischen Arbeiten. Die Analyse von Parzivals Schuld, meist verbunden mit der Deutung der religiösen Problematik, stand im Vordergrund der Betrachtung. Es wurde postuliert, daß der Haß gegenüber Gott (der *zwîvel*), seine Absage an Gott, Parzivals Hauptschuld sei (*Wapnewski, Adolf, Hempel, Bumke* »Forschung« S. 275–286). Andere werteten den Mord an Ither als zentrale Schuld *(Mohr)*. Dagegen wurde vor allem die unterlassene Frage auf Mun-salvaesche *(Schwietering, Wolf, F. R. Schröder)* als Hauptsünde erachtet, daneben auch die Erbsünde *(Maurer)* oder die *ignorantia*

(Blank). Die Disposition der arthurischen Gesellschaft wurde hingegen kaum in diese Diskussion miteinbezogen, obwohl Herzeloyde, besonders die Gawan-Handlung und die Verfehlungen von Anfortas sowie die zahlreichen Nebengestalten, ganz zu schweigen von der Ither-Problematik und der Unterweisung von Gurnemanz, deutlich auf eine tiefe Problematik dieses Bereiches verweisen. Dem Gral hingegen wurde stets Beachtung geschenkt, nicht zuletzt deswegen, weil er bei Wolfram ein Stein *(lapsit exillis)* ist. Die Diskussion um den religiösen Gehalt wurde meist genetisch oder vergleichend geführt (Einflüsse: Bernhard von Clairvaux, Mystik der Viktoriner, augustinische Theologie; manichäische Gnosis, Katharer; Joachim von Fiore und zisterziensische Spiritualität).

Anders als Hartmann, der sich allein auf eine personalisierbare Schuld konzentriert, hat Wolfram durch seine Dichtung ein Weltganzes vorzuführen gesucht, das er nicht nur durch den Artus- und Gralbereich, sondern auch durch die Mehrsträngigkeit der Erzählung (Gahmuret-, Parzival-, Gawan-, Lohengrin-Handlung, sowie Feirefiz- und Sigune-Komplex) erzielte. Deshalb werden zahllose Nebenfiguren durch die geschachtelte Erzählweise miteinander verwoben, ganz abgesehen von ihren verwandtschaftlichen Beziehungen untereinander. Wolfram und nach ihm Wirnt von Gravenberc weisen deutlich auf eine neue Konzeption der deutschen Artusdichtung hin, obwohl sie thematisch noch ganz ihrer Zeit verhaftet sind.

Literatur

Forschungsberichte: Bumke, Joachim: Die Wolfram von Eschenbach-Forschung seit 1945. Bericht und Bibliographie. München 1970.
Wolfram-Studien. Hrsg.: *Werner Schröder.* Beginnend ab Bd. 1, 1970; bisher bis Bd. 9, 1986. Bibliographie: Decke-Cornill, Renate: Wolfram – Bibliographie 1984–1986. WS 10, 1988, S. 207–232. Fortsetzung WS 11, im Druck.
Kratz, Henry: Wolfram von Eschenbach's *Parzival.* An Attempt at a Total Evaluation. Bern 1973.
Rupp, Heinz (Hrsg.): Wolfram von Eschenbach. WdF 62, WBG Darmstadt 1966.

Analysen (bes. seit 1981):
Brall, Helmut: Gralsuche und Adelsheil. Studien zu Wolframs Parzival. Heidelberg 1983.
Francke, Walter K.: Orgeluse's Predicament. Michigan Germanic Studies 9, 1983, S. 18–32.
Christoph, Siegfried: Conflict Resolution and the Concept of Honor in Wolfram's *Parzival.* Coll. Germ. 15, 1982, S. 32–45.
Ders.: Wolfram's Sigune and the Question of Guilt. GR 56, 1981, S. 62–69.

Green, Dennis H.: The Young Parzival – Naming and Anonymity. Fschr. John Asher. Berlin 1981, S. 103–118.

Parshall, Linda B.: The Art of Narration in Wolfram's *Parzival* and Albrecht's *Jüngerer Titurel.* Cambridge 1981 (Anglica Germanica Series 2).

Thomas, Neil: Sense and Structure in the Gawan Adventures of Wolfram's ›Parzival‹. MLR 76, 1981, S. 848–856.

Wareman, P.: Einige theologische Aspekte an Wolframs von Eschenbach Parzivaldichtung. ABäG 16, 1981, S. 99–109.

Yeandle, David N.: Herzeloyde: Problems of Characterization in Book III of Wolfram's *Parzival.* Euph. 75, 1981, S. 1–28.

Ortmann, Christa: Ritterschaft. Zur Frage nach der Bedeutung der Gahmuret-Geschichte im ›Parzival‹ Wolframs von Eschenbach. DVjs. 47, 1973, S. 664–710.

Pretzel, Ulrich: Gahmuret im Kampf der Pflichten. Mediaevalia litteraria. Fschr. Helmut de Boor. Hrsg. U. Hennig u. Herbert Kolb. München 1971, S. 379–394.

Wolf, Heinz-Jürgen: Zu Stand und Problematik der Graalforschung. RF 78, 1966, S. 399–418.

Wisniewski, Roswitha: Wolframs Gralstein und eine Legende von Lucifer und den Edelsteinen. PBB (Tüb.) 79, 1957, S. 43–66.

Wapnewski, Peter: Wolframs ›Parzival‹. Studien zur Religiosität und Form. Heidelberg 1955, 2. Aufl. 1982.

Hörner, Petra: Die zweite Sinndimension des ›Parzival‹. Ein Beitrag zur Erhellung der translativen Bedeutung und ihrer religiösen Aussage. Frankfurt, Bern, Paris, New York 1990 (Information u. Interpretation 7), [Diss. Heidelberg].

2.5. Wirnt von Gravenberc »Wigalois«

Die biographischen Daten über den Dichter sind dürftig, nicht einmal sein Name ist aufgrund der unterschiedlichen Handschriftenüberlieferungen gesichert. Die Namenform Gravenber(c)/(g) hat sich deshalb eingebürgert, weil Konrad von Würzburg und Rudolf von Ems diese Schreibung tradieren. Wirnt war wohl seiner Herkunft nach Ostfranke (Würzburger Raum). Über seine Lebensumstände werden drei unterschiedliche Meinungen vertreten, die sich auf vier Textbelege im »Wigalois« stützen (V. 2870, 6343–6345, 8058–8068, 8446–8450): Er stand entweder in Verbindung mit dem Geschlecht der Andechser-Meranier oder er war mit den Grafen von Henneberg verbunden oder er hat im Dienstverhältnis zu den Zollern gestanden.

Die Datierung des Werkes schwankte lange zwischen 1204/05, 1207/09, 1211/12, 1214/20, 1227/30. Heute herrscht die Meinung vor, daß der »Wigalois« zwischen 1204/06 und 1210/15 entstanden sei. Trotz dieser frühen Datierung wird der Text – ähnlich wie der »Lanzelet« (um 1193–1200) – von der Forschung fast ausnahmslos immer noch der späteren Artusdichtung zugerechnet, obwohl z. B. auch der Abschluß des »Parzival« um 1210 angesetzt wird. Als Quelle wurde das französische Versepos »Le Bel Inconnu« (bzw. »Guinglain«) des Renaut de Beaujeu herangezogen. Allerdings lassen sich nur motivliche Parallelen finden, so daß Wirnts Vorlage unbekannt ist.

Inhaltsskizze:

Der König Joram bittet die Frau von König Artus, einen Gürtel als Geschenk anzunehmen. Werde die Gabe nicht akzeptiert, wolle er mit den Artusrittern kämpfen oder sterben. Da die Königin auf Anraten Gaweins das Geschenk ablehnt, wird selbst der tapferste Ritter Gawein von Joram besiegt. Er muß ihm in Jorams Reich folgen, erhält aber den kräftespendenden Gürtel als Geschenk, der den Sieg über ihn ermöglichte. Dort heiratet er, verläßt aber die schwangere Frau, um an den Artushof zurückzukehren. Da er den Gürtel vergessen hat, kann Gawein das Joramsche Reich nicht wiederfinden, so daß er am Artushof bleiben muß. Wigalois wächst bei seiner Mutter auf, begehrt aber, wie sein Vater, Artusritter zu werden. Ausgestattet mit dem Gürtel, gelangt er zu Artus, wo er sich sogleich auf den Tugendstein setzen kann, eine Probe, die nicht Gawein (durch ein Vergehen gegen eine Frau), sondern nur Artus selbst bisher zu bestehen vermochte.

Eine Botin, Nereja, kommt an den Hof, um Gawein zu bitten, ihrer Herrin Hilfe zu gewähren. Der Artushof entscheidet sich jedoch dafür, daß der junge Wigalois das Abenteuer bestehen soll, was zunächst den Unmut der Botin auslöst. Auf dem Weg zur Herrin von Korntin muß Wigalois 5 *âventiuren* bestehen. 1. Ein Burgherr fordert ihn zum Kampf heraus, den Wigalois tötet. 2. Wigalois befreit eine Frau, die von zwei Riesen malträtiert wird, indem er einen Riesen tötet, den anderen aber am Leben läßt. 3. Der Protagonist findet einen kleinen Hund. Ein prächtig gekleideter Ritter fordert die Rückgabe des Hundes. Im Kampf tötet Wigalois den Ritter. 4. Wigalois hilft Elmie, den Schönheitswettbewerb für sich zu entscheiden, indem er Hojir besiegt. 5. Wigalois wird von Schaffilun zum Kampf herausgefordert, damit der Sieger das von Nereja angekündigte Abenteuer bestehen kann. Schaffilun wird von Wigalois getötet.

Nach diesen Kämpfen ist die Botin endlich von Wigalois' Tapferkeit überzeugt. Wigalois wird mit der Tochter des Königs von

Korntin bekanntgemacht, in die er sich verliebt. Er darf Larie aber nicht heiraten, ehe das Reich Korntin von den teuflischen Mächten des Usurpators Roaz befreit ist. Mehrere Stationen kennzeichnen nun den Befreiungsweg des jungen Wigalois, der von einem Priester einen Zettel an das Schwert geheftet bekommt, und von Larie ein kräftespendendes Brot erhält. Ein Hirsch, der ehemalige König von Korntin, eröffnet Wigalois den Zugang zu dem Reich. Er sieht die Männer des vormaligen Königs im Fegefeuer. Der König gibt Wigalois eine Blüte (das 3. Attribut), damit er sich vor dem Atem des Drachen, den Wigalois töten muß, schützen kann. Er kämpft mit dem Drachen, der den Grafen Moral entführt hat, kann ihn zwar töten, verliert bei dem Kampf aber fast selbst das Leben. Habgierige Fischer berauben ihn seines Gürtels, die Blüte und das Brot tasten die Fischer nicht an, da sie ihnen keinen materiellen Wert zumessen. Genesen von seinen Wunden, erhält er sein Schwert zurück und muß nun wiederum 5 *âventiuren* bestehen, um das Reich Korntin von dem Teufel Roaz zu befreien. Er besiegt das Waldweib Ruel, das ihn fesseln konnte. Er überwindet Karrioz, der die Brücke, die zum Inneren des Reiches führt, bewacht. Mit Hilfe Gottes öffnet sich das Tor, das ihm den Durchgang durch ein mit Kolben und Schwertern versehenes Rad versperrte. Unverzüglich stellt sich ihm das tierisch-menschliche Unwesen Marrien mit einem Feuerzauber entgegen. Er tötet es und kann mit dessen Blut das Feuer löschen. Schließlich besiegt er die unmittelbaren Wächter des Teufelsherrschers, wobei er sich einen Wächter, Adrian, untertan macht, ehe er in das Zentrum der Teufelsherrschaft vordringt und Roaz besiegen kann. Das Erlösungswerk bildet aber nicht den Endpunkt der Dichtung. Nachdem Wigalois zum neuen Herrscher von Korntin proklamiert wurde, muß er sich der Herausforderung des Usurpators von Namur stellen, der den Herrscher tötete, um dessen Frau Liamere für sich zu gewinnen. Wigalois' Heeresmacht sowie die um Hilfe gebetenen Krieger von König Artus besiegen den Usurpator. Der Graf Moral wird als Regent über die achttorige Stadt Namur eingesetzt.

Das Werk wird gegenwärtig in der Forschung äußerst kontrovers beurteilt, was teilweise auf die divergierende Zuordnung des Textes zur hochhöfischen oder nachhöfischen Artusdichtung zurückzuführen ist. Eines der Hauptprobleme, die in der Forschung herausgestrichen werden, ist, daß der Held, anders als bei Hartmann und Wolfram, nicht in eine Krise gerät. Die Problematik von Schuld und Wiedergutmachung der Schuld fehlt, so daß die Doppelwegstruktur in diesem Epos nur rudimentär vorhanden ist *(Heinzle)*. Zwar wurde von Anfang an in der Forschung betont, daß es in diesem Epos

»an abundance of phantoms and enchantments« (*R. S. Loomis:* Arthurian Literature, 1959, S. 439) gäbe, aber diese Aussagen wurden bisher nur wenig interpretatorisch ausgewertet *(W. Haug)*. Meist beschränkte man sich auf die Feststellung, daß das Werk Abenteuer zur Unterhaltung häufe und die späteren Artusepen den phantastischen Gestalten und Begebenheiten eo ipso mehr Raum einräumten. Daß die Phantasiewelt nicht auf ein Bestreben zurückzuführen ist, die arthurische Epik dem Märchen anzugleichen, sondern daß hier durch die Symbolik *(bezeichenunge)* grundlegende mittelalterliche theologische und weltanschauliche Ansichten verdeutlicht werden, belegen die Analysen zu den deutschen Artusdichtungen *(z. B. Lohbeck, Hörner, Wynn, Grünter, Lewis)*. Die Schuld, die bei Hartmann allein das Individuum zu verantworten hat, ist bei Wolfram und speziell bei Wirnt einer ganzen Gemeinschaft (dem Volk Korntin mit seinem König) zugewiesen, so daß es dem Protagonisten zufällt, durch sein Wesen in der Nachfolge Christi dazu beizutragen, die Welt, und nicht nur sich selbst, zu bessern bzw. zu erlösen. Das Erlösungswerk gelingt ihm nur dadurch, daß er sich sowohl im weltlichen als auch im religiösen Bereich tugendhaft verhält *(Gottzmann)*. Zur Exemplifizierung dieses Sachverhaltes dienen die *âventiuren,* die jeweils 5 Begegnungen umfassen. Ist die erste *âventiuren*-Kette dem weltlichen Bereich zuzuordnen, so weisen die nächsten Begegnungen durch ihre Symbolik auf den christlich-religiösen Bereich hin. Stufenweise überwindet Wigalois Mächte des Bösen, bis er endlich Roaz überwinden kann. Indem der Dichter mit der Krönung und Heirat von Wigalois das Werk nicht schließen läßt, sondern noch die Befreiung von Namur anhängt, die durch ihre Schilderung symbolisch auf die vielschichtige Deutung Jerusalems hinweist *(Ohly)*, bestätigt sich, daß der »Wigalois«, ähnlich wie der »Parzival« ein umfassendes ethisch-religiös-christliches Programm propagiert. Nicht nur muß ein makelloser Held ein vom Teufel besessenes Reich befreien, er muß vielmehr die Moral zu seiner Vasallität rechnen können (Namur) und die Liebe zum obersten Prinzip seiner Herrschaft erklären.

Der »Wigalois« steht an der Wende der deutschen Artusdichtung, die nach der hochhöfischen Zeit andere Konzeptionen verfolgt. Darauf weisen nicht nur die Bildstrukturen hin, sondern auch die Erzählereinschübe, in denen der Dichter die defizitäre Gegenwart mit einer glorreichen Vergangenheit kontrastiert.

Literatur

Lohbeck, Gisela: Die Struktur der *bezeichenunge* im »Wigalois«. Frankfurt, Bern, Paris, New York 1989 (Information u. Interpretation 5) [Diss. Heidelberg].

Henderson, Ingeborg: Manuscript Illustrations as Generic Determinants in W.v.G.'s[!] Wigalois. In: Genres in medieval German Literature. Ed. Hubert Heinen, I. Henderson. Göppingen 1986, S. 59–73 (GAG 439).

Mertens, Volker: Iwein und Gwigalois – der Weg zur Landesherrschaft. GRM NF 31, 1981, S. 14–31.

Henderson, Ingeborg: Selbstentfremdung im Wigalois Wirnts von Grafenberg. Coll. Germ. 13, 1980, S. 35–46.

Gottzmann, Carola L.: Wirnts von Gravenberc ›Wigalois‹. Zur Klassifizierung sogenannter epigonaler Artusdichtung. AbäG 14, 1979, S. 87–136.

Cormeau, Christoph: ›Wigalois‹ und ›Diu Crone‹. Zwei Kapitel zur Gattungsgeschichte des nachklassischen Aventiureromans. München 1977 (MTU 57).

Kaiser, Gert: Der Wigalois des Wirnt von Grâvenberc. Zur Bedeutung des Territorialisierungsprozesses für die ›höfisch-ritterliche‹ Literatur des 13. Jahrhunderts. Euph. 69, 1975, S. 410–433.

Heinzle, Joachim: Über den Aufbau des ›Wigalois‹. Euph. 67, 1973, S. 261–271.

Wehrli, Max: Wigalois. DU 17, 1965, S. 18–35. Wieder in: M.W.: Formen mittelalterlicher Erzählungen. Zürich, Freiburg 1969, S. 223–241.

Schießl, Ute: Die Gawangestalt im ›Wigalois‹. Diss. München 1968.

Mitgau, Wolfgang: Bauformen des Erzählens im ›Wigalois‹ des Wirnt von Gravenberc. Diss. (Masch.) Göttingen 1959. Zusammenfassung in ZfdPh. 82, 1963, S. 321–337.

Eis, Gerhard: Wirnt von Gravenberc. VL IV, Berlin 1953, Sp. 1027–1032.

Wildt, Heidi: Das Menschen- und Gottesbild im Wigalois des Wirnt von Gravenberc. Diss. (Masch.) Freiburg 1953.

Latzke, R.: Über die subjektiven Einschaltungen in Wirnts ›Wigalois‹. Zfösterr. Gymnasium 57, 1906, S. 361–385.

Rochels, Karl: Über die religiösen und sittlichen Bemerkungen in dem Ritterromane Wigalois des Wirnt von Gravenberc und anderen gleichzeitigen Dichtern. Eupen 1901.

Saran, Franz: Über Wirnt von Grafenberg und den Wigalois. PBB 21, 1896, S. 253–420; PBB 22, 1827, 253–420;PBB 22, 1827, S. 151–157.

IV. Spätere Artusdichtungen

Die Mehrzahl der überlieferten Artusdichtungen gehört dem 13. bis 16. Jh. an. Sechs zentrale Probleme lassen sich aufgrund des gegenwärtigen Forschungsstandes herauskristallisieren: 1. Abgesehen von wenigen Werken ist die Datierung der Texte aller Sprachräume außerordentlich unsicher, so daß die Festlegung der Abfassungszeit bis zu 50 Jahren und mehr schwanken kann. 2. Die Verfasser zahlreicher Werke sind unbekannt, oder die überlieferten Namen (z. T. fiktiv) geben keinen Aufschluß über die Autoren, weil sie entweder nicht urkundlich bezeugt sind oder Aussagen über den Dichter auf andere Weise nicht gewonnen werden können. Lediglich dialektale Eigenheiten der Sprache der Texte können Hinweise auf den wahrscheinlichen Wirkungskreis entweder der Verfasser oder deren Rezeptoren geben. 3. Die Editionen sind z. T. unzulänglich, da viele Texte im vorigen Jahrhundert oder zu Anfang dieses Jahrhunderts herausgegeben wurden, so daß sie oft weder den heutigen Editionsprinzipien noch dem gegenwärtigen Textbefund (aufgrund neuer Handschriftenfunde) entsprechen. Hinzu kommt, daß zahlreiche Texte in mehreren divergierenden Fassungen vorliegen (z. B. frz. »Prosa-Tristan«). Häufig ist nur eine Fassung ediert worden, und Handschriftensynopsen fehlen nahezu gänzlich. 4. Trotz erster Ansätze fehlen Kriterien zur Wesensbestimmung der späteren Dichtungen (Charakteristika der Struktur und Thematik), wie sie für die hochhöfischen Epen bestehen. Diese können jedoch erst dann gewonnen werden, wenn die einzelnen Texte eingehend analysiert worden sind. Hier herrscht noch eine große Forschungslücke. 5. Dadurch, daß die Textanalyse noch nicht sehr weit gediehen ist, konnte der große Überlieferungszeitraum von ca. 400 Jahren bisher weder epochal noch gattungstypologisch untergegliedert werden, so daß der Eindruck eines heterogenen Textkorpus' besteht, der nicht widerlegt oder begründend bestätigt wurde. 6. Vergleichende Studien zu Werken verschiedener Sprachräume sind ebenfalls ein Desiderat. Sie könnten Aufschluß über die Ursachen der in ganz Westeuropa verbreiteten Dichtungen geben und die sozio-kulturellen, geistesgeschichtlichen und politischen Bedingungen erhellen, die sowohl zu den unterschiedlichen Ausformungen in den Nationalliteraturen als auch zu den stofflichen Adaptionen (supra nationale Gemeinsamkeiten) führten.

1. Frankreich

Die spätere französische Artusdichtung, die in dem Rahmen dieser germanistischen Reihe nur kursorisch abgehandelt werden kann, wird allgemein unmittelbar nach den Werken Chrétiens, d. h. ab ca. 1190 angesetzt. In der Übergangsphase von Chrétien zu den Hauptwerken des 13. Jhs. beherrschen primär die kurzen Verserzählungen und die ausgedehnten Fortsetzungen zu Chrétiens »Perceval« die Gattung. Eine erste Zäsur der arthurischen Dichtungen des 13. Jhs. läßt sich um das Jahr 1282 setzen. In dieser sehr produktiven Phase sind Verserzählungen, Prosaromane und Versepen überliefert. Erst ca. 80 bis 90 Jahre später lebt die Artusdichtung letztmalig mit Jehan Froissart (um 1365/70) auf. Die Prosa-Sammelwerke von Jehan Vaillant (um 1391) und Michot Gonnot (1470) haben fast nur noch einen archivalischen Charakter. Die Forschung hat versucht, Einteilungskriterien für die Werke zu schaffen (z. B. biographischer Romantyp, queste-Typ, Gauvain-Roman), aber eine methodisch fundierte und konsequent durchgeführte Gruppierung aufgrund des Handlungsstrukturmusters ist bisher nicht erfolgt. Stofflich läßt sich die gesamte Überlieferung grob in zwei große Bereiche gliedern: 1. Artus-Graal-Stoff (Perceval, Lancelot, Tod Arturs, Merlin). 2. Artus-Ritterdichtungen; a) verschiedene Helden werden zu Trägern der Handlung gemacht (z. B. Yder, Durmart, etc.); b) Gauvain ist der Hauptprotagonist einiger Werke.

Literatur

Jauß/Köhler GRLMA.
Dembowskis, Peter F.: Jean Froissart and His ›Meliador‹. Context, Craft, and Sense. Lexington 1983.
Schmolke-Hasselmann, Beate: Der arthurische Versroman von Chrestien bis Froissart. Zur Geschichte einer Gattung. Tübingen 1980.
Barber, Richard: King Arthur in Legend and History. London 1973.
Loomis ALMA.
Bruce EAR.

1.1. Aufstellung der Textüberlieferung
(Fast alle Datierungen sind approximativ)

A. *Vorgeschichten und Fortsetzungen* zum »Perceval« od. »Conte du Graal« (Versromane)

Elucidation (nur in einer der 15 Hss. von Chrétiens »Conte del Graal«, 1530, erhalten sowie im »Parzifal« von Wisse und Colin), 484 Verse, Vorgeschichte. *Ausg.: Albert Wilder Thompson:* The Elucidation: A Prologue to the Conte del Graal. New York 1931.

Bliocadran (zw. 1190−1200), ca. 800 Verse. *Ausg.: Leonora D. Wolfgang:* ›Bliocadran‹. Tübingen 1976 (Beih. ZrPh. 150). *Albert Wilder Thompson:* The Text of the ›Bliocadran‹. Romance Philology 9, 1955/56, S. 205−209.

1. Perceval-Fortsetzung (Continuation Gauvain), kürzere Redaktion (zw. 1194 u. 1200), ca. 9500 Verse; längere Redaktion (nach 1228), ca. 15000−19600 Verse je nach Hs. *Ausg.: W. Roach, R. H. Ivy, L. Foulet,* 4 Bde. Philadelphia 1949−1956.

Wauchier (de Denain)/Gautiers: *2. Perceval-Fortsetzung* (Continuation Perceval) (um 1190/1200), ca. 13000 Verse (entrelacement Gauvain). *Ausg.: W. Roach:* The Continuations of the Old French ›Perceval‹ of Chrétien de Troyes, Bd. 4, Philadelphia 1971.

Robert de Boron: *Le Roman de l'Estoire dou Graal* (Joseph d'Arimathie) (um 1205/1210 od. nach 1212), 3514 Verse. *Ausg.: W. A. Nitze,* Paris 1927 (CFMA 57).

Robert de Boron: *Merlin* (Frgm.), 502 Verse. *Ausg.: A. Micha:* R. de B. Le Merlin en prose. Paris, Genève 1979 (TLF 281); *W. A. Nitze:* Le Roman de l'Estoire dou Graal. Paris 1927, S. 126−130 (CFMA 57).

Manessier-Fortsetzung (Continuation du Perceval) (nach 1214 u. vor 1220), 10444 Verse. *Ausg.: Ch. Potvin.* Bd. 5 u. 6 (Vv. 34935−45379) Mons 1866−1871.

Gerbert-Fortsetzung (Gerbert de Montreuil?; Continuation du Conte du Graal) (zw. 1226−1230), 17090 Verse. *Ausg.: M. Williams.* Paris 1922−1925 (CFMA 28,30); *M. Oswald.* Paris 1975 (CFMA 101).

B. *Verserzählungen*

Tyolet (zw. 1190 u. 1204). *Ausg.: Prudence Mary O'Hara Tobin:* Les Lais anonymes bretons. Geneva 1976. *Gaston Paris:* Le Lai de T. In: Rom, 8, 1879, S. 40−50.

Melion (zw. 1190−1205). *Ausg.: Margaret Grimes:* The Lays of Desiré, Graelent and M. New York 1928.

Lai du Cort Mantel (zw. 1191−1204). *Ausg.: Philipe Bennett:* M. e. C. Exeter 1975.

Paien de Maisières: *La Mule sans frein* (um 1200), 1136 Verse. *Ausg.: Johnston/ Owen* 1972, s. Chevalier à l'épée.

Le Chevalier à l'épé (zw. 1190−1205), 1206 Verse. *Ausg.: R. C. Johnston* and *D. D. R. Owen:* Two Old French Gauvain Romances. Le Chev. à l'Epée and La Mule. Edinburgh, London 1972 [Verweis hierauf in »Diu Crône«].

Gliglois (um 1210), 2942 Verse. *Ausg.: Ch.H. Livingston:* G. Cambridge Mass. 1932 (HSRL 8) Nachdr. New York 1966. *Tobin, P. M.* (Ed.): Les Lais anonymes des douzième et treizième siècles. Genf, Paris 1976 [Sammelausg.].

C. *Prosaroman*

[Robert de Boron?]: *Merlin en prose.* (um 1210). *Ausg.: A. Micha.* Paris, Genève 1979 (TLF); *B. Cerquiglini:* Robert de Boron. Le Roman du Graal. Paris 1981.

Darin: Merlin (provencal. Frgm.), vgl. *Ausg.: H.O. Sommer* Bd. 2. London 1908. Ferner: *C. Chabaneau:* Fragments d'une traduction du roman de ›Merlin‹. RLR 22, 1882, S. 105–115, 137–242.

Lancelot propre (zw. 1215 u. 1225) 1200 S. nach Sommers Edition. *Ausg.: A. Micha:* Lancelot, Roman en Prose du XIIIe siècle. 8 Bde. Genève 1978–1980 (TLF). *Elspeth Kennedy:* Lancelot du Lac. The non-cyclic Old French Prose Romance. 2 Bde. Oxford 1980. *H. O. Sommer:* The Vulgate Version of the Arthurian romances. Bd. 3, 4, 5, Washington 1910–1912.

La Mort le Roi Artu (um 1225/1235), 263 Seiten in Frappiers Edition. *Ausg.: J. Frappier.* Paris 1936; H. O. Sommer: The Vulgate Version of the Arthurian romances. Bd. 6. Washington 1913, S. 201–391.

Perlesvaus (zw. 1225 u. 1240), 10192 Zeilen, 409 Seiten nach Nitzes Ausg. *Ausg.: W.A. Nitze* u. *T. Atkinson Jenkins:* Le Haut Livre du Graal, Perlesvaus. 2 Bde., Chicago 1932–1937.

Le Roman de Tristan en prose (zw. 1215 u. 1235); bisher werden gemäß den Hss. zwei abweichende Grundfassungen unterschieden. Die kürzere wurde de Luce del Gat und die längere Fassung wurde Hélie de Borron wohl fälschlich zugeschrieben. Eine vollständige krit. Edition liegt noch nicht vor, nur Teileditionen. *Renee L. Curtis:* Le R. d. T. en prose. Bd. 1, München 1963; Bd. 2, Leiden 1975.

La Queste del Saint Graal (zw. 1220 u. 1225) *Ausg.: A. Pauphilet.* Paris 1925 (CFMA 33), Nachdr. Paris 1949.

Le Livre d'Artus (vor 1235), Graal continuation. *Ausg.: H. O. Sommer:* The Vulgate Version of the Arthurian romances. Bd. 7, Washington 1913.

L'Estoire del Saint Graal (zw. 1230–1235), 294 Seiten nach Sommers Edition. *Ausg.: H. O. Sommer:* The Vulgate Version of the Arthurian romances. Bd. 1, Washington 1909.

Palamedès (Guiron le courtois) (zw. 1230 u. 1240), 366 fol. à 2 col. zu 54/56 Zeilen. *Ausg.:* Bisher nur in Auszügen. *A. Limentani:* Dal roman de Palamedès ai cantari de Febus-el-Forte. Bologna 1962.

Le Roman du Graal (Le Cycle du Pseudo-Robert de Boron) (zw. 1230 u. 1240). Bisher keine krit. Edition, nur kleine Auszüge.

Merlin en prose (Suite du cycle du Pseudo-Robert de Boron) (zw. 1230 u. 1240). *Ausg.: A. Micha.* R 78, 1957, S. 37–45. *Gaston Paris* u. *J. Ulrich.* Paris 1886 (SATF). Übers. frz.: *E. Baumgartner:* Merlin le prophète où le Livre du Graal. Paris 1980.

Merlin en prose (Suite du Lancelot-Graal bzw. Suite-Vulgate) (um 1227/1230 bzw. nach 1235). *Ausg.: H. O. Sommer.* Bd. 2, London 1907, S. 88–466.

Didot-Perceval (Perceval en prose bzw. P. de Modène) (1. H. 13. Jh.). *Ausg.:*
W. *Roach.* Philadelphia 1941; B. *Cerquiglini:* Le Roman du Graal. Ms. de
Modène. Paris 1981.

Les Prophécis de Merlin (Übers. des Textes von Geoffrey of Monmouth) (um
1270/1280).

Rusticien de Pise: *Compilation* (nach 1272, wohl vor 1298). Edition fehlt
[vielfältig ins Italienische übersetzt].

Le Chevalier du Papegau (15. Jh.). *Ausg.: Ferdinand Heuckenkamp:*
›L. C. d. P.‹ Halle 1896.

Jehan le Vaillant de Poitiers (um 1391), geschr. im Auftrag von Jean de
Bourbon (gest. 1410). *Ausg.: Roger Lathuillère:* Guiron le courtois. Étude
de la tradition manuscrite et analyse critique. Geneva 1966. *Cedric E. Pickford:* L'Evolution du roman arthurien en prose vers la fin du moyen âge
d'après le ms. 112 du fonds français de la Bibl. Nationale. Paris 1960.

Michot Gonnot (Kopist von 5 Hss., der wohl eine arthurische summa an-
strebte) *Ausg.: Cedric E. Pickford:* L'Evolution du roman arthurien en
prose vers la fin du moyen âge d'après le ms. 112 du fonds français de la
Bibl. Nationale. Paris 1960.

D. *Versromane* (Artusritter als Protagonisten)

Yder (Ende 12./Anf. 13. Jh.), 6769 Verse. *Ausg.: Heinrich Gelzer:* Der
altfrz. Yderroman. Dresden 1913 (GRL 31). A. *Adams* u. A. J. *Kennedy:*
Corrections to the Text of Yder. In: Beitr. zum Rom. MA. Hrsg. Kurt
Baldinger. Tübingen 1977, S. 230–236 (Sonderh. ZrPh.).

Renaut de Beaujeu: *Le Bel Inconnu* (um 1210/1214), 6266 Verse. *Ausg.:*
G. *Perrie Williams:* L. B. I. Paris 1929 (CFMA 38).

Raoul de Houdenc: *Meüraugis de Portlesguez* (zw. 1200–1230), 5938 Verse.
Ausg.: Mathias Friedwagner. R. v. H., M. von Portlesguez. Halle 1897.

Robert de Blois: *Beaudous* (vor 1250), 4610 Verse. *Ausg.: Jacob Ulrich:* R. s.
von B. sämtliche Werke. Berlin 1889. *Gisèle A. Lamarque:* Le Roman de
Biausdous. Diss. North Carolina 1968 (DA 29, 1968/69, 4005 A).

Raoul [de Houdenc?]: *La Vengeance Raguidel* (zw. 1220–1230?), 6182
Verse. *Ausg.: Mathias Friedwagner:* Raoul v. H., Sämtliche Werke. 2 Bde.
Halle 1909.

Guillaume le Clerc: *Fergus* (um 1225 od. später), 6894 Verse. *Ausg.: Wilson
Frescoln:* The Romance of Fergus. Philadelphia 1983. Ernst Martin: G.le
C., F. Halle 1872; M. H. Jellinek u. C. v. Kraus. Heidelberg 1907.

Jaufré (um 1225–1228), einziger provenz. Versroman), 10950 Verse. *Ausg.:*
Clovis Brunel: J. 2 Bde., Paris 1943 (SATF). Hermann Breuer: J. Göttingen 1925 (GRL 46).

Le Chevaliers aux deux éspées (zw. 1230–1250), 12352 Verse. *Ausg.: Wendelin Foerster:* Li C. as D. E. Halle 1877. *Robert T. Ivey:* Li C. as D. E.
Diss. North Carolina 1973 (DA 34, 1973/74, 5914 A).

Durmart le Gallois (um 1250), 15998 Verse. *Ausg.: Joseph Gildea:* D. le G. 2
Bde., Villanova 1965/66. *Edmund Stengel:* D. le G. Tübingen 1873 (BLVS
116).

L'Atre périlleux (um 1250), 6676 Verse. *Ausg.: Brian Woldedge:* L'A.P. Paris 1936 (CFMA 76).

Hunbaut (zw. 1240−1260, Fragment), 3818 Verse. *Ausg.: Margaret Winters:* Hunbaut. Leiden 1984. Jakob Stürzinger u. Hermann Breuer: H. Dresden 1914 (GRL 35).

Jehan: *Les Merveilles de Rigomer* (um 1250), 17271 Verse. *Ausg.: Wendelin Foerster* u. *Hermann Breuer:* Les M.d.R. 2 Bde., Dresden 1908 u. 1915 (GRL 19 u. 39).

Floriant et Florete (zw. 1250−1270), 8278 Verse. *Ausg.: Harry F. Williams:* F. et F. New York 1947 (Univ. of Michigan Publications, Language and Lit. 23).

Claris et Laris (nach 1268), 30370 Verse. *Ausg.: Johann Alton:* C. et L. Tübingen 1884 (BLVS 169), Nachdr. Amsterdam 1966.

Girart d'Amiens: *Escanor* (um 1280), 25936 Verse. *Ausg.: Henri Michelant:* Der Roman von Escanor von G.v.A. Tübingen 1886 (BLVS 178).

Jehan Froissart: *Méliador* (nach 1360), 30771 Verse. *Ausg.: Auguste Longnon:* J.F., M. 3 Bde., Paris 1895−1899 (SATF).

E. *Fragmente*

Les Enfances Gauvain (13.Jh.), 2 Frgme. 160 u. 552 Verse. *Ausg.: Paul Meyer:* ›L.E.G.‹, fragments d'un poème perdu. R. 39, 1910, S. 1−32.

Gogulor. Ausg.: Charles H. Livingston: Fragment d'un roman de chevalerie. R. 66, 1940/41, S. 85−93.

Ilas et Solvas. Ausg.: Ernest Langlois: Fragments d'un roman de la Table Ronde, I. et S. In: Mél. E. Picot. Bd. 1, Paris 1913, S. 383−389.

Le Vallet a la Cote Mautaillie. Ausg.: Paul Meyer u. *Gaston Paris:* Fragment du V. a la Cote Mal tailliee. R. 26, 1897, S. 276−280.

1.2. Überblick über die Dichtungen (Parallelen, Tendenzen)

Die beiden erwähnten großen Stoffgruppen unterscheiden sich dadurch, daß in den Graal-Dichtungen die heilsgeschichtliche Grundkonzeption dominiert, in die Artus und sein Hof fest eingebettet sind. Während die Graal-Dichtungen eine Art mittelalterliche Geschichtsdichtungen sind, stellen die übrigen arthurischen Romane sozial-ethische Probleme dar, die manchmal nicht frei von aktuellen politischen Bezügen sind. Aufgrund dieser unterschiedlichen Struktur erstreckt sich die erzählte Zeit in den Graal-Dichtungen oft über mehrere Generationen, während sonst (mit wenigen Ausnahmen) nur ein kurzer Ausschnitt aus dem Leben eines Protagonisten die Handlung konstituiert. Beherrschen in den Graal-Dichtungen Lancelot, Guenievere, Morholt, Galaad, Bohort, Perceval und Artus die Haupthandlung, so spielen diese Figuren, mit Ausnahme von Artus in den anderen Werken keine Rolle. Nur im Versepos »Fergus«, in dem die Chrétienschen Stoffe des »Perceval«, »Erec« und »Yvain« neu zusammengestellt wurden, fungiert Perceval als Hintergrundsfolie für das Geschehen. Die Thematisierung der außerehelichen Liebe fehlt in den übrigen Romanen. Bis auf wenige Ausnahmen (Gauvain) mündet die Liebe in den Texten, die nicht mit dem Graal-Stoff verknüpft wurden, in die Ehe. Liebe ist dann nicht eine unheilvolle Macht, sondern sie stellt die Vollendung der Harmonie dar, die in einem Paar verkörpert wird. Während die Versdichtungen bis etwa 1250 nur etwa 6000 Verse umfassen, zeichnen sich die Werke danach durch eine Länge von ca. 17 000 bis 31 000 Verse (Froissarts »Méliador«) aus. Die umfangreichen Werke bestehen aus mehreren Handlungssträngen, die geschachtelt (*entrelacement*-Technik) erzählt werden. Doch das Geschehen wird nicht nur breiter entfaltet, sondern auch die *aventure*-Folgen werden um ein Vielfaches vermehrt. Im Gegensatz hierzu beschränken sich die Verserzählungen (Lais) auf einen Umfang von 595 (»Cor«) oder ca. 1200 Versen (die längste Verserzählung ist »Giglois«). Kennzeichnend für diesen Dichtungstyp ist die Konzentration auf eine zentrale *aventure* und die Abstinenz von beschreibenden Darstellungen.

Es finden sich zahlreiche *Parallelen* zwischen Handlungselementen und Motiven der französischen und der deutschen Artusdichtung, wobei die französischen Werke z. T. von der chronikalischen Tradition Englands beeinflußt wurden (vgl. Artus' Tod, Merlin, u. a. m.). Nachhaltig haben besonders drei der vier Perceval-Fortsetzungen Chrétiens (Continuations) auf die deutschen Werke gewirkt (z. B. im motivlichen Bereich in der »Crône«; der ganze Stoff ist in den »Parzifal« von Wisse und Colin eingearbeitet worden; Wolframs »Parzival« zeigt gewisse Übereinstimmungen mit der 1. Continuation, wenn auch die Abweichungen z. T. größer sind). Ferner hat der Lancelot-Graal-Zyklus bzw. der Vulgate Graal-Zyklus breite Resonanz in Deutschland gefunden (z. B. »Prosa-Lancelot«, Füetrers Gral-Konzeption, »Jüngerer Titutrel«). Aber auch Werke wie »Le Bel Inconnu«, »L'Atre périlleux«, »Le Chevalier du Papegau« u. a. m. weisen Übereinstimmungen mit den deutschen Werken des 13. Jhs. auf. Aufgrund dieses Befundes läßt sich feststellen, daß eine rege literarische Beziehung beider Sprachräume bestanden hat, deren Verflechtung gegenwärtig noch nicht hinreichend erfaßt worden ist.

Da die drei Fortsetzungen von Chrétiens »Perceval« für die deutsche Artusdichtung von besonderem Interesse sind (Wisse/Colin, s. S. 191 ff.), soll eine kurze Paraphrase der Handlungen einen Einblick in die Motivübernahmen gewähren und deutlich machen, daß die Zunahme der irrealen Elemente in beiden Sprachräumen gleichzeitig erfolgt, wobei bisher nicht immer klar auszumachen ist, ob die französischen Dichtungen stets als Ursprung zu gelten haben.

Inhaltsskizze

In der »*1. Continuation*« (auch Gauvain-Continuation genannt, nach Hs. P = 11314 Verse; Inhalt unter Berücksichtigung der Hss. E, P, T) setzt das Geschehen mit dem verabredeten Kampf zwischen Gauvain und Guiromelant ein (vgl. etwas abweichend in Wolframs »Parzival« Kampf zw. Gawan u. Gramoflanz). Clarissant, die Nichte von König Artus, kann den Kampf zwischen ihrem Onkel und ihrem Liebhaber zunächst nicht verhindern, doch schließlich wird eine Versöhnung herbeigeführt. Alle huldigen Artus außer Brun de Branlant (A). Artus belagert sofort dessen Burg. Gauvain reitet ziellos davon. Er trifft ein Mädchen, das ein Horn besitzt, mit dem sie ihre Dienerschaft herbeiruft. Während des Essens erscheint Macarot (B), der das Horn raubt. Gauvain kann ihn töten, so daß das Mädchen von ihrem Widersacher befreit wird. Als Gauvain einem Zwerg begegnet, wird er an sein Versprechen erinnert, der Dame, die zu Montesclaire bedrängt wird (C), zu helfen und dort ein Schwert zu gewinnen (Hdlg. im »Parceval« V. 4718−20 angelegt). In einem Zelt sieht er Macarot aufgebahrt liegen (B1), dessen Wunden bei Eintritt Gauvains sofort zu bluten anfangen. Er flieht, tötet 3 seiner Verfolger, schont aber den vierten. Als Gauvain zu einem Schloß gelangt, in dem er den Tisch gedeckt findet, überrascht ihn ein Ritter, mit dem er kämpft, bis eine junge Dame Gauvain bittet, ihren Geliebten zu schonen. Denn dieser hatte die Aufgabe, aus Rache für Greoreas jeden zu töten, der das Schloß betritt. 20 Frauen, deren Ritter getötet worden waren, werden aus der Gefangenschaft entlassen.

Gauvain erreicht eine Burg, in der ihn der verwundete Burgherr empfängt (D). Während des Essens werden die blutende Lanze, der Graal und eine Bahre mit einem toten Ritter zweimal durch die Halle getragen. Als sich Gauvain nach der Bedeutung des Geschehens erkundigt, erfährt er, daß man ihn nur aufklären würde, wenn es ihm gelänge, das zerbrochene Schwert, das auf dem Toten liege, wieder zusammenzufügen. Da Gauvain das Kunststück mißlingt, bedeutet dies, daß er noch nicht der beste Ritter ist. Er schläft ein und erwacht weit weg vom Schloß. Erneut erinnert er sich an die Dame von Montesclaire (C1). Dort angelangt, überwindet er die 3 Belagerer der Burg und befreit die Dame. Er erhält das Schwert (Espee as Estranges Renges), das Judas Maccabeus gehört hatte, und das seit es Joseph von Arimathea nach Montesclaire schickte, dort aufbewahrt wurde. Gauvain verläßt die Burg, um seine Verabredung mit Guigambresil am Hof des Königs von Escavalon einzuhalten (E). Er begegnet Dinasdarés, der ihn beschuldigt, seinen Vater getötet zu haben. Der Kampf wird vertagt. Gauvain eilt nach Escavalon, um sich dem Kampf zu stellen, da er die blutende Lanze für den König von Escavalon nicht erlangen konnte. Als auch Dinasdarés erscheint, befiehlt der König, daß Gauvain mit beiden gleichzeitig kämpfen soll. Artus wird herbeigerufen und beendet den ungleichen Waffengang. Alle huldigen darauf Artus, nur Brun de Branlant nicht (A1). Wieder belagert Artus dessen Burg. Als es Nahrungsmittelprobleme gibt und Brun sich mit Gewalt diese beschaffen will, wird Gauvain schwer verwundet. Wieder genesen, reitet der Artusritter aus und gelangt zu einem Zelt, in dem sich ein Mädchen sofort seinem Liebeswerben hingibt. Der Vater und ein Bruder des Mädchens wollen Rache an Gauvain nehmen. Sie werden getötet. Der zweite Bruder, Bran de Lis, kämpft so heftig mit Gauvain, daß die Wunden wieder aufbrechen (G). Der Kampf wird vertagt und der Artusritter kehrt an den Hof zurück. Brun de Branlant ergibt sich endlich (A2).

Artus verheiratet seine Nichte Ysave mit dem König Carados von Nantes. Der Zauberer Eliavrés verwandelt in den ersten 3 Nächten nach der Hochzeit verschiedene Tiere in Frauen, die mit Carados die Nächte verbringen, damit er mit Ysave schlafen kann (H). Es wird ein Sohn namens Carados geboren, der im jugendlichen Alter zu König Artus geschickt wird, um Ritter zu werden. Nach einiger Zeit kommt ein Ritter an den Artushof und fordert zum Kampf heraus. Nur Carados stellt sich. Der Ritter kniet nieder und bittet, daß Carados ihn köpfe. Der junge Mann tut dies. Der Ritter nimmt seinen Kopf, setzt ihn wieder auf seinen Rumpf (vgl. »Crône«) und erklärt, daß er nach einem Jahr für den Gegenschlag zurückkehren werde (H1). So geschieht es, daß nun Carados niederknien muß. Doch der Ritter nimmt ihn beiseite und erklärt ihm, daß er sein Vater Eliavrés ist. Carados eilt nach Nantes, wo er die Treulosigkeit seiner Mutter enthüllt und Ysave daraufhin in einen Turm gesperrt wird, damit sie Eliavrés nicht mehr begegnen kann (H2). Auf dem Rückweg zu Artus befreit Carados Guignier, die von Alardin bedrängt wurde (I), da sie seine Liebe verschmähte. Alle, auch der Bruder Guigniers, Cador, begleiten Carados zum Artushof, wo ein Turnier stattfindet und wo beschlossen wird, daß Carados Guignier heiraten soll. Da erhält Carados die Nachricht, daß Eliavrés doch wieder mit seiner Mutter zusammen war. Er eilt nach Nantes und bestraft entehrend seinen Vater. Aus Rache zaubern seine Mutter und Eliavrés ihm eine Schlange um den Arm, die ihn 2 Jahre bis zu seinem sicheren Tod leiden lassen soll (H3). Carados flieht, weil er fürchtet, seine Frau könnte ihn wegen des veränderten Aussehens nicht mehr lieben. Artus und Cador suchen ihn. Da erfährt Cador von Ysave, wie der Schwager gerettet werden kann. Nachdem er Carados gefunden hat, setzt er ihn in einen Bottich mit Essig. Daneben besteigt Guignier ein Faß mit Milch. Als die Schlange vom Essigbottich zum anderen hinüberspringt, tötet sie Cador mit dem Schwert, verletzt aber Guigniers Brustwarze (H4). Carados wird nach dem Tod seines Vaters König. Carados trifft einen Ritter, der von Vögeln umgeben ist und den der Regen nicht naß macht. Er folgt ihm und erhält von Alardin (I1) einen Schildbuckel, der jedes verletzte Körperteil heilt, indem er es durch Gold ersetzt. Carados legt den Buckel auf die Brust Guigniers, so daß sie eine goldene Brustwarze erhält (H5). Zu Pfingsten kommt ein Fremder an den Artushof und bietet ein Trinkhorn an (vgl. »Lai du Cor«, »Crône«). Keiner, außer Carados, vermag die Tugendprobe zu bestehen. Während eines großen Festes beklagt sich Artus, daß keiner bisher Girflet befreit hat, der seit 4 Jahren auf dem Schloß Orguelleus gefangen gehalten wird (J). Alle brechen daraufhin auf. Der Weg führt Artus durch ein verwüstetes Land. Keu hat eine Auseinandersetzung mit einem Zwerg. Gauvain gelangt zu einer Burg, wo er den Schild von Bran de Lis findet (G1). Sogleich wappnet er sich und kämpft mit Bran gemäß den damaligen Abmachungen. Eine junge Dame versucht den Kampf durch ein 5jähriges Kind zu schlichten. Als dies fehlschlägt, läßt die Dame das Kind zwischen die Streitenden treten. Da gebietet Artus dem Kampf Einhalt und alle versöhnen sich. Bran, der über das Schloß Orguelleus bestens informiert ist, begleitet Artus dorthin. Lucan, Bran und Keu kämpfen mit Rittern der Burg, ohne zu einem Ergebnis zu kommen. Da Samstag und Sonntag nicht gekämpft werden darf, findet eine Jagd statt. Gauvain begegnet allein einem Ritter, der sterben will. Bran erklärt, daß es sich um den Herrn der Burg Orguelleus, den Ritter Riche Soudoier handelt. Als der Kampf wieder aufgenommen wird, wird Yvain besiegt und gefangengenommen. Gauvain stellt sich dem letzten Kämpfer, Riche Soudoier. Er besiegt ihn. Da diese Niederlage aber die Geliebte töten würde, gibt Gauvain vor, Riche unterlegen gewesen zu sein. Die Geliebte wird in Sicherheit gebracht, Girflet und die anderen Gefangenen werden freigelassen. Auf dem Heimweg kehrt die Artusgesellschaft bei Bran de Lis ein und erfährt, daß der Sohn von Gauvain entführt wurde (K). Artus und seine Ritter gehen auf die Suche, während Gauvain, Keu und Girflet an den Hof zurückkehren. Bei einem Ausritt weigert sich ein Ritter, seinen Namen zu nennen und stößt Keu vom Pferd. Gauvain verfolgt ihn, kämpft aber nicht mit ihm, da die Kontrahenten übereinkommen, daß Gauvain eine Aufgabe erfüllen muß, deren Inhalt er nicht kennt.

Gauvain gelangt zu einer Burg, in der sich erneut das Gralwunder vollzieht. Wiederum vermag Gauvain das zerbrochene Schwert nicht zusammenzufügen (D1). Erneut schläft er ein und erwacht fern der Burg, ehe er Näheres über den Graal erfahren kann. Allerdings wird er noch über die blutende Lanze (Longinusspeer) und über Joseph von Arimathea aufgeklärt, der Christi Blut nach England gebracht hat, und dessen Nachfahren Hüter des Heiligtums sind. Gauvain schwört, nicht eher nach Britanien zurückzukehren, bis er den Graal wiedergefunden hat. Nach zwei Kämpfen verlangt eine Dame von einem jungen Ritter, mit jedem zu kämpfen, der die Furt passieren will. Gauvain kommt zu dieser Furt und kämpft. Doch es stellt sich heraus, daß der Kontrahent sein Sohn ist (K1).

Eines Nachts sieht Artus ein Boot, das von einem Schwan gezogen wird. In ihm liegt ein toter Ritter. Ein Brief besagt, daß man den Toten ins Schloß bringen und 1 Jahr und 1 Tag aufbahren soll. Derjenige, der die zerbrochene Lanze aus dem Körper ziehen kann, soll den Toten rächen. Keiner weiß jedoch, wer der Mörder ist; alle zögern (auch Gauvain), das Lanzenstück zu entfernen, weil in dem Brief angedroht wird, daß demjenigen, dem der Versuch mißlingt, die gleiche Schmach widerfahren werde wie Guerrehés, dem Bruder Gauvains. Da auch mit diesem Hinweis keiner etwas anfangen kann, bleiben die Artusritter untätig. Inzwischen widerfährt Guerrehés aber tatsächlich eine Schmach, da er in einem Garten von einem kleinen Ritter besiegt wird, und alle ihn deshalb verspotten. Obwohl ihm angedroht wird, daß diese Schande allen bekannt gemacht wird, wissen einige Leute, denen der Bruder Gauvains begegnet, nichts darüber. Deshalb sagt er auf Befragen am Artushof auch nicht die Wahrheit und gibt vor, daß in dem Brief, der dem Toten beigelegt wurde, die Unwahrheit stand. Als Guerrehés bei dem Toten steht und seine Hand auf das Lanzenstück legt, wird es aus dem toten Körper gezogen. Ärgerlich über diese ungewollte Verpflichtung, sagt er Artus die Wahrheit über sein Abenteuer und macht sich mit dem Lanzenstück auf den Weg. Er tötet seinen ehemaligen Widersacher, den Petit Chevalier, und kann auch den Herrn der Burg mit dem Lanzenstück töten. Eine Jungfrau erklärt ihm, daß er den toten Ritter gerächt habe. Der tote Ritter, der Brangemuer hieß und der Sohn eines sterblichen Mannes und einer Fee gewesen ist, wird wieder in das Boot gelegt. Das Schwanenboot verschwindet am Horizont.

Die »*2. Continuation*« (auch Perceval-Fortsetzung genannt, nach Hs. P = 13017 Verse) setzt nach der Einkehr Percevals am Karfreitag bei seinem Onkel ein (Chrétien V. 6217–6515). Auf einer Burg bläst Perceval dreimal ein Horn und besiegt den herbeieilenden Ritter, der zu Artus geschickt wird. Der Artushof geht auf die Suche nach Perceval. An einem Fluß weist der Fährmann den Weg zum Fischerkönig, doch Perceval wendet sich vom Weg ab und gelangt zur Burg des magischen Schachbretts. Nachdem er dreimal matt gesetzt wurde, will Perceval die Schachfiguren aus dem Fenster in den Fluß werfen, wird aber von einer jungen Dame daran gehindert. Perceval verliebt sich in sie, und sie fordert von ihm den Kopf des weißen Hirschs. Mit einem Jagdhund bringt er den Hirsch zur Strecke. Ein Mädchen (pucele de malaire) entführt seinen Hund. Nachdem er sie eingeholt hat, weigert sie sich, den Hund zurückzugeben, ehe er nicht zu dem Grab gegangen ist und den Ritter gefragt hat »Vasal, que faites vos ici?«. Während er noch mit dem schwarzen Ritter am Grab kämpft, raubt ein anderer Percevals Hund und Hirschkopf. Der schwarze Ritter flüchtet sich ins Grab, und Perceval fragt das Mädchen nach dem Verbleib von Hund und Hirschkopf. Sie schweigt. Er folgt dem Klang eines Hornes und findet einen Jäger, der ihm weder über den Fischer-König noch über seinen Hund etwas sagen kann. Perceval wird Zeuge wie ein Knappe von einem Ritter mit einem blutigen Schwert getötet wird. Da der Ritter Perceval über diesen Akt nicht aufklärt, tötet er ihn. Er verbringt die Nacht bei einem Eremiten. Danach trifft er einen alten Ritter. Dieser erzählt ihm, daß Perceval vor 9 oder 10 Jahren seinen Bruder, den roten Ritter, getötet habe. Er verzeiht Perceval und erklärt ihm, daß das Mädchen Hund und Hirschkopf deshalb genommen habe, weil er nicht nach dem Graal fragte. Der Alte weist ihm den Weg zu dem Mädchen, doch Perceval verliert den rechten Weg und gelangt zur Burg von Abrioris. Dort tötet er einen Löwen und besiegt den Burgherrn, der seine Niederlage Artus melden muß. Perceval reitet wieder durch den Wald und findet einen toten Ritter unter einer Eiche, der der *ami* eines jungen Fräuleins war. Zu einer Feste gelangt, erfährt er von einer Jungfrau, daß ein Riese jeden tötet, der sich dieser Feste nähert. Sie werde schon 2 1/2 Jahre hier gefangengehalten. Bei dem Kampf wird Percevals Pferd getötet. Schließlich kann er den Riesen unschädlich machen. Mit einem schwarzen Pferd reitet Perceval davon und trifft auf einen Walisen, der ihn vor einer Schlange mit großem Kamm warnt. Er tränkt sein Pferd an einem Fluß, wird aber für diesen Akt von einem weißen Ritter angegriffen. Er besiegt den Ritter, der nahezu 7 Jahre der Verteidiger von Gué Amorous war. Diese Aufgabe soll nun Perceval übernehmen, der jedoch ablehnt und den Ritter zu Artus schickt. Lange irrt Perceval durch den Wald, begegnet wilden Tieren und schließlich einer Jungfrau, deren *ami* sogleich gegen Perceval kämpft. Es stellt sich aber heraus, daß sein Kontrahent der Sohn Gauvains, Biau Desconneü, ist. Danach gelangt Perceval zu Blancheflor, mit der er die Nacht verbringt. Er verweilt dort aber nicht als Landesherr und Ehemann, sondern verspricht, nach Erfüllung der Graalsuche, sofort zurückzukehren.

Auf seinem Weg trifft er den schönen Ritter Biau Mauvais und seine häßliche Geliebte Rosete, die aber in den Augen des Ritters die schönste Frau ist. Als dieser sich nach einem Kampf Perceval ergibt, wird ihm auferlegt, zu Artus zu gehen. Dort spottet Keu über das ungleiche Paar. Rosete, die wohl verhext war, wird eine überaus schöne Dame. Erneut reitet Perceval durch den Wald und gelangt zu der Behausung seiner Mutter. Seine Schwester erkennt ihn zunächst nicht. Dann erfährt er vom Tod seiner Mutter und wünscht, seinen Onkel, den Eremiten, aufzusuchen. Auf dem Weg muß er einen Ritter töten, da dieser seine Schwester entführen will. Sie lassen den Körper im Wald liegen. Bei dem Eremiten angelangt, wird Perceval das Grab seiner Mutter gezeigt. Es erfolgt ein Rückblick in chronologischer Reihenfolge auf die vergangenen Erlebnisse Percevals. Der Eremit weigert sich, über die blutende Lanze und den Graal Aufklärung zu geben. Bruder und Schwester kehren nach Hause zurück, und Perceval begibt sich erneut auf die Suche. Er erreicht die Jungfrauenburg, die von vier Mädchen erbaut wurde und in der 100 Jungfrauen zufrieden leben. Nachdem er zweimal mit einem Hammer jeweils dreimal auf einen Tisch gehauen hat, wird ihm Einhalt geboten, da der dritte Schlag den Turm zum Einstürzen bringen würde. Während die Jungfrau ihn über die Burg aufklärt, schläft Perceval ein. Am nächsten Morgen erwacht er unter einer Eiche, und die Burg ist verschwunden. Den Wald durchquerend, sieht er auf einer Wiese ein Mädchen. Am Baum hängt der Hirschkopf. Ein Ritter namens Garsallas jagd einen Hirsch mit Percevals verlorenem Hund. Es kommt zu einem erbitterten Kampf. Der Ritter muß um Gnade flehen und Artus seine Niederlage kundt tun. Zwar weiß dieser nichts über das Mädchen der Schachbrett-Burg, aber er erzählt, daß der schwarze Ritter sein Bruder ist, der zufällig die Insel Avalon betreten hat. Das Mädchen, das er dort fand, hätte von ihm verlangt, alles zu tun, was sie wünsche. Während er geschlafen hatte, baute sie ein unsichtbares Schloß und malte ein Abbild des Ritters auf ein Grab. Jeder außer Perceval wurde bisher am Grab besiegt.

Danach geht Perceval mit seinem Hund und dem Hirschkopf davon und trifft auf eine Dame, deren Maulesel davongelaufen ist.

Er fängt ihn ein, doch sie lehnt es ab, daß er sie begleitet. Perceval folgt ihr. Als ein helles Licht im Wald erscheint, ist sie plötzlich verschwunden. Als er dem Licht näher kommt, bricht ein Sturm los. Darauf begegnet er ihr wieder. Von einem Sturm weiß sie nichts, aber das Licht komme vom Graal. Sie gibt ihm das Maultier und einen Ring. Sofort bricht Perceval auf und überschreitet eine gläserne Brücke, die intakt bleibt, obwohl er glaubte, daß sie hinter ihm einstürzen werde. Er trifft auf Briol de la Forest Arsee, der ihm bekundet, daß er erst alle Ritter übertreffen müsse, ehe er zum Fischer-König gelangen könne. Dazu müsse er als Sieger im Turnament vor der Burg Orguellous hervorgehen, die er aber nur über eine halbfertige Brücke erreiche, die bisher keiner überquert habe. Als sie an der Brücke sind, erzählt Briol deren Geschichte: Als der Herr der Burg Orguellous einen Eber jagte, verliebte er sich in eine Dame, die versprach, ihn zu heiraten. Sie wollte eine Brücke über den Fluß, der die Burg von ihr trennte, bauen, doch als die Brücke halb fertig war, wurde der Burgherr getötet. Die Brücke blieb unvollendet. Perceval gelingt die Überquerung. Auf dem Turnier besiegt er am ersten Tag Keu und andere Ritter, kehrt über die Brücke zu Briol zurück, wo sie die Nacht bei einem Eremiten verbringen. Am nächsten Tag kämpft der unerkannte Perceval wiederum mit Rittern des Artushofes, bleibt Sieger und kehrt über die Brücke zu Briol zurück. Dann nimmt er seinen weißen Maulesel, den Hund und den Hirschkopf und macht sich auf den Weg. Er findet das Grab und hört unter der Steinplatte eine um Hilfe schreiende Stimme. Er befreit den Ritter, doch dieser drängt ihn in das Grab und deckt den Stein über ihn. Da der Ritter weder das weiße Maultier noch Percevals Pferd besteigen kann, weil er den Ring nicht besitzt, erkennt er, daß Perceval der beste Ritter ist. Er befreit Perceval und rät ihm, nach Mont Dolerous zu gehen, um noch mehr Ruhm zu erwerben. Der Ritter kehrt in sein Grab zurück.

Danach trifft Perceval wieder auf die Dame, die ihm das Maultier gegeben hat. Sie nimmt beide Attribute, Tier und Ring, wieder an sich. Perceval ist erneut auf sich gestellt, da er ihre Frage, ob er den Fischer-König gefunden habe, verneinen muß. Durch den Wald reitend, gelangt Perceval, einem Jagdhund folgend, wieder zur Schachbrett-Burg zurück. Als er das Spiel beginnt, tritt seine Angebetete ein, schilt ihn, daß er nicht eher ihren Wunsch nach dem Hirschkopf erfüllt habe, vergibt ihm und klärt ihn endlich über die Hintergründe des Schachbretts auf. Eine Jungfrau, erfahren in *nigromance* habe es Morgan la Fée gegeben, die es der Herrin dieser Burg übergab. Obwohl Perceval die Nacht mit dem jungen Mädchen verbringt, verläßt er sie, weil er den Fischer-König sucht. Sie bringt ihn über den Fluß und weist ihm den Weg zum Graal. Auf dem Weg findet er Bagomedés, der entehrend an den Füßen an einen Baum gehängt wurde. Er befreit ihn und erfährt, daß Keu und drei andere Artusritter erfolglos versucht haben, ihr Pferd auf Mont Dolorous an die Säule zu binden. Perceval begibt sich nach Mont Dolorous und Bagomedés geht an den Artushof, um sich an Keu zu rächen. Es kommt zu einem Kampf, in dem Keu vom Pferd gestoßen wird. Artus versöhnt beide miteinander. Es wird beschlossen, nach Perceval zu suchen.

Gauvain berichtet, was er beim Fischer-König gesehen hat und beschließt, dorthin zu reiten. Auf dem Weg sieht er einen Schild an einem Baum hängen. Der Petit Chevalier erklärt, daß nur derjenige den Schild tragen kann, der klug, stark, freigebig und ehrenhaft ist, und dessen Frau ihn wahrhaft liebt. Ein Bote kommt und bittet den Petit Chevalier, den Schild zum Turnier in Blanche Lande zu bringen. Alleingelassen mit der Schwester des Petit Chevalier, gesteht sie Gauvain ihre Liebe und gibt sich ihm hin. In der Nacht verhindert der Bruder aber eine Zusammenkunft, so daß das Mädchen enttäuscht ist. Ehe das Turnier beginnt, erhält Artus den Schild. Derjenige der zwei Kämpfe besteht, ohne vom Pferd gestoßen zu werden, soll der Gewinner des Turniers sein. Keu, Mordred und andere Ritter versagen. Als der Schild auf das Turnierfeld geworfen wird, nimmt ihn Gauvain an sich. Er und der Chevalier zeichnen sich zwei Tage lang in den Kämpfen aus, doch keiner kennt ihre Identität. Sie kehren danach mit dem Schild zur Burg des Petit Chevalier zurück, wo die Schwester wieder vergeblich hofft, die Nacht mit Gauvain zu verbringen. Trotz der Proteste des Bruders und der Schwester verläßt Gauvain sie. Das Mädchen ist betrübt, da sie ihm, der doch jede Frau gewinnen kann, ihre Liebe gegeben hat. Gauvain reitet durch den Wald und stößt auf einen in Gedanken versunkenen Ritter. Nachdem er ihn verfolgt hat, erfährt er, daß der Ritter über seine Frau nachdenkt, die von Brun de la Lande entführt wurde. Gauvain befreit das Mädchen nach einem Kampf mit Brun, der sich zu König Artus begeben muß. Am nächsten Tag begegnet Gauvain seinem Sohn Guinglain, der ihm berichtet, daß Artus von König Carras bedroht wird. Gauvain seinerseits erzählt seinem Sohn ausführlich, was er bisher erlebt hat: über den mysteriösen Tod des Ritters, den er zu Guenevere begleitete, über den Besuch in der Kapelle der schwarzen Hand und über sein Erlebnis auf der Graalburg. Er habe zwar nach der blutenden Lanze gefragt, sei aber dann eingeschlafen. Guinglain erzählt ihm, daß er Perceval, der zu Weihnachten zu Artus kommen wolle, gesehen habe. Als Gauvain zu Artus gelangt, rät er ihm zu einem Offensivkrieg. Artus fällt mit einer großen

Streitmacht im Land von Carras ein. Schnell erfaßt Carras die aussichtslose Lage und bittet Gauvain um Vermittlung. Artus akzeptiert, daß sich der rebellische Vasall und sein Bruder Claudas de la Deserte ergeben. Sie dürfen sogar ihr Land behalten. Gauvain bleibt bei Artus, da kaum mehr ein Ritter bei ihm weilt, weil fast alle auf die Suche nach Perceval und den Graal gegangen sind.

Inzwischen reitet Perceval durch den Wald, um zum Mont Dolerous zu gelangen. Auf dem Weg sieht er ein Kind auf einem Baum, das sich weigert, herunterzukommen. Es gibt keine Antwort auf die Frage, wie er zum Fischer-König gelangen könne, weist ihm jedoch den Pfad zur Säule von Mont Dolerous. Das Kind klettert bis zur Spitze des Baumes und verschwindet. Am Fuße von Mont Dolerous angelangt, trifft Perceval ein Mädchen, das ihn warnt, den Berg zu besteigen, da ihr *ami* von dort nicht zurückgekehrt ist. Doch Perceval reitet auf die Spitze des Berges und erblickt die Säule, um die 15 Kreuze aufgestellt sind (5 rote, 5 weiße, 5 azurblaue). Er bindet die Zügel seines Pferdes um die Säule. Da erscheint eine junge Dame auf einem weißen Maultier und erklärt, daß Perceval der beste Ritter sei, da es ihm gelungen sei, das Pferd an der Säule festzumachen. Sie klärt ihn darüber auf, daß die Säule von Merlin für Uterpandragon kurz nach der Geburt von Artus geschaffen worden sei, damit dem König ein Mittel an die Hand gegeben werde, um den würdigsten Ritter seines Reiches zu ermitteln. Sie erzählt ihm ferner, daß der schwarze Ritter des Grabes ein böser Geselle ist, der viel Unheil angerichtet habe, und den Perceval hätte töten müssen. Am nächsten Morgen weist sie Perceval den Weg zum Fischer-König. Nach einem großen Sturm und nachdem er über tausend Lichter an einem Baum zu sehen glaubt, verschwindet diese Erscheinung, als sich der Held nähert. Nahebei kehrt er in einer Kapelle ein. Auf dem Altar liegt ein toter Ritter. Als er das Licht in der Kapelle erblickt, wird es von einer schwarzen Hand ausgelöscht. Perceval reitet daraufhin weiter. Er trifft ein Mädchen, das ihm erzählt, daß er in der Kapelle bedeutsame Dinge *(senefiance)* gesehen habe. Obwohl sie ihn nicht über das Kind im Baum aufklärt, bedeutet sie ihm, daß er bald zum Graal gelangen werde. Dies trifft auch ein. Dort berichtet er, daß er in der Kapelle einen toten Ritter gesehen habe, erzählt von dem Kind im Baum, von der Kerze und der schwarzen Hand. Er wird aufgefordert zu essen. Danach gelingt es ihm, die zerbrochenen Schwertstücke zusammenzufügen, was Gauvain nicht gelang. Allerdings bleibt ein kleiner Riß bestehen.

C. »*Die 3. Fortsetzung*« (Manessier-Continuation genannt, nach Hs. P = 10444 Verse) beginnt in der Graalburg, in der es Perceval gerade gelungen ist, die Schwertstücke zusammenzusetzen. Er wird nun vom Fischer-König über die Lanze und den Graal aufgeklärt (Joseph von Arimathea ist der Vorfahre des Fischerkönigs und hat nicht nur nach vierzigjähriger Gefangenschaft den Graal hierher gebracht, sondern auch die Burg erbaut). Das Schwert zerbrach, als Goondesert, der Bruder des Fischer-Königs, hinterrücks ermordet wurde (A). Da Perceval die Schwertstücke zusammengefügt hat, wird er auch Rache für den Mord an Partinal üben. Er wird ferner über den leuchtenden Baum aufgeklärt, den Feen dazu benutzen, Reisende vom Weg abzubringen. Doch die Anwesenheit Percevals hat die Magie außer Kraft gesetzt. Er erfährt, daß die Kapelle mit der schwarzen Hand bisher 4000 Rittern das Leben gekostet hat, so daß Perceval beschließt, diesem Unwesen ein Ende zu bereiten (B1a). Am nächsten Morgen bricht er auf. Er begegnet dem Artusritter Sagremor, der auf einem klapprigen Gaul sitzt, da ihm sein Pferd während der Suche nach Perceval gestohlen wurde. Zehn Ritter nähern sich, die Sagremors Pferd besitzen und eine Dame entführt haben (C). In heftigstem Kampf überwindet Perceval die Gegner. Sein Schwert bricht entzwei (D), sein Pferd wird getötet, und er selbst wird schwer verwundet, die Dame ist jedoch frei. Einen Monat braucht er, um zu genesen.

Inzwischen verfolgt Sagremor den Ritter, der die Dame entführt hatte. In dessen Burg entbrennt ein heftiger Kampf. Als er zu Ungunsten für den Entführer auszugehen droht, bläst der Torwächter sein Horn und holt einen Krieger mit einer Axt zu Hilfe. Nachdem Sagremor diesen getötet hat, schlägt er dem Entführer den rechten Arm ab. Wiederum kommen 4 *vilains* auf den Ruf des Hornes dem Burgbesitzer zu Hilfe. Der Entführer springt in einen Brunnen und ertrinkt, die vier werden von Sagremor getötet. Der Torhüter bittet um Gnade. Sagremor kommt an den Ausgangspunkt des Kampfes zurück und sieht, daß Perceval erfolgreich war. Er gelangt zu einer Burg, die sich gegen eine Belagerung gerüstet hat. Dort erfährt er von einer grauhaarigen Dame, daß die Burg der 700 Jungfrauen von Tallidés belagert wird, weil eine der Frauen ihn nicht heiraten will. Sagremor siegt und Tallidés unterwirft sich, so daß die Frau sogar zustimmt, ihn zu heiraten. Auf dem Weg durch den Wald trifft er Ritter, von denen einer versucht, sich an einer Frau zu vergehen. Er rettet die Frau, wird aber schwer verwundet, so daß er sechs Wochen bei der Frau, ihrem heilkundigen Vater und ihrem Bruder verweilen muß.

Gauvain erinnert sich am Artushof nicht nur an den Ritter, der getötet wurde, als er ihn zu Guenevere bringen wollte, sondern auch an die Kapelle der schwarzen Hand (B2a) sowie an sein Versagen, die Schwertstücke auf der Graalburg zusammenzufügen. Die Schwester Silimacs, des Ritters, der auf dem Weg zu Guenevere getötet wurde, erscheint und erklärt Gauvain, daß ihr Bruder den Ritter rächen wollte, der aufgebahrt auf der Graalburg liege (E). Sie klagt ihn an, daß er wegen seiner Sündhaftigkeit versagt hat. Gauvain muß die Rüstung Silimacs anlegen, und gemeinsam machen sie sich auf den Weg, den Bruder zu rächen. Vier Tage reiten sie durch den Wald, bis sie zu einem Scheiterhaufen kommen, auf dem eine junge Frau verbrannt werden soll, die ihren Bruder getötet haben soll, um sich das Land anzueignen. Einige Bürger halten sie für unschuldig und erklären, daß Dodinel le Sauvage, der von der Frau gefangen gehalten wird, der Täter war (F). Gauvain befreit die Frau und stößt beim Kampf einen Ritter in die Flammen. Dodinel, von dessen Unschuld Gauvain überzeugt ist, wird freigelassen. Als Gauvain und die Schwester Silimacs weiterreiten, werden sie von den Neffen des verbrannten Ritters überfallen. Zwei werden getötet, der dritte muß sich der jungen Frau ergeben.

Gauvain gelangt mit Silimacs Schwester zu einer Burg, die von König Margon belagert wird, weil die Liebe seines Sohnes Cargrilo von der Dame der Burg verschmäht wurde. Die Lage hatte sich zugespitzt, als der Geliebte der Dame von Margon gefangengenommen wurde und gegen dreißig Krieger Margons ausgetauscht werden sollte. Margon nahm die Krieger in Empfang, ließ aber den Geliebten hängen. Darauf wurde Cargrilo gefangen und mit einem Katapult zu Margon geschossen, wo er starb. Der Bruder der Dame wollte Hilfe holen, doch wurde er in Begleitung von Gauvain von Keu getötet. Jetzt muß die Bedingung erfüllt werden, die die Dame gestellt hat, nämlich sich zu ergeben, wenn sich kein Ritter für sie einsetzt. Gauvain bietet sich als Kämpfer an und Margon wird besiegt. Er unterwirft sich und begibt sich auf Geheiß Gauvains zu Artus. Inzwischen muß Gauvain schwören, den Bruder an Keu zu rächen. Er erhält eine Lanze mit einem weißen Banner, das er im Blut Keus rot färben muß (G). Während Margon zu Artus reitet, wird ihm von einem buckligen Zwerg erklärt, daß Margons Schwester, die Dame de Malehaut, von dem Ritter Gorgari entführt wurde, den sie 7 Jahre gefangengehalten hatte. Margon gelingt es, Gorgari zu besiegen und seinen Weg zu Artus fortzusetzen, wo er Mitglied der Tafelrunde wird.

Gauvain läßt Silimacs Schwester in ihrer Burg zurück, reitet durch den Wald und trifft auf eine Festung. Die Nichte Silimacs schickt ihren Seneschall, um jeden Ritter, der zum Artushof gehört, gefangenzunehmen, da sie sich für Silimac rächen will. Gauvain siegt über den Seneschall. Da erscheint Sore Pucelle, die Schwester Silimacs, und klärt ihre Nichte darüber auf, daß Keu der Mörder gewesen ist und daß Gauvain Silimac rächen wird (G1). Mit Sore Pucelle reitet Gauvain an den Artushof. Dort klagt der unerkannte Gauvain Keu vor Artus an, ein Mörder und Verräter zu sein. Am nächsten Tag findet der Kampf statt, in dem Keu so schwer verwundet wird, daß Gauvain den weißen Wimpel der Lanze rot färben kann und Keu bewußtlos zu Boden fällt. Auf Betreiben von König Artus lenkt Sore Pucelle ein, so daß Gauvain der Pflicht enthoben ist, Keu zu töten. Traurig verläßt Gauvain den Hof. Nach zwei Monaten begegnet er seinem Bruder Agravain, der ihm versichert, daß Keu genesen ist, so daß Gauvain aufatmet. Gauvain verschweigt auch jetzt, daß er der Gegner gewesen war. Nach einem Überfall von 5 Rittern machen sich die Brüder auf den Weg zum Artushof, wo sie herzlich empfangen werden.

Nachdem Perceval von seinen Wunden aus dem Kampf um die entführte Dame und das gestohlene Pferd Sagremors genesen ist (C1), gelangt er bei Sturm und Donner in die Kapelle der schwarzen Hand (B1b). Auf dem Altar liegt der tote Ritter, und die Kerze wird ausgelöscht, so daß es stockfinster ist. Der Teufel treibt sein Spiel mit Perceval. Dieser versucht dem Rat des Fischer-Königs zu folgen, und in der Finsternis das weiße Kelch-Velum an sich zu bringen. Zweimal bekreuzigt sich Perceval, doch jedesmal hindert ihn der Teufel daran, das Kelch-Velum an sich zu nehmen. Ein Blitz setzt die Kapelle in Brand. Als sich Perceval zum dritten Male bekreuzigt, zieht sich die Hand zurück. Perceval fällt in Ohnmacht. Die Kapelle steht bereits ganz in Flammen, als Perceval das im heiligen Wasser getränkte Velum findet. Er löscht das Feuer mit dem heiligen Wasser. Zusammen mit einem alten Priester beerdigt er die bis zur Unkenntlichkeit verbrannte Leiche des toten Ritters auf dem Friedhof, auf dem die Speere und Schilde der zahllosen Ritter hängen, die die schwarze Hand Tag für Tag getötet hat. Der Priester ermahnt ihn, sein Leben der Wanderschaft und des Kampfes aufzugeben und Buße zu tun, damit er seine Seele nicht verliere. Perceval verspricht, keinen mehr zu töten, es sei denn, er muß aus Notwehr handeln. Er reitet danach wieder durch den Wald und begegnet einem Ritter, der ihn vom Pferd stößt und mit dem Pferd flieht. Perceval eignet sich ein reiterloses schwarzes Pferd an (H1), das ihn mit furchterregender Schnelligkeit an ein Kliff bringt und ihn in den Abgrund stürzen will, wo ein Gewässer fließt. Da er sich bekreuzigt, wirft ihn das Pferd gerade rechtzeitig ab, bevor es in die Schlucht springt. Gefangen zwischen einem tiefen Fluß und einer hohen Felswand ereilt ihn ein Wirbelsturm, der 3 fürchterliche feuerspeiende Köpfe zu haben scheint. Es kommt ein Boot und Perceval glaubt, Blanchefleur vor sich zu haben (H2). Sie bittet ihn um Hilfe gegen Caridés d'Escavalon, der sie heiraten will. Als Perceval sein Schwert erblickt, bekreuzigt er sich, und die Erscheinung Blanchefleurs verschwindet. Das Boot entfernt sich unter Regen, Donner und Blitzen. Wieder kommt ein Boot. Diesmal ist es ein alter Mann, der Perceval aufklärt, daß der Teufel ihn versuchen wollte (H3). Perceval besteigt das Boot und gelangt in die Nähe der Burg von Lindesores. Der alte Mann schenkt ihm ein weißes Pferd. Der Ritter von Lindesores, Menandre de la Loje, fordert von Perceval Zoll. Als Perceval sich weigert, kommt es zum Kampf. Der besiegte Ritter muß zu Artus gehen und melden, daß Perceval zu Pfingsten an den Hof kommt.

Danach trifft er die Dame des Dodinel le Sauvage (F1), die während des Gesprächs mit Perceval von Gavien entführt wird. Er holt den Entführer ein, besiegt ihn und schickt ihn zu Artus. Zum Zelt der Dame zurückgekehrt, treffen sie Dodinel, der sich freut, Perceval endlich gefunden zu haben, da schon viele Artusritter nach ihm suchten. Obwohl Dodinel mit ihm sofort zu Artus reiten will, lehnt Perceval diese Aufforderung ab, da er erst zu Pfingsten dort sein könne (ein Grund wird nicht angegeben). Perceval erreicht die Nachricht, daß Blanchefleur von Aridés d'Escavallon bedroht wird, der ihr Land verwüstet (I). Perceval bricht sofort mit der Botin auf, muß aber bei einem Schmied einkehren, da sich sein Pferd einen Nagel eingetreten hat. Es stellt sich heraus, daß der Schmied Tribüet das zerbrochene Schwert Percevals geschmiedet hat, das er wieder zusammenfügt (D1). Allerdings vermerkt er, daß Perceval es nur in der äußersten Not gebrauchen dürfe.

Perceval kommt nach Beau Repaire, dem Sitz von Blanchefleur (I1). Nachdem sie lange miteinander gesprochen haben und nachdem die Nacht vergangen ist, kommt es zum Kampf zwischen Perceval und Aridés. Perceval siegt und will, daß sich Aridés dem Schmied Tribüet unterwirft. Aridés, der sich ebenfalls Blanchefleur nicht ergeben wollte, lehnt dies ab, da er unter harten Bedingungen von Tribüet eingekerkert werden würde. Schließlich ist er bereit, zu Artus zu gehen. Perceval nimmt Abschied von Blanchefleur und versichert ihr, stets Hilfe zu leisten. Inzwischen kommen die Gefangenen Percevals zum Artushof, zuerst Menandre de la Loje, dann Gavien und zuletzt Aridés, die alle Mitglieder der Tafelrunde werden. Perceval reitet indessen durch den Wald und begegnet einem Ritter, der zwar wohlgerüstet, aber um alles in der Welt nicht zu kämpfen bereit ist. Da sehen sie zwei Frauen, die verbrannt werden

sollen (J). Perceval kämpft sofort, um die Frauen zu befreien, obwohl ihm der feige Ritter erklärt, daß er ihm nicht helfen werde. Als
der Ritter verwundet wird und sein eigenes Blut sieht, greift er
endlich in den Kampf ein und tötet 2 Gegner. Er eilt Perceval zu
Hilfe und tötet wiederum einige Widersacher. Schließlich wird Perceval aus dem Hinterhalt schwer verwundet, so daß er zwei Monate
braucht, um seine Wunden auszuheilen. Während dieser Zeit bleibt
der feige Ritter treu bei ihm.

Inzwischen wartet Artus auf Perceval, der durch viele Ritter hatte
melden lassen, daß er zu Pfingsten zum Hof zurückkehren werde.
Artus wird sehr traurig, als sich diese Ankündigung nicht verwirklicht. Zwanzig Artusritter beschließen daher, nach Perceval zu suchen, da er entweder gefangen oder schwer verwundet sein müsse.
Boort trifft auf der Suche nach Perceval seinen Bruder Lionel (K),
der von Rittern mit der Peitsche so geschlagen wurde, daß ihm das
Blut am Körper herunterläuft. Zu gleicher Zeit hört Boort ein
Mädchen, das geschändet werden soll (L), um Hilfe schreien. In
einem Pflichtenkonflikt entscheidet sich Boort, dem Mädchen zu
helfen, und überläßt seinen hilflosen Bruder den Geißelungen seiner
Gegner. Nachdem er das Mädchen in Sicherheit gebracht hat, will er
seinem Bruder zu Hilfe eilen. Auf dem Weg begegnet er einer Frau,
die den kopflosen Rumpf ihres Geliebten in den Armen hält. Er
erfährt, daß dieser Ritter Lionel zu Hilfe eilen wollte (K1), der
unablässig geschlagen wurde. 14 Tage sucht Boort nach seinem
Bruder.

Inzwischen stößt Gauvain auf Lionel und die Ritter, die den
Bruder Boorts immer noch schlagen (K2). Gauvain befreit ihn, und
Lionels Wunden können in einer nahe gelegenen Burg kuriert werden. Doch Lionel kann es dem Bruder nicht nachsehen, daß er ihn
nicht beschützt hat. Er sinnt auf Rache und geht auf die Suche nach
Boort. Gequält von diesen Ereignissen ist Boort aber ebenfalls auf
der Suche nach seinem Bruder. Da wird er vom Teufel in Versuchung geführt. Dieser zeigt sich in der Gestalt eines Eremiten, der
vorgibt, daß Lionel schon 4 Tage tot unter einem Baum liege.
Nachdem er aus einer Ohnmacht erwacht ist, bekreuzigt er sich.
Der Teufel läßt von ihm ab, verschwindet unter großem Lärm und
einem enormen Sturm, so daß Boort merkt, daß Lionel nicht tot ist.
Seine Suche erhält neuen Auftrieb. Die Brüder treffen schließlich
aufeinander und kämpfen miteinander. Als sie auf Leben und Tod
die Waffen gegeneinander erheben, erscheint Calogrenant (M), der
die Streithähne trennen möchte. Er wird aber getötet. Die Brüder
werden durch eine Wolke eingehüllt, so daß sie sich nicht sehen
können. Lionel wird ohnmächtig. Als sich die Brüder wieder sehen

können, versöhnen sie sich und trauern um Calogrenant. Ein heiliger Eremit erklärt ihnen, daß sie vom Teufel besessen waren. Lionel und Boort trennen sich.

Perceval, der nach 2 Monaten genesen ist, begibt sich mit dem feigen Ritter auf den Weg (J1). Sie gelangen zu einer Burg, wo ein Turnier veranstaltet wird. Viele Ritter, Gaheriet, Mordred, Lionel und König Bandemagu, nehmen teil. Perceval und seine Begleiter bleiben unerkannt, obwohl sie stets den Sieg davontragen. Als Perceval weiter reitet, erzählt ihm sein Begleiter, daß er Biau Mauvais heißt. Perceval tauft ihn in Biau Hardi um. Sie trennen sich, werden sich aber zu Pfingsten am Artushof wiedersehen. Kurz danach trifft Perceval auf Hestor, den Bruder von Lancelot. Sie kämpfen so lange miteinander, bis beide dem Tode nahe sind. Jeder sagt dem anderen, daß er am Artushof dem jeweiligen Bruder Meldung machen solle, daß der Bruder gestorben sei (Lancelot, daß Hestor gestorben sei, und Agloval, daß Perceval nicht mehr lebe). Da erscheint das Licht des Graals, und er umkreist sie dreimal. Perceval und Hestor versöhnen sich. Hestor sucht daraufhin seinen Bruder Lancelot bis er ihn gefunden hat. Da Perceval versprochen hatte, den Tod des Bruders des Fischer-Königs, Goondesert, zu rächen, macht er sich auf den Weg (A1).

Perceval findet den Mörder des Bruders des Fischer-Königs, Partinal, in einer Festung mit 5 Türmen, wobei einer herausragt, umgeben von den 4 anderen (A2). Alles, was Perceval über diesen Kampf wissen muß, hat er vom Fischer-König erfahren. Da der Schild für Partinal lebenswichtig ist, und er mehr als 100 Ritter getötet hat, zerbricht Perceval diese Schutzwaffe. Partinal, bar dieser Waffe, unterliegt Perceval. Weil er sich nicht unterwerfen will, schlägt ihm Perceval das Haupt ab und befestigt es an seinem Sattel. Perceval geht weiterhin auf die Suche nach dem Fischer-König. Schließlich gelangt er dorthin und wird herzlich empfangen, da er den Kopf des Ritters bei sich trägt. Angesichts dieser Tatsache wird der Fischer-König sofort geheilt. Der Graal erscheint sowie die blutende Lanze. Alle werden durch den Graal gespeist. Perceval gibt seinen Namen preis und erfährt wesentliche Hintergründe seiner Abstammung. Seine Mutter war die Schwester des Fischer-Königs, so daß er dessen Neffe ist. Alle auf der Burg sind hoch erfreut über Perceval. Als dieser aufbrechen will, schenkt ihm der Fischer-König seine eigene schwarze Rüstung. Perceval verläßt den Fischer-König, um letztmalig an den Artushof zurückzukehren. Auf dem Weg sieht er 6 Schilde in verschiedenen Farben von einem Baum herabhängen, sechs Ritter und 4 Damen, die die Ritter beköstigen. Perceval kämpft gegen die Ritter und bleibt Sieger, so daß alle schwören müssen, zu Artus zu gehen und ihm zu sagen, daß er zu Pfingsten an den Hof kommen werde. Als sich Perceval dem Artushof in seiner schwarzen Rüstung nähert, glauben alle, daß der Teufel komme. Doch bald kann Perceval alle beruhigen, so daß er freudig empfangen wird. Es folgt ein längerer Rückblick auf die Taten Boorts und Lionels, den Graal und die Begegnungen Percevals. Während der Artushof in Erinnerungen an die vergangenen Taten schwelgt, erreicht Perceval ein Brief, daß der Fischer-König gestorben ist und daß er das Reich übernehmen muß. In Anwesenheit von König Artus und 13 Königen wird Perceval gekrönt. Er regiert 7 Jahre das Reich und übergibt danach die Herrschaft König Maronne. Er selbst wird Eremit in einem Wald. Der Graal ernährt ihn. Ein neuer Lebensweg beginnt. Perceval wird erst Meßdiener, dann Hilfsdiakon und endlich Diakon, der die Messe zelebrieren darf. 10 Jahre dient Perceval Gott. Als er am Vortag von Lichtmeß stirbt, nimmt Gott ihn ins Paradies auf. Die Attribute des Graals werden in den Himmel getragen und können nie wieder von irgend einem Sterblichen erblickt werden.

Die Forschung hat die Chrétienschen *Perceval-Fortsetzungen* bisher primär sagengenetisch behandelt (z. B. *A. Birsch-Hirschfeld:* Die Sage vom Graal. Ihre Entwicklung und dichterische Ausbildung in Frankreich und Deutschland im 12. u. 13. Jh. Leipzig 1877; *H. Waitz:* Die Fortsetzung von Chrestiens ›Perceval le Gallois‹ nach den Pariser Handschriften. Strasbourg 1890). Interpretationen, die die unterschiedlichen Konzeptionen berücksichtigen, fehlen. Weder wurde untersucht, warum der Graal (im Gegensatz zu Wolfram) in der Manessier-Fortsetzung nicht der Endpunkt der Suche Percevals ist, noch wurde der Bedeutung der teilweise parallelen und teilweise konträren Gestaltung der Gauvain-Handlung nachgegangen, noch hat man den symbolischen Gehalt der einzelnen Abenteuer aufzuschlüsseln gesucht (z. B. der tote Ritter auf der Graal-Burg, die schwarze Hand, u. a. m.). Es eröffnet sich nicht nur ein reiches Forschungsfeld für Romanisten, sondern auch für die vergleichende mittelalterliche Literaturwissenschaft, da der Graal-Stoff in fast allen europäischen Ländern rezipiert wurde.

Die *Prosaromane* behandeln vornehmlich den Graal-Stoff, der unter Einbeziehung der auf die englische Tradition zurückgehenden Vita von König Artus und des Merlin-Stoffes (vgl. Füetrers Adaption eines Epos' von Albrecht von Scharfenberg, s. S. 203 ff.) außerordentlich vielseitig gestaltet wird. Die Hauptträger der Handlung, Perceval, Gauvain, Lancelot und Guenevere sowie Artus und Merlin können daher die Gliederungskriterien der verschiedenen Prosaromane bilden (siehe Aufstellung der Textüberlieferung). Große Breitenwirkung hatte vor allem auch der »*Prosa-Tristan*«, der nicht nur aus den Versepen von Béroul und Thomas (vgl. die episodischen Einlagen bei Eilhart von Oberge und Heinrich von Freiberg (s. S. 216 ff.) schöpfte, sondern auch ganz neue Konzeptionen entwickelte, indem der Tristan-Stoff gänzlich arthurisiert, d. h. in einen *aventure*-Roman mit ausgedehnten Schilderungen der ritterlichen Kampfspiele umgewandelt wurde, in dem Tristan als Artusritter auftritt. Sir Thomas Malory hat in seinem großen Sammelwerk »Le Morte Darthur« (1469/70) diesen arthurischen Tristan-Stoff mit dem Lancelot-Stoff parallelisierend und kontrastierend verknüpft.

Der anonyme »Prosa-Tristan« wird aufgrund der handschriftlichen Überlieferungen grundsätzlich in eine kurze (bzw. erste, zw. 1225 u. 1235, Luce of Gaut/Galt, nahe Salisbury, zugeschrieben) und eine längere Version (bzw. zweite, 2. Hälfte des 13. Jhs. mit der fiktiven Autorennennung Hélie/Elie de Borron) eingeteilt, wobei Fassungen, die zwischen diesen beiden Überlieferungsträgern liegen (über 50 Hss. und eine Vielzahl von Fragmenten sind erhalten), bisher kaum Berücksichtigung fanden. Ähnlich wie andere Prosaromane leitet eine ausführliche Genealogie der Könige von Cornwall und von Léonois den Roman ein. Schon mit der Geburt wird Tristan in die arthurische Welt eingeführt, da Merlin das Kind vor den Feinden des Vaters bewahrt. Der Vater, Maliadus, wird getötet und Tristans Lehrer, Governal, bringt ihn zunächst zum Hof von Pharamont und dann zu König Marke. Von da ab folgt die Handlung bis zur Heirat mit Iseut Weißhand in etwa den Versepen. Als Tristan zusammen mit Iseut und ihrem Bruder Kahedin eine Fahrt unternimmt, stranden sie, und es beginnt eine ganze Kette von Abenteuern, die nichts mit der ursprünglichen Liebesgeschichte zu tun hat. Nachdem Tristan in Cornwall angelagt und von Iseut geheilt worden ist, verbannt ihn Marke aus Cornwall für immer. Trotz einer Zwischeneinkehr in Camelot, geht Tristan wieder auf eine lange Abenteuerfahrt, weil er beweisen will, daß er der Artusritterschaft würdig ist. Erst dann wird ihm als Ritter der Tafelrunde der Sitz am runden Tisch zugewiesen, den zuvor Le Morholt, der von Tristan getötet wurde, inne hatte. Zahlreiche *aventuren* sind wohl dem Vulgate Zyklus und »Mort Artu« entlehnt.

Bestehen in bezug auf den Handlungsausgang zwischen den zahlreichen Handschriften und Drucken z. T. erhebliche Unterschiede, so setzt gerade er die Akzente der Aussageintention der verschiedenen Fassungen. Nur in der Hs. B. N. fr. 103 und in einigen frühen Drucken entspricht der Schluß den Versepen, d. h. Tristan wird verwundet und stirbt, da Iseut ihn nicht rechtzeitig retten kann. In der Mehrzahl der überlieferten Texte führt der Schluß die von den Versepen abweichende Charakterisierung von König Marke konsequent zu Ende. Denn Marke wird im »Prosa-Tristan« als Verräter und bösartiger Mensch geschildert, der der Feind des Artusrittertums ist. Es ist in dieser Konstellation Tristans Aufgabe, Markes Rivale zu sein und den König in Schach zu halten. Die Unterstützung von Artus und seinen Rittern ist Tristan daher sicher (vgl. Béroul, Eilhart). In den meisten Versionen des »Prosa-Tristan« tötet der verräterische Marke Tristan mit einer vergifteten Lanze, als dieser bei Iseut sitzt und ihr ein Lied vorspielt. Die Geliebte kann ihm nicht helfen. Nicht die verbotene Liebe zwischen Tristan und Isolde, sondern die Hinterhältigkeit des Königs Marke wird hier angeprangert, dessen Tyrannis durch die Liebe von Tristan und Isolde erst richtig zum Ausdruck kommt.

Der Verfasser hat zwei Freunde Tristans neu eingeführt. Dem einen, Palamedes, wird eine zwar abgewandelte, aber doch parallele Liebesrolle zu Tristan zugewiesen. Er ist in Iseut verliebt, bleibt jedoch seinem Gefährten Tristan treu. Der andere, Dinadan, ist ein Sprachrohr zeitkritischer Äußerungen. Er übt handfeste Kritik am Rittertum. Ethische Werte ließen sich nicht durch Kraftakte erweisen. Physische Überlegenheit sei kein Maßstab für den Wert oder Unwert einer Person, ebensowenig wie die Liebe, die Leid und Tod hervorruft. Dinadan stellt die arthurische *costume* in Zweifel, um die erstarrte Etikette anzuprangern (vgl. auch einige der späteren dt. Artusdichtungen), deren Sinn verloren gegangen ist. Tristans Tod veranlaßt Dinadan schließlich, eingehend über den Sinn des Lebens nachzudenken.

Vergleicht man die vielen *Versepen* der Zeit nach Chrétien mit den deutschen Dichtungen, dann fällt auf, daß der Artushof in den französischen Epen funktionale Übereinstimmungen mit der deutschen hochhöfischen Epik aufweist. Nicht mehr die Integration in die arthurische Gemeinschaft ist das Ziel des Protagonisten, sondern die Selbstverwirklichung des Helden in der Ehe und in der eigenständigen Herrschaft. Das Bild von König Artus ist hingegen in den späteren Werken beider Sprachräume teilweise sehr ähnlich gestaltet. Artus nimmt selbst an Zweikämpfen (z. B. »Merveilles de Rigomer«), Turnieren (»Claris et Laris«, »Le Bel Inconnu«) oder an einem Kriegszug (»Durmart«, »Escanor«, »Yder«, »Merveilles Rigomer«) teil. Doch diese Aktivität gereicht meist weder ihm noch seinem Hof zum Vorteil. Aus Mangel an *prudentia* hilft Artus den Bösen, die der Held der Erzählung erbittert bekämpft. Er kann sogar ein herrschsüchtiger Tyrann und unersättlich in seiner territorialen Habgier sein (»Hunbaut«, »Yder«, »Solvas«, »Chevalier as

Deus Espées«). Mit der fehlenden *prudentia* geht der Mangel an *iustitia* einher. *Ira* und *superbia* sind die Folge, die das Verhalten von Artus als *vilenie* kennzeichnen, wobei teilweise noch das Motiv der Eifersucht hinzukommt (»Lai du Cor«, »Durmart«, »Merveilles de Rigomer«, »Meraugis«). Nur in wenigen Versepen wird Artus als gütiger, friedvoller Herrscher dargestellt (»Claris et Laris«, »Fergus«, »Escanor«). Selbst wenn sich Artus wie in »Chevalier as Deus Espées« am Ende als der Beste von allen erweist, wird zu Anfang doch ein düsteres Bild von ihm gezeichnet.

Die Kritik an Artus schließt auch die Artusritter und ihr *aventure*-Verständnis mit ein. Die arthurische Gemeinschaft kann ihre Integrität nur wahren, wenn sie den Bedrohungen von außen standhält und die ehemaligen Feinde in ihre Gesellschaft integriert *(Schmolke-Hasselmann)*. Ähnliche Tendenzen finden sich auch in der späteren deutschen Artusdichtung. Die brüchige Artusgemeinschaft manifestiert sich dadurch, daß die Artusritter teilweise außerstande sind, die an sie gestellten Aufgaben zu erfüllen (»Meraugis«), oder daß sie sich sogar der *aventure* verweigern bzw. sie ad absurdum führen. Fergus z.B. will einen gefährlichen Riesen bekämpfen, der sich als Statue entpuppt. Biau Mauvais rühmt sich seines hart errungenen Sieges, den er, wie sich nachträglich herausstellt, nur über verkleidete Damen errungen hat. Die *aventure* wird zur Farce wie in »L'Atre Perilleus« oder in der Erzählung »La Mule sans frein«, weil sie weder der Hilfe für andere noch der Läuterung der Helden dient. Da sie in den Dichtungen häufig auf der Vorspiegelung falscher Tatsachen basiert, wird die *aventure* sinnentleert. In »L'Atre Perilleus« erweist sich der Raub eines Mädchens, das sich in der Obhut von Artus und Gauvain befindet, als abgekartetes Spiel, das allein dazu dient, Gauvain zum Handeln zu bringen. Die *aventure* als Hilfe für Bedrängte, für den Mitmenschen, wird karikiert. Was bleibt, ist eine Welt, die durch Schein künstlich am Leben erhalten wird, ohne aber einen ethisch-sozialen oder reichspolitischen Beitrag zu leisten.

Am deutlichsten veranschaulicht der »Yder«, daß Artus nicht Vorbild, sondern Abbild eines ungerechten, von Habgier, Eifersucht und Mißgunst getriebenen Herrschers ist. Während Keu seinen Herrn noch an Schlechtigkeit übertrifft, versuchen Gauvain und Yvain das positive Bild der Artusritterschaft aufrechtzuerhalten. In dieses Spannungsfeld gerät Yder, der mehrfach das Opfer von Keus Anschlägen und von Artus' Bösartigkeit wird:

Obwohl Yder König Artus aus einer gefährlichen Situation befreit, versagt ihm der König den Lohn, ihn zum Ritter zu schlagen. Yder wird Zeuge eines eklatanten Wortbruchs des Königs. Statt einer in Not geratenen Dame zu

helfen, verfolgt Artus seine eigenen egoistischen Ziele, indem er unrechtmäßig den Ritter Talac de Rougemont gewaltsam zu unterwerfen trachtet.
Abgestoßen von der Verletzung aller Tugenden durch Artus, wendet sich
Yder vom Artushof ab, weil dieser ein Hort des Lasters geworden ist. Selbst
als er gebeten wird, an den Hof zurückzukehren, lehnt Yder das Angebot ab
und leistet Talac gegen Artus' Truppen Beistand. Yder zieht sich den Haß
Keus zu, als dieser ihn während des Kampfgeschehens mehrmals vom Pferd
wirft. Mehrere Anschläge auf Yders Leben sind die Folge. Als erstes überfällt
Keu mit einer Überzahl die kleine Schar Yders; doch Yder kann sich erfolgreich zur Wehr setzen. Als Yder nach einem Sieg über Gauvain dessen Pferd
für sich reklamiert, wird Artus sogar selbst handgreiflich. Da stößt Keu von
hinten sein Schwert in den Körper Yders, dreht es sogar mehrmals in der
Wunde um, so daß die Spitze in Yders Leib stecken bleibt. Wie tot fällt Yder
zu Boden. Da endlich erkennt Artus, was er angerichtet hat, und bezichtigt
sich der *vilenie*. Artus' Einsicht ist aber nicht von Dauer, da von jetzt ab die
Eifersucht zum Movens seines bösartigen Verhaltens wird. Denn nachdem
Guenievre gehört hat, daß Yder lebt (Yders Freundin Guenloie ließ ihn in ein
Kloster bringen, wo er geheilt wurde), und sie Artus gebeten hat, ihn in die
Tafelrunde aufzunehmen, entbrennt sein Haß gegen Yder, weil dieser hohes
Ansehen bei seiner Frau genießt. Da Gauvain und Yvain Yder die Freund-
schaft anbieten, läßt er sich in die Artusrunde aufnehmen. Eine Auszeich-
nung stellt dies jedoch nicht dar. Es kommt zum zweiten Konflikt aus
Eifersucht, als Yder die Königin vor einem Bären rettet und diese Hilfe Artus
und Keu erzürnen. Artus ist ein *rex tyrannus*, was durch das neuerliche
Unrecht gegenüber Talac evident wird. Obwohl Talac Lehnsmann des Königs geworden ist, unterstützt Artus ihn nicht gegen die Bedrohung von
Feinden mit der Begründung, daß er gegen den Schwarzen Ritter zu Felde
ziehen müsse. Der Lehnseid zieht für den ungerechten und egoistisch handelnden König Artus keine rechtliche Verpflichtung nach sich. Gauvain und
Yvain schämen sich für Artus und reiten aus, um Talac auf eigene Faust zu
helfen. Da sie Yder aus Sorge, daß seine Wunden wieder aufbrechen, nicht
mitnehmen, glaubt Yder, daß auch seine Freunde der Schlechtigkeit des
Artushofes erlegen sind. Er geht daraufhin auf *aventure*, findet seinen Vater
und kehrt an den Artushof zurück. Alle, außer Artus und Keu, freuen sich
über seine Heimkehr. Wieder plagt Artus die Eifersucht. Als er nach bohren-
den Fragen erfährt, daß seine Frau Yder zum Manne nehmen will, wenn
Artus einmal stirbt, sinnt der König nur noch auf Rache. Die Chance, Yder
in den sicheren Tod zu schicken, eröffnet sich, als dessen Freundin die
Bedingung stellt, den zum Mann zu nehmen, der zwei gefährliche Riesen
bezwingen und deren Zaubermesser in seinen Besitz bringen kann. Yder geht
in den Kampf und Artus rechnet fest mit seinem Tod. Doch Yder erringt den
Sieg. Artus verbietet den Rittern, während des Kampfes Yder zu Hilfe zu
eilen. Keu täuscht vor, die Riesen selbst erschlagen zu haben und vermeldet,
Yder sei tot. Als Yder gesund angetroffen wird, sind Artus und Keu außer
sich. Keu unternimmt einen letzten Anschlag gegen Yder. Als dieser Durst
verspürt, reicht er ihm vergiftetes Wasser, das Yder verzaubert und einem
trockenen Stück Holz gleichmacht. Von zwei heilkundigen irischen Rittern

entzaubert, enthüllen diese den teuflischen Anschlag am Artushof. Als Yder an den Hof zurückgekehrt ist, erkennt Guenloie ihren Angetrauten. Obwohl Gauvain ein Gottesgerichtsurteil für Keu fordert, endet das Geschehen mit der Krönung und Hochzeit Yders und seiner Frau, der Versöhnung mit Yder, seinen Eltern und Artus sowie mit Keu, obwohl Yder es nicht versäumt, die üblen Eigenheiten Keus noch einmal zu kommentieren.

Abweichend von den meisten französischen Versromanen dienen die Abenteuer hier weniger der Selbstfindung des Protagonisten, als vielmehr der Abwehr der von Artus und Keu in Szene gesetzten Bösartigkeiten gegen den Helden, wodurch natürlich indirekt die Tugenden Yders sichtbar werden. Yders Verhalten deckt sowohl die Schwächen von König Artus und Keu auf als auch die Gespaltenheit des Artushofes (Gauvain und Yvain gegenüber den anderen Rittern). Der Artushof ist nicht mehr Maßstab für Gerechtigkeit, Güte, Liebe zum Frieden und Liebe zum Nächsten. Der Held demonstriert vielmehr, daß er über die Schwächen arthurischen Daseins hinausgelangen muß und erst, ähnlich wie schon in den hochhöfischen deutschen Artusepen, in der von ihm begründeten Gemeinschaft (Herrschaft und Ehe) zu einer vorbildlichen Persönlichkeit werden kann. Die Zugehörigkeit zum Artushof ist kein erstrebenswertes Ziel mehr. Gleichwohl ist das die Bösartigkeiten dieses Königtums überwindende Individuum zu allseitiger Vergebung bereit.

Lassen sich zwischen den französischen Versepen und den deutschen Artusdichtungen viele Parallelen aufzeigen (negatives Artusbild, aktive Rolle von Artus im Geschehen, Zunahme der irrealen Handlungselemente u.a.m.), so gibt es doch gravierende Unterschiede, die hier nur angedeutet werden können. In den späteren Werken differiert nicht nur die thematische Struktur, sondern auch die Aussageintention sowie vor allem das Verhältnis der Protagonisten zu Artus und das Telos der Helden. Diese fundamentalen Abweichungen lassen sich z.B. an den Werken wie »Le Chevalier as Deus Espées« und »Fergus« aufzeigen sowie am »Durmart«, der zwar als Fürstenspiegel der Artusdichtung bezeichnet wurde (darin also ähnlich den deutschen Dichtungen), aber eine ständische Problematik behandelt, die in den mittelhochdeutschen Werken nicht aufgegriffen wird. Durch die Verletzung der ständischen Hierarchie ist der christliche *ordo* gestört. Das Individuum kann im Versepos »Durmart le Gallois« nicht zum Träger der Gesellschaft werden, wenn es sich aus der Gemeinschaft seiner Standesgenossen ausschließt:

Die Hauptfigur des gleichnamigen Epos', Durmart, lebt in ehebrecherischem Verhältnis mit der Frau eines Seneschalls, so daß die Eltern und die

Untertanen mit Sorge der Zeit entgegensehen, da dieser Nichtsnutz die Regierung übernimmt. Weder hat er gelernt, die Waffen zu gebrauchen, noch lebt er seiner königlichen Bestimmung gemäß. *Mavaistié, luxurie* und *perece* bestimmen sein Verhalten. Nachdem er eingesehen hat, daß er wider die *nature* gelebt und nachdem er sich mit den Eltern versöhnt hat, beginnt sein Weg der Bewährung, dessen Ziel nach der Voraussage eines alten weisen Pilgers die Liebe zur irischen Königin Fenise ist. Seine Fahrt nach Irland dient der Sühne und Läuterung. Die Gegner, die er zu überwinden hat, sind meist Abbilder seiner eigenen Laster, wie etwa Creoreas, der *mavaistié* verkörpert, oder Brund de Morois, der für *luxurie* und *desloiauté* steht, und der Guenievrein seine Gewalt gebracht hat. Durmart steht nicht nur über den besten Rittern des Artushofes, sondern er wird zum besten Ritter der Christenheit, der Rom von den Heiden befreit. Der Papst persönlich erläutert ihm seine Kerzenbaumvision (vgl. die zweite Continuation des »Perceval«). Es handelt sich um einen Baum, an dem helle und dunkle Kerzen brennen. Gott hat Durmart seine Gnade geschenkt, damit er den Weg des Bösen verlassen und Gutes tun kann. Die vorbildliche Ehe, die er mit Fenise eingeht, schließt den Kreis, da seine Eltern Jozefent und Andelise, beide von königlicher Abstammung, in Liebe einander zugetan, ein Vorbild für Durmart sind, dem er nun nacheifert. Die Eltern bzw. seine Mutter empfangen die Besiegten Durmarts, nicht der Artushof, der in diesem Epos eine untergeordnete Rolle spielt. Denn er ist für den Helden nur ein Durchgangsstadium nach der ersten Bewährungsphase. Der *sens* des Epos' ist zutiefst ethisch und religiös. Nur die erzieherische Kraft der Liebe vermag zur ›werdekeit‹ des Mannes zu führen. Sie basiert auf der Ebenbürtigkeit der Partner, die die Grundlage ihrer Bestimmung ist, ein vorbildliches Königspaar zu sein.

Bezeichnend für die französischen (aber auch für die englischen) Artusdichtungen ist, daß innerhalb der Artusritter-Dichtungen *Gauvain* eine sehr ausgeprägte Rolle spielt. Während in Deutschland nur die »Crône« Gawein zum Hauptakteur macht (in Wolframs »Parzival« ist er der zweite Protagonist und im »Wigalois« ist Gawein Träger einer Art Rahmenhandlung), wird er in den Epen »L'Atre Perilleus«, »Li Chevaliers as Deus Espées«, »Vengeance Raguidel« und in den Verserzählungen »Mule«, »Gliglois« und »Chevalier à l'Epée« die Zentralgestalt des Geschehens. Gauvain ist eine außerordentlich zwiespältige Figur, die einerseits als vorbildlicher Ritter, als Liebhaber im Minnedienst, dem die Frauen nachlaufen, und als suchender Graalritter, der zwar zum Graal gelangen kann, dem es aber nicht vergönnt ist, das Mysterium wirklich zu schauen (vgl. »Prosa-Lancelot« im Gegensatz zur »Crône«). Gauvain ist andererseits aber auch der liebestolle Ritter, der weder ein Liebesabenteuer ausschlägt, noch vor der Vergewaltigung junger Mädchen zurückschreckt (z. B. Version B der 1. Continuation und »Wigalois«). Auch gibt es Epen über seine Söhne (»Le Bel Inconnu«

bzw. »Guinglain«, »Beaudous«, mhd. »Wigalois«). In einigen Werken bildet gerade er einen positiven Kontrast zu König Artus (»Yder«). Als *Chevalier as Demoiseles* tritt er entweder als Beschützer und Befreier der Frauen auf (»L'Atre Perilleus«) oder er wird von einer Frau zum Narren gehalten (»La Mule sans frein«) oder eine Frau verschmäht ihn (»Vengeance Raguidel«, »Le Chevalier à l'Epée«) oder er kann, wie in vielen Texten, sich der Zuneigung der Frauen kaum erwehren. Gauvain ist kein Held, der etwa wie Durmart einen Prozeß der Selbstfindung durchmacht. Er bleibt stets die positive oder negative Figur, wie sie zu Beginn eines Werkes eingeführt wird. Wenn Gauvain in einigen Werken vermeintlich tot ist (vgl. auch die »Crône«), dann gibt diese Situation die Gelegenheit, ein doppeltes Bild vom Helden zu entwickeln und ihn auf der Suche nach seiner Identität darzustellen. Gauvain wandelt sich zwar nicht, aber er muß sein eigenes Ich unter Beweis stellen. In der ausgedehnten Nebenhandlung von »Le Chevalier as Deus Espées« glaubt Meriadeuc Gauvain im Zweikampf getötet und damit die Bedingung seiner angebeteten Frau erfüllt zu haben, die ihn abwies, weil eben Gauvain der beste Ritter sei. Nach der Genesung wird Gauvain, der sich an seinem Gegner rächen will, ständig als Betrüger beschimpft, wenn er seinen Namen nennt. Nachdem er einem zweiten Anschlag auf sein Leben entgangen ist, besiegt er Meriadeuc, ohne daß er diesmal seinen Namen nennt. Handlungstragendes Movens ist der vermeintliche Tod Gauvains in »L'Atre Perilleus«. Drei klagende Mädchen erzählen Gauvain, gesehen zu haben, wie drei Schurken Gauvain getötet und Kopf und Glieder mit sich genommen hätten, so daß der Ritter, den sie vor sich hätten, unmöglich Gauvain sein könne. Auf der Suche nach seinen angeblichen Mördern, will keiner seine Identität anerkennen, so daß er sich *cil sans non* nennt. Sein vermeintlicher Tod hat die Artuswelt gespalten. Trauer und Bewunderung für ihn herrschen auf der einen Seite, besonders natürlich bei den Damen. Freude und Haß erfüllt diejenigen speziell, die von ihren Damen wegen Gauvain herabgesetzt wurden. Die Bewunderung im Epos wird bis zur Gauvain-Idolatrie getrieben (vgl. das Standbild, den Sarkophag der Dame del Gaut oder die falsche Arm-Reliquie). Dem wird gegenübergestellt, daß Gauvain Mord, Vergewaltigung, Treulosigkeit und Leichtsinn begangen habe. Der Scheintod bietet dem Autor daher die Möglichkeit, die gesamte Bandbreite der schillernden Artusrittergestalt zu entfalten und den Helden selbst mit diesen Bildern zu konfrontieren. Gauvain muß sich also ständig mit seinem Alter-Ego auseinandersetzen.

Gauvain kann aber auch das Opfer seiner eigenen Verehrung durch die Damen werden, wie in dem Versroman »Chevalier as

Deus Espées«. Zum Dank für den Waffenbeistand, den Gauvain geleistet hat, überlassen die Eltern dem Helden ihre Tochter, damit sie die Nacht mit ihm verbringt. Da er unerkannt ist, offenbart die Tochter ihm, daß sie nur Gauvain liebe und sich daher dem Unbekannten verweigern müsse. Als er seinen Namen nennt, glaubt sie ihm nicht, da sie von seinem Tod gehört hat. Das versprochene Liebesabenteuer bleibt aus, und Gauvain verbringt den Rest der Nacht schlaflos. Erst nachdem sie ihrem heiß ersehnten Liebhaber am Artushof begegnet, kommt es zu der Liebesvereinigung. Die verschmähte Liebe in der Verserzählung »Gliglois« dient dazu, deutlich zu machen, daß Gauvain keine wahre Liebesbeziehung eingehen kann, so daß die von ihm auserwählte Frau nicht das Objekt seiner Lust werden will, sondern nach harten Prüfungen lieber den ehemaligen Knappen Gauvains, Gliglois, zum Liebhaber und Manne erwählt. Ironie und Geißelung seiner negativen Eigenschaften (vornehmlich im Prosaroman) finden eine Symbiose in dem Epos »La Vengeance Raguidel«. *Amour* und *chevalerie*, die herausragenden Wesensmerkmale Gauvains, werden gleichermaßen ad absurdum geführt. Der angeblich beste Ritter des Artushofes ist außerstande, die ihm gestellte Aufgabe zu erfüllen, weil er das notwendige Requisit vergessen hat. Gauvain, der allein fähig war, dem toten Raguidel das Lanzenstück aus seinem Körper zu ziehen, und dem es mit diesem *troncon* gelingen kann, Rache am Mörder zu vollziehen, vergißt dieses Waffenstück, so daß der Hörer/Leser von vornherein weiß, daß seine Fahrt vergeblich sein wird. Die Abenteuer werden zum Selbstzweck und sind sinnentleert. Erst nach mehr als der Hälfte dieses Epos' gelangt Gauvain zur Erkenntnis, daß er ohne *troncon* sein Ziel gar nicht erreichen kann. Obwohl er dem Tadel König Artus' und den Schmähungen Keus nicht entgehen kann, als er unverrichteter Dinge zurückkehren muß, um das Lanzenstück zu holen, verliert er, nach der Fortsetzung der Rache, sein Ziel bald wieder aus den Augen. Gauvain wird zum Ritter von Abenteuern, die ihn zum ziellosen, umherirrenden Kämpfer machen. Als er Guengasouain trifft (vgl. in der »Crône« Gazosein), der nur von zwei Rittern zugleich besiegt werden kann, versäumt er es, seinem Freund Yder zu Hilfe zu eilen und den *troncon* zu benutzen, weil er glaubt, den Mörder Raguidels auch ohne diese Unterstützung besiegen zu können. Er muß eine schmachvolle Niederlage einstecken. Sein Gegner verwundet ihn, tötet sein Pferd Gringalot und verhöhnt ihn. Trotzig glaubt Gauvain, Guengasouain und dessen Bär ohne jede Voraussetzung aus eigener Kraft besiegen zu können. Schließlich eilt Yder Gauvain zu Hilfe, tötet den Bären und beschützt Gauvain. Es kommt zu einem Zweikampf zwischen Gauvain und

Guengasouain, in dem keine Zauberwaffen benutzt werden und in dem der Bär keinen Beistand leisten kann. Der Sieg, den Gauvain erringt, stellt eine Antiklimax dar, da er seinen Gegner, der bar seiner abschreckenden Mittel ist, ohne Mühe zu überwinden vermag. Gauvains Rolle als bester Ritter wird ebenso eindeutig kontakariert wie die des Liebhabers. Denn nicht nur leiden viele Frauen durch Gauvain, sondern gute und von Liebe erfüllte Menschen wandeln sich nach der Begegnung mit ihm zu bösen, haßerfüllten Personen. Maduc tötet jeden Ritter, der zu seiner Burg kommt, weil sich seine Geliebte Gauvain zugewandt hat. Auch Maducs Geliebte, die Dame del Gaut Destroit, erfaßt die Rachsucht, nachdem Gauvain ihre Liebe verschmäht hat. Gauvain selbst wird das Opfer einer lasterhaften, verlogenen Frau mit Namen Yde. Diese unwürdige Frau gibt sich ihm sofort hin, verläßt ihn aber auch ohne zu zögern, um sich einem anderen Ritter hinzugeben, von dem sie sich größere Potenz erhofft. Das Epos zeigt, daß Gauvain, der zu wahrer Liebe eigentlich nicht fähig ist, auch als Ritter versagen muß, so daß das Werk zu anderen Epen gleichsam eine Antithese entwickelt.

Die umfangreiche Tradierung des Artus-Stoffes in Frankreich wirft nicht nur Fragen auf, warum diese literarische Gattung gerade in diesem Sprachraum eine solche Resonanz gefunden hat, sondern auch warum die Tradierung relativ früh (im Gegensatz zu anderen Sprachräumen) abbricht.

2. Deutschland

Gemessen an der Zahl der in französischer und englischer Sprache überlieferten Werke ist die Weitertradierung der Artusdichtung in Deutschland nicht ganz so umfangreich. Der Schwerpunkt der Überlieferung liegt wie im französischen Sprachbereich im 13. Jh. Trotz einiger Versuche, diese Werke exakter zu datieren, laufen die Entstehungszeiten der Werke immer wieder auf die vage Bestimmung von a) ca. 1220 bis 1250 (Ende der Regierungszeit Friedrich II.) und b) um 1250–1280/85 hinaus. Dreh- und Angelpunkt für einige Datierungen sind die Dichtungen Rudolfs von Ems, da in ihnen mehrere Werke erwähnt werden, sowie innerliterarische Erwähnungen (für die Datierung der hochhöfischen Dichtung ist die Erwähnung der Zerstörung der Erfurter Weingärten in Wolframs »Parzival« wichtig). Im 14. Jh. nimmt die Rezeption der Gattung ab, da nur Heinrichs von Freiberg »Tristan«-Fortsetzung und der »Parzifal« von Wisse und Colin überliefert sind. Im 15. Jh. ragt der

Sammler Ulrich Füetrer heraus, der die Artusstoffe seiner Zeit anpaßt und sie dadurch für die Nachwelt bewahrt. Inwieweit und in welcher Form der Artusstoff danach noch literarische Gestaltung gefunden hat (abgesehen von den späten Drucken), muß noch eingehend untersucht werden.

Im Gegensatz zu den meisten englischen Dichtungen, werden wie in den französischsprachigen Werken auch in Deutschland in den Texten immer wieder andere Protagonisten zu Trägern der Handlung gemacht (Daniel, Garel, Wigamur, Tandareis, Gauriel). Gawein spielt im Unterschied zu den anderen beiden Sprachräumen nur in der »Crône«, im »Prosa-Lancelot« und im »Parzifal« eine handlungstragende Rolle. Obwohl viele Motive und einzelne Handlungselemente den Einfluß französischer Texte belegen, läßt sich bis auf den »Prosa-Lancelot«, den »Jüngeren Titurel«, den »Parzifal« und Teile des Füetrerschen Oevres keine geschlossene Fabel (plot) als Vorlage für die deutschen Werke nachweisen, wie dies für Hartmann und partiell für Wolfram der Fall ist. Allerdings nehmen die späteren Autoren Bezug auf die deutsche hochhöfische Epik, indem enzyklopädisch Motive und Motivkomplexe frei verwendet werden (vgl. Stricker, Pleier, Heinrich von dem Türlin, etc.).

Da die späteren Dichtungen noch bis etwa vor 10 Jahren als »epigonal« abqualifiziert wurden, beginnt die Forschung sich erst in jüngster Zeit intensiv diesen Texten zuzuwenden, so daß noch sehr viele Forschungslücken bestehen. Stand am Anfang noch der Vergleich mit Hartmann und Wolfram im Vordergrund der Betrachtung, wurden daher noch Versuche unternommen, sowohl gewisse Parallelitäten in der Bauweise als auch Divergenzen in der Darstellungsweise des Helden (problemhafte versus problemlose Konstellation) aufzuzeigen, so löst sich die gegenwärtige Forschung zunehmend von dieser Sicht und wendet sich aufgrund der fortschreitenden Erkenntnis über diese Werke dem Versuch zu, die eigenständige Konzeption zu erfassen und diese adäquat literarisch zu bewerten.

Grundsätzlich lassen sich die Texte in drei Gruppen einteilen: a) Werke, die eng auf französischen Vorlagen basieren (z.B. »Prosa-Lancelot«, »Jüngerer Titurel«, »Parzifal« und der Gralzyklus von Füetrer); b) Werke, die keine nachweisbare Gesamtvorlage haben (z.B. »Daniel«, »Garel«, »Wigamur«, »Tandareis«, etc., d.i. die Mehrzahl); und c) Werke, die auf älteren deutschen Vorlagen beruhen (z.B. »Widuwilt«, »Wigoleis«, »Iban«, »Melerans« sowie die nicht bezeugten Originaltexte von Albrecht von Scharfenberg). Weitere Untergliederungen ergeben sich je nach dem Aspekt, von dem aus die Werke betrachtet werden.

1. König Artus ist weder durchweg idealisiert, noch wird er als

rein aktiver König dargestellt, noch ist er ständig der Kritik ausgesetzt. Das Artusbild ist in diesen Dichtungen so facettenreich, daß es auf keinen gemeinsamen Nenner zu bringen ist, so daß nur die Palette der divergierenden Gestaltungsweisen und ihre innere Systematisierung Aufschluß über die Artusvorstellungen des späteren Mittelalters in Deutschland geben kann.

2. Die Protagonisten sind nicht alle problemlose Helden. Entweder stellen sie sich in den Dienst eines krisengeschüttelten Artushofes, wobei ihnen die Aufgabe zukommt, eine gewisse Ordnung wiederherzustellen (z.B. Daniel, Garel, Gawein), oder sie sind unzulänglich (z.B. Tandareis, Gauriel, Tschionatulander), oder sie müssen sich in einem biographischen Schema erst zu einer vorbildlichen Persönlichkeit entwickeln (z.B. Meleranz, Flordimar, Persibein). Die Vielfältigkeit der Gestaltungsweisen ist auch hier vorherrschend.

3. Einheitliche Baumuster, wie sie an Hand von Chrétiens »Erec« und »Yvain« und den entsprechenden Epen Hartmanns entwickelt wurden, lassen sich für die Spätzeit nicht herauskristallisieren. Charakteristisch ist jedoch eine sehr geschachtelte Erzählweise (d.h. Erzählstränge werden abgebrochen bzw. unterbrochen und erst später weitergeführt = sog. *entrelacement*-Technik). Teilweise tritt der Autor durch Kommentare dezidiert hervor, teilweise werden Handlungseinheiten von abstrakten Reflexionen des Autors begleitet (vgl. schon in Hartmanns »Iwein« und in Wolframs »Parzival«), die wie im »Jüngeren Titurel« zu einem bestimmenden Erzählfaktor werden können.

4. Es läßt sich nicht, wie bisher in der Forschung postuliert, verallgemeinern, daß die Symbolstruktur bzw. die märchenhaften Elemente generell in der Spätphase zunehmen. Im Gegenteil, das Volksbuch und Füetrers Bearbeitungen reduzieren sie sogar drastisch. Höhepunkte der verdichteten symbolischen Darstellung sind zweifelsfrei die »Crône« und der »Prosa-Lancelot«. Wichtig ist es auch, die allegorischen Züge in einigen Texten zu registrieren (z.B. im »Gauriel« und im »Jüngeren Titurel«), da sie im Kontext der sich herausbildenden Allegorien des Spätmittelalters größere Beachtung finden sollten.

5. Auch unter thematischem Aspekt läßt sich keine einheitliche Intention der Dichtungen erkennen. Die Werke können daher lediglich aufgrund ihrer dominierenden Thematik gruppiert werden, wenngleich sich diese mit anderen Themenbereichen durchaus überschneidet, so daß erst eine gewisse Themensequenz zu einer Systematisierung führen kann: a) Minnethematik (z.B. »Gauriel«, »Tandareis«, »Meleranz«, »Prosa-Lancelot«, »Jüngerer Titurel«, »Sei-

frid de Ardemont«, »Persibein«, »Poytislier«); b) Macht- und Herr-
schaftsthematik (z. B. »Daniel«, »Crône«, »Garel«, »Prosa-Lancelot«); c) Identitätserweis (z. B. »Wigamur«, »Meleranz«, »Seifrid de
Ardemont«, »Persibein«, »Flordimar«).

Die deutsche spätmittelalterliche Artusdichtung ist Ausdruck der
divergierendsten geistesgeschichtlichen, kulturhistorischen, sozio-
logischen, aber auch der politischen Strömungen der Zeit. Mag sie
teilweise zeitgeschichtliche Bezüge aufweisen, so ist sie dennoch
keine politische Dichtung. Sie ist auch keine reine Unterhaltungslite-
ratur und auch weder eine Verherrlichung der alten Ritterkultur noch
deren Demontage. Die Dichtungen sind zwar Produkte ihrer Zeit, sie
versuchen aber durch die dichterische Gestaltung zu transtemporalen
Aussagen zu gelangen, sei es mit analytischer Intention, sei es mit dem
Bestreben, Vergangenes in die Gegenwart hineinzuholen (vgl. Füetrer).

Literatur

Janota, Johannes: Neue Forschungen zur dt. Dichtung des Spätmittelalters.
    (1230–1500) 1957–1968. DVjs. 45, 1971 (Sonderh.), S. 1–242.
Ruh, Kurt: Epische Literatur des deutschen Spätmittelalters. In: Neues
    Handbuch der Literaturwissenschaft. Bd. 8: Europäisches Spätmittelalter.
    Hrsg. Willi Erzgräber. Wiesbaden 1978, S. 117–188.

Adams, Alison u. *Diverres, Armel H.* u. a. (Ed.): The Changing Face of
    Arthurian Romance. Essays on Arthurian Prose Romances in Memory of
    Cedric E. Pickford. Cambridge 1986 (Arthurian Studies 16).
Knapp, Fritz Peter: ›Chevalier errant‹ und ›fin amor‹. Das Ritterideal des
    13. Jhs. in Nordfrankreich und im deutschsprachigen Südosten. Studien
    zum ›Lancelot en prose‹, zum ›Moriz von Craûn‹, zur ›Krone‹ Heinrichs
    v. d. Türlin, zu Werken des Strickers und zum ›Frauendienst‹ Ulrichs von
    Lichtenstein. Passau 1986.
Schultz, James A.: The Shape of the Round Table. Structures of Middle High
    German Arthurian Romance. Toronto, Buffalo, London 1983.
Wolfzettel, Friedrich (Hrsg.): Artusrittertum im späten Mittelalter. Ethos u.
    Ideologie. Gießen 1984 (Beiträge zur dt. Philologie 57) [AM].
Göller, Karl Heinz (Hrsg.): Spätmittelalterliche Artusliteratur. Paderborn,
    München, Wien, Zürich 1984 (Beitr. zur engl. u. amerikanischen Literatur
    3) [SA].
Schultz, James A.: The Shape of the Round Table. Structures of Middle High
    German Arthurian Romance. Toronto, Buffalo, London 1983.
Gottzmann, Carola L.: Deutsche Artusdichtung Bd. II, Teil 1 u. Teil 2:
    Artusdichtungen des späteren 13. Jahrhunderts. Frankfurt, Bern, New
    York, Paris (Information und Interpretation 6 und 9 [erscheint demnächst].

Gottzmann, Carola L.: Aspekte der Staatsauffassung des Thomas von Aquin und die nachhochhöfische Artusepik. Miscellanea Mediaevalia 19, 1988, S. 286–303.

Campbell, Karen J.: Some Types of Incoherence in Middle High German Epic. PBB 109 (Tüb.), 1987, S. 350–374.

Cormeau, Christoph: Zur Gattungsentwicklung des Artusromans nach Wolframs ›Parzival‹. SA 1984, S. 119–131.

Brogsitter, Karl Otto: Der Held im Zwiespalt und der Held als strahlender Musterritter. Anmerkungen zum Verlust der Konfliktträgerfunktion des Helden im deutschen Artusroman. AM Gießen 1984, S. 16–27.

Karnein, Alfred: Minne, aventiure und Artus-Idealität in den Romanen des späten 13. Jhs. AM Gießen 1984, S. 114–125.

Roloff, Volker: Der Märchenwald als Traum. Zur Interpretation von Märchenmotiven in der Artusepik. AM Gießen 1984, S. 146–158.

Martin, Ann G.: Shame and Disgrace at King Arthur's court. A Study in the Meaning of Ignominy in German Arthurian Literature to 1300. Göppingen 1984 (GAG 387).

Cormeau, Christoph: Artusroman und Märchen. Zur Beschreibung und Genese der Struktur des höfischen Romans. WS 5, 1979, S. 63–78.

Hellmann, M. W.: Fürst, Herrscher und Fürstengemeinschaft. Untersuchungen zu ihrer Bedeutung als politische Elemente. Bonn 1969.

Brandt, Wolfgang: Die Beschreibung häßlicher Menschen in höfischen Romanen. Zur narrativen Integrierung eines Topos. GRM 35, 1985, S. 257–278.

Haug, Walter: Das Fantastische in der späteren Artusliteratur. SA 1984, S. 133–149.

Lecouteux, Claude: Les Monstres dans la Littérature Allemande du Moyen Age. Göppingen 1982 (GAG).

Haug, Walter: Paradigmatische Poesie. Der spätere deutsche Artusroman auf dem Weg zu einer ›nachklassischen‹ Ästhetik. DVjs 54, 1980, S. 204–231.

Fischer, Rodney Winstone: Studies in the Demonic in selected Middle High German Epics. Göppingen 1974.

Bernheimer, Richard: Wild Men in Middle Ages. Cambridge 1952.

Henderson, Ingeborg: Die Frauendarstellung im nachklassischen Roman des Mittelalters. ABäG 14, 1979, S. 137–148.

2.1. Aufstellung der Textüberlieferung

Stricker: Daniel von dem Blühenden Tal (8483 Verse)
Handschriften: 5 Hss., alle 15. Jhd., Leiths. h (Frankfurt, Ms. germ. qu 111, 1464, schwäbisch); b (ehemals Berlin, Ms. germ. 1340, jetzt Krakau, mitteldt., 46 Illustrationen u. 6 Zeichnungen); k (Kopenhagen, Bibl. Thottiana Nr. 423, 2. H. 15. Jh., alemannisch mit mdt. Spuren); m (München, Mitte 15. Jh., aleman., seit 1941 verschollen); d (Dresden, M56, 1489, aleman.).

Datierung: a) zw. 1210 u. 1225 *(Resler)*; b) zw. 1220/25 (nach Wolframs »Willehalm« u. vor 1243.

Ausgaben: Resler, Michael: D. v. d. B. T. Tübingen 1983 (ATB 92), Hs. m und b nicht berücksichtigt.

Rosenhagen, Gustav: D. v. d. b. T. Breslau 1894 (Germanistische Abhandlungen 9. Heft), Nachdr. Hildesheim, New York 1976 (Hs. b nicht berücksichtigt).

Literatur: Henderson, Ingeborg: Strickers Daniel in the Recently Found MS. Germ. 1340. JEGP 86, 1987, S. 348−357.

Dies.: Strickers Handschrift Dresd. M 56. Zur Rezeption des Artusstoffes im Bürgertum des 15. Jhs. RPL 2, 1979, S. 109−121.

Schröder, Werner: Der Text von Strickers ›Daniel‹ und seine Überlieferung. ZfdA 114, 1985, S. 46−70 (wichtige Ergänzung zu Reslers Ausgabe).

Resler, Michael: Zur Datierung von Strickers Daniel v. d. B. T. Euph. 78, 1984, S. 17−30.

Waelzel, K.: Reimwörterbuch und Verzeichnis der Reimwörter aus ›D. v. d. b. T.‹ und dem ›Pfaffen Amîs‹ von dem Stricker. München 1926 (MT, Ergänzungsreihe Reimwörterbuch 8).

Mantel (994 Verse, fragmentarisch).
(Autorschaft früher stets Heinrich von dem Türlîn zugeschrieben, heute begründet in Zweifel gezogen).

Hs.: Ambraser Heldenbuch, Wien, cod. ser. nov. 2663, 1504−1515, unmittelbar vor Hartmanns »Erec«).

Datierung: unsicher, wahrscheinl. Anfang des 13. Jhs.

Ausgabe: Warnatsch, Otto: Der Mantel. Bruchstück eines Lanzelotromans des Heinrich von dem Türlîn, nebst einer Abhandlung über die Sage vom Trinkhorn und Mantel und die Quelle der Krone. Breslau 1883 (Germanistische Abhandlungen 2), Nachdr. Hildesheim, New York 1977.

Heinrich von dem Türlîn: Diu Crone (30 042 Verse)
Hss.: P (Heidelberg, Cpg. 374, einzige vollständige Hs. 1479); weitere 6 Fragmente: V (Wien, cod. 2779, VV. 1−12 281; D (Linz, cod. ab 104 2°; G (Berlin, mgf 923, 9, VV. 3122−3258, 14./15. Jh.); g (Schwäbisch Hall, verschollen); k (Kiel, UB, Ms. K. B. 48¹ fol.; kö (Köln, Ub, cod. 5 P 62).

Datierung: Frühdatierung: zw. 1215−1220; Mitteldatierung: zw. 1220−1230; Spätdatierung nach 1230.

Ausgabe: Scholl, Gottlob Heinrich Friedrich: Diu Crône von H. v. d. T. Stuttgart 1852 (BLVS 27), Nachdr. Amsterdam 1966 (basierend auf P, V, G, nur nach den Abschriften von Keller).

Zatloukal, Klaus: H. v. d. T. Diu Krone. Ausgew. Abbildungen zur gesamten handschriftlichen Überlieferung. Göppingen 1982 (Litterae 95).

Literatur: Beckers, Hartmut: Kölner Bruchstücke der ›Crone‹ H. s. v. d. T. u. des ›Väterbuchs‹. ZfdA 103, 1974, S. 125−134.

Menhardt, Hermann: Verzeichnis der altdt. literarischen Hss. der Österreichischen Nationalbibliothek. Berlin 1960 (Hs. V, S. 292 f.).

Thutewohl, H.: Die handschriftl. Überlieferung der Krone H. s. v. d. T.

Newald, Richard u. *Wilhelm, Friedrich:* Poetische Fragmente d. 12. u. 13. Jhs. Heidelberg 1928, S. 35–49 (Abdruck Frgm. D).

Nörrenberg, C.: Kieler Bruchstücke aus H. s. v. d. T. Crone. Fschr. A. Wilmanns. Leipzig 1903, S. 405–418.

Kolb, C.: Bruchstück aus der Aventiure Krone. Germ. 31, 1886, S. 116–117 (Abdruck g).

Prosa-»Lancelot« (Anonym, ca. 2000 Seiten zu je 34/36 Zeilen nach Kluges Ausgabe)

Hss.: bekannt sind bisher 10 Textzeugnisse; P (Heidelberg. Cpg. 147, Pergament um 1430, Lücke nach Bl. 140, Z. 1); A (Amorbach, 1 beidseitig beschrieb. Blatt, um 1225, obdt.-mitteldt. Grenzraum, zu P I); M (München, Cgm 5250, Nr. 25, ein beidseitig doppelspaltig beschrieb. Blatt, 2. H. 13. Jhs. niederdt.); m (Marburg, 1 Blatt, 14. Jh.); w (Würzburg, Berlin Staats-Bibl. Ms. Germ. Fol. 876, Ende 14. Jh., mittelfränk.); p (Heidelberg, Pal. germ. 91, 92, Papierhs. Anfang 16. Jhs., rheinfränk., P I u. P II umfassend); k (Köln, Nr. 16, W f° 46*, 1476, ripuarisch – Teilergänzung von Lücke in P II; enthält auch Pleiers »Tandareis«); s (Schaffhausen, MSc. Generalia 37, 1532, obdt. – P II lückenlos); a (Paris, Nr. 8017–8020, Bibl. de l'Arsenal Ms. allem. 7, 1576, bair., eng an die frz. Vorlage gebunden, wohl nicht mit P Quelle identisch); R (Rotterdam, 2 beidseitig, doppelspaltig beschrieb. Pergamentblätter, 1. H. 14. Jh.).

Datierung: um 1225/1235

Ausgabe: Kluge, Reinhold: Lancelot. 3 Bde. Berlin 1948, 1963, 1974 (DTM 42, 47, 63) Zum Verhältnis der Hss. jeweils die Einleitung von Kluges Edition).

Literatur: Steinhoff, Hans-Hugo: Zum Münchener ›Lancelot‹-Fragment (Cgm. 5250, Nr. 25). WS 2, Berlin 1974, S. 254–258.

Bogdanow, F.: A New Fragment of the ›Prose Lancelot‹. BBSIA 20, 1968, S. 125–135.

Tilvis, Pentti: Prosa-Lancelot-Studien I–II. Helsinki 1957.

Lot, Ferdinand: Etude sur le Lancelot en prose. Paris 1918. Dazu die Rez. von A. Pauphilet, R 45, 1918/19, S. 514–534.

Wigamur (Anonym, 6106 Verse)

Hss.: W (Wolfenbüttel, 51,2, Aug. 4°, 15. Jh.; lückenhafte Hs., 67 Illustrationen); M (München, Cgm 5249, 28, 14. Jh.; umfangreiches Fragment); S (Salzburg, Nr. 4433 Wien, 14. Jh. (sehr unvollständ. Frgm., aber z. T. Lükken von M schließend).

Ausgaben: Buschinger, Danielle: Wigamur. Göppingen 1987 (GAG 320).

Büsching, Johann Gustav: Deutsche Gedichte des Mittelalters. Hrsg. Friedrich von der Hagen und J. G. Büsching. 1. Bd. [Wigamur], Berlin 1807.

Datierung: zw. 1210–1250 *(Sarrazin)*; um 1250 *(Hugo Kuhn,* heute allgemein anerkannt); 14. Jh. (de Boor).

Literatur: Kraus, Carl von: Mittelhochdeutsches Übungsbuch. Heidelberg

Linden, Walther: Studien zum Wigamur. Überlieferung und Sprache. Diss. Halle 1920.

Jenisch, Erich: Vorarbeiten zu einer kritischen Ausgabe des Wigamur. Diss. Königsberg 1918.

Keinz, F.: Wigamur. Münchener Bruchstücke. Germania 27, 1882, S. 289–330.

Khull, Ferdinand: Zu Wigamur. ZfdA 24, 1880, S. 97–124.

Werner, Richard Maria: Fragmente einer Pergamenths. des Wigamur. ZfdA 23, 1879, S. 100–111 [Zu Frgm. S].

Pleier: Garel von dem Blühenden Tal (21 284 Verse)

Hss.: L Papierhs. (Linz, Schlüsselberger Archiv 96, IV/54, bair.-österr. mit mitteldt. Elementen (aus der Vorlage?); M (Meraner Fragmente, Pergamenths., bair.; a) Berlin, Preuß. Kulturbes. Ms. germ. fol 923/18, Frgm. 1863 von Alois Goldbacher abgedruckt; 7 weitere Doppelfolioblätter ebd. gefunden von Ignatz Zingerle 1865; veröffentlicht, aber seit etwa 1901 verschollen; b) ein Doppelblatt vom Bibliothekar des Stiftes Stams gefunden, von Joseph Schatz publiziert (VV. 15633–15912 u. 17025–17294).

Datierung: für alle Werke des Pleiers a) zw. 1240 u. 1270, b) zw. 1252/1260 u. 1280.

Ausgaben: Herles, Wolfgang: G. v. d. blunden Tal von dem Pleier. Wien 1981 (WAGAPH 17). Rez.: Düwel, Klaus: Germanistik 23, 1982, S. 763; Kern, Peter: AfdA 94, 1983, S. 128–131.

Walz, Michael: G. v. d. b. T. Ein höfischer Roman aus dem Artussagenkreise von dem Pleier. Mit den Fresken des Garelsaales auf Runkelstein. Freiburg i. Br. 1892 (Hs. L und Frgm. M benutzt, problematisch der rekonstruierte Lautstand, die Grammatik und die Interpunktion).

Literatur: Goldbacher, Alois: Zu Pleiers Gârel. Germania 8, 1863, S. 89–97.

Zingerle, Ignaz Vinzenz: Zu Pleiers Gârel. Die Bruchstücke der Meraner Handschrift. WSB, phil.-hist. Kl. 50, Wien 1865, S. 449–558.

Kupsa, Leonhard: Reimwörterbuch zu ›G. v. d. b. T.‹ von dem Pleier. Diss. (masch.) Wien 1929.

Pleier: Tandareis und Flordibel (18 339 Verse)

Hss.: H (Hamburg, früher Uffenbachsche Bibliothek, Cod. germ. 11, 1464, aleman., verschollen); M (München, Cgm. 577, 2. H. 15. Jhs.); h (Heidelberg, Cpg 370, Ende 15. Jhs.); k (Köln Blankenheim W 46, 1476); D (Dietfurt/Altmühltal, Ende 14. Jhs., VV. 16060–16219). Ferner zwei tschechische Bearbeitungen a) 1463 Prag, geschr. per Johannen de Domažlic dictum Pinvička (stark verkürzt) und b) Brünn, datiert 1483 (1824 Verse).

Ausgaben: Khull, Ferdinand: T. u. F. Ein höfischer Roman von dem Pleiaere. Graz 1885 (rekonstruierter Sprachstand, nur Hss. H, M, h berücksichtigt). Rez. *Ernst Martin*, Deutsche Literaturzeitung 7, 1886, Sp. 13. *Elias Steinmeyer*, GGA 1887, Nr. 21, S. 785–811.

Bamborschke, Ulrich: Der altcechische Tandarius nach den 3 überlieferten Handschriften mit Einleitung u. Wortregister. Berlin 1982. Rez. *Winfried Baumann*, AfdA 94, 1983, S. 131–134.

Hanka, Waclaw: Tandariáš a parma Floribella welmi krásná. In: Starobylá Skládànie V. Památka XII–XV. Stoletj. Djl opizděný. Praze 1823, S. 1–77.
Mourek, Václav Emanuel: Tandarius a floribella. Skládání staroceské s nemeckym Pleierovym. Abh. d. königl. böhm. Gesellschaft d. Wiss. VII. Folge. I. Bd., Phil.-hist.-philolog. Classe 6, Prag 1887.
Literatur: Kern, Peter: Eine Handschrift von Pleiers ›Tandarios u. Flordibel‹ im Histor. Archiv der Stadt Köln. ZfdA 104, 1975, S. 41–54.
Petzet, E.: Zu Tandareis u. Flordibel von dem Pleier. ZfdPh. 43, 1911, S. 455–456.
Rothleitner, Richard: Reimwörterbuch zu T.u.F. von dem Pleier. Diss. (masch.) Wien 1932.

Pleier: Meleranz (12841 Verse)
Hs.: Donaueschingen Nr. 87, 1480 von Gabryel Lindenast geschr. Papierhs.
Ausgabe: Bartsch, Karl: Meleranz von dem Pleier. Stuttgart 1861 (BLVS 60), Nachdr. Hildesheim, New York 1974 (rekonstruierter Sprachstand).
Literatur: Kurzmann, Franz: Reimwörterbuch und Verzeichnis der Reimwörter zu Pleiers ›Meleranz‹. Diss. (masch.) Wien 1929.

Ulrich von Türheim: Clies (Fragmente, s. S. 50).

[Konrad von Stoffeln?]: Gauriel von Muntabel (4172 Verse)
Hss.: Zwei stark voneinander abweichende lückenhafte Hss. I (Innsbruck, F.B. 32001, um 1456, kürzere Fassung, Mundart Ulm/Augsburg); D (Donaueschingen, cod. 86, Mitte 15. Jhs.; nur hier Verfasserangabe, 5834 Verse); M (München, Cgm 5249 Nr. 9, Frgm. Pergamentblatt, 14. Jh.?)
Datierung: »eine Spanne von mehreren Jahrzehnten um 1250 *(Cormeau)*; 2. H. 13. Jhs. *(Jeitteles, Seunig)*; um 1280 *(Golther,* Die dt. Dichtg. im MA, Stuttgart ²1922, S. 263).
Ausgabe: Khull, Ferdinand: G.v.M., eine höfische Erzählung aus dem 13. Jahrhundert. 1885. Nachdr. mit Nachw. u. Lit. von Alexander Hildebrand, Osnabrück 1969 (Abdruck von M).
Jeitteles, Adalbert: Guriel von Montavel von Konrad v. St. Germania 6, 1861, S. 385–411 [Auszug].
Literatur: Roszko, E. v.: Untersuchungen über das epische Gedicht G.v.Muntabel. Lemberg 1903.

Albrecht: Jüngerer Titurel (6207) Strr., 24824 4-zeilige oder 43449 7-zeilige Verse)
Hss.: 57 Textzeugnisse; 11 Hss., nicht alle vollständig, u. 45 Fragmente. I. Überlieferungszweig: A (Wien, Pergam., Cod. 2675, Ende 13., Anf. 14. Jh., in um Böhmen); B (Heidelberg, Pergam., Cod. Pal. Germ. 383, 14. Jh., mitteldt., bei bair. Vorlage?); D (Berlin, Papierhs. Ms. Germ. Fol. 470, 1457, österr.-bair.); E (London, Papierhs., Add. 30984, 15. Jh., mitteldt./ripuar.); II. Zweig: X (Berlin, Pergam., Ms. Germ. Fol. 475, 14. Jh., voll-

ständ., südbair.); Y (Karlsruhe, Pergam. Nr. 29, 1431, fast vollständ., südbair.); Z (Wien, Papierhs., Nr. 3041, 1441, nordbair., bricht bei Str. 6172,2 nach Hahns Ausg. ab); K (Berleburg, Papierhs., Lit. t. Nr. 437, 1479, nicht vollständ., frühes Nhd. J (Inkunabel Berlin von 1477, gedr. bei Mentelin in Straßburg, frühes Nhd./mitteldt. Einschläge); W (Fernberg-Dietrichstein, Pergam., 14. Jh., bebildert) (II ist eine geschlossene Hss.-Gruppe). H (Heidelberg, Papierhs., Cod. Pal. germ. 141, Mitte 14. Jh., nicht vollständ., aleman.) u. C (Hannover, Pergam. Nr. IV, 489, 14. Jh., nur 2. Hälfte des J. T., niederdt.) stehen abseits. Die Fragmente gehören vornehmlich dem 14. Jh. an (= 28); 11 können Ende des 13./Anf. des 14. Jhs. datiert werden; nur 2 werden am Ende des 13. Jhs. und 4 in das 15. Jh. datiert. Der bair. Sprachraum überwiegt auch hier, nur 4 Zeugnisse werden dem mitteldt. und 1 Fragm. dem oberdt. Raum zugerechnet. Beschreibung der Hss. in der Edition von Wolf, Bd. 1, S. XLIV–CVIII.

Datierung: nach 1260–1275.

Ausgaben: Wolf, Werner: Albrechts von Scharfenberg. J. T. Bd. I (Strr. 1–1957), Berlin 1955 (DTM 45); Bd. II,1 (Strr. 1958–3236), Berlin 1964 (DTM 55); Bd. II,2 (Strr. 3237–4394), Berlin 1968 (DTM 61); *Nyholm, Kurt:* Albrechts J. T. Bd. III,1 (Strr. 4395–5417), Berlin 1985 (DTM 73). [Bd. III,2 fehlt noch, so daß man auf die Ausg. von Hahn zurückgreifen muß]. *Hahn, K. A.:* Der J. T. Quedlinburg, Leipzig 1842 (Leiths. B, Ergänzungen aus A u. J).

Literatur: Schröder, Werner: Textkritisches zum ›J. T.‹ (2). ZfdA 116, 1987, S. 29–35. *Ders.:* Textkritisches zum ›J. T.‹ WS 8, 1984, S. 34–48.

Broszinski, Hartmut u. Heinzle, Joachim: Kasseler Bruchstücke des ›J. T.‹ ZfdA 109, 1980, S. 294–298.

Heinzele, Joachim (Hrsg.): Wolfram v. Eschenbach. Titurel. Abbildungen sämtl. Hss. mit einem Anhang zur Überlieferung des Textes im ›J. T.‹ Göppingen 1973 (Litterae 26).

Vizkelety, András: Fragmente mittelhochdeutscher Dichtungen in Ungarn. 5. Albrecht v. Scharfenberg: Der J. T. ZfdA 102, 1973, S. 230–234.

Rosenfeld, Hans-Friedrich: Ein neues Fragment von Albrechts J. T. Neuphil. Mitt. 73, 1972, S. 743–753.

Röll, Walter: Studien zu Text u. Überlieferung des sogen. J. T. Heidelberg 1964 (Germ. Bibl., 3. Reihe). Dazu Rez. *Werner Schröder,* AfdA 76, 1965, S. 27–39.

Nyholm, Kurt: Die Tübinger Titurelbruchstücke. ZfdA 89, 1958/59, S. 100–134.

Wolf, Werner: Zu den Hinweisstrophen auf die Wolframfragmente in der kleinen Heidelberger Hs. des J. T. ZfdA 82, 1948/50, S. 256–264.

Ders.: Grundsätzliches zu einer Ausgabe des J. T. ZfdA 76, 1939, S. 64–113.

Petzet, Erich: Über das Heidelberger Bruchstück des J. T. SB d. phil.-philol. u. hist. Kl. d. Königl. Bayer. Ak. d. Wiss. München, Jg. 1903, München 1904, S. 287–322.

Zarncke, Friedrich: Der Graltempel. Vorstudie zu einer Ausgabe des J. T. Abh. d. phil.-hist. Cl. d. Königl. Sächs. Gesell. d. Wiss. VII, Nr. 5, Leipzig 1876, S. 434–471.

Claus Wisse u. Philipp Colin: Parzifal (ca. 62 658 Verse)
(Der Text ist überwiegend als »Nüwer/Nuwer Parzifal« bekannt, weil in der Edition nur die auf den frz. Vorlagen basierenden Teile, nicht aber die Wolframschen Textabschnitte enthalten sind. In jüngerer Zeit wird er auch unter dem Titel »Rappoltsteiner Parzifal« geführt).
Hss.: Rom, Bibliotheka Casanatense, Ms. 1409, 14. Jh.: Donaueschingen, Hs. 97, elsässisch 1336.
Datierung: zw. 1331–1336.
Ausgabe: Schorbach, Karl: Parzifal. Eine Ergänzung der Dichtung Wolframs von Eschenbach. Strassburg 1888 (Elsässische Literaturdenkmäler aus dem 14.–15. Jh., V. Band), Nachdr. Berlin, New York 1974 (unübersichtliche Ausgabe, da sich Leser aus den Vorbemerkungen und den Hinweisen zu Wolframs Ausgabe *(Lachmann)* erst den Textkorpus selbst zusammenstellen muß). *Stosch, J.:* Rez. zur Edition, AfdA 19, 1893, S. 300–307. *Schröder, Edward:* Rez. zur Edition, Deutsche Literaturzeitung 7, 1888, Sp. 1039–1041.

Kinig Artus Hauf [Widuwilt, jiddischer *Wigalois]* (Hss. 3753 Verse; Dr. von 1699 = 5438 bzw. 5337 Verse).
Hss. u. Drucke: (A) längere Version (gereimt): H¹ (Hamburg, cod. 289, Papierhs. 16. Jh., Anfang u. Ende fehlen; H² (Hamburg, cod. 255, Papierhs., Frgm., 16. Jh.); C (Cambridge Add. 135 d, Papierhs., 1 Blatt fehlt; Schreiber Scheftil von Kojetin (Mähren), Schreibort: Venedig, 16. Jh., Reimpaare/Knittelverse. Drucke: Prag 1652/1679 (Bodl., No. 2024, Stanzen). (B) kürzere Version ›ein schen maasse for kenig artis hof‹: Amsterdam 1683, 8° (wahrscheinl. davor ein nicht erhaltener Dr. vor 1680) gedr. von Joseph von Witzenhausen (Reimpaare, 23 Str. ottava rima); 3 weitere Drucke d. Ausg.; Königsberg 1699: Johann Christoph Wagenseil ›Belehrung der Jüdisch-Teutschen Red- und Schreibart‹, S. 157–292; Hanau 1707 (1710) (Vorwiegend Nachdr. von Amsterdam 1683); Wilmersdorf 1715 (1718) (Übereinstimmungen mit Amsterdam u. Königsberg). (C) Leipzig 1786 (Rückübertragung aus der jiddischen Prosabearbeitung, Ammenmärchen) Frankfurt/ Oder 1789 (Prosaversion). Isländisches Volksbuch 1683; dänische Prosabearbeitungen von 1656 u. 1732. Die Texte divergieren erheblich, so daß eine formale u. inhaltliche Konkordanz ein Desiderat bildet.
Datierung: Ursprungstext 14. Jh.; sonst gemäß Überlieferung.
Ausgaben: Landau, Lee: Arthurian Legends or the Hebrew-German Rhymed Version of the Legend of King Arthur. Leipzig 1912 (Teutonia 21) [Hamburger Hss. = 3753 VV. mit Wagenseils Fassung gegenübergestellt = 5438 VV.; ferner: Abdr. Frankfurt/Oder 1789 u. die Strophen in ottava rima].
Wolf, Siegmund A.: Ritter Widuwilt. Die westjiddische Fassung des Wigalois des Wirnt von Gravenberc. Bochum 1974 [Abdr. (ohne Editionskriterien) des Drucks von Wagenseil, 1699 = 5337 Verse].
Literatur: Einleitung in Landaus Ausgabe S. XXXII–LXXXV; weitere Lit. s. S. 195 f.

Wigoleis (Volksbuch)
Drucke: Augsburg 1493, Bayer. Staatsbibl. München, Lücken im Titelblatt und 2 Textblättern, 28 Holzschnitte; Straßburg 1519 in der Offizin des Johannes Knoblauch, Lücken im Augsburger Text schließend, 35 Holzschnitte, davon 5 zweimalig verwendet; Frankfurt, 4 Drucke, 1560, 1564, vor 1568, 1568; Frankfurt 1587: ›Buch der Liebe‹, Sammelband des Verlegers Sigmund Feyerabend, reich illustriert; Hamburg 1611; Nürnberg 1653, 1664; Abdruck in den Sammelbänden von Reichards ›Bibliothek der Romane‹ 1778 und in den Volksbuchausgaben von Marbach (1839) und Simrock (1848).
Datierung: Zwischen 1472 u. 1483 im Auftrag Augsburger Patrizier; gemessen an anderen Volksbüchern, bescheidene Resonanz.
Ausgaben: Melzer, Helmut: Wigalois. Hildesheim, New York 1973 (Deutsche Volksbücher in Faksimiledrucken. Hrsg. L.E. Schmitt u. R. Noll-Wiemann, Reihe A, Bd. 10).
Brandstetter, Alois: Prosaauflosung. Studien zur Rezeption der höfischen Epik im frühneuhochdeutschen Prosaroman. Frankfurt M. 1971, S. 190–235 [Prosafassung von 1493, Augsburg].

Ulrich Füetrer: Prosa Lantzilet (362 Druckseiten mit 36 bis 38 Zeilen nach der Ausgabe von Peter)
Hss.: F^1 (Donaueschingen, cod. 141, 15. Jh.); F^2 (München, Cgm 573, 16. Jh.); f (Donaueschingen, cod. 142, 16. Jh.).
Datierung: um 1467
Ausgabe: Peter, Arthur: Ulrich Füetrers Prosaroman von Lanzelot nach der Donaueschinger Hs. Tübingen 1885 (BLVS CLXXV).

Ulrich Füetrer: Buch der Abenteuer (5644 Strophen)
Hss.: A (München, cgm 1, um 1490); b (Wien, cod. 3037/38, um 1490); c (München, cgm 247, um 1490, enthält nur den ersten Teil); d (Wien, cod. 2888, um 1480, nur den Merlin-Abschnitt); E (Donaueschingen, cod 140, um 1490, nur Poytislier u. Flordimar); Berlin, mgf 757, f. 11 u. 12. Frgm. Lantzilet Zu Wien, cod. 3406, 12vb vgl. S. Singer ZfdA 38, 1894, S. 205–206.
Datierung: 1. Teil um 1473–78; 2. Teil zwischen 1482–1486.
Ausgaben: Nur Teileditionen, die der Kompilation nicht gerecht werden (vgl. in diesem Zusammenhang die noch am Anfang stehende Diskussion über die Struktur der Heldenbücher). *Nyholm, Kurt:* Die Gralepen in U.F.s Bearbeitung. Berlin 1964 (DTM 57); *Fichtner, Edward G.:* U.F. Der Trojanerkrieg. Aus dem ›Buch der Abenteuer‹. München 1968. *Hofmann, Franz Josef:* Der Meleranz von dem Pleier in der Bearbeitung U.F.s Diss. (masch.) Wien 1933, Edition S. 199–242. *Hilgers, Heribert A.:* U.F. Wigoleis, Tübingen 1975 (ATB 79). *Panzer, Friedrich:* Merlin u. Seifrid de Ardemont von Albrecht von Scharfenberg. Tübingen 1902 (BLVS 227). *Carlson, A.:* U.F. und sein Iban. Riga 1927. *Munz, Renate:* U.F. Persibein. Aus dem Buch der Abenteuer. Tübingen 1964 (ATB 62). *Weber, Friederike:* Poytislier aus dem Buch der Abenteuer von U.F. Tübingen 1960 (ATB 52). Flordimar und Lantzilet sind bisher nicht ediert.

Anteloy (33 Strophen)
Hs.: Lienhard Scheubels Heldenbuch, 1480/90, Nürnberg?
Ausg.: Scherer, Wilhelm: Antelan. ZfdA 15, 1872, S. 140–149.

Heinrich von Freiberg: Tristan (Begegnung mit dem Artushof, 1875 Verse;
Werk = 6890 Verse)
Hss.: F (Florenz, Cod. B.R. 226, datiert 1343); O (Köln, cod. W *87,
15. Jh., nur V. 85–6709, rhein-fränk.); E (Modena, cod. Est. 57, 15. Jh.,
alem.-schwäb.); Frgm. w (Wolfenbüttel, cod. Guelf. 404,9(3) Novi, 14. Jh.;
Frgm. p (St. Pölten, Stadtarch., 14. Jh., verschollen).
Datierung: Zwischen 1285 u. 1290 in Böhmen.
Ausgaben: Buschinger, Danielle: H.v.F. Tristan. Göppingen 1982 (GAG
270).
Bechstein, Reinhold: H.v.f. Tristan. Leipzig 1877 (Dt. Dichtungen d. Mit-
telalters 5), Nachdr. Amsterdam 1966.
Bernt, Alois: H.v.F. Mit Einleitungen über Stil, Sprache, Metrik, Quellen u.
die Persönlichkeit des Dichters. Halle 1906. Nachdr. Hildesheim, New
York 1978.
Heinemann, Otto von: Aus zerschnittenen Wolfenbüttler Handschriften.
ZfdA 32, 1988, S. 69–123.
Trathnigg, G.: ZfdA 73, 1936, S. 175–176 [zu p].
[Zu Eilhart von Oberge s. S. 216ff.]

Tristan als Mönch (2705 Verse)
Hss.: R (Brüssel, M.S. 14697, 15. Jh.); S (1489, Abschrift in Hamburg aus
dem J. 1722 erhalten); Text jeweils vor Ulrichs von Türheim Tristan-Fortset-
zung.
Datierung: Mitte/Ende 13. Jh.
Ausgabe: Paul Hermann: T. a. M. Sb. d. Akd. d. Wiss. Jg. 1895, München
1896, S. 317–427 u. ebd. Jg. 1896, 1897, S. 687–691. [Zu Textzeugnissen,
die den Artushof nur peripher einbeziehen, vgl. S. 219.]

2.2. Werke im einzelnen

2.2.1. Stricker: Daniel von dem blühenden Tal

Über den Autor ist viel spekuliert worden. Er ist nirgends urkundlich faßbar, und der Name kann wie beim Pleier ein Pseudonym
oder eine Berufsbezeichnung mit übertragener Bedeutung sein.
Aufgrund dialektaler Eigenheiten wird er im Rheinfränkischen lo-
kalisiert. Für einige Zeit dürfte er im österreichischen Raum gewirkt
haben (Erschließung aufgrund der Erwähnung von Örtlichkeiten
dieses Gebietes in seinen Dichtungen). Teilweise wird angenommen, er sei Kleriker gewesen, teilweise soll er ein fahrender Berufs-
poet entweder bürgerlicher oder nichtaristokratischer oder niederer

oder unfreier Herkunft gewesen sein. Die Zeit seines Wirkens wird durch zwei Bemerkungen von Rudolf von Ems festgesetzt: im Wilhelm von Orlens (V. 2230 ff.) nennt er den »Daniel« und im Alexander (V. 3257 f.) verweist er allgemein auf *guotiu maere* des Strickers. Neben dem »Daniel« hat der Stricker ein Karlsepos (Chanson de geste), den »Pfaffen Amis«, die »Frauenehre«, sowie zahlreiche Mären- und Bîspel-Dichtungen weltlichen und religiösen Inhalts verfaßt. Es steht außer Zweifel, daß er mit dem »Daniel« eine neue Phase der Rezeption der Artusdichtung begonnen hat.

Inhaltsskizze

Der Artushof wartet auf *âventiure*. Daniel gelangt zu Artus, kämpft siegreich mit 11 Artusrittern und wird in die Tafelrunde aufgenommen. Ein Botenriese überbringt die Erklärung König Maturs von Clûse, daß Artus sich ihm unterwerfen solle (AI)*. Von da ab verläuft das Geschehen in 4 Handlungsschritten, und zwar: Erste *âventiure*-Folge Daniels (B), die durch die 1. Schlacht und den Zweikampf zwischen Artus und Matur unterbrochen wird (AII). Nach dem Sieg über das 1. Heer von Clûse setzt Daniel seine *âventiure*-Fahrt fort (B), bis es zur 2. Schlacht kommt. Eine 3. u. 4. Schlacht folgt, die zum Friedensschluß führt (AIII). Der letzte Erzählabschnitt setzt in den Festlichkeiten nach dem Friedensschluß ein, als Artus und dann auch Parzival durch den Vater des von Daniel getöteten Wächter-Riesen auf eine Bergkuppe entführt werden (C). Daniel befreit beide durch ein wundersames Netz. Der Artushof versöhnt sich mit dem Riesen und ein noch größeres Fest bildet den Abschluß. Die *âventiuren*-Reihe Daniels enthält folgende Begegnungen: Die *frouwe von dem trüeben berge* bittet Daniel um Hilfe, da ein Zwerg ihren Vater, den Herzog, getötet habe, weil sie das Minnebegehren des Zwergs abgelehnt habe (B1). Auf ihrer Burg überwindet Daniel den Zwerg Juran und erwirbt dessen Wunderschwert (B1a). Während Daniel seinen Weg nach Clûse fortsetzt, trifft er auf die Gräfin vom *liehten brunnen*, der er seine Hilfe zusagt, da ihre Familie von einem bauchlosen Ungeheuer getötet wurde und nun auch ihre gesamte Gefolgschaft vernichtet zu werden droht (B2). Er überwindet durch eine List (Spiegel) das bauchlose Ungeheuer, das durch seinen Blick Menschen tötet (B2a). Nachdem er das Haupt in einen See versenkt hat, kann er den Grafen vom *liehten brunnen* befreien (B2b). Zusammen mit dem Grafen wollen sie nach Clûse reiten (B2c). Auf einer idyllischen Wiese stoßen sie

---

* Buchstaben und Zahlen in den Inhaltsskizzen sollen die Erzählabschnitte, ihre Verschachtelung bzw. Sukzession sichtbar machen.

auf ein Zelt. Da reitet ein nicht grüßender Ritter mit einem Gefangenen an ihnen vorüber (B3), den der Graf verfolgt (B3a). Daniel verfolgt beide. Sie verschwinden jedoch in einem Berg (B3b). Der Weg durch den Berg ist Daniel durch einen Felsblock versperrt, und er droht, durch die Wasserfluten zu ertrinken, so daß er auf die Wiese zurückkehrt (B3c). Vergeblich wartet Daniel auf den irrsinnigen Ritter, der offensichtlich den Grafen entführt hat. Weil die Frist nahe gerückt ist, da Artus in Clûse erscheinen wollte, macht sich Daniel schließlich auf den Weg und gelangt erneut zu dem Berg, der den Zugang nach Clûse versperrt und vor dem der Wächterriese sitzt. Daniel tötet den Riesen (B4). Nach der 1. Schlacht und dem Tod Maturs durch Artus (AII), setzt Daniel seine Suche nach dem Grafen fort (B3d). Er gelangt wieder zu dem Berg, kann aber mit dem Wunderschwert des Zwergs den Fels, der den Ausgang versperrt, zerhauen. Er trifft auf den Ritter, der eine in Drachenblut gebeizte, unzerschneidbare Haut trägt. Mit Mühe kann Daniel ihn überwinden (B3e). Da dieser ihm keine Auskunft über den Verbleib des Grafen gibt, macht sich Daniel weiter auf die Suche. Er verschließt durch die Wunderpforte den Berg, damit der Ritter ihm nicht folgen kann. Daniel wird dann in einem unsichtbaren Netz gefangen (X1), das ihn regungslos macht, so daß er nur noch sehen und sprechen kann. Die *juncfrouwe von der grüenen ouwe* befreit Daniel, verlangt aber Hilfe von ihm. Sie berichtet, daß das Netz von einem Meerweib stamme und daß ihr Vater das Zelt auf der Wiese errichtet habe. Doch dann sei ein glatzköpfiger Mann erschienen, der, um seine Krankheit zu heilen, jede Woche in Menschenblut bade (B5). Ihr Vater sei wie hypnotisiert und müsse dem Siechen Ritter für das Blutbad herbeischaffen. Erst kürzlich habe er einen Ritter gebracht, der wohl jetzt geopfert werden wird. Daniel erkennt, daß dies der Graf ist (B3f). Er tötet den Siechen als dieser sich an dem Blut der von ihm getöteten Menschen labt (B5a). Der Graf wird befreit (B3g), und es kommt zur Versöhnung mit dem irren Ritter, der der Vater der *juncfrouwe von der grüenen ouwe* ist (B3h). Die Menschen gewinnen ihren Verstand zurück. Daniel begibt sich sodann wieder nach Clûse, wo er sich in den drei Schlachten auszeichnet (AIII). Er heiratet die Witwe von Matur und erhält von Artus Clûse zu Lehen. Doch da entführt der Riese Artus auf einen Berg (C). Parzival vermag gegen den Riesen nichts auszurichten und wird ebenfalls auf den Berg gesetzt. Da holt Daniel das Netz der Jungfrau von der grünen Aue herbei und kann den Riesen darin fangen (X2). Es gelingt durch Zureden, den Riesen zu besänftigen und Artus sowie Parzival zurückzuholen (C1). Der Riese erhält zum Dank das Netz und die sehendmachende Salbe. Das Epos klingt mit einem großen Fest aus (Heirat und Aufnahme in die Artusrunde).

Von allen späteren Artusdichtungen wurde in der Forschung der »Daniel« bisher am meisten beachtet. Schwerpunkte der Untersuchungen waren: a) ältere Forschung: Motivvergleiche, Abweichungen vom klassischen Modell Hartmanns, Stil- und Sprachuntersuchungen; b) jüngere Forschung: Aufbau, Struktur, Gattungsspezifika *(Kern, Ragotzky, Schmidt, Henderson, Müller)*, arthurische Wertewelt und zeitgenössische Relevanz *(Brall, Ragotzky, Hahn)*, *list*-Problematik *(de Boor, Moelleken/Henderson)*, Ehe- und Minnethematik *(Moelleken)*, Herrscherpositionen *(Müller-Ukena)*, Frauendarstellung *(Kellermann-Haaf, Henderson)*, Bilddarstellung *(Lecouteux)* und Vergleich mit dem Pleier. Obwohl die Forschung von einem neuen Helden, dem Ersatz der sog. Doppelweg-Struktur durch die *list*, der Zunahme an fantastischem Arsenal u.a.m. spricht, bleiben diese Aussagen allzu unklar. Viele Probleme sind noch nicht gelöst, wie z.B.: warum wird Artus und dann auch Parzival am Ende entführt? Warum besteht Daniel die vielen Abenteuer, obwohl die Entscheidung über die Herausforderung Maturs durch die Schlachten getroffen werden? Welche Funktion hat die Bildstruktur, etwa das Gorgo-Haupt, der Sieche, das Netz, das Banner u.a.m.? Ist Artus einerseits der *rex humilis*, der gegen die *superbia* siegt, so ist in der Forschung andererseits konstatiert worden, daß von der Idealität des Königs Artus »der Lack ab sei«. Der Artusroman tauge »nicht länger weder zur Unterhaltung noch zur Belehrung« *(Schröder*, S. 828). An diesen Extrempositionen zeigt sich bereits, daß das Werk noch differenzierter betrachtet werden muß. Das beweist auch die These, daß das *list*-Konzept bloßer *kraft* überlegen sei *(Hahn*, S. 194), mithin die Schlachten hierfür ein Exemplum seien. Aber warum werden sie ausführlich dargestellt, wenn dadurch Artus von seiner Bedrohung noch gar nicht befreit ist, wie die Entführung deutlich macht? Viele an sich gelungene Deutungen greifen offensichtlich zu kurz, wenn sie wesentliche Bausteine der Handlung ausklammern. Die weitere Forschung wird sich nicht zu sehr auf das Detail konzentrieren dürfen, um den Gesamtkontext des Epos' nicht aus den Augen zu verlieren.

Literatur

Kellermann-Haaf, Petra: Frau und Politik im Mittelalter. Untersuchungen zur politischen Rolle der Frau in den höfischen Romanen des 12., 13. und 14. Jahrhunderts. Göppingen 1986 (GAG 456).

Reisel, Johanna: Zeitgeschichtliche und theologisch-scholastische Aspekte im ›D. v. d. b. T.‹ des Stricker. Göppingen 1986 (GAG 464).

Schröder, Werner: und zuckte in uf als einen schoup. Parodierte Artus-Herrlichkeit in Strickers ›Daniel‹. In: Sprache und Recht, Beiträge zur Kulturgesch. des Mittelalters. Fschr. R. Schmidt-Wiegand. Hrsg. Karl Hauck, Bd. 2, Berlin, New York 1986, S. 814–830.

Hahn, Ingrid: Das Ethos der *kraft.* Zur Bedeutung der Massenschlachten in Strickers D. v. B. T. DVjs 59, 1985, S. 173–194.

Ertzdorff, Xenia von: Strickers ›D. v. b. T.‹ Ein Artus-Roman des 13. Jhs. im Ambiente des 15. Jhs. In: Fschr. S. Grosse. Hrsg. W. Besch. Göppingen 1984, S. 371–382 (GAG 423).

Müller-Ukena, Elke: ›Rex humilis‹ – ›rex superbus‹. Zum Herrschertum der Könige Artus von Britanje und Matur von Cluse in Strickers ›D. v. d. b. T.‹. ZfdPh 103, 1984, S. 27–51.

Moelleken, Wolfgang W.: Die Bedeutung der Riesenvaterepisode in Strickers ›D. v. d. B. T.‹. In: Spectrum medii aevi. Fschr. George F. Jones. Ed. William McDonald. Göppingen 1983, S. 347–359 (GAG 362).

Ragotzky, Hedda: Gattungserneuerung und Laienunterweisung in Texten des Strickers. Tübingen 1981.

Hart, Thomas Elwood: ›Werkstruktur‹ in Stricker's ›Daniel‹? A Critique by Counterexample. Coll. Germ. 13, 1980, S. 106–141, 156–159. Dazu: *Henderson, Ingeborg:* Zur Zahlenkomposition in Strickers ›Daniel‹. Eine Erwiderung. Coll. Germ. 13, 1980, S. 142–155.

Schmidt, Wolfgang: Untersuchungen zu Aufbauformen und Erzählstil im ›D. v. d. b. T.‹ des Strickers. Göppingen 1979 (GAG 266).

Köppe, Walter: Ideologiekritische Aspekte im Werk des Stricker. Acta Germanica 10, 1977, S. 139–211.

Lecouteux, Claude: Das bauchlose Ungeheuer. Des Strickers ›D. v. b. T.‹ Euph. 71, 1977, S. 272–276.

Ders.: Le ›merwunder‹: contribution à l'étude d'un concept ambigu. Et. Germ. 32, 1977, S. 1–11.

Ragotzky, Hedda: Das Handlungsmodell der ›list‹ und die Thematisierung der Bedeutung von ›guot‹. Zum Problem einer sozialgeschichtlich orientierten Interpretation von Strickers ›D. v. b. T.‹ und dem ›Pfaffen Amis‹. In: Literatur – Publikum – historischer Kontext. Hrsg. Gert Kaiser. Frankfurt, Bern, Las Vegas 1977, S. 183–203.

Wailes, Stephen L.: Stricker and the Virtue ›Prudentia‹: A Critical Review. Seminar 13, 1977, S. 136–153.

Brall, Helmut: Strickers ›D. v. d. B. T.‹. Zur politischen Funktion späthöfischer Artusepik im Territorialisierungsprozeß. Euph. 70, 1976, S. 222–257.

Henderson, Ingeborg: Strickers D. v. d. B. T. Werkstruktur und Interpretation unter Berücksichtigung der handschriftlichen Überlieferung. Amsterdam 1976.

Kern, Peter: Rezeption und Genese des Artusromans. Überlegungen zu Strickers ›D. v. b. T.‹. ZfdPh. 93, 1974 (Sonderh.), S. 18–42.

Moelleken, Wolfgang W.: Minne und Ehe in Strickers ›D. v. d. b. T.‹ Strukturanalytische Ergebnisse. ZfdPh. 93, 1974 (Sonderh.), S. 42–50.

Moelleken, Wolfgang W. u. *Henderson, Ingeborg:* Die Bedeutung der ›liste‹ im ›D.‹ des Strickers. ABäG 4, 1973, S. 187–201.

Spiewok, Wolfgang: Der Stricker und die Prudentia. Wiss. Zs. d. Ernst-Moritz-Arndt-Univ. Greifswald 13, 1964, S. 119–126.

Vgl. Untersuchungen zu »Daniel« u. »Garel« siehe Lit. zu »Garel«.

2.2.2. Mantel

Der »Mantel« stützt sich vornehmlich auf die französische Verserzählung »Mantel mautaillé«, die gattungstypologisch nicht eindeutig definiert ist, da sie in den Hss. als *fabliau, lai, conte* oder *romanz* bezeichnet wird. Es handelt sich um eine Tugendprobe am Artushof, die nur diejenigen bestehen können, die ohne Laster sind. Wer charakterliche Schwächen besitzt, dem paßt der Mantel nicht. Entweder sind die Ärmel zu lang bzw. zu kurz oder die Länge oder Weite ist nicht paßgerecht. Das Motiv wurde von Ulrich von Zatzikhoven im »Lanzelet« aufgenommen, um die Tugendhaftigkeit von Iblis zu erweisen. Ähnliche Proben finden sich im »Lai du Cor« von Robert Biket und im »Livre de Caradoc«, dem 3. Teil der 1. Perceval-Fortsetzung, wo eine Trinkhornprobe die Tugendhaftigkeit offenbart. Entweder vergießt der lasterhafte Mensch den Inhalt oder er kann das Horn gar nicht erst zum Munde führen. Eine Horn- bzw. Becherprobe (mhd. *kopf*) erfolgt am Anfang der »Crône«, in der gegen Ende der Handlung noch eine Handschuhprobe folgt.

Die Ambraser Mantel-Bearbeitung enthält einen umfangreichen Vorspann, der gemessen an dem übrigen Text vielleicht auf ein größeres Werk schließen läßt. Die ausgedehnte Festschilderung dient wohl als Kontrast zur Tugendprobe. Im Gegensatz zum »Mantel mautaillé« oder zu Ulrichs Version, aber in gewissem Einklang mit der Becherprobe in der »Crône« machen die Kommentare Keies diesen in den Augen der Artusritter zu einem bissigen und bösen Gesellen, den sie hasssen und dem sie den Tod wünschen, weil seine Invektiven, wie die eines Hofnarren, stets ein Quentchen Wahrheit enthalten. Artus entfaltet sich zu einem herrischen Tyrannen, der nicht zum Pfingstfest einlädt, sondern die Teilnahme befiehlt. Zwischen Keie und Artus kommt es zu einer Auseinandersetzung, als Artus allen untersagt zu essen, ehe nicht eine *âventiure* gemeldet wird (beliebtes Motiv in den frz. Dichtungen). Als Keie diese Haltung des Königs moniert, weist er ihn barsch mit dem Argument zurück *du tuost' mir sam du tuost aller der werlt* (V. 426 ff.). Artus und Keie führen also vor, warum keiner die Tugendprobe bestehen kann.

Literatur

Kratz, Bernd: Die Ambraser *Mantel*-Erzählung und ihr Autor. Euph. 71, 1977, S. 1–17.

2.2.3. Heinrich von dem Türlîn: Diu Crône

Das Werk von Heinrich von dem Türlîn gehört neben Wolframs »Parzival« zu den imposantesten eigenständigen Dichtungen der deutschen Artusepik (solange keine Vorlage bekannt ist). Es wurde in der Vergangenheit vielfach mißverstanden (vgl. die Wertungen in den Literaturgeschichten), weil nicht nur die Handlungsdichte den Leser bei der ersten Lektüre schier erdrückt, sondern auch die Bildstruktur anfänglich eine Reihung von Chiffren darstellt, die wie ein Schwelgen in Fantastereien anmutet. Das Wenige, was wir über den Autor wissen, deutet schon darauf hin, daß er kein Fantast war, sondern über eine extensive Bildung verfügte, die er an einer Dom- oder Kathedralschule in Besançon in Burgund oder in Aquileja erhalten haben könnte (vielleicht auch in Brixen). Umstritten ist, ob er aus Kärnten stammt. Seine Sprache verweist auf den südlichen Ostalpenraum, d. h. auf Tirol am Brenner, Friaul, Kärnten, Krain, Steiermark, so daß jeweils eine dieser Lokalisationen in der Forschung favorisiert wurde. Heinrich wurde mit den Grafen von Görz in Verbindung gebracht, die in Ober- und Mittelkärnten sowie in Friaul reich begütert waren (Meinhard II., gest. 1231?, Meinhard III., gest. 1258?). Ferner stellte man einen Zusammenhang mit dem Abstieg des Hauses Andechs bzw. mit dem Höhepunkt der Macht der Patriarchen von Aquileja her (Regierungszeit Bertholds bis 1251).

Obwohl zahlreiche Studien zur »Crône« bereits publiziert wurden, ist die Bildwelt dieser außerordentlich engmaschig geknüpften Handlung noch kaum erschlossen. Das ist wohl auch der Grund dafür, daß die Meinungen über dieses Werk z. T. sehr auseinandergehen. Ausgerechnet Gawein, der sonst mit dem Makel behaftet ist, sich an Frauen zu vergehen, darf auf die Gralsuche gehen, die ihm

z. B. im »Parzival« oder im »Lancelot« verweigert wird, und den
Gral auch schauen. Viele Fragen wurden aufgeworfen: Ist die »Crône« daher als Antithese zu den genannten beiden Werken konzipiert? Ist Heinrichs Dichtung eine Kritik am Artusrittertum, ist sie
eine Travestie bzw. parodistisch, satirisch, ironisch, misogyn? Warum ist die Gralsuche mit dem Erwerb des Fimbeus-Gürtels verknüpft, der wiederum mit Frau Saelde in Beziehung gesetzt ist?
Welchen Stellenwert hat die Heirat zwischen Amurfina und Gawein? Ist Gawein wie Baldur nach dem Weltuntergang der neue
Gott der Artusgesellschaft? Will der Autor den Artusritter emanzi-
pieren und den Artushof durch das Eschaton des Grals bedrohen?
Will er umgekehrt den Artusbereich durch Gawein regenerieren?
Das Werk ist vielschichtiger als vielfach angenommen wird. Es ist
nicht mit Aussagen abzutun, daß eine sich in der Auflösung befindli-
che Welt dargestellt wird, oder daß versucht wird, eine verlorene
Idealität wiederzugewinnen. Heinrichs Werk weist trotz der Vielfältigkeit der Handlungselemente einen wohldurchdachten Aufbau
auf, so daß die ältere These der Forschung, das Epos zerfalle in zwei
Teile, nicht mehr aufrechterhalten werden kann. Die Sinnstruktur
bedarf noch eingehender Interpretation, da bisher meist nur einzelne Elemente, nicht aber die Gesamtstruktur betrachtet wurde. Sie
scheint aber gerade durch ihre Abfolge Hinweise auf die Deutung zu
geben.

Inhaltsskizze

Eine Paraphrase der außerordentlich handlungsreichen »Crône«
kann sich nur auf eine Kurzfassung der Ereignisse beschränken. Die
Handlung zerfällt in zwei Haupthandlungsstränge: Artus bzw. Artushof und Gawein-Handlung, die den breitesten Raum einnimmt
und mit dem Artus-Strang von Zeit zu Zeit verbunden wird. Ausgangspunkt ist der Artushof (A1). Über Artus wacht Frau Saelde.
Eine Becher-Probe legt die Defizienzen der Artusgemeinschaft offen, bestätigt aber die Tugendhaftigkeit von König Artus (A2). Als
der Hof aufgefordert wird, an einem Turnier teilzunehmen, verlassen Gawein und die meisten Ritter den Hof, da sie fürchten, Artus
könne ihnen die Teilnahme am Turnier verbieten. Alleingelassen
kommt es zu einem Disput zwischen Artus und Ginover, in dem
Ginover dem frierenden Artus Gasozein als Vorbild vorhält, weil
dieser im Winter nur mit einem Hemd bekleidet daher reitet. Gasozein fordert Ginover für sich, falls er über Artus u. seine Ritter siege
(hier erfolgt die erste Erwähnung des Gürtels und des Kampfes
zwischen Gawein und Fimbeus X1). Artus besteht auf einem Zwei-

kampf ohne Beteiligung seiner Ritter; es wird ein Termin vereinbart (A3).

Der Handlungsstrang wechselt, und es beginnt die Gawein-Handlung (B1), die zunächst den Kampf gegen den Riesen Assiles zum Gegenstand hat (B2), aber dann durch den Erbschaftsstreit zwischen Amurfina und ihrer Schwester Sgoidamur (B3) unterbrochen wird. Gawein kann zwar die Dienstmannen des Riesen Assiles besiegen, der den König Flois bedroht (B2a), aber er fällt danach in Ohnmacht. Gawein tötet darauf einen weiteren Mann des Riesen auf Schloß Ansgiure (B2b). Da erscheint die Botin Amurfinas und fordert Gawein auf, ihr zu folgen (B3a). Amurfina hat das ganze Erbe an sich gerissen, so daß ihre Schwester Sgoidamur leer ausging. Vor allem nahm sie den Zaum an sich, der die Besitzerin vor dem Verlust der Herrschaft schützt und den Sgoidamur mit Hilfe eines Artusritters zurückzugewinnen sucht. Deshalb ist die Botin aufgebrochen, um am Artushof um Hilfe für das Anliegen Amurfinas zu bitten. Bei Amurfina angelangt, muß Gawein ihr die Ehe und ewige Treue schwören. Ein bloßes Liebesabenteuer wird durch ein herniederfallendes Schwert vereitelt. Schließlich läßt ihn ein Vergessenheitstrank bei Amurfina verweilen, bis er wieder an Assiles und seine Hilfezusage für Flois erinnert wird (B3b). Er bittet um Urlaub und rettet eine geraubte Jungfrau (B2c). Beide können sich vor einem riesigen Weib retten (B2d). Gawein besiegt Reimambran (B2e), überwindet Galaas, einen Verwandten von Assiles (B2f), so daß 500 Ritter befreit werden, und tötet schließlich Assiles (B2g). Die von Flois angebotene Herrschaft über das Land lehnt Gawein ab. Am Artushof findet dann der Kampf mit Gasozein statt (A3a). Bei den Friedensverhandlungen soll sich Ginover für einen Mann entscheiden. Als sie Artus wählt, reitet Gasozein davon. Doch der Bruder Ginovers, Gotegrin, glaubt, seine Schwester habe die Familienehre geschändet, weshalb er sie raubt, um sie zu töten (A3b). Als er sie töten will, befreit Gasozein die Königin und will sie nun vergewaltigen (A3c). Da kommt Gawein hinzu (B4). Nach einem Kampf leistet Gasozein einen Eid, und alle begeben sich zum Artushof zu Kardiol, wo Gasozein zugibt, daß seine Liebesbeziehung zu Ginover erlogen war (A3d). Danach erscheint Sgoidamur (B3c) und bittet, ihr bei den Ansprüchen gegenüber Amurfina zu helfen. Der Helfer würde ihre Minne gewinnen. Keie scheitert, als er den Zaum zurückholen will (B3d/A4). Gawein macht sich auf den Weg und gelangt zu dem sich drehenden Schloß, das Gansguoter, dem Onkel Amurfinas, gehört (B3e). Gawein muß nun 5 Kämpfe bestehen, um den Zaum zu gewinnen: Gawein soll Gansguoter den Kopf abschlagen, was ihm gelingt, doch sein Gegner nimmt sein Haupt und geht (B3e[1]).

Gansguoter schlägt absichtlich an Gaweins Kopf vorbei (B3e^2). Gawein muß zwei Löwen (B3e^3), Berhardis (B3e^4) und 2 Drachen (B3e^5) besiegen, was ihm gelingt. Nun erfährt er, daß die Kämpfe eigentlich überflüssig waren, da er den Zaum sich selbst abgewonnen hat. Er gewann ihn längst durch die Liebe und Treue zu Amurfina. Gawein kehrt darauf an den Artushof zurück (B3e^6/A5) und bietet Sgoidamur (wegen des Eheversprechens gegenüber Amurfina) statt seiner Gasozein als Ehemann an. Es folgt die Doppelhochzeit der Schwestern, womit der Handlungsstrang B3 vorläufig beendet wird.

Gawein geht erneut auf *âventiure* und wird passiver Beobachter von 9 visionsartigen Ereignissen, die an ihm vorüberziehen (B5): Ein Mädchen trauert um einen toten Ritter (Erinnerung an Parzivals unterlassene Frage u. Infragestellen von Artus' Tugend und Herrschaft), Gawein kann es nicht einholen (B5a). 600 Ritter und 2 Schimmel erscheinen, über denen Schwert und Speer schweben; die Kriegerschar verbrennt (B5b). Er sieht eine nackte Jungfrau und Vögel, die an einem angeketteten Riesen picken. Gawein kann die Vögel nicht abhalten (B5c). Er sieht eine fürchterliche Alte mit einem dreihörnigem grünen Tier, die einen Mohren geißelt (B5d). Ein roter Ritter verfolgt einen fliehenden schwarzgekleideten Ritter, der einen Frauenkopf an den Zöpfen hält (B5e). Weitere Visionen: Ritterhaupt, Jagdhund mit abgeschlagenen Hinterläufen, blutige Hose; 2 unsichtbare klagende Frauenstimmen (B5f). Ein schwarzer Bauer zertrümmert die Kristallmauer einer Burg. Sie gerät in Brand. Die Jungfrauen, die friedlich gesungen haben, verbrennen im Feuer, ohne daß Gawein helfen kann (B5g). Gawein erhält Kraft auf einer Rosenheide, erblickt einen schönen Jüngling, dem ein Speer die Augen durchbohrt und der an ein Bett gekettet ist. Auf dem Bett liegt eine scheintote Jungfrau. Der Jüngling fächelt ihr Luft zu, wodurch die Rosen erglühen und verbrennen. Die Jungfrau hält im rechten Arm einen Zwerg, der eine Krone mit einem leuchtenden Rubin trägt. An ihrer Seite liegt ein schwarzer Ritter, der am Herzen verwundet ist. Gawein wagt nicht, eine Frage zu stellen (B5h). Als Gawein einen Fluß überschreiten will, versinkt er. Eine Dame mit einem Sperber und einem Jagdhund hilft ihm, indem sie aus einem Glas Flüssigkeit in das Wasser schüttet, so daß sich das Wasser verfestigt. Ans Ufer gebracht, finden sie eine Blutlache, ein Oberkleid und eine Lanze. Der tote Ritter Rahîn darf nicht gerächt werden. Nach diesen Erscheinungen gelangt Gawein auf eine Burg, die als Gralsburg nicht genannt wird (B6). Nachdem er auch hier wieder verschiedene Erscheinungen mitangesehen hat (Sarg, Schwert, blutende Lanze, Kerzen erlöschen, klagende Stimme), fällt

Gawein zum zweiten Mal in Ohnmacht. Als er erwacht, sieht er den alten Burgherrn Blut aus einem Röhrchen trinken. Als sich Gawein nähert, ist der Alte wie tot. Gawein schläft im Stall ein und erwacht auf freiem Feld.

Danach gelangt er in das Land Giramphiels (B7), deren Minneritter Fimbeus (X2) Gawein einst besiegt hatte. Sie ist die Schwester von Frau Saelde, durch die der Stein im Gürtel einst an Giramphiel und ihren Ritter gelangte. Giramphiel will sich für den Verlust des Steines an Gawein rächen. Daher wird sie nun zur treibenden Kraft, deretwegen sich Gawein immer wieder neuen Auseinandersetzungen stellen muß. Sie will ihn tot wissen, ehe er zu Frau Saelde gelangt (B8). Sie zwingt Gawein, gegen einen Drachen, der den Weg zu Frau Saelde versperrt, zu kämpfen (B7a). Gawein durchbohrt ihn, doch das Blut des Drachen entzündet das Schwert und den Wald. Der nackte Gawein wird neu eingekleidet (B7b) und besteht die zweite Probe mit Laamorz, der einsieht, daß er nicht der beste Ritter ist (B7c). Bei Frau Saelde angelangt (B8), bleibt das Rad stehen. Sie gibt dem Ritter einen Ring für König Artus, damit das Reich dauerhaft von diesem König beherrscht werde. Schließlich gibt Aanzim, ein Vertrauter von Frau Saelde, Gawein den Rat, in den folgenden Begegnungen nicht zu kämpfen (B9).

Gawein wird nun mit etlichen Naturereignissen konfrontiert (Blitze, Hagel, Schnee B9a). Er verweigert einen Zweikampf für eine Frau, die den Kopf ihres geliebten Ritters in Händen hält (B9b). Er reitet weiter und rächt nicht den Tod eines Kindes (B9c). Obwohl glühende Steine niederprasseln und ihn ein Ritter zum Kampf herausfordert, reitet Gawein vorbei (B9d). Er erblickt einen Ritter und einen Zwerg, die ein schönes Mädchen tot auf einer Bahre tragen. Obwohl Amurfina in diesen Fall verwickelt ist, leistet Gawein keine Hilfe (B9e). Wieder verschwinden diese Erscheinungen, nachdem Regen und Schnee gefallen sind und ihn die Schwester Aanzims vor einem Kampf gewarnt hat. Schließlich stoßen beide auf eine Ritterschar. Jeder einzelne der Ritter will sich an Gawein wegen eines ihm vorgeworfenen Vergehens rächen (Tötung des Vaters, Tötung von 3 Brüdern, Vergewaltigung der Schwester, etc.). Aanzims Schwester kann diese Rachetat verhindern (B9f). Schließlich wird Gawein doch in einen Kampf verwickelt, in dem ihm sein Ebenbild (Aamanz) begegnet (B9g), dem heimtückisch, unter Bruch der Gawein gemachten Zusagen, der Kopf abgeschlagen wird, nachdem sich der Artusritter entfernt hat.

Das Haupt von Aamanz wird Artus vor die Füße geworfen (A6), so daß der Hof glauben muß, Gawein sei getötet worden. Es bricht große Trauer aus. Inzwischen besteht Gawein jedoch weitere Abenteuer, in denen er seine Tugendhaftigkeit unter Beweis stellen muß (B10). Er vermag den See zu überqueren, was nur dem Tugendhaften gelingt (B10a), so daß er auf die Fraueninsel gelangt, wo er nicht die Minne, sondern die dauerhafte Jugend wählt (B10b). In Anklang an Gawans Abenteuer in Wolframs »Parzival« (Obie, Antikonie, ›lit marveille‹) muß Gawein weitere Abenteuer bestehen (B11). Er kämpft in einem Turnier zusammen mit Quoikos. Nach dem Sieg verzichtet Gawein zugunsten seines Freundes Quoikos auf die Frau als Preis (B11a). Während des Schachspiels auf Schloß Karamphis will Angaras den Tod seines Bruders an Gawein rächen. Da sich der Artusritter nur mit dem Schachbrett verteidigen kann, beendet der Hausherr den Kampf, verpflichtet Gawein aber, den Gral zu suchen (vgl. »Parzival«) (B11b). Gawein rettet auf Bitten einer Dame ein ganzes Geschlecht, das durch frühere Untaten von Gott verurteilt wurde (B11c). Schließlich wird Gawein in einen Racheakt des Lohenis verwickelt (B12), der außerordentlich geschachtelt erzählt wird und in dessen Geschehnissen sowohl eine Verbindung zu Gansguoter, dem Onkel Amurfinas', als auch zu König Artus hergestellt wird. Gawein wird von Lohenis überlistet, unritterlich auf einem klapprigen Pferd zu reiten, bis er sein eigenes Roß zurückgewinnt (B12a). Im Schloß, das von Gansguoter erbaut wurde, gelingt es, Clarisanz, die Enkelin von König Artus, die mit der Mutter von Artus, Igern, dort leben muß, zu befreien. Nur die Makellosigkeit Gaweins befähigt dazu (›lit marveille‹, B12b/A7). Da Gawein seine Schwester Clarisanz, wie sich herausstellt, als Preis zur Frau gewinnt, vertagt er die Entscheidung. Da wird er von Mancipelle, die von Lohenis angestiftet wurde, aufgefordert, für ihre Herrin einen Blumenkranz zu pflücken (B12c). Das Abenteuer gelingt, da er den Drang, schlafen zu wollen, überwindet. Danach will der Ritter Giremelanz mit Gawein kämpfen. Er vertagt jedoch den Waffengang wegen der unzureichenden Rüstung Gaweins (B12d). Artus wird von Gawein gebeten, nach Salie zu kommen. Die Botschaft löst Jubel aus, da der totgeglaubte Ritter doch am Leben ist (A6a). Trotz des großen kriegerischen Aufgebots kommt es durch die Vermittlung Gaweins (B12e) zur Versöhnung zwischen Clarisanz und Giremelanz (vgl. B12b u. B12d). Alle kehren nach Karidol zurück. Ein großes Fest wird für die Hochzeit veranstaltet, und Giremelanz findet Aufnahme in die Tafelrunde (A6b/B12f).

Hier setzt nun der vorletzte Erzählabschnitt der »Crône« ein. Gawein übergibt Artus den Ring von Frau Saelde (A7/B8) und berichtet über die vergangenen Abenteuer. Bevor Gawein zur Gralsuche aufbricht, erscheint eine Jungfrau mit einem Zauberhandschuh (A8), der die Tugendhaftigkeit Gaweins und Artus' erweist (vgl. die Becherprobe am Anfang, die nur Artus als tugendhaft erwies). Die Jungfrau ist jedoch von Giramphiel in böser Absicht geschickt worden (B7d), da ihrem geliebtem Fimbeus (X3) der Gürtel mit dem Stein genommen wurde (Hintergründe dieses Geschehens). Sie verheißt, daß dem Tugendreichen der 2. Handschuh von Frau Saelde gegeben werde. Da erscheint ein Ritter auf einem Steinbock, bringt den 2. Handschuh und gibt sich als Bote von Frau Saelde aus, was nicht stimmt (A8a/B7e). Er überlistet Gawein mit Unterstützung der Gutgläubigkeit von König Artus und entwendet den Ring der Frau Saelde, den Fimbeus-Gürtel (X3a) und die Handschuhe. Er fliegt mit dem Bock weg. Ein junges Mädchen erteilt Ratschläge, wie man mit Hilfe Gansguoters wieder in den Besitz dieser Attribute gelangen könne (A8b). Gawein begibt sich zusammen mit Keie, Lanzelet und Calocreant auf die Suche, wobei er die aktive Hilfe von König Artus ablehnt (A8c).

Auf dem Weg zu Gansguoter (B13) müssen sie feindliche Ritter überwinden (B13a). Danach begegnen sie dem Riesen Baingranz (B13b), dem Bruder von Assiles (vgl. B2). Die Ritter sind in einem Gewölbe eingeschlossen und fallen in tiefen Schlaf. Ein Schwan zieht an einer goldenen Kette eine Barke, auf der ein Ritter seine Dame liebkost (B13b1). Aus dem Gespräch der beiden erfährt Gawein, wie sie an den Schlüssel gelangen können, der ihnen die Freiheit verschafft. Gawein kämpft gegen den Drachen (B13b2), der den Brunnen bewacht, und überwindet Baingranz (B13b3). Bei Gansguoter (vgl. B3e u. B12b/A7) erhält Gawein ein Panzerhemd, das jeden Zauber außer Kraft setzt, so daß ein Kampf nur durch die eigene Tüchtigkeit zu bestehen ist (B13c). Ehe Gansguoter an der Grenze des Fimbeus-Landes Abschied von Gawein nimmt, geleitet er ihn durch eine Schar feuriger Reiter (B13d), durch einen reißenden Strom (B13e) und über eine Brücke (B13f). Schließlich gibt ihm Gansguoter eine kleine Zauberlade, die Gawein bei Fimbeus gebrauchen soll (B13g). Die Jungfrau, die den Handschuh an den Artushof gebracht hatte, enttarnt die unerkannten Artusritter. Doch auch dann werden sie noch freundlich empfangen, da Fimbeus sie in Sicherheit wiegen will. Gawein schläfert mit Hilfe der Zauberlade alle ein (wer das Bild sieht, schläft ein) außer Giramphiel, Fimbeus und 3 Rittern. Da schlägt Gawein die Lade zu und begehrt den Kampf, der vor dem Burgtor stattfindet. Das Panzerhemd kann die Kraft des Steines vom Gürtel neutralisieren, so daß Gawein schließlich erneut über Fimbeus siegt (B13h/X4).

Nun brechen die Ritter zum Gral auf (B14). Sie gelangen zu einer Kreuzung, von der 4 Wege abgehen. Jeder der Ritter nimmt einen dieser Wege (B15). Gawein gelangt in das Land der Schwester von

Gansguoter (B15a), die ihm rät, nicht zu trinken und den Fimbeus-Stein bei sich zu behalten. Den Handschuh und den Ring solle er zu König Artus senden, da Gigamec auf Geheiß Giramphiels Gawein für tot erklärt habe. Gawein sucht den Weg zum Gralsland und durchquert unwegsames Gebiet, in dem er und sein Pferd leiden (B16). Fünf Erscheinungen begegnen ihm jetzt: Ein feuriger Mann treibt eine Schar nackter Frauen an ihm vorbei und geißelt diese. Er küßt das Bein Gaweins und dessen Füße und lacht (B16a). Eine alte Frau wirft ein Zauberfläschchen auf einen Baum. Der Wald brennt. Sie hatte einen von einer Frau umfangenen Ritter verfolgt, die nun beide verbrennen (B16b). Ein alter Mann ist mit einer Goldkette an einen Riesen gefesselt (B16c). Gawein reitet der Ritterschar nach und gelangt zu einem Schloß, in dem er keinen Menschen findet. Er übernachtet dort und wird köstlich bewirtet. Eine Stimme verkündet ihm, daß er der Frauen leider nicht ansichtig geworden sei (B16d). Er trifft auf ein feuriges Schwert, das den Weg zur Klause beschützt und gelangt zu einem Schloß aus Glas (B16e). Nach 12 Tagen erfolgt ein Wiedersehen mit Lanzelet und Calocreant. Keie vermochte den Gral nicht zu sehen. Er wurde eingekerkert und kann sich nur dadurch befreien, daß er 9 Ritter im Zweikampf besiegt (B16f). Auf der Gralsburg (B14) sehen die Ritter einen alten, weiß gekleideten Mann auf einem Bett. 2 schöne Jünglinge spielen auf rosenfarbigen Polstern Schach. In der Nacht bringt ein Jüngling ein Schwert und legt es vor den Alten. Wein wird kredenzt, doch Gawein trinkt nicht, während Lanzelet und Calocreant den Wein genießen, so daß sie einschlafen. Die Gralsschau beginnt: blutende Lanze, *toblier* mit 3 Tropfen Blut, eine schöne Frau mit einer Krone auf dem Haupt, die ein Reliquienkästchen trägt, gefolgt von einer still weinenden Jungfrau. In dem Kästchen befindet sich Brot, von dem der Alte ißt. Gawein erkennt in den Frauen die Schwester Gansguoters und ihre Begleiterinnen (vgl. B15a). Jetzt stellt Gawein die Frage nach der Bedeutung, die Parzival nicht hatte stellen können, so daß die lebenden Toten endlich erlöst werden. Nur die Schwester Gansguoters und ihre Begleiterinnen lebten wirklich, da Gott ihnen den Gral gab, mit dem sie den Alten erquickten. Gawein erhält das Schwert und erfährt, daß von nun an keiner mehr des Grals ansichtig sein könne.

Es folgt die Befreiung Keies mit Hilfe von Gaweins Panzerhemd (B17). Aus der Begegnung mit Angaras resultiert eine Freundschaft mit Gawein (B17a). Gawein und schließlich auch Keie kehren an den Artushof zurück (A9).

Einige Motive lassen sich auf französische Quellen wie »La Mule sans Frein«, »Lai du Cor«, »Enfances Gauvain« zurückführen. Für größere Handlungskomplexe konnten bis auf solche im »Jüngeren Titurel« nur wenige Parallelen ausfindig gemacht werden. Auch einigen Bezügen zu orientalischem Gedankengut sowie anderen Einflüssen ist man noch nicht – wie etwa bei Wolfram – nachgegangen. Die zahlreichen Probleme, den Text in der einen oder anderen Richtung hin zu interpretieren, werden zweifelsfrei, das jedenfalls zeigt sich schon jetzt, von der Datierung des Werkes abhängen, wobei die Entscheidung für eine sehr frühe Entstehung am meisten Schwierigkeiten bieten dürfte.

Literatur

Andersen, Elizabeth: Heinrich von dem Türlin's[!] ›D.C.‹ and the ›Prose Lancelot‹: An Intertextual Study. In: Arthurian Literature. Ed. Richard Barber. VII, 1987, S. 23–49.

Dick, Ernst S.: Tradition and Emancipation. The Generic Aspect of Heinrich's ›Crône‹. In: Genres in Medieval German Literature. Hrsg. Hubert Heinen u. Ingeborg Henderson. Göppingen 1986, S. 74–92 (GAG 439).

Buschinger, Danielle: Un roman arthurien allemand post-classique: la ›Couronne‹ de H.v.d.T. MA 89, 1983, S. 381–395.

Jillings, Lewis: The Rival Sisters Dispute in ›D.C.‹ and its French antecedents. In: An Arthurian Tapestry. Essays in Memory of Lewis Thorpe. Ed. Kenneth Varty. Glasgow 1981, S. 248–259.

Ders.: ›Diu Crône‹ of H.v.d.T. The Attempted Emancipation of Secular Narrative. Göppingen 1980 (GAG 258), uspr. Diss. London 1977.

Buschinger, Danielle: Burg Salîe und Gral. Zwei Erlösungstaten Gaweins in der ›Crône‹ H.s v.d.T. In: Die mittelalterliche Literatur in Kärnten. Hrsg. Peter Krämer. Wien 1980, S. 1–32 (WAGAPH 16).

Ebenbauer, Alfred: Gawein als Gatte. WAGAPH 16, S. 33–60.

Knapp, Fritz Peter: Heinrich v.d.T. Literarische Beziehungen und mögliche Auftraggeber, dichterische Selbsteinschätzung und Zielsetzung. WAGAPH 16,S. 145–187.

Schnell, Rüdiger: Recht und Dichtung. Zum gerichtlichen Zweikampf in der ›Crône‹ H.s v.d.T. WAGAPH 16, S. 217–229.

Wyss, Ulrich: Die Wunderketten in der Crône. WAGAPH 16, S. 269–291.

Zatloukal, Klaus Gedanken über den Gedanken. Der reflektierende Held in H.s v.d.T. »Crône«. WAGAPH 16, S. 293–316.

Kratz, Bernd: Die Geschichte vom Maultier ohne Zaum. Paien de masières, Heinrich von dem Türlin und Wieland. Arcadia 13, 1978, S. 227–241.

Cormeau, Christoph: ›Wigalois‹ und ›Diu Crône‹. Zwei Kapitel zur Gattungsgeschichte des nachklassischen Aventiureromans. München 1977 (MTU 57).

Ebenbauer, Alfred: Fortuna und Artushof. Bemerkungen zum »Sinn« der

»Krone« H. s. v. d. T. In: Österreichische Literatur zur Zeit der Babenber-
ger. Hrsg. von A. Ebenbauer u. a. Wien 1977, S. 25–49 (WAGAPH 10).

Reinitzer, Heimo: Zur Erzählfunktion der »Crône« H. s v. d. T. Über literarische Exempelfiguren. WAGAPH 10, S. 177–196.

Knapp, Fritz Peter: Virtus und Fortuna in der ›Krone‹. Zur Herkunft der
ethischen Grundthese H. s v. d. T. ZfdA 106, 1977, S. 253–265.

Boor, Helmut de: Fortuna in mittelhochdeutscher Dichtung, insbesondere
in der ›Crône‹ des H. v. d. T. In: Verbum et signum. Fschr. F. Ohly. Bd. 2,
München 1975, S. 311–328.

Read, Ralph R.: H. v. d. T.'s ›Diu Krône‹ and Wolfram's ›Parzival‹. MLQ
35, 1974, S. 129–139.

Kratz, Bernd: Zur Kompositionstechnik H. s v. d. T. ABäG 5, 1973,
S. 141–153.

Ders.: Die ›Crône‹ H. s v. d. T. und die ›Enfances Gauvain‹. GRM 22, 1972,
S. 351–356.

Worstbrock, Franz Josef: Über den Titel der ›Krone‹ H. s v. d. T. ZfdA 95,
1966,S. 182–186.

Wallbank, Rosemary E.: The Composition of ›Diu Krône‹: H. v. d. T. s[!]
Narrative Technique. In: Medieval Miscellany presented to E. Vinaver.
Ed. F. Whitehead u. a. Manchester Univ. Press, New York 1965, S. 300-
320.

Heller, E. K.: A Vindication of H. v. d. T., based on a Survey of his Sources.
MLQ 3, 1942, S. 67–82.

2.2.4. Prosa-Lancelot

Die Forschung weist bisher zahlreiche Detailuntersuchungen auf,
eine Gesamtstrukturanalyse liegt aber noch nicht vor. Ungeklärt ist,
welchen Umfang die deutsche Bearbeitung ursprünglich besaß – die
divergierenden Handschriftenbefunde weichen im Vergleich zur
frz. Vorlage (= Q, Druck von 1520 bzw. 1488) voneinander ab (vgl.
P zu *a* und *P* zu *k* u. *s*) –, welche Ursachen für die relativ rasche
Rezeption in Deutschland wirksam waren, welcher Rezipienten-
kreis die regional weit verbreitete Tradierung des Textes propagierte
und in welchem Verhältnis die Lantzilet-Rezeption des Ulrich Füetrer zu allen vorangegangenen Traditionszweigen steht. Umstritten
ist die Frage, ob der Text direkt auf der frz. Vorlage basiert, ob er
über eine mittelniederländische und ripuarische Fassung ins Deutsche übertragen wurde *(Tilvis)* oder ob eine Teilung der Überlieferung (mnddt. u. frz.) anzunehmen ist *(Steinhoff).*

Verglichen mit dem großen frz. Sammelwerk ist zu bemerken,
daß die »Estoire del Saint Graal« und der »Merlin«, die sonst Bestandteil des großen Zyklus' sind, in der gesamten deutschen Rezeption nicht tradiert wurden und daß in der Hs. *P* (Palatina) die

Karrenritter-Suite und der Beginn der Lancelot-Queste fehlen. Der dreibändigen Ausgabe von Kluge folgend entsprechen folgende Erzählteile der frz. Vorlage *Q* (nach der 6bändigen Ausgabe von Sommer, s. S. 86): Kluge, P I: »Lancelot propre«, Geburt, Kindheit Lancelots und Geschichte Galahots = Sommer Bd. III–IV bis S. 212; P II: »Lancelot propre«, Agravain-Erzählung = Sommer Bd. V, wird bei Kluge durch die Hs. k (= 1 Fünftel des Gesamttextes) und durch Q ergänzt; Kluge P III: »Queste del Saint Graal« und »La Mort Artu« = Sommer Bd. VI.

Zwei miteinander verknüpfte Moventien tragen die Handlung: 1. Lancelot, mit dem Taufnamen Galaad, der aus dem Geschlecht König Davids stammt, ist zwar der beste Ritter, vermag aber nicht, den Gral zu schauen, da sowohl sein Vater als auch er selbst (die Liebe zu Ginevra, der Frau von König Artus) nicht rein von der Begierde sind. Die totale Schau vermag allein sein Sohn Galaad zu erleben, Lancelot erblickt den Gral nur teilweise (daher die zwei Namen, der Rufname Lancelot und der Taufname Galaad, die auf die irdische und die sakrale Ebene hinweisen). Der Gral wird danach für keinen Menschen mehr sichtbar, die Schau ist unmöglich. 2. Der Artushof mit seinen Rittern geht an seiner eigenen Sündhaftigkeit zugrunde: a) Viele Ritter kommen bei der Suche nach dem Gral um; b) wegen der sündigen Liebe zwischen Lancelot und Ginevra, durch die König Artus in Kriege verstrickt wird, verzichtet dieser dann im Entscheidungskampf mit dem Verräter Mordred, seinem illegitimen Sohn, der das Reich usurpiert hat, auf die rettende Hilfe Lancelots und wird getötet. Eines der dominierenden Motive ist die Suche (afrz. *queste*). Ständig sind Artusritter auf der Suche nach Lancelot, der seinen Namen verschweigt, oder umgekehrt (erzähltechnisch werden viele Stationen dadurch doppelt durchlaufen). Die Suche nach *âventiuren* oder Personen und die sich gegen Ende des Werkes häufenden Träume, die gleichsam eine zukunftsorientierte Suche darstellen, unterstreichen, daß die arthurische Welt nicht in sich ruht, sondern stets sich selbst sucht. Da sie untergeht, kann sie sich offensichtlich nicht finden, sondern geht an der Begierde der Macht und unerlaubter Liebe zugrunde. Gawain wird zum Schluß der Promotor der Zerstörung, die Artus durch seine Haltung vollendet.

Inhaltsskizze

Wegen des Textumfangs können nur die Haupthandlungszüge aufgezeichnet werden, die einschneidende Handlungskonstituenten des Gesamtgefüges darstellen. Der Abriß dient auch als Grundlage für Füetrers »Lantzilet«. [P verweist auf die 3 Bände der Ausgabe von Kluge.]

P I: König Claudas überfällt das Land des Königs Ban (Aa). Ban stirbt, und die Fee vom See führt dessen kleinen Sohn Lancelot mit sich in den See. Lancelots Mutter geht darauf in ein Kloster (Ab). Lancelot wird vorbildlich erzogen, seinen Namen erfährt er jedoch nicht (A1). Bei einer Jagd erzählt ihm ein alter Ritter, dem die Ähnlichkeit Lancelots mit Ban auffällt, von dem Schicksal des Königs. Nachdem die Fee Sarayde die Vettern Lancelots, Lyonel und Bohort, aus der Gewalt des Claudas befreit hat, leben alle drei zusammen bei der Frau vom See. Lancelot möchte Artusritter werden. Die Frau vom See begleitet Lancelot, damit er am Artushof den Ritterschlag erhält, eine Bitte, die ihr Artus gewährt. Als sie sich von Lancelot und dem Artushof verabschiedet, klärt sie Lancelot darüber auf, daß sie nicht seine Mutter ist (A2). Sie fordert ihn auf, sofort nach dem Ritterschlag *âventiuren* zu suchen, allerdings werde er eine nicht zu Ende führen (X1). Während der Feierlichkeiten für den Ritterschlag sieht Lancelot den verwundeten Meliagant Jaey, dem eine Schwertspitze im Kopf und zwei Lanzenteile im Leib stecken (B). Obwohl jedem am Artushof geholfen wird, wagt, wegen der nicht absehbaren Folgen, keiner, die Waffenteile aus seinen stinkenden Wunden zu ziehen. In der Tat ist die Bedingung daran geknüpft, daß der Helfer sich an allen rächen müsse, die bekundeten, daß sie denjenigen, der ihn verwundete und den er schließlich tötete, lieber haben als ihn (dieses Motiv ausgeprägt auch bei Füetrer). Lancelot befreit den Ritter von seiner Qual und leistet den Eid. Während sie an der Tafel sitzen, kommt ein Ritter und bittet für die Herrin von Noaus um Hilfe in einem Zweikampf, der über die Rechtmäßigkeit der Forderungen des Königs von Nordhumberland entscheiden soll (C). Lancelot erklärt sich sofort bereit, das Land für die Dame zu verteidigen. Es wird vergessen, daß Arthur ihm das Schwert umgürten muß, doch Lancelot reitet von dannen. Bevor er zusammen mit Key siegt, so daß der Gegner der Dame von Noaus auf seinen Besitzanspruch verzichten muß, bezwingt Lanzelet noch zwei Ritter und den Riesen Andragais, der eine Jungfrau gefangen hält. Inzwischen hat ihm Ginevra auf Lancelots Bitten ein kostbares Schwert geschickt, so daß er ihr Ritter ist (Y).

Die erste größere *âventiure* besteht Lancelot in Dolorose-Garde (D). Dort, wo alle dorthin gelangenden Ritter getötet oder gefangen werden, ist einem Edelfräulein der Geliebte erschlagen worden. Mit Hilfe der Frau vom See, Niniennes, verschafft sich Lancelot Zutritt zu der Burg, erhält drei unterschiedlich bemalte Schilde, die ihm jeweils die Kraft von einem, zwei oder drei Rittern verleihen (D1). Diese *âventiure* muß er bestehen, darf aber aufgrund des Hinweises der Fee solange nicht am Artushof verweilen, bis er mit seinen Taten überall bekannt (seinen Namen weiß er noch nicht (A3)) geworden ist. Lancelots Ziel, das er erst später erfährt, ist, den Zauber von Dolorose-Garde zu brechen und den Ort in Joieuse-Garde zu verwandeln. Neben Kämpfen, die er auf dem Weg zu bestehen hat (darunter die Tötung eines Ritters gemäß seinem Schwur gegen Meliagant Jaey (B1); ferner stürzt nach Überwindung des 1. Tores ein kupfernes Ritterstandbild ein (D2)), und teilweise für Ginevra austrägt (Y1), erblickt er nach der Bezwingung des 2. Tores einen Friedhof, auf dessen Grabsteinen sich Inschriften von sogar noch lebenden Artusrittern befinden. Als er einen bestimmten Sargstein emporhebt, wird ihm ein Teil seiner Identität enthüllt (D3, A4). Von nun an ist es Lancelot, der ständig darum bittet, seine Identität zu verschweigen. Während in die Handlung die Suche Gawains nach Lancelot eingeblendet ist und während Artus zum Kampf herausgefordert wird, besteht Lancelot mehrere Kämpfe, ohne jedoch den Zauber von Dolorose Garde zu brechen (D4). Denn entweder muß er 40 Tage auf der Burg verweilen oder sich in den Besitz des Schlüssels des Zaubers bringen. In einer Höhle (Kupferritter, stinkender Tümpel) findet er den Schlüssel und öffnet den Schrein. Die Teufel entfliehen und der ganze Spuk ist verschwunden (sowohl der Tümpel als auch die Gräber) (D5). Wieder muß er seinem Schwur gemäß einen Ritter töten (B2).

Kern des nächsten großen Erzählabschnitts ist die Bedrohung des arthurischen Reiches durch Galahot, der die Oberherrschaft anstrebt, dann aber der treueste Freund Lancelots wird und schließlich aus Freundschaft zu diesem stirbt (E). Lancelot besteht mehrere Kämpfe (E1) und tötet gemäß seinem Schwur einen Ritter, der den Verwundeten nicht mehr liebt als den Toten (B3). Galahot ist im Land der Frau von Noaus (C1) eingefallen, die Artus um Hilfe bittet, so daß dieser mit einem Heer aufbricht. Lancelot wird bei der Frau von Maloant gefangen genommen (E2). Sie läßt ihn für den Waffengang frei, er muß aber wieder zu ihr zurückkehren. Nach heftigen Kämpfen schließen Lancelot, der seinen Namen nicht preisgibt (A5), und Galahot Freundschaft (E3). Gawain ist von seiner Suche zurückgekehrt. Galahot wird zum Vermittler der Liebe zwischen Lancelot und Ginevra (Y2), ebenso Frau von Maloant (E2a). [R1: *âventiuren* Gawains u. Hectors.] Artus muß sich auf einen Kriegszug nach Schottland begeben, um rebellierende Scharen zu unterwerfen (E4). Gawain begibt sich erneut auf die Suche nach Lancelot. [R2: *âventiuren* Gawains.] Beide treffen unerkannt aufeinander, doch Lyonel kann den Kampf schlichten. Im Kampf gegen die Sachsen und Iren wechselt Lancelot je nach Geheiß Ginevras die Fronten. Es kommt erneut zu einer Liebesvereinigung mit Ginevra (Y3). Artus wird von der Zauberin Camille in einen Kerker geworfen (E5). Die Liebe zu Ginevra macht Lancelot so krank, daß die Frau v. See ihn heilen muß (Y3a). König Artus sowie Galahot, Gawain und Goheries werden befreit. Key kann den Zauber des Sachsenfelses lösen, indem er, geleitet von einer Jungfrau, die aus der Gewalt der Camille befreit wurde, den Inhalt einer Truhe verbrennt (E5a). Galahot, der zweier Träume wegen fürchtet, seinen Freund zu verlieren (E6), gelangt mit Lancelot nach Hochfertig-Garde, einer starken Festung, die er erbauen ließ, als er noch Pläne hatte, sich des Artusreiches zu bemächtigen. Bei ihrer Ankunft stürzen die gewaltigen Mauern ein. Die Traumdeutungen ergeben, daß Galahot nicht mehr lange zu leben hat. Eine Übernahme des Reiches lehnt Lancelot ab.

Bei einem Turnier verwundet Meleagant, der ungestüme Sohn des friedfertigen Königs Bandemagus, Lancelot schwer, da er dem Lancelot den Ruhm neidet (G). Das arthurische Reich wird nun von einer falschen Ginevra bedroht (E7). Zusammen mit ihren Komplizen erhebt die Tochter eines Truchsessen Anspruch auf das Erbe der echten Ehefrau von König Artus. Artus wird während einer Jagd gefangen genommen und stimmt zu, die falsche Ginevra zur Frau zu nehmen. Ginevra wird verurteilt, aber Lancelot und Galahot befreien sie (E7a). Da Artus mit der falschen Frau zusammenlebt, fordert ihn der Papst auf, seine erste Frau wieder zu seinem rechtmäßigen Weibe zu machen. Da geschieht ein Wunder. Die falsche Ginevra und ihr Komplize werden gelähmt und beginnen zu stinken, so daß sie endlich die Wahrheit gesteht (E7b). Nach 2 Jahren u. 7 Monaten werden Artus u. Ginevra wieder vereint. Caracados entführt Gawain (E8); Lancelot, Ywain und Gales suchen ihn. An einer Weggabelung trennen sich die drei. Lancelot gelangt zu der Mutter Caracados', einer Zauberin (E8a), und vermag, anders als zuvor Ywain, einen verwundeten Ritter aus einem Holzschrein zu heben, den auf Weisung der Zauberin nur der beste Ritter herausheben darf. Lancelot erfährt, daß sein Gelübde damit erfüllt ist (B4). Lancelot besteht zahlreiche Kämpfe (E9). Zusammen mit Ywain sucht er Gawain. Er befreit Ascalon und seine Bevölkerung vom Unheil und vom drohenden Tod (E10). Im Tal ohne Wiederkehr hat die Zauberin Morgane, die Schwester von König Artus, 350 Ritter gefangen. Lancelot überwindet 4 Drachen sowie die Wächter u. mit Hilfe des Ringes der Frau vom See schwindet der Zauber (E11). Die Ritter sind frei. Doch Morgane gelingt es, Lancelot in einen Kerker zu locken. Sie verlangt den Ring Ginevras und sucht ihn zu verführen. Beides mißlingt (E11a). Sie gewährt Lancelot Urlaub, um Gawain zu befreien. Zum Jammerturm gelangt, erfährt Lancelot, daß Caracados gegen Artus gezogen ist (E8b). In der Schlacht kann Lancelot Caracados so zusetzen, daß er zur Burg flieht, wo dem Artusritter die Befreiung seiner Gesellen gelingt (E8c). Zu Morgane zurückgekehrt, vertauscht diese die Ringe (E11b). Ihre Botin meldet am Artushof, Lancelot sei tot und habe Artus mit seiner Frau betrogen (Y4). Artus schenkt dieser Lüge keinen Glauben. Galahot macht sich auf die Suche nach Lancelot, da er die Nachricht nicht wahrhaben will. Lancelot hat einen Traum, daß er nie mehr zu Ginevra zurückkehren könne (Y5). Er verfällt daraufhin in Wahnsinn und schwerste Krankheit, aus der ihn die Frau vom See erneut rettet (Y5a). Inzwischen stirbt Galahot aus Kummer um Lancelot (E12).

Die Rahmenhandlung des nächsten Erzählabschnittes bildet die Herausforderung Meleagants. Dieser hält einen Teil des Volkes von Artus gefangen und will mit Lancelot kämpfen, der aber nicht am Artushof ist. Trotz der Bemühungen Keys entführt Meleagant Ginevra (G1). Lancelot wird Augenzeuge der Entführung, kann aber nicht folgen, da ihm zweimal ein Pferd getötet wird. Um Ginevra zu sehen, steigt Lancelot auf den Schandkarren eines Zwerges (Y6). Dies trägt ihm Schimpf und Schande ein, aber der Zwerg zeigt ihm Ginevra. Ohne daß Lancelot irgendwo seinen Namen nennt (A6), weist ihm eine Jungfrau den Weg zum Land Gorre, wo er Meleagant und die Gefangenen finden soll (G2). Lancelot entschließt sich, den Weg zur Brücke vom Schwert zu nehmen, während Gawain sich für den Weg zur Verlorenen Brücke entscheidet. Lancelot widersteht aus Treue zu Ginevra den Verführungen der Jungfrau, die dadurch weiß, daß der Ritter Lancelot ist (G3). Unter Schelten wegen der Besteigung des Karrens (Y6a) geleitet die Jungfrau Lancelot zu ihrem Oheim, der einem Kloster vorsteht (X2). Wer die dortige *âventiure* bestehe, könne auch die Gefangenen befreien. Lancelot gelingt es, einen Sarg aufzuheben, in dem König Galaas liegt, der Sohn des Joseph von Arimathia, der den Gral nach Britannien brachte (X2a). In der Klosterkirche erblickt Lancelot unter der Erde in einem Gewölbe einen von Flammen umgebenen Sarg. Der Klostermann erklärt Lancelot, daß diese Aufgabe ihm nicht zustehe, da er nicht beide Aufgaben erfüllen könne (X2b). Die Erlösung von den Flammen sei einem anderen, der den Gral schauen und den gefährlichen Sitz an der Tafelrunde einnehmen werde, bestimmt. Lancelot will es dennoch versuchen und hört die Stimme aus dem Flammensarg. Sie erklärt, daß er Symeus, der Neffe des Joseph von Arimathia sei. Nur derjenige, dem die Hitze der Begierde nicht ins Herz gelangt ist und der aus seinem eigenen Geschlecht und aus dem Lancelots stamme, könne ihn erlösen. Da sein Vater nach der Heirat mit einer anderen Frau in Sünde verfiel, sei es Lancelot verwehrt, ihn zu erlösen. Auch er und sein Sohn hätten gesündigt, doch Gott habe ihm die Gnade zuteil werden lassen, auf eine Erlösung warten zu dürfen. Hier erfährt Lancelot, daß sein Taufname Galaad ist (A7). Lancelot bittet die Jungfrau, die ihn zu dem Kloster gewiesen hatte, keinem seinen Namen zu nennen (A8). Auf dem Weg zur Brücke vom Schwert, die zu Meleagant führt, muß Lancelot eine Reihe von Kämpfen bestehen, z. B. auf Geheiß einer Jungfrau einem Ritter den Kopf abschlagen (G4). Auf seinem Schwert gelangt Lancelot über die Brücke. König Bandemagus unterbricht den Kampf zwischen seinem Sohn und Lancelot (G5). Ginevra u. Lancelot sind vereint (Y7). Lancelot begibt sich auf die Suche nach Gawain zur Verlorenen Brücke. Er wird gefangen genommen und für tot gehalten. Als Lancelot hört, daß Ginevra tot sei, will er Selbstmord begehen (Y8). Schließlich klären sich alle Mißverständnisse auf. Bei der Zusammenkunft mit Ginevra präsentiert sie Lancelot den Ring Morganes (E11c). Beiden wird der Betrug Morganes offenkundig. Lancelot und Ginevra verbringen eine Liebesnacht miteinander (Y9, G6). Meleagant verdächtigt aufgrund der Blutspuren den verwundeten Key, mit Ginevra geschlafen zu haben. Auf Geheiß Ginevras kann Bandemagus den Kampf zwischen Meleagant und Lancelot beenden (G7). Ein Zwerg lockt Lancelot fort.

P II: Als Lancelot merkt, daß er ein Gefangener in einem Turm ist, weiß er, daß er von Meleagant in einen Hinterhalt gelockt wurde (G8). Gawain ist auf der Suche nach Lancelot, doch keiner weiß, wo der beste Ritter ist. Ein Zwerg auf einem Pferd, dem Ohren und Schwanz abgeschnitten sind, kommt an den Artushof. Er zieht einen Ritter, wie sich später herausstellt den Vetter Lancelots, Bohort, im Karren nach sich und bittet, daß sich jemand in den Karren setzen möge, damit der Ritter erlöst werde. Allein Gawain erklärt sich bereit und setzt sich hinzu, als sich beim 3. Auftreten eine Frau im Karren befindet, u. zwar die Frau vom See, was nachträglich bekannt wird (Y6b). Daraufhin setzen sich auch Artus u. Ginevra in den Karren, wodurch die Schmach, ein Karrenritter zu sein, beendet ist. Trotz Lancelots Gefangenschaft ermöglicht ihm die Schwester Meleagants, am Turnier teilzunehmen (G9), in dem er den Willen Ginevras befolgt und sich sogar besiegen läßt (Y10). Zurückgekehrt sperrt ihn Meleagant noch sicherer in einem von Wasser umgebenen Turm ein. Nachdem ihn die Schwester befreit hat, kann Lancelot Meleagant töten (G10). Danach fordert der Neffe Meleagants Lancelot zum Kampf heraus (G11). [R3: *âventiu-*

ren Bohorts.] Auf dem Weg dorthin muß Lancelot mit Feinden Ginevras oder Verwandten Meleagants kämpfen und Meleagants Schwester befreien, die verbrannt werden soll (G10a). Er besiegt auch Argondras (G11a). Auf einem Turnier am Artushof will ein Ritter Ginevra entführen, doch Lancelot und eine alte Frau, die Lancelot zuvor den Weg gewiesen hatte, verhindern dies. Er muß mit der Alten mitgehen (H). Er ist schwer verwundet, so daß der Artushof glaubt, er sei tot, doch kann Lancelot dem Artushof eine Nachricht übermitteln (H1). [R4: zahlreiche *âventiuren* von Artusrittern, die Lancelot suchen, bes. von Gawain, aber auch Key u. Ywain; sodann speziell von Agravant, Gwerehes, Gaheries.] An einer Quelle vergiftet sich Lancelot, so daß er totkrank wird und ihm die Haare ausfallen (H2). Seine Vettern, die ihn sehen, bedauern ihn. Lancelots Pflegerin wird aus Liebe zu ihm krank, so daß er zu sterben droht. Ginevra gibt ihm die Erlaubnis, mit dem Mädchen zu schlafen, damit er geheilt werde (H3). Das Mädchen verzichtet und schwört ewige Keuschheit aus Liebe zu Lancelot. Er folgt der Alten und hilft 5 Brüdern, die sich gegen ihren Vater, den Herzog Calle erhoben haben und tötet den Herzog. Die Brüder hatten aber verschwiegen, daß auf der gegnerischen Seite 3 Artusritter kämpften (H4), die sie gefangen nahmen. Die Ritter werden freigelassen und die Alte enthebt Lancelot aller weiteren Verpflichtungen. Sein Name darf jedoch nicht genannt werden (A9). Lancelot und Lyonel trennen sich. Während Lancelot schläft, finden ihn die Königin von Sorestan sowie die Zauberinnen Morgane und Sybille, die ihn als Geliebten haben wollen (I). Eine Dienerin befreit ihn (I1), doch muß er ihr helfen, die geplante Heirat mit dem Bruder der Königin von Sorestan zu verhindern (I1a). In einem Turnier hilft er König Bandemagus (G). Ermüdet folgt er einer Dame, die ihm ein schönes Kleinod zeigen will. Er gelangt nach Corbenic (X3), wo er eine Frau aus dem heißen Wasser befreit, was Gawain zuvor nicht gelungen war. Auch hebt Lancelot einen Sarg. Aus der Grube schießt ein Drache, dessen giftiges Feuer Lancelots Waffen und Rüstung verbrennt (X3a). Er tötet den Drachen und gibt dadurch König Pelles von Foraine den Besitz wieder zurück, der ihm erklärt, daß das Land, das durch Krieg in fremde Hände und ins Verderben gestürzt sei, noch auf seine Befreiung harre. Die wundersame Gralspeisung ermöglicht das Festmahl (X3b). Brisane, die Tochter von König Pelles, gibt Lancelot einen Trank, so daß er glaubt, Ginevra liege neben ihm. Durch diesen Trug zeugt Brisane mit Lancelot den Sohn Galaad (X3c). Zornig verläßt er Corbenic und besteht mehrere Kämpfe (J). Er geht in den Verlornen Wald (J1) und wird von einer tanzenden Schar in ihren Bann gezogen. [R5: eingeschoben *âventiuren* von Ywain u. Bohort, die auf der Suche nach Lancelot sind.] Als das Bild eines Königs zerbricht, löst sich der Zauber u. Lancelot reagiert wieder normal. Auf seinem Weg wird Lancelot in eine Schlangengrube geworfen, aus der ihn ein Mädchen befreit (J2). Er besiegt einen Ritter, der einer Jungfrau den Kopf abgeschlagen hat (J3), befreit das Mädchen (J2a), das verbrannt werden soll, und verhindert erfolgreich die Heirat der Dame mit dem Bruder der Königin von Sorestan (I1b). Lancelot begibt sich zum Turnier nach Kamalot. Dort kommt es zweimal zur Liebesvereinigung mit Ginevra (Y11). Da Artus Lancelot wegen seiner Erfolge lobt, nährt er den Haß der Artusritter gegen Lancelot.

Rahmen des nächsten Erzählabschnitts ist die Suche Lancelots, Gawains, Bohorts und Gaheries' nach 4 Artusrittern, die nicht nach Kamalot zurückgekehrt sind (K). Auf der Suche befreit Lancelot erst Mordred (K1), dann Ywain (K2), die aus Haß gegen alle Artusritter gefangen genommen wurden. Die 6 Ritter trennen sich. Lancelot hilft einer Jungfrau (K3), befreit 300 Ritter und viele Artusritter, darunter Lyonel und Hector, aus der Gewalt des Bruders des Riesen Carados (K4). Er tötet einen raubenden Ritter (K5) und geht auf die Suche nach seinem Halbbruder Hector (K6). Durch den Betrug eines Mädchens wird er erneut der Gefangene Morganes, die ihn für den Rest des Lebens bei sich behalten will. Während der Gefangenschaft malt er seine Liebesgeschichte mit Ginevra an die Wand (E11d). Nachdem er sich aus der Haft befreit hat, kann er Lyonel aus der Gefangenschaft bei König Vagor retten (K7). Er trifft auf den Artusritter König Bandemagus und will dann das Abenteuer im Sorgenwald bestehen (K8). Auf dem Weg muß er gegen einen Burgherrn kämpfen, der 14 Artusritter gefangen hält, darunter Gawain, Ywain und Hector. Wie sich herausstellt, ist es Bohort, der unwissentlich seine Gesellen festhielt (K9). Lancelot zieht weiter zum Sorgenwald (K8a). Er findet einen Sarg, in dem der kopflose Leichnam seines Großvaters Lancelot liegt. Ihm gelingt es, den Kopf aus dem siedenden Wasser zu bergen (X4). In der Kapelle öffnet er einen Bleisarg, in dem Lancelots Großmutter Marche liegt. Er erfährt, daß nur ein reiner Ritter, der auch den Gral schauen werde, das siedende Wasser beseitigen könne (X4a). Sein Großvater habe die Frau seines Neffen geliebt, die ein geistliches Leben führte. Als er sich in der Fastenzeit im Büßerhemd an einer Quelle laben wollte, schlug ihm der Neffe das Haupt ab. Daraufhin habe das Wasser zu kochen begonnen, so daß der Neffe das Haupt nicht herauszuheben vermochte. Der Neffe sei von der einstürzenden Burgmauer erschlagen worden, und die Frau sei noch am gleichen Tage gestorben. Der Vater von Lancelot, der ebenfalls Ehebruch begangen habe, hätte es nur vermocht, einen Sarg über den kopflosen Leichnam zu stülpen (X4b). Lancelot besteht weitere Kämpfe (K10), sieht, wie ein weißer Hirsch mit 6 Löwen vorbeizieht (K11), befreit den gefesselten Mordred (K12), sieht erneut den weißen Hirsch und begibt sich mit Mordred zu dem festgesetzten Turnier. Mitten im Wald stoßen sie auf einen Sarg, an dem ein weiß gekleideter alter Mann betet. Dieser prophezeit, daß Mordred seinen Vater töten und die Tafelrunde zerstören werde (Z1). Mordred erfährt, daß er einen anderen zum Vater habe, als er bisher glaubte. Wer dies ist, bleibt ihm verborgen, doch sei der Drachentraum im Münster zu Kamalot an die Wand gemalt (Z1a). Mordred tötet den Alten. Unbemerkt kann Lancelot den Brief, den der Tote in der Hand hält, an sich nehmen. Darauf steht, daß König Artus der Vater von Mordred sei. Lancelot will Mordred umbringen, unterläßt es dann doch. Nachdem Lancelot auf dem Turnier siegreich gekämpft hat, stiehlt er sich heimlich von dannen (K13). Er trifft Bohort, doch sie werden getrennt, so daß sich Lancelot auf die Suche nach ihm macht (K14). [R6: zahlreiche *âventiuren* von Bohort eingeschoben, der auch zu König Pelles gelangt.]

Lancelot besteht zahlreiche Kämpfe (K15) und trifft auf Key, dessen Rüstung er sich anlegt, so daß er, ohne es zu wissen, gegen Hector und Ywain kämpft (K16). Zornig über sich selbst, daß er gegen seine eigenen Gesellen die Waffe richtete, geht er seines Weges und trifft die keusche Jungfrau wieder (H3a). Beim Pfingstturnier in Kamalot fehlen von den 150 Artusrittern noch 12. Lancelot kämpft unerkannt mit Gawain. Im Münster erblickt er das Drachenbild (Z1b), doch schreckt er erneut davor zurück, Mordred zu töten. Brumal, der Neffe von König Claudas (Aa), setzt sich aus Hybris auf den Sorgensessel an der Tafelrunde. Ein geräuschlos herabfallendes Feuer verbrennt ihn (X5). Auf dem Turnier kämpfen nur Bohort, Lyonel und Hector, Lancelots Verwandte, so daß Gawain als der beste Ritter gilt. Nun beschließt Lancelot, gegen König Claudas zu kämpfen, der ihn des Erbes beraubt hat (Aa1). Ausführlich werden Claudas Vorbereitungen zum Krieg geschildert. Inzwischen bringt Bohort Grüße von König Pelles, Lancelot solle sich seinen Sohn ansehen (X3d). Der Kriegszug in Flandern bringt hohe Verluste (Ac). Es kommt zum 1. Gefangenenaustausch, durch den Lyonel zurückkehrt. Claudas schließt keinen Frieden, da er auf die Unterstützung durch das römische Heer wartet. Plötzlich erscheint die Mutter Lancelots, die ihn vor ihrem Tode noch einmal sehen möchte (Ab1). Die Frau vom See warnt das Artusheer vor den Römern, so daß der Überfall verhindert werden kann (Aa2). Es findet der 2. Gefangenenaustausch statt. Das Heer befindet sich in Frank reich. In Gaule will der Graf Floren das führungslose Reich an sich reißen. Nach schweren Verlusten wird ein Zweikampf zwischen ihm und Artus verabredet, bei dem Artus siegt (Aa3). Der Krieg ist beendet, Claudas flieht. Am 3. Tag nach der Übergabe der Burg König Claudas' trifft die Mutter endlich mit Lancelot zusammen (Ab2). 8 Tage später stirbt sie. Hector wird König von Benoic, Lyonel von Gaule, Lancelot und Bohort schlagen die Krone aus (Aa4). Am Pfingsthoftag erscheint Brisane mit dem Sohn Galaad. Durch eine List glaubt Lancelot erneut, daß Ginevra und nicht Brisane bei ihm liege (X3e). Ginevra, die von dem Beisammensein erfahren hat, weist Lancelot unter Drohungen ab (Y12). [R7: 32 Artusritter suchen Lancelot 2 Jahre vergeblich. Parceval wird zum Artushof gebracht. Abenteuer Hectors. Parceval erscheint der Gralkelch.] Daraufhin wird Lancelot wahnsinnig, eilt davon, magert ab und verliert seine Haare (Y12a). Er gelangt nach Corbenic, wo ihn zunächst keiner erkennt, da man vom Artushof hörte, er sei tot. Der heilige Gral heilt ihn (X6). Das Angebot König Pelles', Reich und Gut in Besitz zu nehmen, lehnt Lancelot ab, um unerkannt bei den Menschen weilen zu können (X6a). Er bittet, ihn auf eine einsame Insel zu bringen. Zusammen mit Brisane lebt er dort (X6b). Dann läßt er sich einen Schild fertigen, auf dem eine Königin mit einem vor ihr knieenden Ritter abgebildet ist. Er kämpft mit jedem Ritter, der sich nähert. Dabei gelangen Parceval und Hector, die sich über das Wiedersehen freuen, zu der Insel. Als Lancelot beschließt, zu Artus zurückzukehren, soll sein zehnjähriger Sohn mit ihm gehen. Doch dieser muß noch 5 Jahre im Kloster bei der Äbtissin, der Schwester von König Pelle, bleiben (X6c). Es wird prophezeit, daß er der Gralritter sei.

P III: Es werden am Artushof für ein Fest alle Vorbereitungen getroffen. Lancelot schlägt seinen Sohn, der ihm sehr ähnlich ist, im Kloster zum Ritter (X6d). Die 3 Vettern verhüllen inzwischen mit einem Seidentuch die Inschrift des Sorgensessels. Neben dem Palast von König Artus finden sie eine Säule aus rotem Marmor, aus der Wasser fließt. Derjenige, der der beste Ritter sei, könne das Schwert herausziehen (X7). Gawain und Parceval versuchen es vergeblich, Lancelot lehnt von vornherein den Versuch ab (X7a). Beim Festmahl schließen sich plötzlich alle Türen und Fenster. Ein weißgekleideter Alter führt einen rotgekleideten Ritter ohne Schwert herein. Galaad setzt sich auf den Sorgensessel und zieht das Schwert aus der Säule (X7b). Es wird ein Turnier veranstaltet, da die Artusritter, die sich auf die Gralsuche begeben wollen, nie mehr in dieser Weise vereint sein werden. Ginevra merkt, daß Galaad der Sohn Lancelots ist (X6e). Beim Vesperessen ertönt ein Donnerschlag. Der heilige Gral, getragen von unsichtbaren Wesen, erscheint, speist die Tafelrunde und verschwindet (X8). Alle geloben, den Gral zu suchen. Artus ist noch betrübt über die bevorstehende Auflösung der Artusrunde, denn viele werden ihr Leben verlieren. Galaad erfährt von Ginevra, wer sein Vater ist (X6f).

Der nächste große Erzählabschnitt widmet sich der Gralsuche (L). Galaad erlebt mehrere *âventiuren:* der weiße Schild mit dem roten Kreuz, den keiner tragen kann (L1, X9); der Sarg, aus dem nach der Öffnung der Teufel entflieht (L2, X9a) (hier erfährt Galaad, daß der Sarg die Härte der Welt sei, die Christus weich mache; der Leichnam, den man bestattet habe, sei die Verhärtung des Volkes durch die Sünde; die entkräftete Stimme aus dem Sarg gehöre zu Pilatus, die gesamte *âventiure* sei die Passion Christi); Begegnung mit Meliant, dem Sohn des Königs von Dänemark, der durch seine Hybris auf den Weg der Sünde geriet (L3, X9b); Befreiung der 7 Jungfrauen, die 7 Jahre lang durch ihre 7 Brüder gefangen gehalten wurden, was Hölle und 7 Todsünden bedeutet (L4, X9c). [R8: Gawain ist nicht zur Buße u. Umkehr bereit.] Auf der Suche treffen Lancelot und Parceval auf Galaad, mit dem sie unerkannt kämpfen (L5). Lancelot gelangt allein zu einem Steinkreuz (L6, X10). Er sieht eine Marmorsäule und einen Brief. Ein Altar ist von Kerzen erleuchtet. Lancelot kann nicht sprechen. Er sieht einen Kranken, der sehr leidet. Er weiß nicht, ob dies ein reales Geschehen ist. Da hört er eine Stimme. Lancelot sei härter als Stein, viel bitterer als Galle, viel nackter als ein Feigenbaum. Deshalb hätte er es nicht wagen dürfen, an diesen Ort zu kommen. Er solle sich fortscheren, da er unkeusch sei und Todsünden begangen habe. Lancelot beginnt ein Leben als Büßer (L7). [R9: zuvor werden die verschiedenen Versuchungen geschildert, die Parceval, der nach Galaad sucht, auferlegt sind.] Ein Einsiedler unterweist Lancelot, was Reue sei. Sein Leben wird ihm erneut gedeutet. Er muß die Gnade Gottes erfahren und darf weder Fleisch essen noch Wein trinken (L7a). Im Pilgerhemd macht er sich auf den Weg (Begegnung mit Jungfrau) und träumt vor einem Kreuz. Bei einem Einsiedler beichtet er. Der Traum wird ihm genealogisch gedeutet (L7b). Nach einem Turnier, wo er sogar gefangen genommen wird, erlangt er die Freiheit und träumt erneut unter einem Apfelbaum. Eine Klausnerin deutet ihm das Turnier und den Traum (L7c). Eingeschlossen vom Wasser bittet Lancelot Gott um Hilfe. [R10: längere *âventiuren* Gawains u. Hectors. Träume. Aufklärung, warum ihnen der Gral versagt bleibt. Tod Ywains durch Gawain. Zahlreiche Begegnungen Bohorts u. Lyonels. Träume. Kampf zwischen Bohort u. Lyonel in Anlehnung an das Motiv von Kain u. Abel. Begegnungen Galaads, der mit Parceval, Bohort und der Schwester Parcevals zusammen ist. Schwert u. Tod der

Schwester Parcevals.] Lancelot erhält den Auftrag, ein Schiff ohne Segel und Ruder zu besteigen. Im Schiff findet er tot die keusche Schwester Parcevals (L7d). Zum letzten Male sind Vater und Sohn vereint, da Galaad sein Schiff besteigt. Erst am jüngsten Tag werden sie sich wiedersehen (L7e, X11). Lancelot landet vor der Burg Corbenic. Hier darf er als Büßer einen Teil des Grals schauen. Als er aber in das heilige Geschehen eingreifen will, um zu helfen, wird er fortgestoßen (L7f, X12). 14 Tage ist er danach ohne Bewußtsein – das Äquivalent für seinen 14jährigen Dienst für den Teufel. König Pelles weiß von dem gescheiterten Versuch Lancelots, den Gral zu schauen. Der Gral sendet seine Speise. Hector, ebenfalls auf der Gralsuche, war vor der Burg Corbenic abgewiesen worden (L8). Lancelot sieht in einem Kloster eine Inschrift, die ihm sagt, daß König Bandemagus (G) von Gawain getötet worden sei. Er kehrt an den Artushof zurück. Inzwischen wird berichtet, wie Galaad den Gral findet (X13). Der leidende König Morderas kann sterben; Galaad vollzieht die Stationen Lancelots nach und erlöst den brennenden Sarg; auf Corbenic sind Parceval u. Bohort mit Galaad, doch nur Galaad darf den Gral in seiner ganzen Bedeutung erfassen, die anderen nur teilweise; eine Hand greift den Gral und holt ihn in den Himmel, damit keiner ihn mehr schauen kann. Nach der mystischen Schau stirbt Galaad, dessen Leben sich damit erfüllt hat. Parceval wird Mönch und stirbt 1 Jahr u. 2 Monate danach. Am Artushof zieht der König Bilanz dieser Suche. 38 Ritter sind nicht zurückgekehrt, davon hat Gawain 18 getötet (L9).

Der letzte Erzählabschnitt wird damit eingeleitet (M), daß sich Lancelot, ohne Vorsicht walten zu lassen, ganz seiner Liebe zu Ginevra hingibt (Y12). Der Bruder Gawains, Agravant, merkt dies und bezichtigt ihn des Ehebruchs bei Artus (Y13). Die Liebesbeziehung kann dadurch vertuscht werden, daß Lancelot beim Turnier den Ärmel des Fräuleins von Challot trägt und daß jeder weiß, daß er mit Brisane Galaad gezeugt hat. Lancelot geht fort und man sucht ihn, denn im Turnier ist er von Bohort verwundet worden (M1). Als sich Artus verirrt, gelangt er zu seiner Schwester Morgane und sieht dort die Bilder, die Lancelot an die Wand gemalt hat (E11e). Lancelot wird zweimal daran gehindert, am Turnier des Artushofes teilzunehmen, zuletzt dadurch, daß sein Bein statt des zu erlegenden Hirsches durch einen Pfeil getroffen wird. Während Ginevra Lancelot wegen des Fräuleins von Challot zürnt (Y14), bahnt sich der Untergang des Artusreiches an. Avalant haßt Gawain (M2). Er will ihm eine vergiftete Frucht reichen, um ihn zu beseitigen. Doch Gawain gibt sie an Ginevra weiter, die sie Gaheries reicht. Dieser stirbt auf der Stelle. Ginevra wird des Mordes an Gaheries bezichtigt

(M2a). Bohort u. Lyonel suchen Lancelot, da nur er in dieser Lage helfen kann. Lancelot findet das Fräulein von Challot tot in einem Schiff. Sie ist aus Kummer über ihre unerfüllte Liebe zu Lancelot gestorben. Dadurch ist Artus in seiner Auffassung bestätigt, daß die Indizien für eine Treue Lancelots zu Ginevra sprächen. Ginevra jedoch ist verletzt, da sie Lancelot für untreu hält (M2b). Mador fordert Rache für seinen getöteten Bruder Gaheries. Lancelot wird gesucht und kämpft schließlich für Ginevra siegreich, so daß sie von der Anklage des Mordes befreit wird (M2c). Die Liebe zwischen beiden (Y15) wird nun auch Gawain und seinen 4 Brüdern offenkundig. Ebenso bestätigt Mordred diese sündige Liebe. Agravant überrascht den Liebhaber (Y16). Durch ihn und Morgane beginnt nun der Krieg ohne Ende (M3). Trotz des Versuchs, die Liebesnacht zu verschleiern, wird Ginevra gefangen genommen, Lancelot flieht. Die Königin soll verbrannt werden (M4), aber Lancelot befreit sie und tötet Agravant und Gaheries. Damit hat er sich endgültig die Feindschaft König Artus' und Gawains zugezogen (M4a). Lancelot bringt Ginevra auf die Burg Joieuse-Garde (ehemals Dolorose-Garde) (D), die ihm gehört. Alle Krieger, die ihm gedient haben, werden versammelt. Alle Versuche, Artus davon abzubringen, den Krieg gegen ihn zu eröffnen, schlagen fehl (M4b). Gawain ist hier die treibende Kraft gegen Lancelot. Auch die Prophezeihungen vom Tod Artus' und Gawains halten den Krieg nicht auf. In den heftigen Kämpfen wird allein Artus geschont (M4c). Der Papst droht mit dem Bann, wenn Artus seine Frau nicht wieder zu seiner rechtmäßigen Ehefrau mache, nachdem Lancelots Liebe zu ihr nicht augenscheinlich erwiesen sei (M4d, Y17). Lancelot ist bestrebt, ihre Schande und seine Untreue zu verhüllen. Er gibt Ginevra Artus zurück und verpflichtet sich, England zu verlassen. Damit ist der Krieg beendet (M4e). Auf Drängen Gawains sammelt Artus erneut sein Heer, vertraut Mordred seine Ehefrau an und übergibt ihm für die Zeit seiner Abwesenheit die Schlüsselgewalt (Z2). Der lange Kampf bringt keine Entscheidung. Da bietet Gawain an, daß er und Lancelot sich im Zweikampf messen sollten, um den Krieg zu beenden. Obwohl versichert wird, daß Lancelot den Bruder Gawains nicht hinterhältig getötet habe, obwohl Lancelot anbietet, mit Hector Gawain zu dienen bzw. als Büßer 10 Jahre lang umherzugehen, läßt sich Gawain nicht erweichen (M5). Nach heftigem Kampf, in dem Lancelot letztlich die Oberhand behält, bricht dieser den Kampf ab. Während Artus Lancelot wegen seines fairen Verhaltens lobt, wird er von Hector gescholten.

Eines Morgens wird Artus gemeldet, daß die Römer in das Land eingefallen seien. Auf Anraten von Gawain nimmt Artus diese Herausforderung an und stellt sich zum Kampf. Die Römer erklären das Reich von Artus zu ihrem Land und wollen Floren rächen (Aa3a). Nach heftigem Kampf, in dem Key stirbt, fliehen die Römer, die durch den Tod ihres Kaisers führerlos geworden sind. Am Tag des Sieges überbringt ein Bote Ginevras die Nachricht vom Verrat Mordreds, der das Reich usurpiert habe und Ginevra zur Frau nehmen wolle (Z3). Gawain beklagt, daß Lancelot durch seine Torheit verloren wurde, bittet Artus aber, ihn durch seine Klugheit wiederzugewinnen. Auf dem Weg nach Douvre stirbt Gawain (M6). Trotz der warnenden Träume (Gawain, Glücksrad) und trotz der von Merlin stammenden warnenden Inschrift, daß das Königreich von Logres seinen König verlieren werde, zieht Artus gegen Mordred zu Felde. Vater und Sohn töten sich gegenseitig in dem unerbittlichen Kampf (Z4). Nur zwei Ritter der Tafelrunde bleiben am Leben. Der zu Tode getroffene Artus betet in einer Kapelle und drückt aus Liebe den einen Überlebenden (Lukas) zu Tode (M7). Dem letzten lebenden Artusritter, Girflet, trägt Artus auf, sein Schwert Escalibort in den See zu werfen. Girflet will Artus täuschen und überwindet sich erst beim dritten Versuch, sich des Schwertes zu entledigen (M8). Als er das Schwert ins Wasser wirft, greift eine Hand nach der Waffe, schwingt sie dreimal in der Luft und zieht sie dann mit sich in die Tiefe (Z5). Auf einem Schiff, auf dem sich auch Artus' Schwester Morgane befindet, entschwindet der sterbende Artus. Auch Girflet stirbt am Ort der Beisetzung von König Artus, so daß kein Artusritter außer Lancelot den Krieg überlebt hat (M9). Lancelot unternimmt auf den Rat von Bohort einen Kriegszug gegen die Söhne Mordreds. Dabei erfährt er, daß Ginevra gestorben ist. Im Krieg siegt Lancelot. Er erfährt, daß Lyonel getötet wurde. Ziellos umherirrend gelangt er zu einer Kapelle. Er und Hector werden Mönche; Lancelot stirbt nach 4 Jahren (M10). Sein Leichnam wird zu Galaad in Joieuse-Garde gelegt. Von Ginevra wird nachgetragen, daß sie in ein Kloster eingetreten sei, wobei ihr Aufnahme erst gewährt worden sei, als der Tod von Artus gemeldet wurde. Vor der letzten Schlacht von Lancelot sei sie gestorben.

Die Vielfalt der interpretatorischen Probleme, die der »Lancelot« durch seinen außerordentlichen Handlungsreichtum aufwirft, lassen sich gegenwärtig noch nicht zusammenfassen, da die Erforschung des deutschen wie auch des französischen Textes noch am Anfang steht. Mehrere Fragen drängen sich dem Interpreten auf: warum erlebt Galaad die mystische Schau des Grals, ohne daß diese irgendwelche Konsequenzen für den irdischen arthurischen Bereich besitzt? Bei Wolfram gelingt es Gawan und Parzival gemeinsam, Immanenz und Transzendenz im Erlösungswerk wieder in Einklang zu bringen. Im »Lancelot« stirbt Galaad und die arthurische Gemeinschaft wird zerstört. Sie kann also nicht erlöst werden (eine Antithese zu Wolframs »Parzival« und zu Wirnts »Wigalois«?), weil Immanenz und Transzendenz keine Symbiose eingehen, sondern getrennt bleiben. Die arthurische Welt ist also nicht fähig, Rittertum und Minne mit den religiösen Geboten zu vereinen. Problematisch in diesem Zusammenhang ist vor allem, daß Lancelot zum besten Ritter nur dadurch wird, daß er in sündiger Liebe (so schon sein Vater u. Großvater) die Ehefrau von König Artus, Ginevra, begehrt. Er zeugt seinen Sohn Galaad, der den Gral schauen darf, in dem Glauben, mit seiner Geliebten Ginevra zu schlafen. Galaad ist das Produkt einerseits einer verbotenen Liebe, aus der die immense ritterliche Tatkraft Lancelots erwächst, andererseits eines Liebesbetrugs durch Brisane, der Tochter des Gralburgherrn von Corbenic. Eine heilbringende Erlösungsfunktion hat Galaad nicht. Die ritterlichen Befreiungsakte laufen ins Leere, denn am Schluß steht die totale Vernichtung. Lediglich die Abkehr vom Rittertum durch mönchisches Dasein, die am Schluß steht, weist wohl einen Weg aus dem immanenten Chaos.

Kaum untersucht sind bisher die Symbolstrukturen, z.B. die vielen Türme, Brücken, Linden, und andere bauliche wie natürliche Objekte, die Rüstungssymbolik, die zahlreichen Verluste an Pferden sowie die Häufungen der Gefangennahmen, um nur einige wenige Bereiche zu nennen. Bedeutsam sind die Sarg-*âventiuren*, die meist einen genealogischen Aspekt enthüllen und aufs engste mit dem Gral verknüpft sind. Wenn gegen Ende des Werkes die intensive Suche nach verlorenen Artusrittern beginnt, dann kündigt sich langsam der Untergang der Tafelrunde an, die sich aufzulösen beginnt. So wenig, wie die Hinwendung zu Gott (Gralschau) Auswirkungen auf den arthurischen Bereich hat, denn Lancelot kehrt nach seinem Büßer-Dasein zu seiner verbotenen Liebe zurück, so wenig vermag auch die Gralsuche der Artusritter heilbringend für den Hof zu sein, weil viele Ritter nicht nur umkommen, sondern durch ihren eigenen *gesellen* Gawain getötet werden. Wenn König Artus im entscheidenden Augenblick die Hilfe des Liebhabers seiner Frau, die ihm schon manchen Gegner vom Leibe hielt, ablehnt, und selbst gegen seinen in Sünde gezeugten Sohn Mordred kämpft, so daß beide sich gegenseitig töten, dann ist dies ein fast seitenverkehrtes Spiegelbild der Lancelot-Handlung.

Literatur

Schröder, Werner (Hrsg.): Schweinfurter ›Lancelot‹-Kolloquium 1984. Berlin 1986 (WS 9) [Aufsatzsammlg.]
Buschinger, Danielle (Hrsg.): Lancelot. Actes Du Colloque des 14 et 15 Janvier 1984. Göppingen 1984 (GAG 415) [Aufsatzsammlg. über Lancelot-Texte, einschließ. Ulrichs »Lanzelet«].

Keinästö, Kari: Die Nahtstellen der Handlungsabschnitte im mhd. Prosa-Lancelot. Ihre Lexik und Syntax. Neophilologica Fennica. Ed. Seena Kahlas-Tarkka u. a. Helsinki 1987, S. 143–175.
Blamires, David: The German Arthurian Prose Romances in their Literary Context. In: The Changing Face of Arthurian Romance. Essays on Arthurian prose Romances in Memory of Cedric E. Pickford. Ed. Alison Adams [u. a.]. Woodbridge 1986, S. 66–77.
Welz, Dieter: Negation höfischer Kommunikationsformen in der mhd. ›Gral-Queste‹ oder Lanzelot als Pönitent. In: Höfische Literatur, Hofgesellschaft, höfische Lebensformen um 1200. Hrsg. Gert Kaiser u. Jan-Dirk Müller. Düsseldorf 1986, S. 333–361.
Ertzdorff, Xenia von: Liebe – Ehe – Ehebruch und der Untergang des Artus-Reichs im ›Prosa-Lancelot‹. In Liebe – Ehe – Ehebruch in der dt. Lit. des Mittelalters. Hrsg. X. v. Ertzdorff u. Marianne Wynn. Gießen 1984, S. 99–110.
Fromm, Hans: Lancelot und die Einsiedler. In: Geistliche Denkformen in der Literatur des Mittelalters. Hrsg. K. Grubmüller, R. Schmidt-Wiegand, K. Speckenbach. München 1984, S. 198–209 (Münstersche Mittelalter-Schriften 51).
Heinzle, Joachim: Die Stellung des Prosa-Lancelot in der dt. Lit. des 13. Jhs. AM 1984, S. 104–113.
Speckenbach, Klaus: Endzeiterwartung im ›Lancelot-Gral-Zyklus‹. Zur Problematik des Joachimischen Einflusses auf den Prosaroman. In: Geistliche Denkformen in der Lit. des M. A.s Hrsg. K. Grubmüller u. a. München 1984, S. 201–225.
Ertzdorff, Xenia von: Tristan und Lanzelot. Zur Problematik der Liebe in den höfischen Romanen des 12. u. frühen 13. Jhs. GRM N. F. 33, 1983, S. 21–52.
Speckenbach, Klaus: Form, Funktion u. Bedeutung der Träume im ›Lancelot-Gral-Zyklus‹. In: I sogni nel medioeva. Seminario internazionale. Roma 2–4 ottobre 1983. Ed. Tullio Gregory. Roma 1985, S. 317–355.
Ruh, Kurt: Lancelot. Wandlungen einer ritterlichen Idealgestalt. Marburg 1982 (Marburger Universitätsreden 2).
Fromm, Hans: Zur Karrenritter-Episode im ›Prosa-Lancelot‹. Struktur u. Geschichte. In: Medium Aevum deutsch. Fschr. K. Ruh. Hrsg. D. Huschenbett, K. Matzel [u. a.]. Tübingen 1979, S. 69–97.
Utz, Peter: Lancelot und Parzival. Zur Klosterepisode im ›Karrenritter‹ des mhd. Prosa-Lancelot. PBB 101 (Tüb.), 1979, S. 369–384.

Welz, Dieter: Poetry and Truth: On two Episodes of the Medieval ›Prose-Lancelot‹. Euph. 73, 1979, S. 121−131.

Haug, Walter: ›Das Land, von welchem niemand wiederkehrt.‹ Mythos, Fiktion und Wahrheit in Chrétiens ›Chevalier de la Charrete‹, im ›Lanzelet‹ Ulrichs von Zatzikhoven und im ›Lancelot‹-Prosaroman. Tübingen 1978 (Untersuchungen zur dt. Litgesch. 21).

Krawutschke, Peter Wilhelm: Liebe, Ehe und Familie im dt. ›Prosa-Lancelot‹ I. Bern, Frankfurt, Las Vegas 1978 (EH R.1, 229).

Welz, Dieter: Lancelot im ›verlornen walt‹. Zu Struktur u. Sinn einer Episode aus dem dt. ›Prosa-Lancelot‹. ZfdA 107, 1978, S. 231−247.

Steinhoff, Hans-Hugo: Artusritter u. Gralshelden. Zur Bewertung des höfischen Rittertums im Prosa-Lancelot. In: Epic in Medieval Society. Ed. H. Scholler. Tübingen 1977, S. 271−289.

Soudek, Ernst: Studies in the Lancelot Legend. Houston 1972 (Rice Univ. Studies 58,1).

Harms, Wolfgang: Homo viator in bivio. Studien zur Bildlichkeit des Weges. München 1970 (ME 21).

Carman, J. Neale: The Conquests of the Grail Castle and Dolorous Guard. PMLA 85, 1970, S. 433−443.

Voß, Rudolf: Der Prosa-Lancelot. Eine strukturanalytische u. strukturvergleichende Studie auf der Grundlage des dt. Textes. Meisenheim am Glan 1970 [Diss. Mainz 1968].

Tilvis, Pentti: Ist der mhd. Prosa-Lancelot (= P II) direkt aus dem Afrz. übersetzt? Neuphil. Mitteilungen 73, 1972, S. 629−641.

Steinhoff, Hans-Hugo: Zur Entstehungsgeschichte des deutschen Prosa-Lancelot. In: Oxforder Colloquium 1966. Hrsg. P. E. Ganz u. W. Schröder. Berlin 1968, S. 81−95 (Publication of the Institute of Germanic Studies Univ. London).

Koch, Horst: Studien zur epischen Struktur des Lancelot-Prosaromans. Köln 1965 (Diss. Köln).

Ruberg, Uwe: Raum und Zeit im Prosa-Lancelot. München 1965 (ME 9).

Ders.: Die Suche im Prosa-Lancelot. ZfdA 92, 1963, S. 122−157.

2.2.5. Wigamur

Über den Autor des »Wigamur« ist nichts bekannt, da selbst spätere Autoren, die auf die Dichtung verweisen, keinen Verfasser nennen (Tannhäuser, Albrechts »Jüngerer Titurel«, »Friedrich von Schwaben«, Ulrich Füetrer). Unsicher ist auch die sprachliche Zuordnung: schwäbisch-fränkisches Grenzgebiet, ostfränkisch. Die Handlung läßt sich in 3 große Teile gliedern: Jugendgeschichte, Rittertum mit Identitätsfindung und Rettung der Verlobten.

Inhaltsskizze

Wigamurs Eltern nehmen an einem Turnier bei König Artus teil

(A1). Das Kind wird von einer Meerfrau mit Namen Lespia geraubt, die den Königssohn mit einer ihrer Töchter verheiraten will (B1). Eines Tages fängt Lespia ein Meerwunder, das ihren Mann erschlagen hat. Sie fesselt es und sucht bei ihren Brüdern Rat. Auf dem Weg wird sie vom Vater Wigamurs, Paltriot, gefangen. Da ihr der Tod angedroht wird, gibt sie das Versteck des entführten Knaben preis. Als der König mit ihr zu der Höhle gelangt, findet Lespia ihre beiden Töchter tot, Meerwunder und Wigamur sind verschwunden (B1a). Aus Kummer tötet sich Lespia. Das Meerwunder erzieht den Knaben, unterweist ihn jedoch nicht in der ritterlichen Kunst des Umgangs mit Schwert und Pferd. Von ihm erfährt Wigamur, daß Lespia nicht seine Mutter ist; seine Herkunft bleibt ihm unbekannt. Nur mit Bogen und Pfeil bewaffnet reitet der *tumbe* Wigamur aus. Erstmals in menschlicher Umgebung wird er Zeuge, wie eine Ritterschar eine Burg überfällt, verwüstet und die Insassen tötet. Von einem toten Ritter nimmt er sich das Roß und die Rüstung (B2). Er trifft auf Glakoteles, kämpft mit ihm, und dieser bittet nach der Niederlage, sein Mann werden zu dürfen, ein Verlangen, das Wigamur nicht versteht, da ihm die Hierarchie von Herr und Mann unbekannt ist. Er verzichtet auf eine Unterwerfung und bietet ihm *geselleschaft* an (B3). Glakoteles klärt ihn auch über die Vorgänge in der Burg auf. Da der Herr der Burg Vorbeiziehende ausgeraubt hatte, wurde er für dieses Vergehen bestraft. Wigamurs Pferd strebt zur verwüsteten Burg zurück, wo Wigamur die Königstochter Pioles findet (B4). Ihr Geliebter, König von Nordin, hatte sie zurückgelassen, um auf ein Turnier zu gehen. Sie überlebte den Überfall auf der Burg. Nachdem Wigamur Nahrung besorgt hat, gibt er sie in die Obhut eines Zwerges. Er gelangt zum Stein Aptor, wo durch das wundersame Wasser seine Tugendhaftigkeit erwiesen wird (B5). Der Wirt, der Onkel von König Artus, Yttra, fragt ihn nach seiner Herkunft, doch Wigamur kann ihm nur die Entführungsgeschichte erzählen (X1). Yttra unterrichtet ihn in den ritterlichen Fertigkeiten (B5a). Dann macht sich Wigamur auf den Weg zu Artus.

In einem Wald wird er Zeuge, wie ein Geier die Jungen eines Adlers stielt und den sich verteidigenden Adler angreift. Wigamur tötet den Geier, und zum Dank begleitet der Adler Wigamur überall hin (B6). Wo der Held auftaucht, wird er der *ritter mit dem arn* genannt. Danach begegnet er Eydes (B7), die auf der Suche nach einem Ritter ist, der am Artushof ihren Rechtsstreit mit der Schwester ihrer Mutter, Affrosydones, austragen soll. Eydes sagt, sie habe ein Land besessen, dazu eine Linde mit einer Blumenwiese und einem Brunnen, der jedem den Trank spendet, den er liebt. Wigamur, der sich bereit erklärt, für sie zu kämpfen, gelangt mit Eydes nach Karidol (A2/B7a). Artus beraumt den Kampf an, doch es kommt zu keiner Entscheidung. Eydes ist bereit, auf ihren Anspruch zu verzichten, damit Wigamur nicht zu Schaden komme. Affrosydones lenkt nicht ein. Erneut wird gekämpft, wiederum kann der Streit nicht friedlich beigelegt werden. Da gelingt es Wigamur, seinen Gegner zu besiegen. Eydes bietet ihm den Gegenstand des Rechtsstreites und sich als Preis. Beides lehnt Wigamur ab, da er nicht reich und nicht mächtig sei, keine Burg und kein Land besitze. Artus erfährt sodann, daß das Lehen eines Reiches neu zu vergeben sei (A3/B8). Da Wigamur im Turnier gesiegt hat, wird ihm von allen Rittern das Lehen zugesprochen. Auch meinen sie, daß er Eydes nun heiraten solle. Doch Wigamur schlägt das Angebot aus, Lehnsherr zu werden, weil er des Landes nicht wert sei; denn er wisse nicht, wer er sei. Er wolle aber kämpfen und keine Mühen scheuen, um bei allen bekannt zu werden. Zum Dienst sei er jederzeit bereit. Artus schenkt ihm ein Pferd, und auch Eydes belohnt ihn reichlich. Es wird ein Fest anberaumt, zu dem die Königin Ysope erscheint, um Artus um Hilfe zu bitten (A4/B9). Der Heide Marroch verwüste ihr Land, habe sie zur Waise gemacht, weil er sie liebe, sie aber einen Nichtchristen nicht zum Mann nehmen könne. Die Unterstützung wird ihr zugesagt. Wigamur und einige Ritter erkunden, wo der Kampf stattfinden soll und nehmen 3 Verwandte von Marroch gefangen, die sie Ysope schicken. Ysope erkennt, daß sie mit der Hilfe Wigamurs rechnen kann. Artus rückt mit seinem Heer heran, so daß offene Fehde angesagt wird. Die Artuskrieger besiegen das heidnische Heer, und Wigamur überwindet Marroch. Da Ysope gehört hat, daß Wigamur bereits das Land von Eydes, sie selbst sowie das Lehen ausgeschlagen habe, bietet sie ihm gar nicht erst Entsprechendes an, sondern verteilt reiche Geschenke. Wigamur erklärt danach Artus, daß er weiterziehen müsse. Er sei unbekannt (auch die Herkunft betreffend), so daß er sich durch seine Taten bekannt machen müsse (A5).

Wigamur reitet davon und gelangt in das Land Deleferant. Da der Herrscher gestorben ist, streiten sich Vetter und Onkel des Verstorbenen, Paltriot, der Vater Wigamurs, und Atroclas über das Erbe der Herrschaft (B10). Wie er erfährt, sei rechtlich gegen keinen von beiden etwas einzuwenden, doch jeder beharre auf dem Alleinbesitz. Ohne die verwandtschaftlichen Beziehungen zu kennen, schließt sich Wigamur dem Herr des Atroclas an. Bis zur Nacht wird heftig gekämpft. Um die Mannen zu schonen, wird beschlossen, die Entscheidung durch einen Zweikampf herbeizuführen. Atroclas wählt sich auf den Rat eines Getreuen Wigamur als Kämpfer und verspricht als Preis seine Tochter sowie den Besitz von 2 Burgen.

Zwar bietet sich dem Paltriot ebenfalls ein Krieger als Kämpfer an, doch der König, von dem es heißt, daß er in diesem Krieg viele zu Witwen gemacht und ihnen das Lehen geraubt habe (V. 3813–15), besteht darauf, selbst zu kämpfen. Der Konflikt zwischen Vater und Sohn scheint unausweichlich, doch Paltriot hält den Kampf zwischen einem König und einem Krieger nicht für statthaft. Er fragt daher Wigamur, wer er sei. Dieser kann jedoch nichts anderes sagen, als daß er – wie schon mehrmals – die gesamte Geschichte seiner Entführung erzählt. Der Vater erkennt seinen Sohn, und es wird auf den königlichen Rat hin ein Vergleich geschlossen. Wigamur soll die Tochter von Atroclas, Dulceflor, heiraten. Paltriot übergibt daraufhin seinem Sohn sein Reich. Nachdem beide miteinander verlobt worden sind und das Hochzeitsfest anberaumt ist, wird gemeldet, daß Dinifrogar ein Turnier anberaumt habe, dessen Sieger die Krone und sie zur Frau erhalten solle (B11). Neben vielen Rittern macht sich auch Wigamur auf, an diesem Kampf teilzunehmen, seine Verlobte soll ihm am nächsten Tag folgen. Dinifrogar hatte sich zu dieser Form der Entscheidung entschlossen, da sie von einem Heiden bedrängt wurde, der sie zur Minne zwingen wollte. Zwar erringt Wigamur den Preis, indem er u. a. Limpondrigon, den Mörder des Vaters von Dinifrogar, besiegt und nach der Sicherheitsleistung zu Atroclas schickt, doch da er schon fest gebunden ist, kommt er als Ehemann nicht in Frage. Auf dem Weg zu dem Vater seiner Angetrauten begegnet Limpondrigon der nachreitenden Dulceflor und nimmt sie in seine Gewalt (B11a). Wigamur und sein Schwiegervater machen sich auf, Dulceflor zu befreien. Auf dem Weg trifft Wigamur auf den König von Nordin, der ihm sein Leid klagt, daß Pioles von der Burg, wo er sie zurückgelassen hatte, verschwunden sei. Wigamur führt den König Nordin zu dem Zwerg, wo er Pioles einst zurückgelassen hatte (B4a). Der König Nordin bietet Wigamur angesichts der Rückgewinnung seiner Geliebten an, sein Mann zu werden. Das lehnt Wigamur strikt ab, da er ein König sei wie er selbst. Schließlich gelingt es Wigamur, Limpondrigon zu stellen und zu besiegen. Dulceflor wird befreit, und Pioles und der König von Nordin sowie Wigamur und seine Angetraute feiern das Hochzeitsfest. Ein Nachkomme sichert die Herrschaft Wigamurs.

Der »Wigamur« thematisiert zum einen die geblütsrechtliche Herrschaft. Solange Wigamur seine Herkunft nicht kennt, lehnt er die Übernahme jeder Herrschaft ab, so daß für seine Person das Geblüt eindeutig für die Legitimierung von Herrschaft notwendig ist. Wigamur meint jedoch auch, die fehlende Bindung an ein Geschlecht durch Ruhm und Ehre kompensieren zu können. Wäre er aller Orten durch seine Taten bekannt, würde er seine Unbekanntheit wett machen. Herrscher und Ehemann (Minne ist ausgeklammert) wird er aber erst, nachdem er den Vater wiedergefunden hat. Der Text zeigt deutlich das Pro und Contra von Geblüt und Rittertum für die Legitimierung von Herrschaft. Ritterruhm kann auch schädlich sein. Das zeigt sich durch das Verhalten Paltriots und des Königs von Nordin. Paltriot nimmt an einem Turnier von König Artus teil und verliert seinen Sohn, den Erben seines Reiches. Der König Nordin geht zu einem Turnier und läßt seine zukünftige Ehefrau zurück, die er durch den Überfall auf die Burg verloren zu haben glaubt. Doch auch das Geblüt ist allein kein Garant für eine Herrschaft. Atroclas und Paltriot haben beide ihrer Herkunft nach Anspruch auf das verwaiste Land, so daß nur der Zweikampf über den Besitz entscheiden kann. Allerdings wird die kriegerische Lösung des Konflikts letztlich dadurch verhindert, daß mit der Heirat Wigamurs das umstrittene Land in einer Hand familienpolitisch wieder vereinigt wird. Daß ausschließlich geblütsrechtliche Kriterien anderseits hoch gefährlich sein können, belegt vor allem das Ansinnen der Meerfrau, den Königssohn Wigamur mit einer ihrer Töchter zu verheiraten. Die Hilfe erfolgt auf gleicher Ebene durch das Meerwunder, das diesen Plan zunichte macht. Hiermit klingt auch ein durchgehendes weiteres Thema des Epos' an, nämlich das der ständischen Ordnung. Am Anfang, als er noch ganz unwissend ist, versteht Wigamur nicht, warum Glakoteles nach dem Sieg bittet, sein Mann zu sein. Wigamur erklärt ihn zum Gesellen. Doch auch am Schluß, als der König Nordin aus Dankbarkeit sein Mann sein will, lehnt der Regent das Anerbieten ab, weil der König von Nordin wie er König, eine Unterordnung also nicht statthaft sei. Solange Wigamur seine königliche Abkunft nicht kennt, ist er zum Dienen bereit. Als er König ist, weigert er sich, den Dienst Gleichgestellter anzunehmen. Der Artushof stellt zwar ein Ziel für Wigamur dar, birgt aber in sich die Gefahr für den Helden, eher eine Versuchung zu sein, seine Identität nie zu finden (vgl. Artus' Angebot, ihm einen Herrschaftsbereich trotz seiner Anonymität zu übertragen). Wigamur agiert zwar für den Artushof, aber dieser ist nur Folie für den Helden, ›bekannt‹ zu werden. Einen Stellenwert in seiner Persönlichkeitsfindung besitzt der Artushof nicht.

Literatur

Martin, Ann G.: The Concept of ›reht‹ in ›Wigamur‹. Coll. Germ. 20, 1987, S. 1–14.

Ebenbauer, Alfred: Wigamur und die Familie. AM Gießen 1984, S. 28–46.

Blamires, David: The sources and literary structure of ›Wigamur‹. In: ›Studies in medieval literature and languages in memory of Fr. Whitehead. Ed.: W. Rothwell, W. R. J. Barron u. a. Manchester 1973, S. 27–46.

Kuhn, Hugo: Wigamur. VL 4, Berlin 1953, Sp. 962–964.

Sarrazin, Gregor: ›Wigamur‹. Eine literarhistorische Untersuchung. Straßburg 1879. Rez. F. Khull, AfdA 5, 1880,S. 358–363.

2.2.6. Pleier: Garel von dem blühenden Tal

Über den Autor ist kaum etwas bekannt. Wahrscheinlich stammte er aus dem Salzburger Land. Sein Name wurde mit dem steierischen Grafengeschlecht von Plain in Zusammenhang gebracht, eine These, die heute verworfen wird. Eher deutet man ihn als Berufsnamen (»Schmelzer«), den sich der Autor als Dichterbezeichnung (vgl. »Stricker«) gegeben habe. Die These, daß er einen Gönner Wimar Frumesel (»Meleranz« V. 12766 ff.) gehabt habe, wird kaum mehr aufrechterhalten. Ein möglicher Auftraggeber ist also nicht bekannt. Die Chronologie und die Datierung der Werke ist bis heute umstritten. Möglich ist die Reihenfolge »Garel«, »Meleranz« und »Tandareis« (1260, 1270, 1280, *Herles*) oder »Garel«, »Tandareis« und »Meleranz« (1240–1270, *Kern*). Die Werke wurden verschiedentlich aufgrund von Namen und Ereigniskonstellationen in den Zusammenhang mit politischen Ereignissen, besonders mit denen des Interregnums 1256–1273, gestellt. So ist bisher noch nicht hinreichend den Thesen nachgegangen worden, ob z. B. der »Meleranz« einen Reflex der welfischen Wahl Richards von Cornwall (1257) darstellt, zu dem sich schließlich auch Ottokar II. von Böhmen (gegen den staufischen Kandidaten Alfons X. von Kastilien) entschied (vgl. die Rezeption im Tschechischen). Im »Tandareis« finden sich Anspielungen auf Alfons und Richard (V. 11928, 10155 ff.). Tandareis besiegt den König von Frankreich. Auch der »Garel« wurde in diesen Umkreis gestellt. Die Klärung dieser Fragen ist deshalb bedeutsam, weil sie Aufschlüsse über die Gründe der Rezeption der Artusdichtung im späteren 13. Jh. geben und damit sowohl die Darstellungsweise als auch die Themenstellung erklären könnte.

Immer wieder wurde darauf hingewiesen, daß der »Garel« in Abhängigkeit vom »Daniel« konzipiert wurde. Mögen auch Anspielungen und Reminiszenzen in der Handlungsführung bestehen, so ist es doch ein völlig eigenständiges Werk, schon allein deshalb, weil hier die Minne eine große Rolle spielt, die im »Daniel«

fast keine Bedeutung besitzt. Die thematische Struktur beider Epen unterscheidet sich damit stark.

Inhaltsskizze

Da Artus versprochen hat, eine Bitte zu erfüllen, muß er Ginover Meliakanz aushändigen, der mit der Königin entschwindet. Artus verfällt in maßlose Klage. Gawein und Lanzelet machen sich auf die Suche nach der Königin (A). Da erscheint der Riesenbote Charabin und übermittelt im Namen seines Herrn Ekunaver die Aufforderung zum Krieg. Ekunaver wolle sich rächen, da der Vater von Artus einst Ekunavers Vater getötet habe (B). Garel macht sich auf, um das Land Ekunavers zu erkunden (C). Er begegnet in Merchanie einem Burgherrn und seiner Tochter Sabie. Das Land ist von Gerhart verwüstet und ein Sohn getötet worden, weil Sabie ihm die Minne verweigert hat. Garel verspricht seine Hilfe (C1). Er begegnet zuerst dem Boten Gerharts, Rialt, den er besiegt und dem er auferlegt, sich in den Dienst Sabies zu stellen (C1a). Danach kämpft er mit Gerhart, den er überwindet (C1b). Dieser soll dem Burgherrn Sicherheit geben. Gerhart weigert sich angesichts der Greueltaten, die er verübt hat, und stellt sich daher in den Dienst von König Artus (X1). Rialt unterwirft sich dem Burgherrn und seiner Tochter (C1a), Garel wird Sabie und das Reich angeboten. Beides lehnt er ab. Der Burgherr verspricht den Beistand für Artus durch ein großes Heer (X2). Garel begegnet Gilan, der irrtümlich annimmt, der Artusritter sei der von ihm gesuchte Eskilabon, so daß er sofort mit Garel zu kämpfen beginnt (C2). Nachdem Garel ihn besiegt hat, verspricht Gilan, Artus im Kampf zu unterstützen (X3). Er berichtet, wie Tristan ihn von einem Riesen befreit habe und er ihm das Hündchen Petitcreiu gegeben habe (C2a). Schließlich klagt er Garel sein Leid. Seine beiden Neffen seien von Eskilabon besiegt und in Belamunt gefangen gesetzt worden, wo etwa 400 Ritter, die jedoch gut behandelt würden, das Schicksal mit seinen Neffen teilten (C3). Garel und Gilan reiten nach Belamunt, wo sie eine herrliche Blumenwiese finden, einen eingezäunten Minnegarten. Es gelingt Garel, Eskilabon zu besiegen, so daß nicht nur die Ritter, sondern auch Eskilabon befreit werden (C3a). Eskilabon erzählt nun die Geschichte dieses Gartens und der Gefangenschaft der Ritter. Als Minnedienst für seine Geliebte Claretschanze habe er den Garten angelegt und ihr versprochen, jeden Ritter, den er besiege, zu ihr zu schicken. Als sie von ihm verlangte, zum letzten Male einen Ritter zu besiegen, habe er diesen, mit Namen Friaus, zu ihr geschickt. Da Friaus sein Versprechen brach und nicht bei Claretschanze erschien, habe seine

Geliebte ihm den Lohn verweigert. Deshalb habe er die Gepflogenheit aufrecht erhalten und bisher 400 Ritter besiegt und gefangen genommen (C3b). Nun fragt Eskilabon nach der Herkunft Garels, so daß nun deutlich wird, daß Garel nicht nur mit Artus, sondern auch über seinen Vetter Parzival mit dem Gral verbunden ist (C3c). Eskilabon sagt seine Hilfe für Artus zu (X4). Da erzählt Gilan noch einmal, wie er gegen Garel kämpfte (C2). Garel lehnt den Preis für den Sieg, die Schwester Eskilabons, ab. Garel verirrt sich in einem Wald und trifft auf den Riesen Purgan, mit dem es zu einem erbitterten Kampf kommt, bei dem Garels Pferd in zwei Teile gehauen wird. Nachdem Garel den Riesen besiegt hat, schlägt er ihm den Kopf ab (C4). Da stürmt Fidegart, die Frau Purgans heran, um ihren Mann zu rächen. Garel kann auch ihr den Kopf abschlagen (C4a). Die Burg der Riesen scheint Garel menschenleer zu sein. Der Leser wird jedoch unterrichtet, daß Purdan den Sohn eines Fürsten, den er erschlagen hat, gefangen hält und Zinsleistungen erhält. Fidegart habe Duzzabel entführt, die ebenfalls gefangen gehalten wird. Es gelingt Garel, den in Ketten liegenden Chlaris mit Hilfe des Riesenschwertes zu befreien. Er erklärt Garel die Hintergründe seiner Gefangenschaft (C4b). Chlaris will Garel sein Land übergeben, doch Garel lehnt ab. Er hört, daß auch eine Zwergenschar von den Riesen unterworfen wurde (C4c). Indem Garel ein Horn bläst, kommen sie, und nachdem sie vernommen haben, daß ihre Peiniger tot sind, unterwerfen sie sich Garel. Mit Hilfe des Zwergenkönigs Albewin, der ihm einen Ring, dessen Stein die Kraft von 12 Männern besitzt, und ein Schwert gibt, vermag Garel auf einem Felsen die Tür des Verließes zu sprengen, in dem Duzzabel und 12 Frauen gefangengehalten werden (C4d). Garel erhält von Albewin ein Pferd. Inzwischen erzählt Duzzabel ihren Eltern von ihrer Befreiung. Garel geht mit Chlaris in dessen Land, wo dieser seine Hilfe für Artus zusagt (X5). Garel gelangt auf die Burg Muntrogin im Land Anferre, in die sich Laudamie mit 50 Jungfrauen eingeschlossen hat (C5). Garel erfährt, daß ihre Mutter und erbberechtigte Schwester, beide mit Namen Anfole, sowie ihr Vater, Avenis, und ihr Ritter, Galbez, gestorben seien und daß sie von einem Meerungeheuer, Wlganus, bedroht werde. Das Ungeheuer, halb Roß, halb Mann mit einer undurchdringbaren Fischhaut, verwüstet Anferre und ist deshalb so gefährlich, weil es einen Schild trägt, in dem ein Haupt eingelassen ist, dessen Anblick jeden tötet. Diese âventiure kann Garel nur mit Hilfe Albewins und seiner Zwerge bestehen. Durch Albewins Tarnkappe gelingt es, den Schild mit dem Medusenhaupt zu entwenden (C5a). Garel vermag zunächst nicht, die Hornhaut des Meerungeheuers zu durchbohren. Nach einem Gebet kann er endlich die rechte Hand, in der das Ungeheuer die Keule hält, die Füße und schließlich das Haupt zerschlagen (C5b). Albewin vergräbt das verderbenbringende Haupt (C5c). Er rät Garel, Laudamie zu heiraten. Albewin und Garel beraten, wie sie sich endgültig des Hauptes entledigen könnten, das schließlich von einem Schiffer, der dabei ums Leben kommt, ins Meer geworfen wird. Dabei wird ein ungeheurer Sturm verursacht. Bei der Hochzeit sind neben den Landesfürsten auch Chlaris und Albewin anwesend. Vom Zwergenkönig erhält Garel eine Rüstung, die aus der Fischhaut des Meerungeheuers gefertigt worden ist.

Garel zieht nun mit seinem Heer gegen Ekunaver (B1a). Ausführlich wird die Aufstellung von Garels 5 und Ekunavers 7 Heerscharen geschildert. Alle, denen Garel geholfen hat bzw. die er besiegte, bilden Heeresabteilungen, die nach und nach gegen Ekunaver kämpfen (X1–5). Ekunaver wird von Garel gefangen. Es kommt zum Friedensschluß (B1b). Garel begibt sich auf den Weg nach Britanie. Inzwischen ist Ginover dank der Hilfe Lanzilets wieder zu Artus zurückgekommen (A2). Artus hat sein Heer gesammelt und ist auf dem Weg in das Land Ekunavers (B2). Da treffen die Heere Garels und Artus' zusammen, denn Artus glaubt, Ekunavers Krieger vor sich zu haben. Nachdem Garel den Kundschafter Keie besiegt hat, kommt es zu einer Verständigung zwischen den Heeren (B2a), und Artus zieht mit Garel zum Artushof, wo Ginover auf Veranlassung von Artus alle Festlichkeiten vorbereitet hat (B3). Nach dem Fest gehen alle Beteiligten wieder in ihre Länder zurück. Auf dem Rückweg durchzieht Garel noch einmal fast alle Stationen seines *âventiure*-Weges, wo jeweils Hochzeiten stattfinden (B4/C6). Nur Gerhart, Gilan, Eskilabon und natürlich Albewin werden nicht verheiratet. Nachdem Ekunaver in sein Reich zurückgekehrt ist, stiftet er auf dem Schlachtfeld ein Kloster, woran sich auch Garel beteiligt, der nun zusammen mit Laudamie über Anferre herrscht (B5/C7).

Der »Garel« ist in der älteren Forschung fast ausschließlich auf die Parallelen zu Hartmanns, Wolframs und Wirnts Texten untersucht worden, um die Epigonalität transparent zu machen. In den wenigen jüngeren Arbeiten, die sich dem Werk interpretatorisch zuwenden, spielt vor allem die Abhängigkeit bzw. Parallelität und Divergenz zu Strickers »Daniel« eine dominante Rolle. Wenig Beachtung haben bisher die Deutungen der einzelnen *âventiuren* Garels sowie die Schlachten gefunden, die nur ca. 3000 Verse weniger umfassen als das gesamte übrige Geschehen, d.h. fast die Hälfte des Epos' ausmachen. Bedeutsam sind offensichtlich für die Konzeption und

Aussageintention des Epos' folgende Faktoren: 1. Die Entführung Ginovers, die der Herausforderung Ekunavers vorausgeht. Ihre Rückkunft wird zwar nur kurz erwähnt, aber sie erfolgt, nachdem Garel Ekunaver besiegt hat. 2. Garels Gewinnung von Verbündeten für Artus, die später unter Garel für Artus kämpfen, ohne daß Artus zugegen ist. 3. Die Konfrontation des arthurischen Heeres mit dem Garels, ohne daß Artus je Ekunavers Scharen gegenübersteht. 4. Die Stiftung eines Klosters bzw. einer Kirche am Schluß. Neben diesen zentralen Elementen sind die einzelnen Kämpfe Garels im Dienste des kaum aktiven Königs (im »Daniel« kämpft Artus selbst) so geartet, daß die Minne sowie die Herrschaftsbedrohung bzw. Tyrannis in einem engen Wechselverhältnis stehen. Erzähltechnisch ist gerade hier auffällig, wie viele Rückwendungen die *âventiure*-Kette enthält. Bezeichnenderweise nimmt mit der 4. (Riesen und Zwerge) und 5. Begegnung (Wlgan) die Fabelwelt zu, die dann im 2. Teil, den Schlachtenschilderungen, einer realistisch anmutenden Darstellung weicht. Gleichwohl deuten die Heeresformationen, die Namen, die Anordnung, wer gegen wen kämpft, wer entflieht, wer getötet wird, wohl darauf hin, daß auch diese Passagen einen symbolischen Gehalt besitzen. Dem Tenor des Werkes entspricht es, wenn der versöhnliche Schluß die Stätte der sich im Glauben vereinenden Kongregationen konstituiert. Am Bau der Kirche beteiligen sich gemeinsam Ekunaver und Garel (nicht Artus!).

Der Garel nimmt die hochhöfischen Themen von Rittertum, Minne, Ehe und Herrschertum (im Gegensatz zum »Daniel«) zwar wieder auf, wendet sie aber völlig anders. Der Protagonist agiert für König Artus, um die Bedrohung von ihm abzuwenden und ihn in seiner Vormachtstellung zu bestätigen. Er agiert zwar wie ein Vasall zum Wohle von Artus, aber die Hilfe ist, wie die der von ihm geworbenen Helfer, als Leistung für das von Artus verkörperte Gemeinwohl aufzufassen. Alle gemeinsam retten den König vor der Bedrohung, nachdem ihnen geholfen wurde, behalten aber durchaus ihre Eigenständigkeit, die dadurch dokumentiert wird, daß jeder wieder in sein Land zurückkehrt und Garel mit Laudamie ein eigenständiges Reich begründet (Daniel wird dagegen Vasall von Artus). Daß der Ehe eine wichtige Funktion zukommt, ergibt sich durch den Rahmen der Entführung der Ehefrau von König Artus und der vielen Hochzeiten am Schluß der Handlung, die eine gedeihliche Herrschaft garantieren.

Schröder, Werner: Das ›Willehalm‹-Plagiat im ›Garel‹ des Pleier oder die vergeblich geleugnete Epigonalität. ZfdA 114, 1985, S. 119–141.

Zimmermann, Günther: Die Verwendung heldenepischen Materials im ›Garel‹ von dem Pleier. Gattungskonformität und Erweiterung. ZfdA 113, 1984, S. 42–60.

Pütz, Horst Peter: Pleiers ›G. v. d. b. T.‹. Protest oder Anpassung? In: Literatur und bildende Kunst im Tiroler Mittelalter. Hrsg. Egon Kühebacher. Innsbruck 1982, S. 22–44.

Kern, Peter: Die Artusromane des Pleier. Untersuchungen über den Zusammenhang von Dichtung u. literarischer Situation. Berlin 1981 (Philolog. Studien u. Quellen 100). [= Kern/Pleier]

Wolff, Armin: Untersuchungen zu ›G. v. d. b. T.‹ von dem Pleier. Diss. München 1967.

Huschenbett, Dietrich: Des Pleiers ›G.‹ u. sein Bildzyklus auf Runkelstein. In: Runkelstein. Die Wandmalereien des Sommerhauses. Hrsg. Walter Haug u. a. Wiesbaden 1982, S. 100–128.

Ders.: ebd. Beschreibung der Bilder des ›Garel‹-Zyklus. S. 129–139.

Seelos, Ignaz: Zeichnungen zum ›Garel‹-Zyklus, Abb. 1–4, 10–23 und Mann, Max von: Aquarelle zum ›Garel‹-Zyklus, Abb. I–IV, XVIII–XXIII. Ebd., S. 141–169.

Zingerle, Ignaz Vinzenz: Freskencyclus des Schlosses Runkelstein bei Bozen, gezeichnet u. lithographiert von Ignaz Seelos. Innsbruck 1857. Ders. darüber auch in Germania 2, 1857, S. 467–469.

Müller, Dorothea: ›D. v. b. T.‹ und ›G. v. b. T.‹ Die Artusromane des Stricker und des Pleier unter gattungsgeschichtlichen Aspekten. Göppingen 1981 (GAG 334).

Boor, Helmut de: Der Daniel des Stricker und der Garel des Pleier. PBB 79, 1957, S. 67–84. Wieder in: Kl. Schriften. Bd. 1, Berlin 1964, S. 184–197.

Egelkraut, Paul: Der Einfluß des ›D. v. b. T.‹ vom Stricker auf die Dichtungen des Pleiers. Leipzig 1896.

2.2.7. Pleier: Tandareis und Flordibel

Dieses Werk des Pleiers gibt u. a. zwei Rätsel auf. Erstens, daß es im tschechisch-sprachigen Raum rezipiert wurde (Hinweis auf politische Motivationen?) und zweitens, daß es eine Handlungskonstellation aufweist, die zwar mit der Struktur eines griechischen Liebesromans verglichen wurde *(Kern)*, aber thematisch von den gesamten deutschen Artusdichtungen (abgesehen von einigen Affinitäten zum »Gauriel«) abweicht, wenngleich strukturell gewisse Rückgriffe auf die Konzeptionen der hochhöfischen deutschen Artusdichtungen (mit veränderten Konstellationen) nicht von der Hand zu weisen sind.

Inhaltsskizze

Ausgangspunkt der Handlung ist der Artushof, an den Tandareis von seinen Eltern, dem Königspaar Dulcenar, dem Onkel Ginovers, und Anticonie aus dem Land Tandarnas *durch zuht* geschickt worden ist (A). Eines Tages wartet Artus vor dem Essen, daß eine *âventiure* berichtet werde. Da erscheint in prächtiger Ausstattung Flordibel und äußert eine Bitte, die Artus, ehe sie ihre Herkunft offenlege, in gewohnter Weise gewähren möge. Sie verlangt, am Artushof im *ingesinde* aufgenommen zu werden, unter der Bedingung jedoch, daß kein Ritter ihre Minne begehren dürfe. Artus verbürgt sich hierfür und droht jedem den Tod an, der diesem Verbot zuwiderhandelt. Nach einiger Zeit wird Tandareis unter Hinweis auf das Verbot zum Gesellen Flordibels bestimmt. Nach 5 Jahren offenbaren sich beide ihre gegenseitige Liebe (B). Flordibel besteht darauf, daß Tandareis sie erst zur Frau begehren dürfe, wenn die Huld von König Artus gewonnen sei (X1). Sie ersinnen einen Plan, wie sie unbemerkt vom Artushof fliehen können, und beide begeben sich zu den Eltern von Tandareis, die sie über alles genau informieren (B1). Obwohl der Vater nichts gegen Flordibel einzuwenden hat, verurteilt er das Verhalten seines Sohnes, sie ohne Zustimmung von König Artus entführt zu haben. König Artus ist mehr als erzürnt (Y1). Obwohl er eine Botschaft zur friedlichen Beilegung des Konflikts von Tandareis' Vater erhält, besteht Artus auf der Einhaltung seines Eides, um nicht zum Eidbrecher zu werden (X2). Ein Heer wird aufgeboten, um die Verpflichtung von König Artus mit Gewalt durchzusetzen (A2). Inzwischen wurde Tandareis zum Ritter geschlagen, um der Bedrohung seines väterlichen Landes adäquat begegnen zu können. Der Kampf gegen die Krieger von König Artus führt dazu, daß viele Artusritter gefangengenommen werden, die sich Flordibel unterstellen müssen, so daß Artus den Kampf abbricht. Keie preist den Sieg von Tandareis, verurteilt aber den voreiligen Eid von König Artus (X2a). Am nächsten Tag wird der Kampf jedoch fortgesetzt, bei dem Tandareis wiederum viele Gefangene macht (A2a). Nach einer Beratung zwischen Vater und Sohn wird beschlossen, die gefangenen Artusritter zum König zurückzusenden, um den Zorn des Königs zu besänftigen (Y1a), und Gawan als Vermittler in diesem Streit einzuschalten. Trotz der Beteuerungen aller Beteiligten wird ein Gericht von

König Artus abgehalten, das durch die Aussage Flordibels darlegt, daß der Klagegegenstand, Tandareis habe die Minne Flordibels begehrt, abzuweisen sei, weil sie erklärt, daß Tandareis von ihr niemals die Hingabe gefordert habe. Der Klagegegenstand ist damit hinfällig, eine Tatsache, die Flordibel bereits vor der Gerichtsverhandlung erklärt hatte (A2b). Der Eid von König Artus sei also nicht verletzt, da Tandareis Flordibel nie angerührt habe (X2b). Gleichwohl besteht Artus als Ritter darauf, obwohl die Eltern von Tandareis den König bitten, seinen Zorn zu besänftigen (Y1b), daß Tandareis seinem Gebot Folge leisten und das Land verlassen müsse, um *âventiure* zu suchen. Flordibel werde inzwischen der Obhut der Königin überantwortet.

Daraufhin zieht Tandareis in der Absicht los, zu seinem Onkel, dem König von Ascalun, zu gelangen, besteht aber 4 Abenteuer (C), die ihm eine eigene Herrschaft bringen und ihn aufgrund seiner aktiven Hilfe für Frauen schließlich zum begehrten Heiratsobjekt machen. Ohne daß Tandareis dies merkt, werden seine Leute von Räubern überfallen, die in Diensten des Riesen Karedoz stehen. Obwohl er keine Rüstung trägt, kann er einige Räuber töten, die anderen ergreifen die Flucht (C1). Er selbst wird schwer verwundet; auch büßt er sein Pferd ein, so daß er sich zu Fuß weiterschleppen muß (S1). Er kommt in das Land Pytowe, wo sich der Kaufmann Todila seiner annimmt und ihn pflegt (C1a). Nachdem dieser ihn nach einem halben Jahr völlig neu bewaffnet hat (z. B. ein Schild mit dem Bild der Jungfrau als Wappen) und ihm ein Roß gegeben hat, da Tandareis die Minnesehnsucht plagt, trifft er auf eine klagende Frau (C1b). Ihr Ehemann, Liodarz, der Sohn des Herrschers von Pytowe, soll von Räubern in dem Wald erschlagen werden, den Tandareis vor seiner Verwundung hinter sich gelassen hat. Tatkräftig setzt sich Tandareis für Liodarz ein. Sie können die Räuber töten, die letzten drei schwören, keinem Menschen mehr ein Leid zuzufügen. Nachdem er die Pferde der Räuber Todila hat schicken lassen, erfährt er von den gefangenen Räubern, daß seine Gefährten von ihrem Herrn, dem Riesen Karedoz, auf der Burg Malmontane gefangen gehalten werden. Eine Befreiung scheint wegen der großen Gefahren (Überquerung eines Moors und Überwindung von 3 Vorburgen) unmöglich (C1c). Die 3 Räuber, die Tandareis die Treue geschworen haben, geleiten ihn an den Rand des Moores, von wo aus Tandareis ganz auf sich gestellt ist. Nacheinander besiegt er die Riesen der Vorburgen, die Brüder Durkion (C1c1), Margon (C1c2) und Ulian (diesem schlägt er zuvor eine Hand ab, C1c3). Allen schlägt er den Kopf ab, verschenkt das Gut unter die Burgbewohner und läßt die Machtzentren in Brand stecken. Dann gelangt Tandareis nach Malmontane, wo Karedoz ihn unter einer Linde (S2) zum Kampf erwartet (C1c4). Nachdem er auch ihm den Kopf abgeschlagen hat, will der Wächter die Burg für sich gewinnen und kämpft gegen Tandareis (C1c5). Er ergibt sich schließlich. Tandareis hat nun 500 Ritter und 500 Frauen befreit. Tandareis gibt ein Fest, zu dem auch Liodarz und Todila eingeladen werden. Die zum Raube gezwungenen Ritter werden verpflichtet, dieses Unrecht nicht mehr zu begehen (vgl. C1). Tandareis ist jetzt der Herrscher von Mermin. Alle werden reich beschenkt, und die befreiten Ritter und Frauen schickt Tandareis zu Artus, damit sein Zorn besänftigt werde (Y1c). Als die Ritter und Frauen zu Artus gelangt sind (A3), flehen Flordibel, Gawan und Ginover den König an, Tandareis zu verzeihen. Artus erklärt, daß Tandareis seine Huld (X1a) zurückerhalte. Alle danken, daß er seinen Zorn besänftigt habe (Y1d). Ein Bote wird auf die Suche geschickt (A2c). Tandareis übergibt die Burg der Obhut von Liodarz und geht auf âventiure. Sein Wappen auf Schild und Helm ist die Jungfrau.

Nach einem Weg durch Wald und Gebirge gelangt er zu einer Burg. Bei einer Linde (S2a) steigt er von seinem Pferd. Nirgends ist jemand. Da kommt die Königin Albiun, die ihm von der Bedrohung durch Kurion erzählt (C2). Kurion mache aufgrund seiner Hybris von unrechter Gewalt Gebrauch und wolle ihr Land usurpieren. Wenn Tandareis ihr helfe, wolle sie ihm sich selbst und ihr Land überantworten. Albiun und Tandareis warten auf einem Anger bei einer Quelle und einer Linde (S2b) auf Kurion, der begleitet von 2 Leoparden (auf seinem Schild trägt er als Wappen einen schrecklichen Drachen) zum Kampf antritt. Nachdem Tandareis Kurion aus dem Sattel heben konnte, springen die Leoparden ihn an und zerfleischen sein Pferd (S1a). Tandareis tötet einen Leoparden, muß sich dann aber gegen Kurion und den ihn von hinten bedrängenden Leoparden verteidigen. Nachdem er auch den zweiten Leoparden getötet hat und Kurion verwundet ist, bittet dieser ihn um sein Leben. Er verpflichtet sich unter einer Linde (S2c), Albiun nicht mehr zu bedrängen und sich Tandareis zu unterwerfen. Kurion wird auferlegt, zu Artus zu gehen und sich in den Dienst von Flordibel zu begeben. Dies tut er, so daß sich alle am Artushof über die Tapferkeit von Tandareis freuen (A4). Obwohl Albiun den Helden nicht ziehen lassen will, besteht er auf dem Abschied, bittet aber um ein Pferd (S1a). Sie rüstet ihn sehr kostbar. Tandareis gelangt zuerst nach Kurnewal, wo einst Marke regierte (C3). Er reitet weiter und muß eine Brücke über einem reißenden Strom überqueren. Da eine Bohle zerbricht, strauchelt sein Pferd und bricht sich das Bein (S1b). In diesem Augenblick kommt Kalubin mit der weinenden Claudin dahergeritten (C3a), die der Ritter schlägt. Nach einem Kampf ergibt sich Kalubin und verspricht, zu Artus zu gehen und sich Flordibel zu ergeben. Vorher berichtet er, daß er Claudin geraubt habe, weil er sie begehrte, sie ihn aber abwies, so daß er ihren Vater besiegt und dessen Land verwüstet habe. Kalubin gibt Tandareis sein Roß (S1b) und geht zu Artus (A5). Tandareis und Claudin reiten weiter. Der Weg wird ihnen von Kandalion und dessen Leuten versperrt (C3b), der die Aushändigung der Jungfrau verlangt. Es kommt zu einem Kampf, bei dem zuerst das Pferd von Tandareis getötet wird (S1c). Es gelingt Kandalion, Claudin in seine Gewalt zu bekommen, so daß er sie als Geisel benutzt. Tandareis ergibt sich unter der Bedingung, daß Claudin freigelassen wird, was auch geschieht. Er wird auf die Burg Montanikluse im Lande Emparuse gebracht und in den Turm Malmort geworfen, wo Kandalion ihn verhungern lassen will. Kandalions Schwester Antonie und ihr Gefolge haben jedoch Mitleid mit ihm, da er sich für eine Frau geopfert hat. Antonie verpflegt ihn unter der Bedingung, daß er nicht gegen ihren Willen flieht (C3b1). Claudin gelangt inzwischen wohlbehalten zu ihren Eltern, wo alle die Selbstopferung von Tandareis loben, aber auch beklagen. Der Bote, den Artus ausgesandt hatte, kehrt unverrichteter Dinge zurück (vgl. A2c), so daß sich Artus und alle am Hofe große Sorgen um Tandareis machen. Daher wird beschlossen, ein großes Fest mit Turnieren zu veranstalten, denn wenn Tandareis noch lebe, werde er sicher kommen (A5). Tandareis erfährt von diesen Turnieren und Antonie, zusammen mit ihrem Vertrauten Kilimar, ermöglicht es ihm, daß er an ihnen teilnehmen kann. Er muß aber versichern, daß er stets zu ihr zurückkommen werde (C3b2). Auf diese Weise nimmt Tandareis an 3 großen Turnieren teil (C4), zu denen er als schwarz- (A5a/C4a), rot- (A5b/C4b) und schließlich als weißgekleideter (A5c/C4c) Ritter unerkannt erscheint. Getreulich kehrt er jedesmal zu Antonie zurück, obwohl ihn die Minnesehnsucht nach Flordibel plagt. Nach dem ersten Kampf erwartet ihn Kilimar unter einer Linde (S2d). Da Kandalion mit Verdruß vom Turnier heimgekehrt ist, züchtigt Antonie den badenden Tandareis in scherzender Weise (C4a1). Beim 2. Turnier erkennt zwar Flordibel ihren Geliebten, doch dem König Artus bleibt der siegreiche Held wiederum unerkannt. Abermals kehrt Herzog Kandalion verdrossen zurück, so daß Antonie den badenden Tandareis wieder scherzend mit einem Halm züchtigt (C4b1). Für das 3. Turnier trifft Artus Vorsorge, Tandareis, dessen Identität ihm eröffnet wurde, zu stellen. Doch Tandareis entkommt ihm, da er zu Antonie zurückkehren will, um ihr Leben nicht zu gefährden. Artus vermutet, daß Tandareis in Minnehaft gehalten werde (A5d), so daß er demjenigen ein Herzogtum als Belohnung verspricht, der ihm Tandareis wohlbehalten zurückbringe. Kandalion kehrt wieder zornig zurück, so daß Antonie abermals Tandareis liebevoll züchtigt (C4c1). Für das 4. Turnier wird Kandalion über das bisherige Geschehen aufgeklärt. Obwohl er zunächst zornig ist, muß er seiner Schwester dankbar sein, da ihre Rettung von Tandareis ihm ein Herzogtum aus der Hand von König Artus verschafft. Es kommt zu einer Wiedervereinigung zwischen Tandareis und Flordibel (B2). Doch erheben sowohl Antonie als auch Claudie, unterstützt von ihren Angehörigen, Anspruch auf Tandareis. Er müsse von rechtswegen ihr Geliebter und Ehemann werden (A6/C5). 3 Frauen rufen Artus als Ritter an, zu entscheiden, wem Tandareis gehöre. Artus entscheidet, daß sich Tandareis die Frau selbst wählen möge. Natürlich wählt er Flordibel. Doch auch die beiden Frauen werden standesgemäß verheiratet. Claudin erhält den Grafen Kalubin, den sie bisher verschmäht hatte, und Antonie wird Beacurs zur Frau gegeben. Nach einem großen Fest im Lande seines Vaters geht Tandareis mit seiner Frau und seinem Vater in sein erworbenes Land Mermin. Er beschenkt Liodarz und Kilimar und läßt sich in Karmil krönen. Vater und Sohn verzichten auf alle Sonderrechte. Tandareis bleibt in seinem erworbenen Land und seine Eltern kehren nach Tandernas zurück.

Im »Tandareis« wird ein rechtliches Problem konstruiert. Anders, als in den übrigen Artusdichtungen, muß Artus keinem Ritter eine Bitte erfüllen, die etwa die Entführung Ginovers nach sich zieht, sondern einer Frau, die von ihm verlangt, daß er dafür sorge, daß kein Ritter sie liebt. Die Frau übertritt jedoch ihr Verbot selbst, indem sie Tandareis ihre Liebe gesteht. Doch Tandareis führt keine Liebesvereinigung herbei, wie die erste Gerichtsszene deutlich macht, so daß er sich eines Vergehens gegnüber der Frau nicht schuldig gemacht hat. Allerdings wurde er gegenüber Artus schuldig, da er die Huld (vgl. X1 der Inhaltsskizze) des Königs verletzt hat. Denn ohne seine Zustimmung und ohne sein Wissen entzog er sich der Obhut des Königs durch die Flucht und nahm auch Flordibel, für die Artus die Garantie übernommen hatte, mit sich. Artus bestraft Tandareis mit dem Huldverlust (vgl. *B. Diestelkamp*, HRG II, Berlin 1978, S. 259–262), indem er ihn, einer Verbannung gleich, auf *âventiure* schickt. Nachgebildet dem Verlust der göttlichen Gnade, trifft den Helden nun der Zorn (vgl. Y1) des Königs, da Artus durch ihn seinen Eid nicht halten konnte. Der »Tandareis« thematisiert keine individuelle Schuld, sondern ein Vergehen gegen den von Gott eingesetzten Herrn des Volkes, der den Helden zum *reus majestatis* macht. Diesem Vergehen entsprechen auch die einzelnen Abenteuer, die schwere Unrechtstaten schildern. Als Tandareis die rohe Gewalt des Riesen und das von ihnen erzeugte Unrecht beseitigt hat, schenkt Artus ihm seine Huld wieder. Dennoch sind die *âventiuren* noch nicht zu Ende. In den übrigen Abenteuern wird das Unrecht gegenüber Frauen thematisiert. Bezeichnend ist daher die Linde, die immer wieder erwähnt wird (Baum des Rechts u. der Liebe) und Tandareis' Verlust des Pferdes, Inbegriff des Rittertums. *Durch zuht* wurde er von den Eltern zu Artus geschickt, die er gegenüber dem König grob verletzte. Obwohl es ein Leichtes wäre, nach den Turnieren nicht zu Antonie zurückzukehren, bricht er nicht sein Wort. Als zum Schluß 3 Damen Anspruch auf ihn erheben, geht es nicht mehr um das Recht, weshalb der König in Herzensangelegenheiten dem Helden die Entscheidung selbst überläßt.

Literatur

Kern/Pleier, 1981, s. »Garel«. *Gürttler*, 1976, s. S. 62.
Petzet, Erich: Zu Tandareis u. Flordibel von dem Pleier. ZfdPh. 43, 1911, S. 455—456.
Bünte, Karl: Beiträge zur Sittengeschichte aus Tandareis u. Flordibel. Diss. Kiel 1893. Rez. O. v. Zingerle, AfdA 22 (ZfdA 40), 1896, S. 283—285.
Meyer, Elard Hugo: Über Tandareis und Flordibel, ein Artusgedicht des Pleiers. ZfdA 12, 1865, S. 470—514.

2.2.8. Pleier: Meleranz

Der »Meleranz« ist noch kaum eingehend interpretiert worden, weil die Forschung den Text vornehmlich unter dem Gesichtspunkt der Abhängigkeit betrachtet hat. Der nur in der Version von Ulrich Füetrer überlieferte Stoff von »Seifrid de Ardemont«, der auf einen Albrecht von Scharfenberg zurückgeht, soll auf den »Meleranz« gewirkt haben (*F. Panzer*, Ausg. dieses Textes von Füetrer S. 203 ff.). Dagegen wendet sich jüngst zu Recht *Kern* (S. 264—277).

Inhaltsskizze

Nach einer genealogischen Beschreibung der Herkunft von Meleranz, der der Sohn einer Schwester von König Artus ist, die den König von Frankreich geheiratet hat, setzt die Handlung mit dem Beschluß des jungen Knaben ein, heimlich zu seinem Oheim zu gehen, um zu erfahren, wie Fremde dort empfangen werden (A1).

Da Meleranz König Artus innerlich und äußerlich *gelich* ist, wird er der *Britûn* genannt. Er gelangt zu einer Burg, wird gut bewirtet, und der Gastgeber weist ihm den Weg zu Artus (A2). Doch er verirrt sich und gelangt nach großer Irrfahrt auf den Anger der schönen Tydomie (B1), der er seinen Namen verweigert (X1) und eine Lüge präsentiert. Da sie aber durch ihre Vertraute seine Identität kennt, muß Meleranz sich bekennen (X1*). Ihre Erscheinung, die Natur, das Bett und das Bad machen den Ort zum Inbegriff der Minne (Gegenbilder durch Verweise auf die Gestalten aus der Antike: Eneas, Paris, Helena). Beide entbrennen in tiefer Minne zueinander. Meleranz verläßt Tydomie, deren Dienerin Meleranz den Weg zu Artus zeigt. Im Wald trifft er auf einen Jäger von König Artus, dem Meleranz Auskunft über seine Herkunft verweigert (A2a). Da er einen Hirsch lebendig fängt und ihn zu Artus bringt (A1a), wird er dort mit Staunen wohl aufgenommen. Auch Artus fragt Meleranz nach seiner Herkunft, die er nicht nennt (X3), obwohl Jenower, die Frau von Artus, seine Verwandtschaft mit ihrem Mann zu erkennen glaubt (V. 2216). Nachdem sich der Held als Knappe am Hof einige Zeit aufgehalten hat, wird seine Identität durch die Boten seiner Eltern aus Frankreich entlarvt (X3*). In neuer Stellung bleibt Meleranz am Artushof, doch plagt ihn die Minnesehnsucht nach Tydomie (B1a). Als Gawan besorgt nach seinem Kummer fragt, lügt Meleranz erneut und gibt vor, sich zu verligen, da er noch nicht Ritter sei, so daß er nach Hause zurückkehren wolle. Gawan veranlaßt, daß seine Schwertleite am Artushof erfolgt (A1c). Mitten in den Festlichkeiten erscheint ein Bote Tydomies und übergibt Meleranz einen Brief, den Gürtel, den sie bei der ersten Begegnung getragen hatte, sowie *schapel* (Jungfrauenkranz) und *fürspann* (Gewand) (B1b). Inzwischen wartet Artus vor dem Essen auf eine *âventiure*. Da fordert ein Ritter Meleranz zu einer Tjost auf Begehren seiner Geliebten (A1d). Nach dem Kampf zu Artus zurückgekehrt, bietet der König ihm einen Platz an der Tafelrunde an. Meleranz weilt erneut ein Jahr am Artushof, schickt aber Tydomie durch den Boten einen Brief und den von ihr erhaltenen Ring, worüber sie hoch erfreut ist (B1c). Wie von seinem Elternhaus bricht Meleranz nun vom Artushof heimlich auf, um nach seiner Geliebten Tydomie auf dem Anger (B1) zu suchen.

Auf der Suche muß er drei miteinander verwobene Befreiungsakte vollbringen, wobei der letzte seiner Minneherrin Tydomie gilt. Die Beseitigung der Gewaltherrschaft von Godonas wird durch die Hilfezusage und -leistung für die Schwester Tydomies, Dulceflor, unterbrochen (Muster: B2, B3, B2, B3), ehe Meleranz zu seiner Geliebten zurückkehrt, um auch sie aus der Gewalt zu befreien (B1).

Meleranz gelangt zum Riesen Pulaz und dessen Familie, wo er erfährt, daß er 12 Riesen und drei Riesinnen befehligt, die Menschen für den Herrn Godonas von Terrandes rauben müssen, der diese schlimmste Sklavenarbeit verrichten lasse (B2). Jeder, der das Land betrete, müsse mit ihm kämpfen. Es werden 12 Männer und 4 Frauen als Gefangene gebracht. Meleranz, der gegen Godonas kämpfen will, erwirkt, daß die Gefangenen bis zum Ausgang des Waffenganges nicht Godonas zugeleitet werden. Von einer der Frauen erfährt er, daß sie von Artus Hilfe für ihre Herrin Dulceflor erflehen wollte, da sie von dem Heiden Verangoz zur Zinszahlung gezwungen sei, nachdem dieser ihren Vater getötet und sich des Landes Trefferin bemächtigt habe (B3). Meleranz verspricht Hilfe. Auf dem Weg zu Godonas weigert sich ein Schiffsmann, Meleranz über einen Fluß zu setzen (B2a). Er bläst dreimal sein Horn, Meleranz zieht jedoch weiter und gelangt zu der Behausung von Cursun, dem Truchseß von Godonas (B2b). Nachdem Meleranz ihn besiegt und ihm Sicherheit gegeben hat, nimmt sich Meleranz neue Waffen, da Cursun sie ihm nicht geben kann. Zusammen begeben sie sich zur Burg Terramunt, auf der Godonas lebt (B2c). An einer Linde hängt ein Horn, in das Meleranz dreimal bläst und dann an einem Stein zerschlägt. An der Linde kämpfen die beiden Gegner, bis Meleranz Godonas töten kann. Bezeichnenderweise beklagt Meleranz den Tod, der nur durch die Grausamkeit von Godonas verursacht worden sei. Da es Aufruhr unter den Leuten von Godonas gibt, empfiehlt Cursun, ruhig abzuwarten. Meleranz erklärt, daß er nicht Landesherrscher werden wolle, wenn die Gefangenen frei kämen. Cursun rät Meleranz von dieser Absicht ab und erkundigt sich nach dessen Herkunft. Als er seine vornehme Abkunft erfährt (X4*), kann er alle, die bisher Zweifel hatten, umstimmen, so daß Meleranz zum Herrscher über Terrandes gekrönt wird (B2d). Bevor Meleranz mit der Jungfrau zu Dulceflor aufbricht, schenkt er Pulaz die Klause (vgl. B2) und macht Cursun (vgl. B2b) zum Verwalter seines Landes. Als er zu Dulceflor gelangt ist, hört er von der Bedrängnis seiner geliebten Tydomie (B1c). Sie soll nach dem Willen ihres Oheims Malloas mit dem König Libers von Lorgan verheiratet werden. Da Tydomie diese Ehe ablehne, habe sich Libers mit einem Heer auf dem Anger niedergelassen, ihn sogar durch 4 Wege für jeden zugänglich gemacht, so daß dessen Bedeutung zerstört sei. Nach einiger Zeit kommt Verangoz, um seinen Zins von Dulceflor zu fordern (B3a), doch Meleranz bietet ihm den Kampf an. Abermals, nachdem er seinen Gegner getötet hat, klagt er über den Tod, der durch die Unritterlichkeit des Verursachers selbst verschuldet wurde. Nach einer Begegnung zwischen dem heidnischen Heer und dem des

Meleranz, aus der er siegreich hervorgeht, kehrt er in sein Land Terrandes zurück (B2d1).

Zusammen mit Cursun begibt er sich zum Anger, um Tydomie zu befreien (B1d). Beide kämpfen tapfer, bis Meleranz Libers besiegen kann. Dieser weigert sich, ihm Sicherheit zu geben, ehe er nicht weiß, welcher Herkunft Meleranz ist (X5*). Meleranz gibt ihm Auskunft und sendet ihn zu Artus. Dann schickt er nach Tydomie auf Burg Monteflor (B1e); er selbst wartet auf dem Anger auf sie. Nach ausgiebiger Wiederbegegnung will Tydomie, auch auf Anraten ihrer Leute, Meleranz zum Manne nehmen. Cursun wird mit dieser Botschaft nach Terrandes und weitere Boten zu seinen Eltern nach Frankreich und zu Artus gesandt. Inzwischen berichtet Libers bei Artus das Geschehene (A1e). Ein Problem ist jedoch noch zu überwinden. Tydomies Oheim, Malloas, droht mit einem Krieg (B1f), da sie jemanden heiraten wolle, dessen Herkunft nicht bekannt sei (X6). Erst nachdem das Heer von Malloas vor der Burg Stellung bezogen hat, als Dulceflor bei Tydomie eingetroffen ist, als sich Artus und der König von Frankreich genaht haben, geht Meleranz zu Malloas, unterrichtet ihn über die Ereignisse und klärt ihn über seine Herkunft auf (X6*). Der Oheim willigt nun in die Ehe ein. Es findet eine Doppelhochzeit statt zwischen Tydomie und Meleranz und zwischen Dulceflor und Libers. Das Epos endet, ohne daß Meleranz nach Frankreich zurückkehrt, vielmehr lebt er mit seiner Frau und seiner Nachkommenschaft in seinem Land Terrandes.

Im »Meleranz« wird der Artushof nicht in seinen Grundfesten erschüttert, wie im »Daniel«, im »Garel« oder in der »Crône«. Fast nirgends in der Artusdichtung wird Artus so ideal dargestellt wie hier. Gleichwohl muß der Held diese Idealität bestätigen. Das geht aus der ersten Handlungsprämisse des Epos' hervor, da Meleranz durch sein Ansinnen, zu sehen, wie ein unbekannter Gast am Artushof empfangen werde, die Idealität prüfen will. Die interessante Interdependenz von Artus und Protagonist ist dadurch gegeben, daß Meleranz, der Sproß eines französischen Königs, nach der Familie der Mutter (Schwester von König Artus) schlägt. Indem Meleranz Artus prüfen will, muß er, der dem König so ähnlich ist, sich selbst in seiner Idealität bestätigen, damit am Ende die arthurische Vorbildlichkeit erwiesen wird. Deshalb bricht Meleranz heimlich auf, und deshalb weigert er sich anfänglich, seinen Namen und seine Herkunft zu nennen. Neben dieser Motivation der Handlung schließt sich sogleich das Thema der Minne an, die am Anfang unbefleckt, am Schluß aber bedroht ist, so daß es der Befreiung durch den wahren Minnenden Meleranz bedarf. Erweis der eigenen untadeligen Identität, gekoppelt mit der des Königs Artus, und Erwerb der wahren Minne sind also die Themen, die am Ausgang der Handlung stehen. Meleranz zieht also nicht, wie Daniel, Garel und Gawein, für Artus aus, sondern wie in den hochhöfischen Epen, um sich selbst als tugendreicher Mann zu erweisen. Er muß weder eine Schuld tilgen, noch ein schuldbeladenes Volk befreien, noch die Sünden des Vaters wiedergutmachen, noch Artus aus einer bedrohlichen Lage befreien. Alles, worum es geht, ist, daß Meleranz sich und seine arthurische Idealität bestätigt. Dabei ist wichtig, daß eben nicht nur seine Fähigkeiten den Erfolg ausmachen, sondern auch sein Geblüt. Anfänglich will der Königssohn unabhängig von der Herkunft (vgl. X der Inhaltsskizze) seine Fähigkeiten unter Beweis stellen (vgl. »Wigamur«). Je weiter die Handlung fortschreitet, desto deutlicher wird es, daß er seine Herkunft nennen muß, um das zu erlangen, was er durch eigene Tatkraft erreicht hat (vgl. X*). Der »Meleranz« thematisiert daher nicht die Restitution des arthurischen Reiches durch einen Protagonisten, sondern stellt die Problematik dar, daß ein Herrscher erst seine eigene Fähigkeit zum Königtum erweisen muß (vgl. die Verweigerung der Nennung der Herkunft und den Erwerb von Terrandes). Umgekehrt reicht die Fähigkeit allein nicht aus, so daß seine Erfolge nur durch die Bekanntgabe seiner Genealogie gesichert werden (eigene Landgewinnung, Libers u. Malloas). Eine Überprüfung müßte klären, ob die Minnethematik (vgl. die zahlreichen extensiven Ausführungen zur Minne, teils von den Protagonisten, teils vom Erzähler) nicht wieder auf die hochhöfische Interaktion von Minne, Ehe und Herrschertum zurückweist, wobei die *caritas* (nicht die Liebesbeziehung als solche) im Vordergrund der Konzeption steht (warum muß Meleranz sonst seine Geliebte und den geschändeten Anger befreien?).

Abgesehen von den vielfältigen symbolischen Naturdarstellungen (vgl. allein den zentralen Gebrauch des Bildes vom verfehlten oder gefundenen Weg, der sprachlich je nach Aussageintention durch eine Verengung in der Wortwahl von *strâze, weg, steg*, etc. oder durch eine Worterweiterung ausgedrückt wird [bei *Trachsler* kaum berücksichtigt], so daß die doppelte Identitätsfindung in der Wegstruktur gespiegelt wird), bestätigt die Erringung eines eigenen Herrschaftsbereiches durch den Protagonisten und die für sie notwendige Erlangung eines Vasallen (Cursun), daß Herrschaft nicht mehr autonom durch die Tugendhaftigkeit des Herrschers per se konstituiert wird.

Kern, 1981, s. »Garel«. *Gürttler*, 1976, s. S. 62.

Nachwort von *Alexander Hildebrand*, S. I–LXIV zum Nachdr. der Edition
von Bartsch, 1974.

2.2.9. [Konrad von Stoffeln?]: Gauriel von Muntabel

Ein Verfasser wird nur in der Hs. D genannt. Wenn dieser Name
authentisch ist, dann kann es sich vielleicht um das Freiherrnge-
schlecht von Hohenstoffeln im Hegau handeln. Zwischen 1252 und
Januar 1282 wird in St. Galler Urkunden ein Straßburger Domherr
dieses Namens bezeugt. Der Dichter ist wohl alemannischer Herkunft. Jakob Püterich von Reichertshausen (1400–1469) erwähnt
den Text abfällig im »Ehrenbrief«: *das doch mit ticht sich gleichet/
gar anderst nit wan gerüchen und den sotten* (Str. 126,6–7). Eine
Werkanalyse fehlt. Bisher wurde der Text fast ausnahmslos unter
dem Aspekt der Anklänge und Entlehnungen aus anderen Dichtungen betrachtet (»Erec«, »Iwein«, »Daniel«, »Garel«, »Crône«, etc.).
Stoffliche Parallelen bestehen zu den Lais »Lanval« und »Graelent«
(Kränkung einer Fee) sowie zu dem »Lai del Désiré« (Reise in die
Andere Welt [Other-World]).

Inhaltsskizze

Gauriel ist der Mann einer nie mit Namen genannten *Minne-vrowe*,
deren Huld er sich verscherzt, als er ihr Verbot verletzt und sich
gegenüber anderen rühmt, eine noch schönere Frau zu kennen, als
die, die er momentan sehe (A1). Da er nicht geschwiegen hat,
entzieht sie ihm ihre Gunst und macht ihn zu einem häßlichen Mann
(A1a). Eine Zeit verharrt er in dem ihm auferlegten Schicksal, doch
dann beschließt er, durch Tatkraft vielleicht die Huld seiner *vrowe*
zurückzugewinnen (A1b). Zusammen mit dem ihm untergebenen
Bock zieht er auf *âventiure* aus. Nach einiger Zeit begegnet er unter
einer Linde einer Jungfrau, die eine Nachricht von seiner *vrowe* für
ihn hat (A1c). Er könne ihre Huld wiedererlangen, wenn er die drei
besten Ritter des Artushofes gefangen zu ihr nach Fluratrone bringe.
Gauriel begibt sich nach Karidol und schlägt auf einer Ebene sein
Zelt auf (B1/C1), ohne selbst zu Artus zu gehen. Eine Jungfrau wird
zu Gauriel geschickt, um zu erfragen, was er wolle. Gauriel erklärt,
daß er den Kampf mit den Artusrittern suche. Da sich bisher keiner
ihm gestellt habe, nehme er sie als Faustpfand, bis ein Ritter über ihn

gesiegt habe (C1a). Der Zwerg der Jungfrau übermittelt Artus und seinen Rittern die Botschaft und beschreibt den übel aussehenden Unbekannten. Sogleich machen sich die Ritter auf, die Jungfrau zu befreien. Segremors, Karidant, Pontifer und auch Walban werden besiegt. Letzterer muß ihm schwören, zu seinen Diensten zu stehen. Auch Melianz und Keie werden überwunden (C1b). Die wichtigsten Ritter jedoch sind nicht zugegen. Sie rasten vor einem Walde (C1), als eine Jungfrau erscheint, die Hilfe für ihre Herrin sucht, die von dem Grafen vom Weißen Stein bedrängt werde. Da sie Waise sei, wolle der Graf sie gegen ihren Willen heiraten. Aufgrund der Frist von einem Tag beschließen die Artusritter, daß Erec der Herrin helfen solle, während Gawan und Iwein dem Artushof zu Hilfe eilen wollen. Am Artushof angelangt können sich die beiden Ritter nicht einigen, wer den Kampf zuerst austragen soll. Deshalb entscheidet Artus, daß Gawan der Vorrang gebühre. Nach heftigem Kampf wird Gawan überwunden (C1c). Aber auch Iwein ergeht es nicht anders, obwohl sein Löwe in den Kampf eingreift (C1d). Nachdem der Bock den Löwen getötet und Iwein den Bock niedergestreckt hat, besiegt Gauriel den Artusritter. Nun will Artus selbst den Kampf aufnehmen (C1e). Doch Gauriel weigert sich, weil er sich zu gering erachtet, gegen einen so ehrenvollen König die Waffe zu erheben. Er bittet um Gnade und läßt die Jungfrau frei. Artus verzeiht ihm, als er erklärt, daß er zu diesen Kämpfen gezwungen worden sei. Inzwischen befreit Erec die Herzogin, so daß der Graf sich ihr ergibt (D1a). Als sie Erec belohnen will, verweist Erec auf seine Verwandtschaft zu ihr und bittet, schnellstens zu Artus reiten zu dürfen. Bei Artus angelangt, braucht er nicht mehr zu kämpfen, entschließt sich aber, mit nach Fluratrone zu gehen (C2).

Gauriel, Gawan, Iwein, Erec und Walban treffen auf ihrem Weg auf einen Knecht, der die Artusritter erkennt und ihnen erklärt, daß keiner das Land betreten könne, der dort nicht erwünscht sei. Die Tore seien außerdem von zwei Drachen bewacht (C2a). Gauriel kämpft mit dem größeren Drachen und kann ihn zusammen mit Walban erlegen. Den anderen töten Erec und Gawan. Sie gehen durch die Marmorpforte hindurch, die von dem Pförtner nach ihnen verschlossen wird. Nachdem sie durch einen Wald geritten sind, stoßen sie auf einen reißenden Fluß. Erec sucht nach einer Furt, wobei er auf einen Weidmann trifft, der rät, bis zu der Brücke zu reiten, da sie sich dort besser verteidigen könnten. Diese sei aber von zwei Riesen bewacht (C2b). Gauriel kämpft mit dem ersten Riesen, haut ihm die Hand ab und schlägt ihm eine Wunde am Bein, so daß dieser sich ergibt. Dem herbeigeeilten zweiten Riesen schlägt er ein Bein und das Haupt ab. Daraufhin stürmen zahlreiche Ritter heran, gegen die sich die Artusritter erfolgreich zur Wehr setzen. Inzwischen hat Gauriels *vrowe* Kunde von dem Gemetzel erhalten und läßt ihm sogleich ein Ende bereiten (A1d). Sie rühmt Gauriel. Er sei der beste Ritter (V. 2731 ff.). Sie läßt Gauriel baden und mit einer Salbe bestreichen, die sein früheres schönes Aussehen wiederherstellt (A1a). Die Minnegötter und -göttinnen erscheinen und bei einem großen Fest werden Gauriel und die *vrowe* verheiratet (A1e). Die Artusritter drängt es, nach Hause zurückzukehren. Erec ermahnt Gauriel, sich nicht zu *verligen*. Gauriel bittet seine *vrowe*, an den Artushof gehen zu dürfen, da er versprochen habe, Buße für seine Kämpfe und die Gefangenschaft der Jungfrau zu tun. Sie gewährt ihm die Bitte unter der Bedingung, daß er binnen Jahresfrist wiederkehre (C3) und schenkt ihm einen Ring.

Die Ritter gelangen durch das Land Pronaias, das von Heiden geplündert und gebrandschatzt wird (C4). Sie helfen dem König und gelangen dann zu Artus, wo sie freudig empfangen werden. Während die übrigen am Artushof auf die Jagd gehen, reiten Gauriel, Erec und Pliamin auf Abenteuer aus. Sie begegnen einem alten Mann mit einem Hund, der berichtet, daß seinem Herrn, dem Grafen Asterian, von einem Riesen mit einem Wisent die Tochter geraubt worden sei (C5). Der Graf sei auf der Suche nach ihr. Die Artusritter versprechen Hilfe. Auf dem Weg gelangen sie zu einer Burg, deren Herr erst mit den Gästen zu kämpfen pflegt, ehe er sie herzlich willkommen heißt (C5a). Am nächsten Morgen reiten die Ritter durch einen Wald, in dem sie viele wilde Tiere, Drachen, Löwen, Bären, Leoparden und Wölfe erlegen müssen (C5b). Danach gelangen sie zu einer schönen Insel und zu einem unheimlichen Moor, in dessen Mitte sich eine Burg aus Edelsteinen befindet. Mit Hilfe eines Salamanderfelles überquert der Besitzer der Burg das Moor. Gauriel zwingt ihn, sich zu ergeben (C5c). In seinem Schloß finden sie einen Saal mit Bildern aus dem trojanischen Krieg. Die Mutter, die Göttin Pallas, habe ihn erbaut. Die befreite Tochter des Grafen kehrt mit den Rittern durch den Wald (die Tiere greifen nicht an) zu dem kämpfenden Burgherrn zurück (C5a). Auf dem weiteren Weg begegnen die Ritter zwei Heeren. Der König Geldipant wollte die Göttin Juno gegen ihren Willen ehelichen (C6). Die Ritter töten den König und viele seiner Leute. Danach kehren sie zu Artus zurück. Der alte Mann meldet dem Grafen Asterian (C5d), daß sich seine Tochter wohlbehalten am Artushof aufhalte, so daß die Eltern nach Karidol gehen. Da die Jahresfrist für Gauriel zu Ende geht, will er sich auf den Weg zu seiner *vrowe* machen (C3a). In dem Moment erscheint die Dienerin Elaete und erklärt, Gauriel solle auf sie warten, denn die *vrowe* werde selbst zur Artus kommen, um sich für dessen Großzügigkeit zu bedanken. Ehe die ›vrowe‹ erscheint, gelangt ihr Gefolge an den Artushof, Kämmerer, Marschall, 100 Säumer mit Gerätschaften aus Gold und Silber, Köche, 4 Riesen, Meerwunder, kopflose Wesen mit hörnernen Bogen und behaarte rohe Wesen. Die *vrowe* beschenkt alle, und nach einem großen Fest ziehen sie wieder in ihre angestammten Länder.

So wie Tandareis die Huld von König Artus wieder erwerben muß, so muß Gauriel die Huld seiner Dame zurückerlangen. Dieses kann er aber nur, wenn er *manheit* beweist und sich durch die Gefangennahme der drei besten Artusritter als der vortrefflichste Ritter erweist. Mit dem Prahlen über die unübertreffliche Schönheit seiner Geliebten korrelliert ihre Strafe, Gauriels schönes Antlitz in ein häßliches zu verwandeln. Konflikte wie beim »Armen Heinrich« werden durch die Verunzierung bei Gauriel jedoch nicht ausgelöst, ja nach anfänglichem Staunen über sein Aussehen am Artushof wird die Häßlichkeit gar nicht mehr erwähnt, bis er seine Schönheit wiedererlangt. Der Artushof ist hier lediglich Mittel zum Zweck, daß der Ritter zu seiner Geliebten zurückfinden kann. Da die *vrowe* die Artusritter in dieser Weise benutzt hat, schließt sich der Kreis, als sie sich am Schluß persönlich bei Artus bedankt. An der Vorbildlichkeit von Artus wird auch hier nirgends gezweifelt. Obwohl Gauriel alle Ritter besiegt, wird er nicht nur als strahlender Einzelkämpfer dargestellt, sondern handelt oft im Verbund mit den Rittern. Auffällig ist, daß die Wunderwelt (mit stark allegorischem Charakter), die vorher zu überwinden war, am Ende salonfähig ist und das Gefolge der *vrowe* ausmacht, und daß die stets namenlose Königin als Göttin (vgl. Pallas, Juno) bezeichnet wird, so daß eine völlig andere Welt der arthurischen gegenübergestellt zu sein scheint, aber durch die verschiedenen Wesen am Schluß doch wieder mit ihr verbunden ist. So ideal und feenhaft die Welt der *vrowe* ist, so wundersam ist auch der Bereich, in dem die *manheit* unter Beweis gestellt wird. Beide Welten gehen ineinander über und entrücken das Geschehen in eine phantastische Sphäre, deren Probleme mit Leichtigkeit gelöst werden.

Literatur

Cormeau, Christoph: Konrad von Stoffeln. VL Bd. 5, 2. Aufl. 1985, Sp. 254–255. *Gürttler,* s. S. 62.
Demtröder, Hans-Alfred: Untersuchungen zu Stoff und Stil des ›G. v. M.‹ des K. v. St. Diss. Bonn 1964.
Deck, Karl: Untersuchungen über G. v. M. Diss. Straßburg 1912.

Seunig, Vinzenz: Der Gauriel-Dichter als Nachahmer Hartmanns von Aue. Fschr. d. 50. Versammlg. dt. Philologen und Schulmänner. Graz 1909, S. 46–65.

Ohly, Friedrich: Diamant und Bocksblut. Zur Traditions- und Auslegungsgeschichte eines Naturvorgangs von der Antike bis in die Moderne. WS 3, Berlin 1975, S. 72–188.

2.2.10. Albrecht: Jüngerer Titurel

War man sich eine Zeit lang einig, daß der sich im Werk nennende Albrecht, der erst in Str. 5883 (Ausg. Hahn) die Fiktion der Wolframschen Verfasserschaft aufgibt, identisch ist mit Albrecht v. Scharfenberg (so früher *Nyholm*), dem Dichter des »Merlin« und des »Seifrid«, so ist man heute wieder (wie ehemals *Spiller*, jetzt *Nyholm, Huschenbett*) skeptisch. Was über Albrecht bekannt ist, stammt aus den Bemerkungen im »J. T.« und im »Verfasserfragment«, einem Textstück (nicht ganz 23 volle Strr.), in dem Albrecht sein Pseudonym ›Wolfram‹ begründet und seine eigene Leistung herausstellt. Er war nicht mehr jung, als er zu dichten begann, hatte Frau und Kind. Seine Heimat ist ungeklärt. In Betracht wurde Bayern (aufgrund der Hs.lage; *Nyholm*), der ostmdt. Raum *(Nyholm)* oder Mitteldeutschland (aufgrund der Reime, *Röll*) gezogen. Als sicher gilt heute, daß Albrecht gegen Ende des »J. T.s« eine längere Pause einlegte, die wohl auf grundlegende Veränderungen im Mäzenatentum zurückzuführen ist. Als Gönner wurden 3 Fürsten in Erwägung gezogen: Wittelsbacher *(Wolf)*; Hof Albrechts II. von Sachsen-Wittenberg; Heinrich d. Erlauchte von Meißen (1216–1288) sowie später auch von Thüringen und seine Söhne Albrecht und Dietrich *(de Boor, Huschenbett)*, auf den die Anspielungen im Text am meisten zutreffen. Um 1272 wandte sich Albrecht dem Wittelsbacher Ludwig II. zu, der aber nicht deutscher König wurde. Vielmehr wurde Rudolf von Habsburg gewählt.

Zahlreiche interpretatorische Einzelaspekte (Prolog, Graltempel, Quellenfragen, Verhältnis zu Wolframs »Parzival« u. »Titurel«, Nachahmung, Eigenständigkeit, Beurteilung des Artushofes auf der Folie der früheren Epen, Astronomie und Naturkunde, u. a. m.) sind bisher untersucht worden, eine Gesamtanalyse ist noch nicht vorgelegt worden (*Huschenbett*, WS 1984, S. 154). Der »Jüngere Titurel« läßt sich durch 3 Schwerpunkte kennzeichnen: 1. Die Handlung wird durch die Gralgeschichte und den Streit um das Brackenseil (Verknüpfung von Rechts- u. Minnethematik) getragen. 2. Durch die genealogische Verknüpfung fast aller Figuren

(schon bei Wolfram) ergibt sich ein enges Netz der Verflechtungen.
3. Von Bedeutung ist das Bezugsfeld zwischen Gamuret/Tschiona-
tulander und Gamurets Söhnen, Parzifal und Farafis. Denn Tschionatulander gilt als der junge Gamuret (vgl. die Begegnungen mit den
orientalischen Potentaten). Hierdurch ergibt sich eine ähnliche
Konstellation wie im »Prosa-Lancelot«, und zwar die Interdependenz, aber auch der Kontrast zwischen arthurischem Rittertum und
Gral. Alle drei gelten als die besten Ritter, doch weder Gamuret
noch Tschionatulander sind für die Gralherrschaft geeignet, da ihr
Verhältnis zur Minne nicht rein ist. Erst Parzifal und nach ihm der
Sohn des Farafis können das heilige Amt ausüben.

Inhaltsskizze

Nach einer Einleitung beginnt das Werk mit der Genealogie des
Gralgeschlechts. Senabor ist noch Heide, sein Sohn Parille läßt sich
taufen u. heiratet die Tochter des römischen Kaisers Vespasian,
dessen Geschlecht von Troja abstammt. Sein Sohn Titurison tut sich
durch die Unterwerfung von Heiden hervor. Erst nach einer Wall-
fahrt nach Jerusalem wird der Nachkomme Titurel (5 Buchstaben
des Namens des Vaters u. 2 Buchstaben der Mutter) geboren. Ein
Engel prophezeit, daß er ein Hort der Christenheit werde. Herange-
wachsen wird er von einem Engel berufen, dem Gral in der Foreis
Salvatsche zu dienen. Dort sei im Land Salvaterra der Berg Montsalvatsch, wo ihm aufgetragen wird, den Graltempel nach den Plänen
Gottes zu bauen, der als Himmlisches Jerusalem gedeutet wird
[Marienlob]. Ein Engel bringt den heiligen Gral. Titurel heiratet auf
Geheiß der Gralinschrift und nennt seinen Sohn Frimutel u. seine
Tochter Richaude, die später mit Kailet vermählt wird, der Spanien
als Erbteil erhält. Frimutel heiratet Klarisse. Aus dieser Ehe stam-
men Anfortas, Trevrezent, Tschoisiane, Herzeloude u. Urrepanse.
[Titurels Gral- u. Tugendlehre]. Die Gralinschrift befiehlt, daß
Frimutel König werden soll. Tschoisiane heiratet Kyot, stirbt aber
bei der Geburt des Kindes Sigune. Das Mädchen wächst erst bei
Kondwiramurs, dann bei Herzeloude, die in zweiter Ehe Gamuret
heiratet, auf. Dort lebt auch Tschionatulander, der Neffe Ekunats.
   In kindlicher Weise ergreift die Minne von beiden Besitz (Schluß
des 1. Titurel-Fragments Wolframs). Gamuret zieht mit Tsch. nach
Baldac, um dem Baruc Akerin gegen seine Feinde zu helfen (A). [1.
große Schlachtschilderung] Gamuret wird von Ypomidon getötet
und im Heidenland beigesetzt. Tsch. kehrt über Spanien zu Sigune
u. Herzeloude zurück. Parzifal wird geboren; Mutter und Sohn
gehen in die Einöde von Solitane. Schwertleite Tsch.s im Beisein von

Artus, Ekunat, Kailet u. a. Auf dem Rückweg von einem Besuch in Solitane treffen Sigune u. Tsch. auf einen Bracken namens Gardivias *(huete wol der verte)* mit einem sehr kostbaren Halsband. Auf dem Seil steht, daß der Hund Clauditte u. Ekunat gehört (B). Als der Hund sich losreißt u. davonläuft, verlangt Sigune von Tsch. das Brackenseil und macht ihre Minne zu ihm davon abhängig (C) (Schluß 2. Titurel-Frgm. Wolframs). Er verspricht, ihr das Brackenseil zu beschaffen u. bricht auf.

Inzwischen kämpfen Theserat v. Teanglis u. Orilus um das Seil, wobei Orilus den Sieg und das Seil erringt (B1). Tsch. trifft auf seinem Ritt Theserat, überwindet ihn u. befiehlt ihm, am Artushof zu melden, daß er um einer Frau willen den Kampf suche. Zahlreiche Ritter stellen sich zum Kampf, sind aber unterlegen. Da rennt ein Hund vorüber u. Tsch. eilt ihm blindlings nach. Zurückgekehrt stellt er sich erneut dem Kampf. Artus glaubt, es sei Ither, der auf das Land von Artus Anspruch erhebt. Wieder besiegt Tsch. alle, bis sich Ekunat dem Kampf stellen will. Tsch. erkennt ihn als seinen Onkel u. gibt sich zu erkennen. Er erzählt ihm von seinem Leid um des Bracken willen. Orilus weigert sich, das Seil herauszugeben, da er es Jeschute geschenkt hat (B2). Es wird zwischen Orilus u. Tsch. ein Zweikampf zu Nantis verabredet, der dann stattfinden soll, wenn der gebrochene Arm von Orilus wieder gesund sei (B3). Auch Jeschute lehnt die Übergabe des Seiles ab.

Boten des Baruc kommen zu Kailet, der sie begleitet, mit Geschenken für Tsch. Sie werden aus Rache für den Tod Gamurets überfallen (A1), siegen aber. Kailet findet eine Dame, die gerade von Vrians geraubt wird. Mit List gelingt es dem Gegner, Kailet gefangenzunehmen, bis er durch einen Gefangenenaustausch frei kommt. Kailet kommt an den Artushof u. Tsch. erhält die kostbaren Geschenke des Baruc (A2). Danach veranstaltet Artus ein großes Fest mit ausgedehnten Turnieren (1. Teil der 1. großen Turnierschilderung), an denen Tsch., Artus, Anfortas, Marke, Tristram, Cidegast, Wigamur, Tandreas u. a. teilnehmen. Die Inschrift des Brackenseils wird öffentlich verlesen (B4) u. die Liebe zwischen Tsch. u. Sigune sowie zw. dem Gralritter Anfortas und Orgiluse ist unverhohlener Bestandteil des Festes. Das Turnier wird fortgesetzt (2. Teil des 1. großen Turniers, großer Personenkatalog). Am Ende des Festes erscheint das gewaltige Heer des Heidenkönigs Marroch. Wenn sich ein Artusritter ihm nähert, ist es verschwunden. Die Heiden schlagen eine Brücke über die Sibra, und Marroch bittet den Artushof, zu ihm zu kommen. Über die Brücke gelangen jedoch nur die Tugendhaften, nämlich Artus, Anfortas, Tsch., Ekunat, Gurnemanz. Von den Frauen können nur Sigune, Urrepanse u. Kondwiramurs hinüber gelangen. Es findet ein Fest unter großer Prachtentfaltung statt (A3). Nach reichen Geschenken verabschieden sich die Heiden.

Doch plötzlich sind sie und 300 Frauen verschwunden (D). Die Trauer am Artushof ist groß. Ein Bote bringt eine Nachricht von Marroch, daß Klinscor sie durch Zauber u. aus Rache geraubt habe u. bereits 12000 Frauen in seiner Gewalt seien (D1). Accedille, die Schwester Utpandraguns, erklärt Artus, daß Klinscor auch neidisch auf die Freigebigkeit und die Prachtentfaltung von Artus sei. Sie habe aber verhindert, daß der Zauberer ihm noch größeren Schaden zufüge u. tadelt ihn wegen seiner Unmäßigkeit. Melianz stellt die *milte* von Artus auf die Probe, indem er Ginovere von ihm fordert. Angesichts dieses Beispiels der Grenzen seiner *milte*, verspricht Artus, sich zu mäßigen. Tsch. bricht mit Gamurets Wappenzeichen, dem Anker, auf, um Gamuret zu rächen und dem Baruc Akerin gegen die feindlichen Brüder Ypomidon u. Pompeirus zu helfen.

Nach einem heftigen Sturm gelangen sie nach Zazamanc (A4). Dort müssen sich die Ermatteten zum Kampf stellen, da Razalic, der Belakane geheiratet hat, u. seine Leute Rache für die Untreue Gamurets nehmen wollen. Tsch. zieht in die Stadt ein, nachdem er die Heiden in die Flucht geschlagen hat. Nach einigem Zögern bringt man ihm Farafis (A4a). Tsch. u. die Seinen rüsten zur Weiterfahrt. Sie geraten erneut in einen Sturm, für den das Schiffsvolk den Salomander verantwortlich macht (A5), so daß sie Tsch. töten wollen. Tsch. setzt sich erfolgreich zur Wehr. Da gelangen sie nach Maledicalterre, wo die räuberischen Galyotten leben. Tsch. geht allein an Land und kämpft gegen hunderte von Galyotten. Er besiegt sie, wird aber schwer verwundet, so daß nur das Meerwunder ›bestia de funde‹ ihn heilen kann (A5a). [Im Zusammenhang mit der Erklärung des Salomanders folgen astronomische Erörterungen.] Nachdem Boten (Galyotten) zum Balduc Akerin gesandt waren, werden Tsch. u. seine Mitstreiter herzlich empfangen [Genealogie Akerins, darunter Baligan und Terramer.] Aufbietung einer großen Kriegsmacht (A6). Eingeblendet werden die Klagen von Sigune und Clauditte über Tsch. u. Ekunat. Es kommt zur Schlacht (2. große Schlachtenschilderung, ca. 1381 Strr.!), die in 2 Teile zerfällt, weil man wegen der zahlreichen Toten das Feld wechseln muß (A6a). Im ersten Abschnitt der Schlacht, in der die Feinde Sonne u. Mond als Heereszeichen führen, u. in der sich 9 Abteilungen des Barucs u. 10 (darunter auch Drachenmenschen) der Feinde gegenüberstehen (u. a. Kampf Morholts), tötet Tsch. Secureiz, der unermeßliche Schätze besitzt (A6a), obwohl der Kampf nicht erbittert geführt werden sollte. Dieser war durch den Verlust seines kostbaren Steines an seinem Schild nicht mehr erkennbar, so daß ihn Tsch. zu Fall brachte. Im zweiten Abschnitt kann Tsch. den Tod Gamurets an Ypomidon rächen (A6b). Auch der Bruder Pompeirus wird getötet. Der Baruc macht reiche Beute u. bietet Tsch. zum Lohne Land an, das er jedoch ablehnt. Den Christen wird zwar nicht gestattet, Gamuret nach Hause zu überführen, aber sie dürfen ihm eine christliche Grabstätte errichten. Akerin versucht vergeblich, Lehelin dazu zu bringen, seinen Bruder Orilus zur Übergabe des Brackenseils zu überreden (B3a). Tsch. kehrt mit seinen Leuten über Spanien nach Hause zurück, wo Artus ein großes Fest für sie veranstaltet.

Sie erfahren, daß Klinscor noch immer die Frauen gefangen hält (D1a), u. daß Orilus genesen ist, so daß dem Kampf nichts mehr im Wege steht (B3b). Da der Artushof die Botschaft erhält, daß Orilus u. Lehelin in die für Parzifal verwalteten Länder eingefallen seien (E), wird auf Betreiben Ekunats der Zweikampf verschoben. Mit der Hilfe von Artus gelingt es Tsch., die Brüder vorübergehend zu vertreiben. Doch nun muß Tsch. Artus helfen, sich gegen die Bedrohung des römischen Kaisers Lucius zur Wehr zu setzen. Der Sieg ist auf der Seite von König Artus. Inzwischen trifft die Nachricht ein, daß Orilus u. sein Bruder erneut in Waleis u. Norgales eingefallen sind (E1). Auf dem Weg werden Tsch. u. seine Begleiter von zwei riesigen Gestalten, die wie der Heide Secureiz aussehen, überfallen. Nachdem Tsch. sie in heftigem Kampf besiegt hat, enthüllen sie ihre Identität. Es sind Alexander und Philippe, Nachfahren Alexanders d. Großen, die, veranlaßt durch die Frau (Secundrille) u. ihre Tochter, Rache für Secureis Tod üben sollen. Auf Greifen waren sie hierher geflogen (A6a1). Die Brüder Orilus u. Lehelin haben sich der gesamten Länder bemächtigt (E2). Secundrille möchte gerne Anfortas zum Gatten haben, doch da dieser Orgeluse liebt, muß sie verzichten (F). Eines Tages fordert Tsch. Orilus zum Zweikampf heraus (B3c). Der Kampf ist so heftig, daß Jeschute verspricht, das Brackenseil auszuhändigen. Doch Tsch. will es nur im Kampf erringen. Sie schickt es daraufhin Sigune. In der Zwischenzeit kommt ein Weidmann mit kostbaren Kleinodien (Ring u. Spange), die von Akerin als Ersatz für die verlorene zauberkräftige Rüstung für den Herrn des Landes bestimmt sind. Da der Weidmann Orilus für diesen hält, nimmt er sie in Empfang, obwohl sie für Tsch. bestimmt waren (B4). Sigune, im Besitz des Brackenseils, kann sich an diesem nicht mehr erfreuen (C1). Sie wünscht, ihre Verwandten auf der Gralburg zu besuchen. Auf dem Weg dorthin begegnen sie Orilus. Da Tsch. nicht im Besitz der Kleinodien ist (B4a), kann Orilus ihm eine tödliche Wunde beibringen. Unter Wehklagen, was er angerichtet hat, reitet Orilus davon. Klagend und sich vor Selbstvorwürfen fast zerfleischend betrauert Sigune den Tod ihres Geliebten.

Da begegnet ihr Parzifal (ab hier mit einigen Abweichungen folgt der Dichter Wolframs »Parzival«, Buch III), der an den Artushof reiten will (C2). Aufklärung über seine Herkunft, Tod Ithers, Suche nach Sigune. Sie besteht darauf, daß der Leichnam Tsch.s nach Salvaterre gebracht wird. Artusritter geleiten Sigune bis zur Grenze des Gralbereichs, da sie das heilige Gebiet nicht betreten dürfen. Sigune sitzt nun mit ihrem toten Geliebten auf der Linde [Vergleiche wie im »Physiologus«]. Parzifal begegnet ihr zum zweiten Male (C2a), u. zwar nach seinem gescheiterten Besuch auf Montsalvatsch [Reflexion über die Würdigkeit des Menschen]. Da Secundrille Anfortas nicht zum Manne gewinnen konnte (F1), bewerben sich zahlreiche Fürsten um sie, bis sie auf einem Turnier Farafis gewinnt. Klagen Sigunes und Anteil von Gurnemanz u. Anfortas. Parzifal trifft auf Sigune zum 3. Male (C2b), die ihm sagt, daß, wenn er es verdiene, er von Kundrie zum Gral berufen werde. Sigune erfährt, daß die Kleinodien des Barucs (B4b), die ehemals Parzifal Jeschute geraubt hatte, Tsch. zum Schutze dienen sollten. Diese waren aber in die Hände seines Gegners gelangt, so daß der Tod des Geliebten unaufhaltsam gewesen sei. Mit Hilfe des Grals wird eine wunderschön bemalte Klause erbaut, in der Tsch.s Sarg Platz findet. Sigune belehrt Parzifal auch über das Schwert, das, wenn es zerbricht, nur am Brunnen zu Karnant wieder zusammengefügt werden könne. Parzifal besteht zahlreiche Kämpfe, darunter den Befreiungskampf für die bei Klinscor gefangenen Jungfrauen (D1b) und den Waffengang aus Rache für den Tod Frimutels, bei dem das Schwert von Anfortas zerbricht. Nachdem das Schwert wieder zusammengefügt ist, gibt Parzifal es Ekunat, damit dieser Sigune u. Tsch. rächen solle (B5). Parzifal besucht erneut Sigune (C2c) u. kehrt bei Trevrezent ein. Sigune stirbt, Parzifal wird zum Gral berufen u. Anfortas geheilt. Inzwischen tötet Ekunat mit dem Gralschwert den Orilus, wobei auch das Brackenseil zertrümmert wird (B5a). Es schließt sich die Geschichte Lohengrins an (G). Da die Sündhaftigkeit der Christen zunimmt, zieht die Gralgemeinschaft nach Indien. Auf dem Weg dorthin bewirkt der Gral, daß eine Hungersnot ein Ende hat, daß sie nicht in den Bann des Magnetberges geraten, u. daß sie nicht in den Fluten des Lebermeeres stecken bleiben. Sie durchqueren Landesteile, in denen Zwerge u. Löwen streiten, in denen Berge brennen u. in denen sie sich gegen den feurigen Atem von Schlangen zur Wehr setzen müssen. Schließlich gelangen sie zu Farafis u. Secundrille (F2), die ihnen entgegenkommen. Titurel gibt Aufschluß über die Gralschüssel, erklärt, er habe lange genug über das Heiligtum geherrscht, u. stirbt. Der Gral dient nicht mehr als Spender von Speisen. Parzifal wird für 10 Jahre ›Priester Johann‹, da auf ihm Sünde laste. Danach wird der Sohn von Farafis ›Priester Johann‹. Die Gralkönige werden sterblich, u. die Inschrift zeigt jeweils an, wer zum Nachfolger bestimmt wird. Die Artusritter suchen vergeblich nach dem Gral.

Der große Umfang des »J.T.« kommt dadurch zustande, daß der Dichter auf ausführliche Beschreibungen von Personen u. Sachen, auf außerordentlich breit ausgestaltete Schlachten und Turniere mit sog. Heldenschau großen Wert legt. Hinzu kommen didaktische Teile, extensive Tugendlehren (wahres Rittertum, Keuschheit, Frauenzucht u.a.m.), Minnebelehrungen, Anreden an Frau Aventiure, astrologische Ausführungen und bestiarienartige Kommentare. Diese Schilderungen sind eingebettet in eine Vielzahl von *âventiuren*, die sich aber in ihrer Dichte nicht im Entferntesten mit denen im »Prosa-Lancelot« oder der »Crône« vergleichen lassen. Das Werk ist lehrhaft, reich an Allegorien und mythisch-spirituellen Bedeutungsträgern. Ist die Handlung zwar relativ überschaubar, so trägt der dunkle, barock-geblümte Stil, unterstützt durch die eigenwillige Gestaltung der Jüngeren Titurelstrophe, die zu ungewohnten syntaktischen Fügungen führt, teilweise zur Verschleierung klarer Sinnstrukturen bei, die auch durch die vielen abstrakten Einschübe gefördert wird. Obwohl die ältere Forschung die Eigenleistung Albrechts gering achtete, herrscht jedoch die Auffassung vor, daß der »J.T.« ein sprachliches und rhetorisches Kunstwerk darstellt, dessen inhaltliche Dimensionen noch gar nicht im Einzelnen hinreichend untersucht wurden. Dies gilt vor allem für eine umfassende Strukturanalyse, die sichtbar machen könnte, an welcher Stelle der Handlungsführung und aus welchen Gründen die abstrakt-theoretischen Einschübe erfolgen. Auch die oft als dürftig bezeichnete Handlungsmotivation ›Brackenseil‹ bedarf einer gründlichen Analyse, da das Gralschwert in der Hand des rechtmäßigen Besitzers des Brackenseils, Ekunat, dem Streit ein Ende setzt, so daß das Minne- u. Rechtsmotiv mit der Gralthematik in enger Verbindung steht. Der »J.T.« vermag Minne, arthurisches Rittertum und Gral so zu vereinen, daß eine Weltschau entwickelt wird. Weltgeschichte und Heilsgeschichte sind hier verschmolzen. Nicht die Auflösung der innerweltlichen Ordnung bildet den Endpunkt der Dichtung, sondern die Flucht des Grals aus der bekannten Welt in das sagenumwobene Indien. Der Gral wird also nicht den Menschen für immer entzogen (vgl. »Crône«, »Lancelot«), sondern die Erhaltung des Allerheiligsten in mythischer Ferne beschließt Albrechts Weltdeutung.

Literatur

Nyholm, Kurt: Zur Rezeptionsplanung im ›J.T.‹ In: Dt. Literatur des Spät-mittelalters. Ergebnisse, Probleme u. Perspektiven der Forschung. Greifswald 1986, S. 347–361.

Hahn, Ingrid: Kosmologie u. Zahl. Zum Prolog des ›J.T.‹ In: Geistliche Denkformen in d. Lit. des MA. Hrsg. K. Grubmüller, R. Schmidt-Wiegand, K. Speckenbach. München 1984, S. 226–244 (Münstersche Mittel-alterschriften 51).

Huschenbett, Dietrich: Bibliographie zum ›J.T.‹ WS 8, 1984, S. 169–176.

Schröder, Werner (Hrsg.): Würzburger Kolloquium über den ›J.T.‹ 1982. WS 8, 1984 [11 Beiträge, mit Bibliographie S. 169–176].

Pistor, Emilie: Der ›J.T.‹ der Bayerischen Staatsbibliothek München. Zur Illustration der höfischen Rittererzählung. Diss. München 1983.

Schröder, Werner: Demontage u. Montage von Wolframs Prologen im Pro-log zum ›J.T.‹ München 1983 (Abh. d. Mainzer Gelehrten Gesellschaft 19).

Ders.: Sin werde aventiure min herze hat errumet. ZfdA 112, 1983, S. 257–260 [gegen D. Hirschberg, WS 8, 1984].

Ders.: Wolfram-Nachfolge im ›J.T.‹ Devotion oder Arroganz. Frankfurt 1982 (Frankfurter wiss. Beiträge. Kulturwiss. Reihe 15).

Parshall, Linda: The Art of Narration in Wolfram's ›Parzival‹ and Al-brecht's ›J.T.‹ Cambridge 1981 (Anglica Germanica Series 2).

Gibbs, Marion E.: Ampflise im ›Parzival‹ u. im ›Titurel‹. WS 6, 1980, S. 48–53.

Ebenbauer, Alfred: Tschionatulander u. Artus. Zur Gattungsstruktur u. zur Interpretation des Tschionatulanderlebens im ›J.T.‹ ZfdA 108, 1979, S. 374–407.

Huschenbett, Dietrich: Albrechts ›J.T.‹ Zu Stil u. Komposition. München 1979 (Medium Aevum, Philolog. Studien 35).

Ders.: Albrecht, Dichter des ›J.T.‹ VL ²Bd. 1, 1978, Sp. 158–173 [dort weitere Literatur].

Rausch, Hans-Henning: Methoden u. Bedeutung naturkundlicher Rezep-tion u. Kompilation im ›J.T.‹ Frankfurt, Bern, Las Vegas 1977 (Mikro-kosmos. Beitr. z. Lit.wiss. u. Bedeutungsforschung 2. Hrsg. W. Harms).

Zatloukal, Klaus: Salvaterre. Studien zu Sinn u. Funktion des Gralsberei-ches im ›J.T.‹ Wien 1978 (WAGAPH 12) = Diss. (masch.) Wien 1974.

Thornton, Alison G.: Weltgeschichte u. Heilsgeschichte in A.s v. Sch. ›J.T.‹ Göppingen 1977 (GAG 211).

Boor, Helmut de: Drei Fürsten im mittleren Deutschland. In: Fschr. I. Schröbler. Hrsg. D. Schmidtke u. H. Schüppert. Tübingen 1973, S. 238–257.

Bumke, Joachim: Titurelüberlieferung u. Titurelforschung. ZfdA 102, 1973, S. 147–188.

Trendelenburg, Gudula: Studien zum Gralraum im ›J.T.‹ Göppingen 1972 (GAG 78).

Ragotzky, Hedda: Studien zur Wolfram-Rezeption. Die Entstehung u. Verwandlung der Wolfram-Rolle in der dt. Lit. des 13. Jhs. Stuttgart, Berlin, Köln, Mainz 1971 (Studien z. Poetik u. Gesch. d. Lit. 20) [zum J. T. S. 92–141].

Leckie, W. R. Jr.: ›Bestia de funde.‹ Natural Science and the ›J. T.‹. ZfdA 96, 1967, S. 263–277.

Röll, Walter: Studien zu Text und Überlieferung des sogenannten J. T. Heidelberg 1964.

Wolf, Werner: Wer war der Dichter des J. T.? ZfdA 84, 1952/53, S. 309–346.

Hermann, Ernst: Die Inschrift des Brackenseils. Wandlungen der höfischen Weltanschauung im J. T. Diss. Marburg 1939.

Borchling, Conrad: Der J. T. und sein Verhältnis zu Wolfram von Eschenbach. Göttingen 1897.

Spiller, Reinhold: Studien über A. v. Sch. u. Ulrich Füetrer. ZfdA 27, 1883, S. 158–179 u. 262–294. Separatdr. Leipzig 1883.

Graltempel: Petersen, Karen-Maria: Zum Grundriß des Gralstempels. Fschr. K. H. Halbach. Hrsg. R. B. Schäfer-Maulbetsch, M. G. Scholz, G. Schweikle. Göppingen 1972, S. 271–306 (GAG 70).

Ringbom, Lars-Ivar: Graltempel u. Paradies. Beziehungen zw. Iran u. Europa im Mittelalter. Stockholm 1951 (Kungl. Vitterhefts Historie och Antikvitets Akad. Handlingar 73).

Schwietering, Julius: Der Graltempel im J. T. ZfdA 60, 1923, S. 118–127.

Röthlisberger, Blanca: Die Architektur des Graltempels im jüngeren T. Bern 1917 (Sprache u. Dichtung 18).

Droysen, Ernst: Der Tempel des heiligen Grales nach A. v. Sch., J. T. Str. 319–410. Bromberg 1872.

2.2.11. Claus Wisse und Philip Colin: Parzifal

Drei Verfasser werden genannt, Claus Wisse (Verf. des Prologs), Philipp Colin (Verf. des Epilogs), beide Goldschmiede in Straßburg, die wohl zusammen für die gesamte Versdichtung zeichnen (die ältere Forschung nahm an, Wisse habe nur am Anfang mitgewirkt) und der Jude Samson Pine, der die frz. Vorlagen (s. auch S. 89 ff.) ins Deutsche übersetzte. Der Auftraggeber war ein Ulrich von Rappoltstein. Von den drei möglichen Trägern dieses Namens scheint der Domherr von Straßburg, Ulrich V., am ehesten das Werk veranlaßt zu haben (von 1310–1345 urkundlich bezeugt). *Schorbach*, der Hrsg. des Werkes, entschied sich für Ulrich VII., da dessen Frau und Tochter den Namen Herzelaude trugen. Da Ulrich VII. aber erst 1353 geheiratet hat *(Wittmann-Klemm)*, das Werk jedoch 1336 abgeschlossen war, können die Namen in keinem Zusammenhang mit dem Text stehen. Zwei Schreiber werden mit

Namen genannt, ein Henselin und der von Onheim, ein Bürger von Ohnenheim bei Schlettstadt. Die Verfasser haben sich relativ streng an ihre Vorlagen gehalten, so daß die Art des Kopierens, der Übersetzung und des Verschmelzens hier von besonderem Interesse ist.

Der Text ist eine Mischung aus Wolframs »Parzival« (sog. alter Parzifal) und aus den französischen Fortsetzungen des Chrétienschen Werkes (sog. nuwer Parzifal). Nach *Hartl* gehörte die Vorlage des Wolframschen Textes zur Hs.-Gruppe *W, d. i. ein Mischtyp der Hss. *G, G und *D. Von den frz. Texten wurden die sog. »Elucidation« benutzt, die 1. Perceval-Fortsetzung (Pseudo-Wauchier), die 2. Fortsetzung (Wauchier de Denain) und die Fortsetzung Manessiers, der sein Werk im Auftrag der Gräfin Jeanne von Flandern schrieb, sowie einige Verse aus Chrétiens unvollendetem »Perceval« (unberücksichtigt blieb Gerberts Forts.). Das Werk enthält auch einige Minnestrophen (Walther von der Vogelweide, Walther von Metze, Gotfrid von Neifen, Reinmar d. Alte, Reinmar von Brennenberg). Nur relativ wenige Verse konnten bisher nicht auf eine Vorlage zurückgeführt werden. Die unzulänglich zerstückelte Edition überläßt es leider dem Leser, sich das tatsächliche Textkorpus selbst zu rekonstruieren.

Das Werk setzt mit Wolfram ein (bis L 112,11). Es folgt die »Elucidation«, dann wieder Wolfram (bis L 733,30, d. h. nach der Versöhnung mit Gramoflanz, Orgeluse, Gawan und Artus), dessen Textvorlage nur geringfügig durch Einschübe aus Chrétiens Werk unterbrochen wird. Erst nach den Minnestrophen werden die frz. Fortsetzungen angefügt, wobei die Manessier-Fortsetzung vielfach von der Wolframschen Vorlage durchsetzt wird. Trotz der kleineren frz. Einschübe läßt sich feststellen, daß das Werk letztlich mit Wolframs 15. und 16. Buch abschließt. Die 1. Fortsetzung, die auch Gauvain-Continuation genannt wird, enthält 6 Erzählabschnitte, von denen 4 ganz Gawan, einer seinem Bruder und einer Carados gewidmet sind. Der letzte Abschnitt wird auch »Livre de Caradoc« genannt, da man in ihm eine eigenständige Fabel vermutet. Er berichtet u. a. von der Keuschheitsprobe (vgl. »Lai du Cor«, »Crône«). Die 2. Fortsetzung kehrt zu den Abenteuern Parzifals zurück, wobei Gawan nur die Rolle des nach Parzifal Suchenden zukommt. Die Attribute, die mit dem Gral verbunden sind, werden hier etwas abweichend dargestellt (es fehlt z. B. der leblose Körper). In der Manessier-Fortsetzung ist trotz anderer Artusritter Parzifal der Protagonist, der, abgesehen von den gewöhnlichen Zweikämpfen und Befreiungen von Jungfrauen, mehrere Kämpfe gegen den in verschiedenen Gestalten auftretenden Satan bestehen muß (Inhaltsskizze s. S. 99 ff.).

Die Vielschichtigkeit der Kontaminationen dieses Textes ist bisher nicht im entferntesten untersucht worden. Mag *D. Wittmann-Klemm* auch die einzelnen Bausteine des Konglomerats etwas entflochten haben, so muß dennoch festgestellt werden, daß der Text bisher in keiner Weise eingehend untersucht wurde. Denn allein die 1. Continuation liegt in mindestens drei verschiedenen Fassungen vor (sog. gemischte, lange und kurze nach *William Roach*), die bei der Analyse des »Parzifal« bisher keine Beachtung fand. Wenn auch die Textbasis in den beiden Fortsetzungen relativ konstant ist, so müssen diese Variationen doch mit berücksichtigt werden. Hieraus ergibt sich, daß zwar der formalen Seite des Werkes einige (wenn auch ungenaue) Beachtung geschenkt wurde, die tatsächliche inhaltliche Analyse aber ist noch keineswegs geleistet worden.

Hinweise, daß dem »Parzifal« trotz der spätmittelalterlichen kontaminierenden und additiven Dichtungsvorstellung eine eigenständige Konzeption zugrundeliegt, gibt nicht nur der Epilog, der dem Lob der Minne (nicht dem Rittertum oder dem Gral!) gewidmet ist (ansatzweise bei *Wittmann-Klemm* S. 111−129), sondern vermitteln auch die Schnittstellen der Verschmelzung des Wolframschen Textes mit den frz. Vorlagen bzw. mit den Zusätzen der Verfasser.

Literatur

Roach, William u. *Ivy, R.H.* u. *Foulet, L.:* The Continuations of the Old French ›Perceval‹ of Chrétien de Troyes. 4 Vol. Philadelphia 1949−1956.

Roach, William: The Continuations of the Old French ›Perceval‹ of Chrétien de Troyes. IV. Philadelphia 1971.

Potvin, Ch.: Continuation du Perceval. V, VII. Mons 1866−1871 [Manessier].

Wittmann-Klemm, Dorothee: Studien zum ›Rappoltsteiner Parzifal‹. Göppingen 1977 (GAG 224).

Besch, Werner: Vom ›alten‹ zum ›nuwen‹ Parzifal. DU 14, 1962, S. 91−104.

Heller, Edmund Kurt: Studies on the Alsatian Parzival. GR 5, 1930, S. 109−126.

Holtorf, Arne: Eine Strophe Reinmars von Brennenberg im Rappoltsteiner ›Parzival‹. ZfdA 96, 1967, S. 321−328.

Hartl, Eduard: Die Textgeschichte des Wolframschen ›Parzival‹. Bd. 1: Die jüngeren G-Handschriften. 1. Abt.: Die Wiener Mischhandschriftengruppe *W. Berlin, Leipzig 1928 (Germanisch u. deutsch, Studien zur Spr. u. Lit. 1).

Bonath, Gesa: Untersuchungen zur Überlieferung des ›Parzival‹ Wolframs von Eschenbach. Lübeck, Hamburg 1970/71 (Germanische Studien 238/239).

2.2.12. Kinig Artus Hauf (Widuwilt); Ein schen Maase fon Kenig Artis hof

Da weder gesicherte Daten über die gesamte Überlieferung vorliegen noch die einzelnen unterschiedlichen Fassungen, einschließlich der dt. Bearbeitung der jiddischen Vorlage von 1786 (Ammenmärchen), synoptisch untersucht wurden, können interpretatorische Aussagen nur auf die gegenwärtig zugänglichen Ausgaben (Landau, Wolf) bezogen werden.

Das jiddische Werk »Artushof«, bzw. »Widuwilt« basiert nur in ganz groben Zügen auf Wirnts Dichtung (s. Inhaltsskizze S. 79f.). Der Name Widuwilt, der von Wirnts Gwigalois/Wigalois abweicht, erklärt sich dadurch, daß Gawein beim Abschied von seiner schwangeren Frau auf die Frage, welchen Namen sie dem Kind geben soll, erklärt, nenne ihn *wie du wilt*, was die Frau wörtlich nimmt. Zwei Hauptversionen lassen sich unterscheiden: a) eine längere Version (vgl. die Hss. C u. H), die wohl gegen Entgelt von Juden rheinfränkischer Herkunft für reiche Glaubensgenossen in Oberitalien angefertigt wurde, und b) eine kürzere, eher volksbuchartige Version. Sprachliche Befunde scheinen darauf hinzuweisen, daß alle überlieferten Texte auf Vorlagen des 14. Jhs. zurückgehen. Die kürzere Fassung stellt keine Umarbeitung des dt. Volksbuchs dar, sondern orientiert sich, wie alle Bearbeitungen, an Wirnt. Der Verfasser war nicht der Hesse Josel (Josef) ben Alexander Witzenhausen (1610–1686, Bibelübersetzer u. Drucker in Amsterdam), der nach *Schüler* (Zf. hebräische Bibliographie, Frankfurt M., 8, 1904, S. 117–123, 145–148, 179–186) allenfalls als Herausgeber u. Drucker in Frage kommt.

Nicht nur der Vergleich des Umfangs zeigt, daß im Jiddischen erhebliche Umformungen vorgenommen wurden (Wirnts Text weist 11706 Verse auf, die jiddischen Bearbeitungen hingegen umfassen nur 5438 (C) bzw. 5337 (Wagenseil-Druck 1699) oder 3753 Verse (Hss.), abgesehen von der kurzen Frankfurter Prosafassung), sondern auch die Handlungsfolge sowie der Tenor der Dichtung wurden verändert. Das Werk stellt aber keine Kurzfassung dar, vielmehr kann es als eine eigenständige Bearbeitung der Wirntschen Dichtung gelten. Folgende rein stofflich-handlungsstrukturellen Unterschiede lassen sich vereinfachend feststellen:

Im »Widuwilt« ist der Erweis der Rittertüchtigkeit als Ziel der ersten Abenteuerkette getilgt. Umfaßt sie bei Wirnt 5 *âventiuren*, so besitzt der jiddische Text nur 3, da die Begegnung mit dem Burgherrn und den Riesen nicht aufgenommen wurde. Dies mag darauf zurückzuführen sein, daß diese Bearbeitung sehr stark vom Dreischritt-Muster beherrscht wird *(Cormeau)*.

194

Der Schluß enthält nicht die mit dem Artushof unternommene Befreiung von Namur, sondern endet mit der Überwindung Korntins und der Heirat mit Lorel/Larie. Auch die Überwindung von Roas ist völlig geändert, da der Usurpator ein Riese ist, dessen Bezwingung den Zauber, der das Korntinsche Reich verwandelt hat, aufhebt. Ferner sind zahlreiche Handlungsmotivationen anders gestaltet, die die Sinnstruktur entscheidend verändern. Z.B.: Der Herausforderung von Joram wird erst durch eine Beleidigung begegnet, so daß Gaweins Handeln einem Racheakt gleicht; Widuwilt erklärt sich zum Abenteuer erst bereit, nachdem die Botin (Nereja) Artus beleidigt hat, so daß seine Aktivität als Verteidigung der Ehre von Artus zu begreifen ist; die ersten Kämpfe von Widuwilt stehen ganz unter dem Zeichen, sich Nereja gewogen zu machen; der 3mal aufzusuchende Herrscher von Korntin sieht in Widuwilt nicht den potentiellen Erlöser, sondern führt ihm ständig, wie im Märchen, die Schwierigkeiten des Unterfangens vor Augen (Schema: Wenn du das erreichst, was unwahrscheinlich ist, dann mußt du aber noch das viel schwierigere Hindernis überwinden); der Drachenkampf bildet nicht die erste Stufe der Erlösung, sondern ist eine Befreiungstat, durch die Widuwilt eine Frau erwerben kann, so daß der Graf ihn als Ehemann seiner Tochter bei sich behalten will.

Die Veränderungen in der Handlungsstruktur sind so vielzählig, daß eine neue Konzeption intendiert ist. Die religiösen Anschauungen des Wirntschen Textes, wonach Wigalois als *miles christianus* in der Nachfolge Christi dargestellt ist, waren aus jüdischer Sicht unannehmbar. Es ist keine Erlösungs-, sondern eine Befreiungstat, um eine Frau (Lorel) zu erwerben. Riesen (im 15. Jh. Inbegriff der Tyrannis, vgl. Luthers Übersetzung von *gigantes* als ›Tyrannen‹) haben das Land verzaubert, so daß die bei Wirnt in christlicher Symbolik verwurzelten Wesen fast alle zu Riesen gemacht werden. Die christlichen Bild- u. Aussageformen sind daher getilgt. Weder erhält Widuwilt Blüte, Brot und *brief*, noch die heilige Lanze. Das Motiv wird profan gedeutet, indem Widuwilt ein Gebot des Herrschers von Korntin, der ihm eine neue Lanze gibt, übertritt. Der Held beruft sich auf Gott allein, die Gebete an Christus sind getilgt.

Literatur

Corneau, Christoph: Die jiddische Tradition von Wirnts *Wigalois*. Bemerkungen zum Fortleben einer Fabel unter veränderten Bedingungen. ZLL 8, 1978, H. 32, S. 28–44.
Dinse, Helmut: Die Entwicklung des jiddischen Schrifttums im deutschen Sprachgebiet. Stuttgart 1974.
Dreessen, Wulf-Otto: Zur Rezeption deutscher epischer Literatur im Altjiddischen. Das Beispiel Wigalois – Artushof. In: Deutsche Literatur des

späten Mittelalters. Hamburger Colloquium 1973. Hrsg. *W. Harms* u.
L. P. Johnson. Berlin 1975, S. 116—128.

Weissberg, Josef: Zur Stellung der altjiddischen Literatur in der Germanistik.
ZfdPh. 91, 1972, S. 383—406.

Pauker, Arnold: Das deutsche Volksbuch bei den Juden. ZfdPh. 80, 1961,
S. 302—317.

Erik, Max: Inventar fun der jidischer spilmandichtung. Zeitschrift Minsk 2,
3, 1928.

2.2.13. Wigoleis (Volksbuch)

Im Vergleich zu anderen Volksbüchern hat der »Wigoleis« keine
sehr große Verbreitung gefunden. Die Handlungsabfolge orientiert
sich an Wirnts Werk (s. Inhaltsskizze S. 79f.), auf das sich der
Verfasser am Schluß ausdrücklich bezieht. Der Text weicht beispielsweise in einigen Punkten von Wirnt ab:

Gabon (Gawein) ist das Opfer eines Komplotts, da Floreys (= Joram) ihn
mit dem Zaubergürtel überwinden wollte, damit er seine Schwester heirate,
um ihm dann die Krone des Reiches übergeben zu können. Gabon erhält die
Erlaubnis, Floreys Land um der *âventiure* willen zu verlassen. Absichtlich
nimmt er den Gürtel nicht mit, da er sich auf seine eigene Stärke verlassen
will. Der König von Korotin ist ein *wurm* mit einer Krone.

Die Veränderungen liegen besonders darin, daß die tiefgreifende
christliche Symbolik der hochhöfischen Zeit in ihrer Geschlossenheit nicht mehr erfaßt wird und an ihre Stelle der reine Kontrast
zwischen Gut und Böse getreten ist. Der Kampf mit Roas ist kein
Erlösungswerk, sondern ein Strafgericht Gottes für den Mord an
dem Herrn des Landes, das der tugendreiche Wigoleis ausführt. Die
Lion-Handlung ist Strafe für die moralische Verwerflichkeit des von
Lion verübten Verbrechens, so daß Wigoleis diesen auch nicht mehr
als Fürsten erachten kann. Nicht Gawein (so bei Wirnt), sondern
der tugendreiche Widuwilt selbst tötet Lion. Auch die Einheit von
Minne und Erlösungswerk ist eliminiert. In der einseitig moralisie-
renden Weltsicht hat die Minne ebenso wenig Platz wie religiöse
Attribute, etwa der Brief, der an das Schwert geheftet wird, oder die
Lanze, die ein Engel bringt. Die starke Straffung der Erzählung
(Beschreibungen u. Kommentare sind gänzlich getilgt) dient dazu,
die Taten des Helden zu akzentuieren, der das Böse in der Welt
vernichtet. Die Handlung wird auf einen moralisierenden Aspekt
reduziert. Der statisch-tugendreiche Protagonist kämpft gegen das
Laster, gegen die Verkommenheit der Menschen. Dieser vergröber-
ten Auffassung entsprechen die Holzschnitte, die auf die zentralen

Ereignisse Bezug nehmen, von denen aber gerade auch deshalb einige mehrmals in ein und demselben Druck verwendet werden können.

Literatur

Melzer, Helmut: Trivialisierungstendenzen im Volksbuch. Ein Vergleich der Volksbücher ›Tristrant und Isalde‹, ›Wigoleis‹ und ›Wilhelm von Öster-reich‹ mit den mittelhochdeutschen Epen. (Diss. Marburg 1968) Hildes-heim, New York 1972 (Dt. Volksbücher in Faksimiledrucken Reihe B, Untersuchungen zu den dt. Volksbüchern 3).
Schauhuber, Elisabeth: Die Volksbücher des 15. u. 16. Jahrhunderts als Kulturspiegel der Zeit. Diss. (masch.) Wien 1948.
Heitz, Paul u. *Ritter, Friedrich:* Versuch einer Zusammenstellung der dt. Volksbücher des 15. u. 16. Jahrhunderts nebst deren späteren Ausgaben und Literatur. Straßburg 1924.
Weidenmüller, Otto: Das Volksbuch von Wigoleiß vom Rade. Diss. Göttin-gen 1910.

2.2.14. Ulrich Füetrer: Lantzilet

Ulrich Füetrer (Schreibung des Namens unterschiedlich) stammt wohl aus Landshut und ist um 1420 geboren. Er siedelte nach München über, wo er 1460 als einer der 4 Vorstände der Handwerks-innung urkundlich bezeugt ist. Sein Todesjahr ist nicht sicher (*Spiller* um 1492, *Nyholm* nach 1496, spätestens ca. 1500, da im Grundbuch seines Hauses ab diesem Datum ein anderer Eigentümer genannt wird). Er war Maler u. nachweislich für das Kloster Tegernsee tätig. Umstritten ist, wie seine Kontakte zum bayerischen Hof, insbeson-dere zu Albrecht IV. von Bayern-München, zustande kamen, ob über die Malerei *(Spiller)* oder ob über Püterich von Reichertshausen *(Munz)*. Seine Beziehungen waren wohl eng, wie aus dem Ausgaben-buch des herzoglichen Kammerschreibers Matthias Prätzl der Jahre 1467—1468 hervorgeht *(F. Weber)*. Füetrer hat neben den umfangrei-chen Artusdichtungen auch eine »Bayerische Chronik« verfaßt, die sich dank seiner eigenen Angaben relativ gut datieren läßt; sie ent-stand zwischen 1478 u. 1481. Geteilter Ansicht ist die Forschung hinsichtlich der Chronologie der Werke. Einerseits wird angenom-men, daß der »Prosa-Lantzilet« am Anfang des Schaffens stand *(Rupprich, Nyholm)*, andererseits wird das »Buch der Abenteuer« als Erstlingswerk angesehen *(Spiller, Carlson, Munz)*. Der strophische »Lantzilet« gilt jedoch allgemein als das letzte Werk (um 1486).
Es ist richtig, wenn die Forschung, die bisher dieses Prosawerk

noch kaum untersucht hat, feststellt, daß Füetrer eine stark gekürzte Fassung des »Prosa-Lancelots« bzw. seiner französischen Vorlage präsentiert, wobei die genaue Quellenlage bisher noch nicht geklärt ist. Der Text ist in 6 Bücher eingeteilt: I = S. 1–57; II = S. 57–126; III = S. 127–146; IV = S. 147–270; V = S. 270–326; VI = S. 326–362. Es zeigt sich, daß Füetrer das Grundgerüst der Handlung zwar erhalten hat, durch das stark geraffte, meist atemberaubende Erzähltempo der reine Geschehnisablauf aber Vorrang vor der subtilen Sinnstruktur der Vorlagen besitzt. So wird beispielsweise auf nur einer Seite Lantzilets Wahnsinn und seine Heilung durch die Fraw vom Lack erzählt (S. 39 nach der Ausgabe von *Peter*). Auf jede Seite dieser Ausgabe entfällt mindestens ein Handlungsabschnitt, z. B.: Entführung Gabans durch Karacodes (S. 45); Verfolgung Karacodes durch Lantzilet (S. 46); Gabans Gefangenschaft (S. 48); Gefangennahme Lantzilets durch Morgena (S. 50); Kampf Lantzilets gegen Karacodes zur Befreiung Gabans.

Rechtliche Gegebenheiten werden von Füetrer auffällig stark hervorgehoben, ebenso wie der in der französischen Vorlage angelegte genealogische Aspekt, der die Nachkommen Davids teilweise in den Strudel des selbstverschuldeten arthurischen Untergangs zieht. Durch die Raffung der Handlung tritt auch Lantzilets Identitätsflucht viel markanter hervor als in den Quellen. Sie ist viel weniger ein Problem seiner Genealogie, als vielmehr die Folge seiner Liebe zu Ginover. Verstoßung und Mißbilligung ihrerseits ziehen einen Identitätsverlust nach sich, Akzeptanz durch die Königin hat seine Anerkennung als Lantzilet, den besten Ritter, zur Folge. Die verbotene Minne ist ein Gradmesser für seine Identität und zugleich das Hindernis, den Gral schauen zu können. Füetrer treibt durch die Art seiner Handlungsführung das Geschehen auf den Punkt (und zwar ohne die gewohnten symbolisch-bedeutsamen Zwischentöne des 12. und 13. Jahrhunderts), daß Minne und Recht, daß Identität und Minne, daß Tapferkeit und damit verbunden Ruhm und Minne, daß also Liebe kontradiktorisch ist. Sie kann ordnungsstiftend (Lantzilet als Helfer und bester Ritter), zugleich aber auch störend für die Ordnung sein. Bezeichnenderweise hält Füetrer am Ausgang des Romans fest, daß Grifflet, Hestor und Lantzilet Einsiedler werden und daß Ginover als Nonne stirbt.

Das Werk entbehrt wohl nicht gewisser politischer Implikationen, wenn man bedenkt, daß 1. Albrecht IV. nicht unangefochten war (1471 ließ er seinen Bruder festsetzen, da dieser die Herrschaft anzweifelte), daß 2. die Türken von Außen das Land bedrohten (am 29. 9. 1478 fand ein Fürstentag zu Landshut statt, um den Kaiser zu Maßnahmen zu bewegen) und daß 3. die religiös-asketisch-reformatorische Bewegung zunehmend an Einfluß gewann. Es gilt jedoch festzuhalten, daß Albrecht IV. und Kaiser Maximilian die großen Gönner am Ausgang des Mittelalters sind, die die alte Tradition zu erhalten suchten.

Literatur

Peter, Arthur: Die deutschen Prosaromane von Lanzelot. Germania 28, N. R. 16, Wien 1883, S. 129–185.

2.2.15. Ulrich Füetrer: Buch der Abenteuer

Das Werk von Ulrich Füetrer, Albrecht IV. von Bayern-München gewidmet, ist weder in seiner kompilatorischen Art als ganzheitliche Dichtung (vgl. die Einzelausgaben) gewürdigt worden, noch liegen eingehende Interpretationen vor. Ebenso wie beim »Parzifal« wäre zur Klärung der Arbeitsweise besonders des ersten Buches dringend eine Konkordanz mit der Handschriftenkennzeichnung der Vorlagen erforderlich. Die wertvollen Quellenverweise reichen nicht aus (der Vergleich mit der »Crône« belegt dies wegen der Umstellungen von Handlungseinheiten schon hinreichend), um die Kompilationstätigkeit adäquat beurteilen zu können.

Das Sammelwerk besteht erstens aus einer Mischung von Textvorlagen aus dem 13. Jh., und zweitens aus einer reinen Reihung von verschiedenen Texten. Der erste Teil (3003 Titurel-Strophen, d. h. 21 021 Verse) orientiert sich zwar am »Jüngeren Titurel«, verzahnt aber verschiedene Texte (s. u.). Der zweite Teil, der deutlich von Füetrer auch als solcher gekennzeichnet ist, enthält in der Reihenfolge der Hs. A (Cgm 1): »Floreis und Wigoleis« (317 Strr.); »Seifrid de Ardemont« (519 Strr., von Albrecht von Scharfenberg?); »Meleranz« (Hs. Bl. 97 ra–104 rb); »Iban« (297 Strr.); »Persibein« (530 Strr.); »Poytislier« (354 Strr.); »Flordimar« (353 Strr.); Blatt 149 rb–150 rb ist leer; »Lantzilet« (Hs. Bl. 150 va–348 vb, ca. 5700 Strr.).

Füetrer nennt im »Buch der Abenteuer« als Verfasser einiger seiner Bearbeitungen viermal einen Albrecht von Scharfenberg, von dem aber keine Dichtungen überliefert sind. Ihm werden nach Ausweis Füetrers »Merlin«, »Seifrid de Ardemont« und »Fraw Eren hof« (nicht von Füetrer bearbeitet) zugewiesen. Strittig ist, ob Albrecht, der den »Jüngeren Titurel« verfaßte, identisch mit Albrecht von Scharfenberg ist. Das Belegmaterial reicht nicht aus, um sicher von einer Identität auszugehen. Überdies ist Albrecht von Scharfenberg nirgends bezeugt.

Huschenbett, Dietrich: A. v. S. ²VL Bd. 1, 1978, Sp. 200–206.

Der erste Teil (bzw. das 1. Buch) beginnt mit der Geschichte von Titurison und den Pflegern des Grals bis zur Verwundung des Anfortas und der Erwartung seiner Erlösung (Ausg. *Nyholm* bis Str. 120). Er richtet sich nach dem »Jüngeren Titurel«, mit gelegentlichem Bezug auf Wolframs »Parzival«. Der sich anschließende Trojanerkrieg dient als Vorgeschichte für den Merlin-Abschnitt, da das Geschlecht derer aus Britany sowie des Grals sich vom Trojanergeschlecht herleitet (Ausg. *Fichtner,* bei *Nyholm* ausgeklammert). Füetrer ist in den ersten beiden Dritteln Konrad von Würzburg ziemlich genau gefolgt, nicht dagegen dem Fortsetzer von Konrad (ab V. 40424). Hier benutzte Füetrer die »Historia destructionis Troiae« von Guido de Columnis und gegen Ende Vergils »Äneis«. Nach 4 Übergangsstrophen, die berichten, wie Brutus nach Gallia kommt und das Land nach ihm Prutonia genannt wird, setzt die Merlin-Geschichte mit einer Anrede an *fraw Mynn* und *fraw awentewre* ein (*Nyholm* Str. 121–383). Füetrers Version zeigt, daß der Text eine gewisse eigenständige u. gestraffte Bearbeitung von Robert de Boron (nur fragmentarisch überliefert) bzw. der anonymen französischen Prosaauflösung des »Merlin« bietet. Besonders Merlins Geburt, die Gralgeschichte u. die englische Genealogie weichen von den frz. Vorlagen ab. Der Bericht über den Gral weist Parallelen mit der »Estoire del Saint Graal« auf. Wegen der unzureichenden Editionslage zu Panzers Zeiten bedarf die Quellenlage einer erneuten Überprüfung.

Christus sandte seine Jünger in alle Welt, den Glauben zu verbreiten. In Priton herrschte Mogines, ein frommer König, der in einer Schlacht fiel und zum Märtyrer wurde. Sein Bruder Constans war ebenfalls ein gottesfürchtiger Herrscher, der allen Versuchungen des Teufels standhielt, obwohl er all seiner Habe beraubt wurde. Der Teufel wandte sich der einen Tochter zu und zog sie in den Bann des Lasters, so daß sich Constans und seine Frau das Leben nahmen. Schließlich gelang es ihm auch, die zweite Tochter zu verführen, die, getäuscht von der Gestalt eines schönen Jünglings, Mörlin zur Welt bringt. Sie läßt den Knaben christlich taufen. Schon bald zeigt er übermenschliche Fähigkeiten. Im Lande herrscht Uneinigkeit u. Krieg. Wertigier wird aufgefordert, das Reich zu regieren. Solange jedoch der unmündige Sohn von Moigines am Leben ist, will er die Krone nicht tragen. Der Königssohn wird von zwölf Rittern ermordet. Wertigier läßt die Täter töten, verursacht aber dadurch großes Chaos im Reich. Als es ihm, der zeitweilig außer Landes gehen muß, gelungen ist, Frieden unter den Fürsten zu schließen, läßt er zur Sicherheit seines Lebens ein Schloß bauen. Was auch immer die Handwerker am Tag errichten, stürzt in der Nacht wieder ein. 12 Weise, denen vorausgesagt wurde, daß sie durch Mörlin sterben werden, raten nach 7 Tagen dem König, daß der Bau halten werde, wenn der Mörtel mit dem Blut des Jünglings Mörlin gemischt werde. Mörlin weiß bereits, was auf ihn zukommt und erklärt dem König, daß die Mauern deshalb einstürzten, weil ein roter und ein weißer Drache unter dem Bau gegeneinander kämpften. Mörlins Worte werden bestätigt. Der weiße Drache stürzt sich auf den roten und tötet diesen. Mörlin deutet das Geschehen in der Weise, daß Wertigier von zwei Söhnen Constans' verjagt werde, da er sie wie auch Moigines Sohn um das Reichserbe gebracht habe.

Inzwischen hat Mörlin zwei Söhne, Pandragon und Uter, gezeugt. Sie, die als Söhne Constans gelten, ziehen mit einer Streitmacht in Wertigiers Land ein u. verjagen ihn. Pandragon als der ältere Bruder wird König und verbreitet den Glauben. Nur die Sachsen widersetzen sich. Pandragon belagert die Burg des Sachsenanführers Angurs, die nach Mörlins Aussage nur nach dessen Tod erstürmt werden kann. Mörlin erscheint in verschiedenen Gestalten. Gewarnt von ihm kann Uter Angurs töten, so daß sie die Burg erobern. Pandragon erfährt, daß Mörlin sein Vater ist. Die Brüder müssen erneut gegen die Sachsen kämpfen. Mörlin prophezeit ihnen zwar den Sieg, doch einer von ihnen werde fallen. Pandragon wird von einem Speer durchbohrt. Uter wird König und nimmt zu Ehren seines Bruders den Namen Uterpandragon an. Die bevorzugte Stellung Mörlins am Hofe ruft Neider auf den Plan. Ein Höfling stellt Mörlin 3mal auf die Probe, indem er seine übermenschlichen Fähigkeiten in Frage stellt. Mörlin prophezeit ihm jedesmal den Tod. Er werde durch den Sturz vom Roß getötet werden, er werde im Fluß ertrinken, er werde sich an einem Baumstumpf erhängen. Nicht lange danach fällt der Höfling vom Pferd, bricht sich den Hals, stürzt in den Fluß und bleibt, den Kopf im Wasser, mit den Kleidern an einem Baumstumpf hängen.

Mörlin rät dem König, zum Gedächtnis an seinen Bruder eine Kirche auf der Walstatt der Jungfrau Maria zu erbauen. Uterpandragon befolgt diesen Rat. Die Kirche wird Solabrien genannt. Dann rät Merlin, eine Tafel zu errichten. Er berichtet im Rückblick von der ersten Tafel beim Abendmahl Christi. Auf Gottes Geheiß schuf Joseph von Arimathia die zweite Tafel. Gott gab ihm den Abendmahlskelch, der seither der heilige Gral genannt wird. Joseph sollte für sich einen besonderen Sitz einrichten, auf dem niemand anders sitzen dürfe. Jeder Unbefugte würde Schaden nehmen. Als die Juden Joseph, seinen Sohn und andere Begleiter in einem Schiff aussetzten, gelangten sie wohlbehalten nach Priton, wo sie König Evaleth in Ehren aufnahm. Als dieser in einer Schlacht den Sieg errungen hatte, ließ er sich u. sein ganzes Heer taufen. Evaleth, sein Sohn Nasiens u. andere wurden zum Gral berufen. Sie mußten ein keusches u. reines Leben führen. Danach entzog Gott den Gral den Menschen, weil sie ein gottloses Leben führten. Erst als sich wieder ein reines Geschlecht fand, wurde der Gral zurückgegeben. Der König schuf die dritte Tafel, an der 50 der besten Ritter einen Platz erhielten. Ein Stuhl blieb leer, da derjenige, den Gott dafür auserwählt hatte, noch nicht geboren war. Ein Ritter hatte versucht, auf dem Stuhl Platz zu nehmen. Die Erde tat sich auf u. verschlang ihn sogleich.

Eines Tages verliebt sich Uter in die verheiratete Herzogin von Tintayol. Als sie dies ihrem Ehemann sagt, verläßt er sofort das Fest. Beleidigt durch dieses Verhalten zieht Uterpandragon gegen den Herzog zu Felde. Die Liebe quält Uterpandragon so, daß Mörlin Uter, Uelsin u. sich mit einer Salbe bestreicht, die einen Gestaltentausch zur Folge hat. Als Herzog verschafft sich Uter Zugang zur Herzogin in Tintayol und schwängert sie. Als am Morgen die Nachricht kommt, daß der Herzog erschlagen wurde, glaubte sie es nicht, da ihr Mann bei ihr liege. Uter nimmt eiligst Abschied. Der Leichnam des Herzogs wird gebracht, so daß die Herzogin den Betrug erkennt. Es kommt zu einem Friedensschluß, zu dessen Bekräftigung Uter die Herzogin heiratet. Sie beichtet dem König, daß sie betrogen wurde und schwanger sei. Uter weiß von Merlin, daß er der Vater ist. Als der Sohn geboren wird, verheimlicht Mörlin das Ereignis und übergibt den Knaben dem weisen Antor. Antor läßt ihn auf den Namen Artus taufen. Als Artus 12 Jahre alt ist, stirbt der König. Merlin rät dem Volk, auf ein Zeichen Gottes zu warten, ehe sie einen neuen König bestimmen. Es wird ein Stein gefunden, in dem ein Schwert steckt. Keiner vermag es herauszuziehen. Da Antors Sohn kein Schwert bei sich hat, schickt er Artus nach Hause, seine Waffe zu holen. Artus kommt am Stein vorbei und zieht das Schwert heraus. Antors Sohn erkennt das Schwert und gibt erst vor, selbst der Erwählte zu sein, bekennt dann aber, daß es Artus gewesen sei. Dieser muß noch mehrmals vorführen, daß nur er das Schwert aus dem Stein ziehen kann, ehe er zum König gekrönt wird. An der Tafelrunde nehmen die besten Ritter Platz.

Daran schließen sich folgende Teile nach der Ausgabe *Nyholms* an (Die genauen Stellenverweise für die Quellen ebd., oben auf jeder Seite): Abenteuer von Gaudin, Galoes u. Gamoreth, Str. 384—410 (vorwiegend dem »Prz.« Wolframs folgend). Abenteuer von Gamoreth zu Confoleis, Str. 411—457 (vorw. dem »Prz.«, am Schluß dem »J. T.« folgend). Tschionachdolander u. Sigune, Str. 458—842 (Anschlußstr. »Prz.«, dann ausschließlich »J. T.« folgend). Den Hauptakzent tragen die Abenteuer von Parcival u. Gaban, Str. 843—2021 (Die Brücke schlägt der »J. T.«, dann dient hpts. Wolframs »Prz.«, mit gelegentlichen Einsprengseln aus dem »J. T.«, als Vorlage) Jugend bei Hertzenlaud, Jeschute, Ither, Gurnemans, Kundwuramur, Scheitern auf Montsalvatsch, Jeschawd, Blutstropfen, Parzivals Aufnahme in die Tafelrunde, Gaban u. Kungrimurschel, Obye u. Obylot, Prz. und Gundrie (teilw. »J. T.«). Danach vornehmlich »J. T.« folgend, bis Parcival bei Trefretzent einkehrt (Wolfram). Der Text orientiert sich nun an den Abenteuern Gabans nach Heinrichs von dem Türlin »Diu Crône« (vgl. S. 132 ff.): z. B. Amorfina, Gallas, Goeswein, Goettegrins Entführung von Ginofer, Schoydamur, Ganzgutter, Gralbegegnungen Gabans, Frau Saelde, Limors

u. Gigamegk. Dann dient wieder der »Prz« als Vorlage: Orgulus, Malcreature, Tschachtelmarveyl, Gramoflans, Klinsor, Eheschlüsse, Parcival u. Feravis, Berufung zum Gral, Anforts' Heilung, Sigunes Tod. Erneut wird auf die »Crône« zurückgegriffen: Gabans Sieg über Fimbeus, Giranphiels Betrug, Ganzgutter, Riesen. Es folgt Lohengrin und Parcivals Gralkönigtum, Str. 2022–2417, vorw. dem anonymen »Lohengrin« u. am Schluß wieder dem »J. T.« folgend. Die Kompilationstätigkeit ähnelt der von Wisse und Colin. Sie ist typisch für das Spätmittelalter (vgl. bes. auch die zahlreichen Heldenbücher, s. *Wisniewski*, Smlg. Metzler 205). Arbeitsweise und Bedeutung der Auswahl bedürfen dringend der Erforschung.

Die Übergänge bei den 8 aneinandergereihten Dichtungen erfolgen durch Überschriften nach dem Muster: *Hie vaht an / hebt sich an* (etc.) die *abentewr / history* von X. Als Vorspann dient ein Gebet oder gebetsartiger Abschnitt von 4–6 Strr. Die Texte sind gegenüber ihren Vorlagen stark gekürzt, da längere Situationsschilderungen, Charakterzeichnungen oder abstrakte Betrachtungen weitgehend fehlen.

Wigoleis: Die Handlung orientiert sich an Wirnts »Wigalois« (Inhalt s. S. 79 f.) und am Volksbuch. Über das Verhältnis von Füetrers Text (Datierung wohl zw. 1478 u. 1481) zu den beiden Vorlagen besteht immer noch Unklarheit, wenngleich Füetrer das Wirntsche Werk in der Bibliothek seines Freundes Püterich von Reichertshausen zugänglich war. Im Vergleich zu Wirnt ist die symbolische Sinnebene erheblich reduziert worden, so daß – ähnlich wie im Volksbuch – nur die reinen Handlungsfaktoren eine Rolle spielen. Das Werk wird weitgehend auf eine eindimensionale (statt bei Wirnt auf eine polyvalente) Bedeutungsebene beschränkt.

Seifrid de Ardemont: F. Panzer hat in seiner Edition (S. LXII–CXXXIII) zahlreiche Texte als Quelle für den »Seifrid« nachweisen wollen (Lais, »Gauriel«, »Crône«, »Dietleib«, »Meleranz«, »Parzival«, etc.). Besonders führte er Pleiers »Meleranz« an, der aus Albrechts Text geschöpft haben soll. Panzers Argumente können aus heutiger Forschungssicht nicht mehr als stichhaltig gelten, weil nicht der Motivschatz, sondern die Gesamthandlungskonstruktion für die Bewertung des Werkes ausschlaggebend sein muß. Denn der Motivaustausch war weit verbreitet, so daß es nur darauf ankam, ein neues Ganzes herzustellen. Das Werk umfaßt 519 Titurel-Strophen. Füetrer beruft sich auf Albrecht von Scharfenberg als Quelle für seine Bearbeitung. Datierungsvorschläge für das Original (um 1280) sind mehr als vage, ganz zu schweigen von den Abhängigkeiten der arthurischen Texte des 13. Jhs. untereinander. Nirgends lassen sich sichere Belege beibringen, daß der »Seifrid« bereits dem »Meleranz« vorangegangen sei. Solange die Unsicherheit in der Quellendiskussion und der Datierung sämtlicher späterer Artusdichtungen besteht, wird keine adäquate Beurteilung der Abhängigkeiten und der Prioritäten der Texte erfolgen können.

Seifrid ist der Sohn Gundries und Lytschois', Herzog von Koverzin, deren Ehe nach der Versöhnung mit Gramoflanz (vgl. Wolframs »Parzival«) zustande kam. Seifrid drängt darauf, Artusritter zu werden (A1), was seine Eltern wegen seiner Jugend vorläufig ablehnen. Deshalb reitet S. heimlich aus (A2). Auf seinem Weg sieht er wilde Tiere miteinander kämpfen (Drachen u. Krokodile). Als er einen großen Drachen erblickt, der ein Reh im Rachen trägt, greift S. ein, befreit das Tier, indem er den Drachen tötet (A3). S. fällt in Ohnmacht, wird aber von einem Zwerg, der ihn schon vorher warnte, geheilt (A4). Obwohl ihn der Zwerg erneut warnt, kämpft S. mit dem Riesen Amphigulor, in dessen Gewalt sich 4 Jungfrauen befinden, die Klinsor verzaubert hat. Der Zwerg schenkt ihm für diesen Kampf ein scharfes Schwert, einen Schild und eine kraftspendende Wurzel (A5). S. gelingt es, den Riesen durch seinen Speer zu töten (A6). Dem Rat des Zwerges folgend kann S. die 4 Jungfrauen dadurch befreien, daß er 4 Steine hebt und so den Zauber durchbricht (A7). Dadurch sind auch die Zwerge erlöst, so daß ihr Herr, Lorandin, S. ewige Treue schwört (A8).

Inzwischen trauern die Eltern in Koverzin um ihren verlorenen Sohn und schicken Boten in alle Lande, darunter zu Artus. 14 Artusritter kämpfen gegen einen unbekannten Ritter. Als Gaban [sonst Artus] gegen S. zu Felde zieht, streckt S. seine Waffen, da ihm ein Zwerg die Identität seines Gegners eröffnet hat (A9). S., der Neffe Gabans, erfährt, wer die Damen sind, die 3 Jahre gefangen waren. Darunter ist Eleyse, die Tochter von Gurnemans. Nach diesen Erfolgen wird S. im Beisein der Eltern zum Ritter geschlagen und zum Mitglied der Tafelrunde gemacht (A1a).

Während des Festes kommt eine Jungfrau, die Hilfe für ihre Herrin Condiflor, die Tochter des Königs von Igerland, erbittet. Der Heide Agraton von Saragos hat aus verschmähter Liebe ihren Geliebten und den Vater getötet (B1). Trotz seiner Jugend läßt man S. wegziehen. Die Botin u. S. stoßen auf den Riesen Schrutor und sein Weib Rubal. S. kann beide töten, doch die Riesin hat zuvor die Botin weggeschleppt (B2). Auf einer Burg erfährt S., daß der Riese 300 Jungfrauen gefangen hält. Als die Söhne der Riesen ein Ehepaar und eine Jungfrau auf die Burg führen, tötet S. auch die beiden Riesensöhne. Der Burgherr Perilamor und der befreite Fürst von Girenlande sowie die Frauen versprechen, am Artushof von seinem Ruhm zu berichten (B2a). Im Wald trifft er den wilden Mann Paltinor, der mit einem Drachen kämpft. S. tötet den Drachen und erhält zum Dank ein vorzügliches Schwert (B3). In Igerland stellt sich S. zum Zweikampf mit Agraton. Er besiegt ihn (B1a). Agraton muß zu Artus gehen und von der Heldentat Seifrids berichten.

S. lehnt es aufgrund seiner Jugend ab, Condiflor zur Frau zu nehmen u. Herrscher zu werden (B1b). Zusammen mit Graf Waldin macht sich S. auf, nach weiterer *âventiure* zu suchen.

Sie sehen, wie ein Drache einen Ritter fortschleppt und wie dessen Frau den beiden nachläuft. S. tötet den Drachen, doch das Gebrüll ruft ein wildes Weib auf den Plan, dem Waldin das Haupt abschlagen kann. Nachdem sie auch die Jungen des Drachen getötet haben, sind der Ritter und die Frau wieder vereint (C1). Waldin u. S. kommen zu einer Burg, die dem Räuber u. Mörder Schandamur gehört. Die Frau, deren Gatten S. befreit hat, erzählt, daß der Räuber ihrem Bruder Anziflor die Grafschaft genommen hat. Trotz der Warnungen eines Zwerges stellen sich S. u. Waldin der Herausforderung. Sie töten 4 Räuber, die eine weinende Jungfrau mit sich führen, töten noch 2 weitere Räuber, während 2 Räuber die Flucht ergreifen. Als Schandamur mit Anziflor u. einer Frau kommt, können sie ihn töten (C2). Anziflor ist der Bruder von dem Turkoit, dem Gaban auf Tschovantze nach der Versöhnung mit Gramoflanz seine Schwester Soye zur Frau gab. Sie gehen alle an den Artushof. Dort werden Waldin u. Anziflor in die Tafelrunde aufgenommen (C3, A1b).

Da sich S. nicht *verligen* will, bricht er mit Waldin zu neuen Abenteuern auf. Sie gelangen in eine Stadt. Das Land ist verödet. Sie erfahren, daß eine Schlange, die zwar Mensch u. Tier nicht schadet, auf der Heide lebe. Wenn sich jemand dieser nähert, beginnt sie zu brennen und ein Unwetter bricht los (D1). S. u. Waldin sind beim Betreten zwar von Flammen umgeben, auch tobt ein heftiges Unwetter, aber unversehrt durchschreiten sie das Feuer, und statt des Unwetters sehen sie den klaren Mondschein. Die Schlange können sie nicht einholen, lesen aber auf einer Säule, daß die Schlange erlöst werden muß, indem man eine Kröte von ihrem Hals reißt. S. tut dies und sofort verwandelt sich die Schlange in eine schöne Jungfrau, die aber sogleich tot zu Boden sinkt. Als weiße Taube fliegt ihre Seele gen Himmel (D1a). Ihre sterbliche Hülle wird christlich bestattet. Die beiden Helden gehen lange in die Irre. Da finden sie ein *schapel* aus Gold u. Perlen. S. läßt den Kranz liegen, obwohl Waldin S. auffordert, ihn mitzunehmen (D2). 3 Tage später finden sie ein kostbares Halsband (D2a) und wieder nach 3 Tagen einen Mantel (D2b). Auch diese Gegenstände berührt S. nicht. Sie gelangen zu einem riesigen Berg, der von Dornen, Schlangen u. Drachen umgeben ist. Obwohl sie entkräftet sind, da sie sich nur von Obst u. Kräutern ernährten, erklimmen sie den Berg. Sie sehen unten eine Aue, auf der Zelte aufgeschlagen sind u. auf der sich Ritter mit ihren Frauen vergnügen. Als sie hinabsteigen, formieren sich die Leute zu einem Zug. Die Königin Mundirosa springt vom Pferd u. begrüßt Seifrid mit Namen (D2c). Nachdem sich die Helden gestärkt haben, erzählt Mundirosa, daß ihr bei der Geburt vorausgesagt wurde, daß sie ihren Geliebten auf dieser Aue finden werde. Vor 3 Jahren sei sie hergekommen. Sie weist in ihrem Zelt auf die 3 Kleinodien. Hätte S. sie an sich genommen, wäre er nicht zu ihr gelangt. Sie wisse von seinen Siegen. Sie dürften aber nur 3 Tage zusammen sein, dann müßten sie sich für 1 Jahr trennen. Während dieser Zeit dürfe er sich nicht rühmen, eine schönere Frau zu besitzen als die, deren Schönheit jeweils gerade gepriesen werde. Verletze er das Gebot, sehe er sie nie wieder (D2d). Nach 3 Tagen muß S. Mundirosa verlassen. Mit Waldin begibt er sich auf neue Abenteuer.

Sie treffen auf 2 Riesen, die den Fürsten Joserans verbrennen wollen. Gebunden mit einem Strick um den Hals steht Albazona klagend dabei. Sie töten die Riesen und deren Mutter, die ihre Riesensöhne rächen wollte (E1). S. erfährt, daß Lorandinol um Albazona warb, von ihr aber abgelehnt wurde, so daß er das Land verwüstete. In einem Zweikampf fiel zwar Lorandinol, aber die Riesen rächten sich für ihren toten Verwandten (E1a). Waldin gelangt nach Igerland, wo gerade Condiflor aus Sehnsucht um Seifrid gestorben ist (B1c). Er bringt die Fürsten, die von S. ihre Länder zu Lehen nehmen möchten, zu Artus (A1c), da sie dort S. zu treffen hoffen (E2). Die Fürsten erhalten ihre Lehen, doch Seifrid zieht es, aufgrund seiner Liebe zu Mundirosa, neue Abenteuer zu suchen. Mit Waldin begibt er sich auf das Turnier nach Iberne (F1). Dort begeht er als siegreicher Kämpfer den Fehler, die Schönheit seiner Geliebten mehr zu loben, als die der Königstochter Duzisamors. Er u. Waldin werden in Ketten gelegt. Er soll sterben, wenn er nicht binnen 5 Tagen den Beweis seiner Behauptung erbringt (F1a). Während der Verhandlung kommt Mundirosa, deren Schönheit den König überzeugt, so daß er S. zwei Länder überantworten muß. Mundirosa gibt ihm die drei Kleinodien u. S. gelobt, nicht zu ruhen, bis er sie wiedergefunden habe (D2e). Er lehnt es ab, die Königstochter sowie die Länder zu erhalten u. stiehlt sich mit Waldin davon. In Igerland setzt er Waldin als Statthalter ein (B1d) und macht sich allein auf die Suche nach Mundirosa.

Nach langem Suchen kehrt S. wieder zur Aue zurück, auf der er Mundirosa gefunden hatte (D2f). Er sieht nur noch leere Zelte. Ein Einsiedler erzählt ihm, daß die Königin den Ort vor 3 Jahren u. 3 Monaten aus Kummer verlassen habe. Auf den Rat des Einsiedlers hin läßt er sich u. seine Kleinodien in die Haut seines Pferdes einnähen. Ein Adler trägt ihn über das Meer und legt ihn nach mehreren Tagen Flug in sein Nest (D2g). Nachdem er sich aus der Haut befreit hat, trifft er auf den wilden Mann Althesor, der ihm helfen will. Er berichtet von der Not der Landesherrin, die zwar ihren Gatten gefunden, aber wieder verloren habe. Jetzt erhebe Graf Girot Anspruch auf sie u. keiner wage, zum anberaumten Gerichtskampf in Ardemont gegen ihn zu kämpfen. S. gibt sich zu erkennen und mit Hilfe Althesors gelangen sie auf einem Floß in die Nähe von Ardemont. Die Kleinodien dienen S. als Identifikation (D2h). Im Zweikampf kann S. Girot das Haupt abschlagen, stiehlt sich aber unerkannt von dannen (D2i). Mundirosa veranstaltet ein Turnier. Prächtig von Althesor ausgestattet erringt S. den Sieg, bleibt aber unerkannt (D2j). In ärmlicher Kleidung hat sich S. unter die Dienerschaft gemischt u. erfährt, daß seine Geliebte ins Kloster gehen will. Prächtig ausgestattet, begleitet von 100 Rittern, die 20 goldene Herzen vorantragen, tritt er vor Mundirosa, die ihn sofort freudig empfängt (D2k). S. heiratet seine Geliebte und wird gekrönt. Sein Ruhm verbreitet sich am Artushof u. im Land seiner Eltern. Mundirosa bringt einen Sohn, namens Flormund, zur Welt.

Der Artushof ist zwar Ziel des Helden u. er bildet auch den Bezugspunkt vieler seiner Taten (die Besiegten oder Erlösten müssen stets zu Artus gehen), aber er besitzt weder eine Funktion, die Auswirkungen auf Seifrid selbst hat, noch eine das Gemeinwesen betreffende Aufgabe. Das Werk ist trotz der zahlreichen Abenteuer letztlich auf die Minne hin orientiert. Der Artushof liefert nur den genealogischen Hintergrund und dient als Kulisse für den erworbenen Ruhm des Helden. Einen eigenwertigen Stellenwert besitzt das Artusrittertum nicht. Gleichwohl liegt hier der Typus vor, daß der Held sich bewähren muß und erst zum König gemacht wird, als er die geeignete Frau geehelicht hat.

Melerans: vgl. Pleier S. 174 ff. Der Text hat 272 Strophen (1904 Verse), so daß gegenüber der Vorlage (12 841 Verse) eine drastische Kürzung vorgenommen wurde. Stofflich war Füetrer kein Erfinder, sondern ein Sammler, der jedoch die Stoffe des 13. Jhs. seiner Zeit anpaßte. Dem Darstellungsprinzip, dem reinen Handlungsablauf die Priorität einzuräumen, entspricht es, daß alles weggelassen wurde, was den Erzählfluß hemmt (Details, Beschreibungen, Gefühlsregungen, Erklärungen und Doppelungen). Kleinere Umstellungen wurden vorgenommen, die die Spannung erhöhen. Bedingt durch den raschen Erzählverlauf bleiben einige Handlungen unmotiviert, die beim Pleier wohlbegründet sind. Die Symbolik wurde verflacht (z. B. die Bad-Szene am Anfang), so daß die Darstellungsweise stark vergröbert wurde.

Iban: Die Vorlage war Hartmanns »Iwein«. Obwohl der Handlungsablauf fast durchweg der Quelle entspricht, stellt auch der »Iban« eine stark gekürzte Fassung dar (1/4 von Hartmanns Epos), die auf ausführliche Beschreibungen und Situationsbilder verzichtet. Hauptkennzeichen der Veränderungen, die Füetrer vorgenommen hat, ist, daß er das Geschehen nur auf den Protagonisten konzentriert, so daß die Handlungsführung viel mehr linear verläuft als in seiner Quelle. Perspektivenwechsel, Darstellung simultaner Ereignisse werden vermieden, so daß die Sinnstruktur auf den Erweis der Vervollkommnung des Helden reduziert wird. Die Szene, wo Laudine nach dem Tod von Ascalon allzu rasch Iwein als neuen Quellenherrn nimmt, ist gemildert, da z. B. Laudamy erst einen Fürstenrat einberuft. Die Bahrprobe (der tote Ascalon), an die zur Zeit Füetrers nicht mehr geglaubt wurde, ist getilgt, ebenso der Selbstmordversuch des Löwen.

Persibein: Die Darstellung der inhaltlichen Seite des Textes durch die Herausgeberin *R. Munz* in der Einleitung ist z. T. oberflächlich und irreführend. Reminiszenzen an Motive anderer Artusdichtungen sind zwar unverkennbar, aber sie gehören zum Zeitpunkt Füetrers bereits zum austauschbaren Erzählgut der Artusdichtung, so daß direkte Entlehnungen trotz einiger Ähnlichkeiten nur schwer auszumachen sind. Eine Quelle ist nicht nachweisbar. Füetrers »Persibein« ist ein Epos, in dem es kein übergeordnetes Ziel für den Helden gibt. Als roter Faden zieht sich zwar der Erwerb von Frauen durch die Handlung (hierauf beziehen sich auch die Anreden des Dichters an Frau Minne, z. B. in den Strr. 59–61, 87–88, 147, 524), aber Persibein erfährt weder durch die *âventiuren* eine Wandlung, noch dient er durch seine Taten dem Artushof. Die Tafelrunde ist zur Staffage geworden, die weder für sich selbst noch für eine transzendente Aufgabe eine Handlungsfunktion einnimmt. Persibein, dessen Herkunft nicht einmal problematisiert wird, gewinnt nur für sich Ruhm, der keinem weiteren Menschen dient. Der Artushof bleibt blaß und ist sinnentleert. Dominierend sind die *âventiuren* des Helden, die in mäßiger Schachtelung vorwiegend additiv gereiht sind.

Vier Artusritter, darunter Gaban, entdecken einen Stein, auf dem sich Bilder von Venus, Mars, Sonne, Mond, Mercur, Saturn u. Jupiter befinden. Die Artusgesellschaft vermag ihn jedoch nicht wieder zu finden. Nur Persibein, ein unbekannter Jüngling, führt sie zum Stein, der durch 12 reine Frauen, darunter auch Gynofer, in das Tal des Artushofes gebracht wird. Ein Zwerg klärt die Artusgesellschaft über den Namen und die Herkunft Persibeins auf, so daß fest steht, daß er ein Sohn der Schwester Gabans ist und königlichem Geblüt entstammt (A). Ein Turnier zu Kandia ist anberaumt, zu dem die Artusritter streben (B). Gaban prüft mehrmals in ironischer Weise seinen Neffen, da dieser an das Glück eines ihn begleitenden Adlers glaubt. Obwohl Gaban ihn einsperrt, gelingt es Persibein, eine Nacht mit der Grafen-Tochter zu verbringen (B1). Obwohl er ausgesperrt wird, gewinnt er die Königin Elizabell (B2), die er heiratet. Er bittet um Urlaub und reitet auf *âventiure‹*. Er befreit den Vater einer Jungfrau aus der Gewalt eines Riesen, dem er das Haupt abschlägt. Persibein lehnt es jedoch ab, Land und Tochter als Lohn zu empfangen (C). Inzwischen hat die Gräfin einen Zwerg zu ihm geschickt und ihn überlistet, so daß er seinen Ring aushändigt (B1a, B2a). Die Gräfin Belonye berichtet daraufhin Elizabell, daß Persibein tot sei (Indiz ist der Ring). Aus Liebe stirbt die Königin (B1b, B2b). Informiert über ihren Tod, begibt sich P. nach Nantis an den Artushof (A1). Dorthin kommt eine Jungfrau, die Hilfe für ihre Herrin Blubena von Ysaual erbittet, die von Patrell bedroht wird (D1). Entgegen der Skepsis der Jungfrau zieht der junge Persibein mit ihr. P. muß sich zunächst seine Herberge erkämpfen (D2), dann gegen Zollforderungen zur Wehr setzen (seine Waffen seien nicht zollpflichtig) (D3). Nachdem er der Jungfrau einen herrenlosen Sperber

geschenkt hat, verlangt ein Zwerg, den Sperber seiner Herrin zurückzuge-
ben. P. besiegt 2 und dann 12 Ritter (D4). Die herrschende Königin will ihm
Leben und Land geben, doch P. verweist auf das noch zu bestehende
Abenteuer in Ysaual. Die Königin besteht auf seinem Bleiben (D4a). Die
Jungfrau geht zum Artushof, so daß Gaban eine Botschaft sendet, er werde
das Land zerstören, wenn P. nicht freigelassen werde (A2). Der Weg nach
Ysaual ist Persibein durch Plophinas versperrt. Sieg und Befreiung mehrerer
Frauen. Der Herr des Landes, ein Riese, gibt ihm nach einem Kampf
Sicherheit (D5). Durch Iureth wird P. gefangengenommen. Eine Jungfrau
erzählt ihm, daß ihn sein Hemd und Gürtel unbesiegbar machen (D6). Sie
bittet Iureth um der Minne willen, ohne diese Zaubermittel zu kämpfen, so
daß P. ihn zwingen kann, die entführte Frau wieder zurückzubringen (D6a).
Nach einer Einkehr bei einem Wirt besteht P. das Abenteuer zum schreien-
den Moor. Wer das Geschrei hört, muß tot zu Boden fallen (D7). Nach
Donner, Gestank, Lärm u. Feuer fällt ihm ein Zettel aus dem Ohr des
Drachen in die Hände, auf dem um Erlösung gebeten wird. Wie beschrieben
greift er in den Rachen, zieht einen Wurm heraus, der sich in eine Frau
verwandelt. Sie sinkt tot zur Erde (D6a). P. kämpft gegen 2 Riesen, die er
tötet (D8). Schließlich gelangt er zu Patrell (D1a), mit dem er kämpft. P.
gewinnt seine Stärke durch den Blick auf Blubena. Sie warnt ihn durch einen
Zettel, daß Patrell nicht zu dem Stuhl gelangen dürfe, da er sich auf ihm neue
Kräfte erwerbe. P. verhindert dies, so daß der Verlierer Patrell das Land
verlassen muß (D1b). Persibein heiratet Blubena (D1c). Um sich nicht zu
›verligen‹, gewährt ihm Blubena die Erlaubnis, auf ›âventiure‹ zu gehen.
Er trifft auf einen entkräfteten Ritter, der berichtet, daß ein Drache seine
Königin entführt habe (E). Er tötet erst die Jungen des Drachen und dann
diesen selbst, befreit Berlinda und noch 2 Jungfrauen. Die Frau berichtet bei
Limors (E1), daß sie zur Tafelrunde hatte gehen wollen (A3), um Hilfe gegen
Atlur, der ihren Vater gefangen hält, zu erlangen (E2). P. siegt darauf über
Atlur (E2a). Aus Rache wird P. einem Zauber ausgesetzt, so daß er seine
Sinne verliert, damit er umgebracht werden kann. Die Leute widersetzen
sich und bringen ihn außer Landes nach Normandy (E2b). Dort befreit er das
Land von der Tributforderung des Königs von Enngelanndt (E3). Das Land
u. die Krone von Normandy zu übernehmen, lehnt er ab. P. trifft auf eine
Jungfrau, die zu Artus gehen will, da ihre Herrin, Klamissa, von Budisollt
bedrängt wird, dessen Minne sie ablehnt. P. siegt und befreit gleichzeitig
Beakurs (E4). Am Artushof (A4) jagen alle nach dem weißen Hirsch. P.
nimmt den Hund einer Jungfrau als Pfand. Darauf kämpfen zahlreiche
Artusritter gegen den Unbekannten, bis sich schließlich Artus selbst dem
Gegner stellt (A4a). P. flieht daraufhin, so daß Gaban den Schluß zieht, daß
ein solches Verhalten nur einem Artusritter zuzuschreiben sein kann. Er
wird herzlich nach Aufdeckung seiner Identität empfangen (A4b), entfernt
sich aber heimlich wieder vom Artushof.
P. trifft auf eine Dame, deren Geliebten Grantschenalier entführt hat. Ecke-
prannd sei ihm nachgeritten. P. besiegt den Entführer (E5). Er kämpft
erfolgreich mit einem Toten, nachdem ihm ein Weib mit roten Augen, langen
Ohren und einem Eberzahn Ratschläge zur Überwindung erteilt hat (E6).

Als P. wieder in sein Land Isaual zurückkehren will, erfährt er, daß Blubena ausgezogen ist, ihn zu suchen (F). Daraufhin geht er auf die Suche nach seiner Geliebten. Er stößt auf ein Turnier, das König Belurs von Igerlannd für seine Schwester Beaflor veranstaltet hat (F1). P. erfährt, daß auch seine Geliebte dort weilt. Er erringt den Sieg, doch Beaflor wird dem Herzog von Spolit angetraut, da P. auf seinen Lohn verzichtet. Vereint mit Blubena macht er sich auf den Heimweg (G). Auf dem Weg siegt er gegen 2 Löwen (G1), überwindet 12 Männer, um seine Frau zu verteidigen (G2), schlichtet einen Herrschaftsstreit zwischen zwei Schwestern, indem er Lodeman von Schabisane, den Verteidiger der älteren Schwester, besiegt (G3), und bringt einen Streit um der *âventiure* willen zwischen Wigelois, seinem Verwandten, und Mermilion (G4) zu einem guten Ende. Alle drei u. Blubena gelangen zu einer Burg, wo die Ritter um ihr Nachtquartier kämpfen müssen (G5). P. und seine Frau gelangen nach Hause, wo sie vom Vater gekrönt werden (H, S1). Sie gehen zu Artus nach Nantis (H1), brechen aber sofort nach Kandia (H2) auf, wo er ebenfalls den Frieden für sein 2. Reich verkündet (B2c). Letztlich kehrt er nach Isaual, seinem 3. Reich zurück (D1d). Lange kann er nicht verweilen, weil Kurie erscheint und um Hilfe bittet. Wagolld habe Leute gefangen, darunter Engiselor, die auf einem Fels, umgeben von einem tiefen Graben, ihrer Freiheit beraubt sei (I). Mit Hilfe des Meertieres Garmaneys gelangt P. auf den Fels, bestaunt die paradiesische Umgebung, befreit Engiselor, indem er eine Gewandspange auf dem Erdboden zerschmettert (I1). Nach Lösung des Zaubers und Rückkehr von dem Felsen mit Hilfe Garmaneys, gelingt es P. durch 4 mitgenommene Edelsteine, die Kraft verleihen, den Graben (I2) und ein Feuer zu überwinden (I3), so daß sich Wagolld von selbst ergibt. Doch dieser plant einen Hinterhalt. Er nimmt P. Rüstung und Schwert weg. Nur durch die Hilfe Engiselors vermag P., sich seines Feindes zu entledigen (I4). Er findet Gold u. Edelsteine, die er unter die Gefangenen, die er durch seinen Sieg befreit hat, verteilt. P. bricht auf, um in sein Land zurückzukehren (J). Auf dem Weg trifft er auf Limors (E1a). Die Tjoste wird ihm nicht verwehrt. Bei einer Linde stößt P. auf einen starken Ritter, der wegen einer Frau Kampf sucht (J1). Dieser stirbt. Persibein kehrt zu seiner Frau und in sein Land zurück.

Poytislier: Eine Quelle für diesen Text ist nicht auszumachen. Bekannte Motive u. Erzählbausteine sind hier zwar verarbeitet, aber in neue Zusammenhänge gestellt. König Artus ist nicht das Zentrum der Handlung, nicht einmal ein Durchgangsstadium der Bewährung, um noch Höheres zu erreichen (vgl. »Persibein«), da das Ziel des Helden, die Suche nach seiner Geliebten, außerhalb der arthurischen Sphäre liegt. Es handelt sich daher um eine episodische Artusdichtung, d. h. der Aufenthalt u. das sich anschließende Abenteuer, das von Artus ausgeht, bilden nur eine Station unter vielen auf dem Weg Poytisliers.

Bermund, König von Indien, erhält die Tochter des Königs von Babylon, nachdem der Fürst Lorandin von Rewssen und Galot, ein gefallener Engel, eine gefährliche Werbungsfahrt bestanden haben. Poytislier ist der Sohn aus dieser Ehe. Seine erste Bewährungsprobe besteht er, als er seinem Lehrer Lorandin hilft, den Usurpator seines Landes zu beseitigen, so daß Lorandin sein Erbe antreten kann. Auf der Jagd gelangt er durch seinen Bracken zu der Königin Floraklar. Diese legt sich am Abend zu ihm ins Bett. Poytislier entgegnet ihre Liebe nicht, da er sie für einen Engel hält. Sie verläßt ihn heimlich und erklärt in einem Brief, daß er keine Frau mehr lieben soll, da sie, die lange nach einem tapferen Ritter suchte, von ihm enttäuscht wurde. Den hinterlassenen Ring nimmt er an sich und sucht 5 Jahre als Spielmann ergebnislos nach ihr.

Als seine Eltern sterben, überläßt er sein Reich dem Schwager und seiner Schwester und sucht erneut nach Floraklar. Er gelangt zu dem Haus, in dem er Floraklar zuerst traf u. findet es halb verfallen, da sie es nach der denkwürdigen Nacht verlassen hat. Er kommt zu König Ranckulat, dem er hilft, den König von Ingulie zu besiegen. Da besteht Ranckulat auf dem Schwur, daß seine Frau die Schönste sei. Weil Poytislier Floraklar zur Schönsten erklärt, muß er, nachdem er aus der Gefangenschaft freigelassen wurde, Ranckulat versichern, daß er den Beweis erbringen werde, daß Floraklar die Schönste ist. Der Held kommt zu Artus und schläft am Tugendstein ein. Er träumt von Floraklar und umfaßt sie. Als er aufwacht, hat er den Stein umschlungen, und Artus, der hinzutritt, ist daher von seiner Tugendhaftigkeit überzeugt. Während eines großen Festes und Turniers berichtet Artus, daß es einen Wald gäbe, von dem noch keiner zurückgekehrt sei. Poytislier zieht in den Sorgenwald. Im Kampf mit einem Ritter muß er sich bald ergeben, da Zauberkräfte ihn lähmen. Auf der Burg wird er zwar prächtig empfangen, doch wird ihm ein strenges Redeverbot auferlegt. Trotz mancher Versuchungen besteht er die Probe erfolgreich. Der Burgherr zeigt ihm daraufhin die vielen abgeschlagenen Köpfe der Ritter, die das Verbot mißachteten. Er schickt ihn zu Artus mit dem Auftrag zurück, daß dieser nie wieder versuchen solle, den Wald zu betreten. Poytislier richtet dies Artus aus und sucht wieder Floraklar.

Er hilft den Dienerinnen seiner Geliebten, Dulzepta u. Helena, den von einem Ritter entwendeten Sperber und den Hund wiederzubekommen. Der Ritter muß König Artus Sicherheit geben. Auf dem Weg zu Floraklar muß er 2 Riesen überwinden, verbringt danach 12 Tage auf einer Barke auf dem Meer, die zuvor ein Schwan gezogen hat, um die Speisen für die Riesen zu bringen. Da kehrt der Schwan zurück und durch diese Barke kann er nach 6 Tagen an Land kommen. Wieder besiegt er einen Riesen. Weiterhin stellen sich ihm ein Bär, ein Löwe und noch 2 Riesen entgegen, die er überwindet. Ohnmächtig bricht er zusammen. Dulzepta bringt ihn zu Floraklar. Es findet eine Versöhnung statt. Poytislier berichtet von seinem Schwur Ranckulat gegenüber u. von seinen Leuten, die dieser als Geiseln zurückhielt. Mit großem Gefolge erscheinen sie bei Ranckulat u. alle sehen die Behauptung Poytisliers bestätigt, daß Floraklar die Schönste ist. Ranckulat bietet ihm die Krone des Landes an, doch der Held geht mit seiner Geliebten in seine Länder zurück, wo die Hochzeit stattfindet.

König Artus ist hier nicht ganz der ideale König. Obwohl Poytislier den Sorgenwald betreten hat, macht der Herr des Waldes Artus für das Eindringen verantwortlich und verbittet sich dies für die Zukunft. Der Wunsch von Artus, seine Ritter auf gefährliche *âventiuren* zu schicken, dient hier nicht der Befreiung in Not geratener Menschen, sondern wird als Belästigung und Verletzung des eigenen Territoriums aufgefaßt, da lediglich dem *âventiure*-Streben Genüge getan wird. Das Schweigegebot, alle Vorkommnisse betreffend, kann daher als Gegenforderung zu dem Gebot von Artus aufgefaßt werden, jede Begegnung getreulich zu berichten. Da Poytislier die Probe besteht, erweist sich auch, daß er nicht im engeren Sinne dem arthurischen Bereich angehört.

Flordimar: Eine Vorlage, die als Quelle gedient haben könnte, ist unbekannt. Viele Motive und Handlungselemente finden in den verschiedenen Artusepen des 13. Jhs. Entsprechungen, die leicht aus dem Handlungsabriß ersichtlich sind. Ähnlichkeiten mit dem »Seifrid« lassen bisher keine gesicherten Rückschlüsse über den Verfasser oder über das Abhängigkeitsverhältnis zu. Das klar strukturierte Werk gehört zu der Gruppe der biographischen Artusdichtungen.

Flordimar, noch nicht zum Ritter geschlagen, verläßt seinen Vater Theangelois, um Artusritter zu werden. Am Artushof müssen bei seiner Ankunft mehrere Ritter mit ihm kämpfen, da er ein Mädchen in seine Gewalt gebracht hat. Als sich schließlich Artus ihm entgegenstellt, läßt er sofort vom Kampf ab und bittet um Verzeihung (A). Er wird gut aufgenommen. Unwissend setzt er sich auf den Tugendstein unter der Linde, so daß er mit Freuden zum Ritter geschlagen wird und in der Tafelrunde im Beisein des Vaters Aufnahme findet. Als von ›âventiuren‹ berichtet wird, will Fl. sie sofort bestehen. Mit den Artusrittern Orphilet und Gwigrimans reitet er aus, fordert die Gegner zum Kampf heraus, indem er einen Papageien aus dem Käfig fliegen läßt. Die 6 Ritter werden von den drei Artusrittern besiegt, so daß der gefangene irische König u. seine Tochter dadurch die Freiheit erlangen. Versicherung, den Sieg Artus zu melden (B).
Auf dem Weg trifft Fl. eine Jungfrau, die Artus um Hilfe bitten will. Mordagorot, eine wilde Kreatur, lasse den Wald erbeben und habe alle durch Zauber leblos und stumm gemacht, darunter den König Welot v. Sardinien und seine Tochter Rosobel. Der Besitz der Leute Welots wurde dem Riesen Parsilot übergeben. Fl. sichert seine Hilfe zu (C1). An einem Schloß wird ihm der Weg versperrt, so daß er den Besitzer besiegen muß. Da der Unterlegene ihn von der Mordagorot-*âventiure* nicht abhalten kann, schenkt er Fl. ein Schwert (S1). Auch er muß Artus seiner Treue versichern (D). Eine Jungfrau ist von einem schlangenartigen Ungeheuer ergriffen worden, so daß Fl. sie befreit (E1). Sie erzählt, daß sie zu Artus gehen wollte, um Hilfe für ihre Herrin Bellabon zu erbitten, deren Land vom Heiden Gerbolt mit Krieg

überzogen wurde, weil sie ihn verschmähte. Der Sieger solle sie und das Land erhalten (E2). Fl. sagt Hilfe zu. Mit den beiden Botinnen treffen sie auf einen Grafen, dessen Land durch zwei alle Wesen ausrottende Centauren in Not geraten ist. Fl. geht zum Strand und kann dank des Schwertes (S1a) beide besiegen. Das Volk ist von der Landplage befreit. Ein Mann erhebt sich aus dem Meer, schenkt Fl. aus Dankbarkeit für diese Tat eine kostbare Rüstung (S2) u. versinkt wieder in den Fluten (F). Der Graf muß den Ruhm am Artushof verkünden. Auf dem Weg mit den beiden Botinnen sehen sie, wie ein Riese 3 Jungfrauen u. einen Ritter wegführt, wobei ein Zwerg die nackten Körper geißelt. Da Fl. über die Gründe nicht aufgeklärt wird, tötet er die beiden. Fl. hat nicht nur diese Leute befreit, sondern auch noch die Schwester und 2 Brüder des Ritters, die tags zuvor entführt wurden (G). Fl. gelangt nach Sardinien. Er trifft den Riesen Parsilot schlafend vor seiner Klause an, weckt ihn unsanft, so daß sich dieser schließlich unterwirft und Fl. dienstbar sein will (C2). Parsilot heilt Welot u. Rosobel, so daß sie aus ihrer Erstarrung befreit werden. Das Zaubermittel *(lupp)* hat der Riese an sich gebracht, so daß Mordagorot und sein Weib von Fl. getötet werden (C3). Parsilot heilt alle Gefangenen und gibt ihnen den Besitz zurück. Welot will Fl. das Land u. seine Tochter schenken, er lehnt ab. Er muß jedoch zu Artus gehen. Dann stößt Fl. auf Räuber. Der Hauptmann Halzedor will ihm die kostbare Rüstung abnehmen, doch Fl. kann ihn sowie einen Teil der Kumpanen sofort töten, der Rest ergibt sich. Auf der Feste der Räuber sind damit zahlreiche Gefangene befreit worden (H). Wiederum müssen sie Fl.s Ruhm bei Artus preisen. Fl. begegnet 25 Heiden, die auf Raubzügen sind. Er kann sie alle bis auf 8, die sich ergeben, töten, so daß der Weg zum Schloß von Bellabon frei ist (E2a). Als er die Frau sieht, ist er von ihrer Schönheit tief beeindruckt. Fl. kämpft mit Gerbolt, droht fast zu unterliegen, bis sein Blick auf Bellabon fällt, was ihm zum Sieg verhilft (E2b). Das Hochzeitsfest mit Bellabon findet am Artushof statt, wo wieder der Vater Fl.s anwesend ist. Danach gehen sie in ihr Land zurück, wo ihnen der Sohn Parzinier geboren wird.

Die *âventiuren* dienen nicht nur dazu, andere Menschen aus einer Notlage zu befreien, sondern auch den Ruhm des Helden zu mehren. Instanz der Bestätigung des Ruhmes ist stets Artus, an dessen Idealität nirgends gezweifelt wird. Flordimars Tapferkeit gipfelt schließlich in dem Erwerb einer Frau. So wie seinen Taten durch Artus erst die recht Anerkennung zuteil wird, so erhält auch die Eheschließung erst dadurch die wahre Legitimation, daß sie am Artushof vollzogen wird. Artushof und Protagonist stehen also in einem engen interdependenten Verhältnis.

Lantzilet: (Text bisher nicht ediert; der Inhalt dürfte wohl dem »Prosa-Lantzilet« entsprechen).

Literatur

Behr, Hans-Joachim: Von der aventiure zum abenteur. Überlegungen zum Wandel des Artusromans in U. F. s ›B. d. A.‹ IASL 11, 1986, S. 1–20 [bes. zu »Iban«].

Fichtner, Edward G.: A Knight's Progress: Ideal and Reality in U. F. s ›Poytislier‹. Monatshefte 74, 1982, S. 419–432.

Müller, Jan-Dirk: Funktionswandel ritterlicher Epik am Ausgang des Mittelalters. In: Gesellschaftliche Sinnangebote mittelalterlicher Literatur. Hrsg. Gert Kaiser. München 1980, S. 11–75 (Forschungen zur Geschichte der älteren dt. Literatur 1).

Nyholm, Kurt: Fuetrer, Ulrich. ²VL Bd. 2, 1980, Sp. 999–1007.

Thoelen, Heinz: Die Erstellung eines Wörterbuchs zu Ulrich Füetrers ›B. d. A.‹ Arbeitsbericht. In: Maschinelle Verarbeitung altdt. Texte. Beiträge zum 3. Symposion, Tübingen 17.–19. Febr. 1977. Hrsg. Paul Sappler u. Erich Straßner. Tübingen 1980, S. 197–207.

Williams, Gerhild S.: Adelsdarstellung und adliges Selbstverständnis im Spätmittelalter. Politische u. soziale Reflexionen in den Werken J. Rothes u. U. Füetrers. In: Literaturwissenschaften und Sozialwissenschaft 11, 1979, S. 45–60.

Wailes, Stephen L.: Theme and Structure in U. F. s. ›Poytislier‹. MLN 92, 1977, S. 577–582.

Wiedemann, Christine: U. F. s Bearbeitung des »Iwein« Hartmanns von Aue in erzählerischer und sprachlich-stilistischer Hinsicht. 2 Bde., Diss. (masch.) Innsbruck 1975.

Harms, Wolfgang: Zu Ulrich Füetrers Auffassung vom Ezählen und von der Historie. ZfdPh, 93 (Sonderh.), 1974, S. 185–197.

Maak, H.-G.: Das sprachlich-stilistische Vorbild v. U. F. s ›Abenteuerbuch‹. ZfdPh. 93 (Sonderh.), 1974, S. 198–217.

Rischer, Christelrose: Literarische Rezeption und kulturelles Selbstverständnis in der dt. Lit. der ›Ritterrenaissance‹ des 15. Jhs. Untersuchungen zu U. F. s ›B. d. A.‹ u. dem ›Ehrenbrief‹ des Jakob Püterich von Reichertshausen. Stuttgart, Berlin, Köln, Mainz 1973 (Studien 29).

Killer, Ulrike: Untersuchungen zu U. F. s ›B. d. A.‹ Diss. Würzburg 1971.

Rosenfeld, Hellmut: Der Münchner Maler u. Dichter U. Fuetrer (1430–1496) in seiner Zeit und sein Name (eigentlich ›Furrter‹). Oberbayer. Archiv 90, 1968, S. 128–140 [Ähnlich bereits 1965].

Harms, Wolfgang: Anagnorisis-Szenen des mittelalterlichen Romans u. Ulrich Füetrers ›B. d. A.‹ ZfdA 95, 1966,S. 301–318.

Nyholm, Kurt: Das höfische Epos im Zeitalter d. Humanismus. Neuphil. Mitt. 66, 1965, S. 297–313.

Zoder, Herta: Die Arbeitsweise U. F. s als Ergebnis der vergleichenden Betrachtung seines Wigoleis und dessen Vorlage. Diss. (masch.) Wien 1939.

Boyd, J.: U. F. s Parzival. Material and Sources. 1936 (Medium Aevum Monographs 1).

Carlson, Alice: U. F. und sein Iban. Riga 1927 [gesamte Literatur bis 1924].

Kübler, Fritz: U. F. s Yban und Hartmann von Aue's[!] Iwein. Ihr Verhältnis und ihre Bedeutung für die Quellen der deutschen Artusepik. Diss. (masch.) Tübingen 1924.

Probst, Karl Friedrich: Die Quellen des Poitislier u. Flordimar in U.F.s B. d. A. Diss. (masch.) Heidelberg 1922.

Hamburger, Paul: Untersuchungen über U.F.s Dichtung von dem Gral u. der Tafelrunde. Straßburg 1882.

Historische Grundlagen: Schwertl, Gerhard: Albrecht IV. der Weise. In: LdM Bd. 1, Zürich 1980, Sp. 315–316.

Kraus, Andreas: III. Sammlung der Kräfte und Aufschwung (1450–1508). In: Hb. der Bayerischen Geschichte. Hrsg. Max Spindler. Bd. 2, 2. Aufl. München 1977, S. 268–294.

Rall, Hans: Albrecht IV. der Weise. In: Neue Deutsche Biographie. Bd. 1, Berlin 1971, S. 157–158.

Riezler, Sigmund: Geschichte Baierns. Bd. 3 (von 1347–1508). Gotha 1889.

Hefner, Otto Titan von: Geschichte der Regierung Albrechts IV, Herzog in Bayern. Oberbayerisches Archiv für vaterländische Gesch. 13, Heft 3, München 1852.

2.2.16. *Anteloy*

Der Text ist in Lienhard Scheubels Heldenbuch zwischen dem Dietrichepos »Virginal« und dem »Ortnit« aufgezeichnet.

Der Artushof ist in die heldische Vergangenheit gerückt. Von ihm hört der Zwergenkönig Anteloy aus Schottland, der von drei Damen ausgeschickt wird, seine *manheit* zu erweisen, die eigentlich von Anfang an keiner Probe bedarf, da der Zwerg sich unsichtbar machen kann. Er trifft auf Parzefal, der ihn gefangen nehmen will. Es entspinnt sich ein Gespräch wegen der prächtigen Rüstung Anteloys. Schließlich verlangt der Zwergenkönig, mit drei Artusrittern zu kämpfen, so daß sich Parzefal, von dem Anteloy weiß, daß er den Gral erfochten hat, Gawan und Galleman dem Kampf stellen. Anteloy besiegt, wie zu erwarten, die Ritter und wird aufgefordert, bei Artus zu bleiben, da er durch seine *manheit* und *sterke* großen Ruhm erworben habe. Doch der kampferprobte Anteloy geht zu seinen drei Damen zurück, die über die Nachricht seiner Überlegenheit hoch erfreut sind.

Ein Zwerg, der sich unsichtbar machen kann (vgl. Alberich im »Ortnit«), erweist seine Überlegenheit gegenüber den Artusrittern, deren Niederlagen jedoch nicht abgewertet werden. Der Text belegt, daß der Artushof am Ausgang des Mittelalters zwar immer noch als Prüfstein der *fortitudo* angesehen wird, seine Funktion aber ad absurdum geführt wird, wenn derjenige, der seine Tüchtigkeit unter Beweis stellen will, von Anfang an unbesiegbar ist. Das Textstück gibt einen Einblick in die Entwicklung des Artusstoffes, dessen Sinngehalt sukzessive verloren geht und der daher nahtlos in die Reihenkämpfe der späten Heldendichtungen Eingang finden kann.

2.2.17. Tristan-Dichtungen (Einbeziehung des Artushofes)

Nur in drei deutschen Tristan-Bearbeitungen (Eilhart, Heinrich von Freiberg und »Tristan als Mönch«) ist der Artushof Teil der Handlung. Bei Gottfried wird auf Artus nur in zwei Versen (V. 16865 u. 16904, Ausg. *Bechstein/Ganz*) angespielt, und bei dem Fortsetzer Ulrich von Türheim fehlt jeglicher Bezug auf Artus. Anders als etwa bei Wolfram, wo der Artushof fester Bestandteil der Sinnstruktur des »Parzival« ist, hat er bei Eilhart und Heinrich lediglich die Funktion, die Liebenden wieder zusammenzubringen. Eine Spiegelung des Konflikts Lancelot – Guinvere – Artus wie im frz. Prosa-Tristan und in Malorys »Morte Darthur« fehlt gänzlich.

Obwohl Eilharts Text enge Verwandtschaft zum Werk von Béroul aufweist, weichen die Werke gerade in der Artusepisode von einander ab. Während Béroul König Artus und seine Ritter, nachdem Yseuts Vertrauter Perinis um deren Anwesenheit gebeten hat, vornehmlich beim listigen Reinigungseid Isoldes anwesend sein läßt (vorher rät der Zwerg Frocin im Zusammenhang mit der Mehlprobe, daß Tristan mit einem Brief zu Artus geschickt werde), greifen die Artusritter bei Eilhart aktiv in das Geschehen ein. Durch sie gelingt es, daß Tristrant nach dem Verlust der Wirkung des Liebestrankes und nach seinem Fortgehen vom Hofe Markes wieder mit Isolde eine Liebesnacht verbringen kann (V. 5016–5487, Ausgabe *Lichtenstein*).

Bei Eilhart kommt Tristrant, nachdem er bei König Ganoje weilte, von sich aus nach Britanja zu Artus. Nach Turnieren und einigen Abenteuern sticht er Delekors vom Pferd, gibt das Roß einem armen Mann, ohne sich zu erkennen zu geben. Nach einiger Zeit fragt Walwan, ob dies Tristrant getan habe und ob dies aus Liebe zu Isalde geschehen sei, was dieser bejaht. Daraufhin ersinnt Walwan einen Plan, wie sein Freund die Geliebte wiedersehen könne. Artus geht auf die Jagd, so daß die Jagdgesellschaft in die Nähe von Markes Tintajol gerät. Der Hirsch wird von den Jägern wieder freigelassen. Artus stimmt dem zu, nicht ahnend, daß dies eine List ist, damit er in Tintajol übernachten muß. Obwohl wegen der Präsenz Tristrants Bedenken geäußert werden, räumt Walwan sie durch einen erneuten Schachzug aus, indem Keie ohne Erwähnung, daß Tristrant Teil der Jagdgesellschaft ist, Marke um Aufnahme von König Artus und seinen Leuten bitten soll. In der Nacht zieht es Tristrant zu Isalde, doch verletzt er sich an den Sensen, die Marke zum Schutze Isaldes anbringen ließ. Da die nicht zu übersehenden Blutspuren

Tristrant verraten würden, Artus auch Tristrants Schnittwunden beklagt, bedeuten sie doch seinen sicheren Tod, beschließt die Artusritterschaft, deren Hauptakteure Walwan und Keie sind, durch eine vorgetäuschte Rauferei, sich ebenfalls an den Sensen zu verletzen. Als Marke durch den Tumult erwacht, erklärt Artus, daß seine Ritter sich immer so zuchtlos gebärdeten. Tristrant kann die restliche Nacht bei Isalde schadlos verbringen. Am nächsten Morgen verlassen die verwundeten und hinkenden Artusritter Markes Hof. Tristrant geht seine eigenen Wege und gelangt zu Havelin von Karahes, dessen Tochter Isalde er heiratet.

Auch bei Heinrich von Freiberg dient die Einfügung des Artushofes (V. 1129–3004, Ausg. *R. Bechstein*, Nachdr. Amsterdam 1966), die hier viel breiter ausgestaltet ist, dazu, die Liebenden wieder zusammenzuführen. Da am Ende Marke darüber informiert wird, daß der Minnetrank die beiden zusammengeführt hat und Marke es laut beklagt, daß er Schuld auf sich geladen habe, indem er die beiden nicht zusammen leben ließ (er vermag sie nur durch das gemeinsame Grab zu vereinigen), kann die Handlungsweise des Artushofes, die Liebenden zusammenzubringen, nicht als Kuppelei, sondern nur als echter Liebesdienst aufgefaßt werden.

Heinrich von Freiberg hat folgende Änderungen gegenüber Eilhart vorgenommen: Nachdem Tristan Isolde geheiratet hat, mit ihr aber unter einem Vorwand ein Jahr lang nicht die Ehe vollziehen will, kommt nach einem halben Jahr ein Bote von Artus und fordert ihn auf, nach Karidol zu kommen, da Artus die Tafelrunde gegründet habe, an der nur die tapfersten Ritter sitzen sollen. Bevor er zu Artus gelangt, kämpft Tristan unerkannt mit Gawan, bis dieser vom Kampf abläßt, da er Tristan erkennt. Tristan wird in die Tafelrunde aufgenommen. Als Tristan Keie und Dalkors vom Sattel stößt, Tristan aber Artus die Tat verheimlicht, läuft die Handlung ähnlich ab wie bei Eilhart. Statt Keie geht Gawein als Bote zu Marke. Keie gibt den Rat, sich durch die Sicheln ebenfalls zu verwunden, wobei er die größte Wunde erhält. Am Schluß bittet Artus Marke, Tristan nicht mehr zu zürnen, so daß nach dem Abschied von Artus und seinen Rittern Tristan wieder am Hofe Markes weilen darf.

Artus und seine Ritter sind die Verbündeten der beiden Liebenden, die dem verblendeten Marke ein Gaunerstück vorführen, auf das Marke prompt hereinfällt. Die Einsicht Markes am Schluß macht die Artusritter nicht zu Komplizen eines Unrechts. Sie nehmen gleichsam die Sanktionierung der Liebesvereinigung vorweg, die Marke Tristan und Isolde erst im Tode gewährt (vgl. die Verflechtung des Rosen- und Rebenstrauches auf den Gräbern der beiden).

Buschinger, Danielle: A propos du ›Tristan‹ de H. v. F. Et. Germ. 33, 1978, S. 53–64.

Sedlmeyer, Margarete: H. s v. F. Tristanfortsetzung im Vergleich zu anderen Tristandichtungen. Bern, Frankfurt 1976 (EH 159).

Wachinger, Burghart: Zur Rezeption Gottfrieds v. Straßburg im 13. Jh. In: Dt. Lit. d. späten MAs. Hrsg. W. Harms u. Johnsson. Berlin 1975, S. 60.

Spiewok, W.: Zur Tristan-Rezeption in d. mal. dt. Lit. WZUG 12, 1963, S. 147–155.

Kraus, Carl von: Studien zu H. v. F. München 1941 (Sb. Bayr. Akad. d. Wiss. 1941, II, H. 5 u. 6).

Leitzmann, A.: Zu den Tristan-Fortsetzern. PBB 44, 1920, S. 122–125.

Singer, Samuel: Die Quellen von H. s v. F. ›Tristan‹. ZfdPh. 29, 1897, S. 73–86.

Wiegandt, F.: H. v. F. in seinem Verhältnis zu Eilhart u. Ulrich. Diss. Rostock 1879.

Der »Tristan als Mönch« bietet eine dritte Variante der Einbeziehung des Artushofes in die deutschen Tristan-Dichtungen. Hier jedoch führt die Einladung König Artus' auf Veranlassung Ginovers dazu, daß Tristan in einen Konflikt zwischen beiden Isolden getrieben wird, den Tristan ohne Hilfe des Artushofes löst, um mit seiner geliebten ›blonden‹ Isolde für eine kurze Zeit wiedervereint zu werden.

Ginover veranlaßt Artus, Tristan mit seiner liebsten Frau zum Fest einzuladen. Tristan fürchtet, daß, wenn er mit Isolt Weißhand erscheint, ihm die blonde Isolt gram sein werde. Auf Kurvenals Rat begibt er sich doch mit Isolt Weißhand und einem großen Gefolge zu Artus. Herzlich begrüßt, erhält er seinen Sitz an der Tafelrunde. In der Nacht hat Tristan den Traum, daß seine Geliebte ihm tatsächlich zürne, da er sich durch die Mitnahme von Isolde Weißhand offen zu ihr als liebster Frau bekannt habe. Den Traum als Wahrheit nehmend, reitet Tristan aus, um durch ›âventiure‹ Isolde seine Liebe zu beweisen. Dem Artushof kommt nunmehr nur eine statistische Rolle zu. Tristan läßt den toten Ritter, den er findet, als Tristan ausgeben, er selbst geht als vermeintlicher Mörder dieses Ritters ins Kloster, um die Liebe Isolts auf die Probe zu stellen. Kurvenal muß die Nachricht seines Todes dem Artushof übermitteln, der zum Kloster aufbricht, wo sich der angebliche Leichnam befindet. Die Rolle des Artushofes ist damit beendet. Der Wille des vermeintlich toten Tristan wird erfüllt. Der Leichnam wird nach Tintajol im Beisein des Abtes und des neuen Mönches (Tristan) überführt. Es gelingt Tristan, als Mönch mit Isolde wieder zusammenzusein. Danach geht er in sein Land Parmenie.

Die Einladung von Artus ist nur auslösendes Moment, weil Tristan, der in einen Konflikt zwischen den beiden Isoldes geraten ist, seine

Liebe zur blonden Isolde unter Beweis stellen will, wodurch es zu einer kurzen Wiederbegegnung kommt. Artus spielt keine aktive Rolle, da allein der Konflikt Tristan zum Handeln treibt.

Abschließend muß noch auf den »Lohengrin« (768 Strophen, zwischen 1283 u. 1289 entstanden) und den »Lorengel« (15. Jh.) hingewiesen werden. Beide Texte gehören zu den Schwanenrittergeschichten. Artus und seine Ritter treten nur am Anfang im Gralbereich auf, ehe Lohengrin nach Brabant geschickt wird. Am Schluß des »Lohengrin« wird lediglich erwähnt, daß Artus und seine Helden zusammen mit dem Gral nach Indien gelangt sind. Eine Funktion in der eigentlichen Erzählung kommt dem Artushof nicht zu.

2.2.18. Fastnachtsspiele und Meisterlieder

Sechs Textzeugnisse des späten Mittelalters behandeln ausschließlich Tugendproben. Grundlage für 4 Werke war Robert Bikets »Lai du Cor« und die Erzählung »Le Mantel mautailie« bzw. das mhd. Fragment »Mantel«. Das anonyme Meisterlied »Dis ist Frauw Tristerat Horn von Saphoien« aus dem 15. Jh. (ca. 100 Verse) erzählt, daß Tristerat ein Horn an den Artushof schickt, um die Integrität der Damen zu testen. Nur der Königin von Spanie, die sich als treueste Frau erweist, gelingt die Tugendprobe. Abgewandelt wird der Stoff in dem Fastnachsspiel »Ain hupsches vasnachtsspill und sagt von Künig Artus, wie er siben fursten mit iren weyben zuo seinem hoff geladen het und wie si durch ain horn geschendet worden gar hupsch zuo hören«. Die Schwester von Artus sendet das Horn aus Rache dem König, weil er sich weigerte, sie an den Hof zu laden. Höhepunkt des Spiels ist die Szene, wo ein Ritter einen anderen bezichtigt, Ehebruch mit Guinevere begangen zu haben. Da das Gerichtsurteil erweist, daß der Kläger die Unwahrheit gesagt hat, wird er vom Artushof verbannt.

Ein Fastnachtsspiel und ein Meisterlied führen andere Gegenstände für die Tugenprobe ein. In dem »Vasnachtsspil mit der kron« aus dem 15. Jh. (ca. 300 Verse) schickt der König Abian an Artus eine Krone, die nur dem besten König paßt. Allen, die die Krone aufsetzen und die nicht treu in ihrer Liebe zu den Ehefrauen waren, wachsen als Zeichen ihrer Untreue Hörner. Die Frauen schelten ihre Männer. Das Spiel endet damit, daß die Krone zu Abian zurückgeschickt wird. Abgesehen von den Tristan-Bearbeitungen hat Hans Sachs ein Meisterlied geschrieben unter dem Titel »Die Ehbrecherbruck«, datiert am 17. März 1545. Artus läßt eine Brücke bauen, die die Treue seiner Hofgesellschaft testen soll. Als er mit einer großen

Gesellschaft die Brücke überquert, fallen die Ritter und Damen herunter. Allein Artus' Frau vermag die Brücke sicher zu überqueren.

In dem Meisterlied aus dem 15. Jh. »Lanethen Mantel« (ca. 100 Verse) wird die Nichte von König Artus von Guinevere fälschlich der verbotenen Liebe bezichtigt. Ein Zwerg, der sich für Laneth rächen will, gibt ihr den Tugendmantel. Keiner einzigen Frau paßt der Mantel, außer einer jungen Frau, die mit einem alten Mann verheiratet ist. Guinevere verflucht den Teufel für ihr Versagen und Artus ist sehr zornig, daß seine Nichte Guinevere bloßgestellt hat. Laneth rechtfertigt sich, daß sie nur ihren guten Ruf wiederherstellen wollte. Der Stoff wird in dem Fastnachtsspiel »Der Luneten Mantel« (ca. 500 Verse) abgewandelt. Lunet schickt den Mantel an den Artushof, damit er die zügellose Untreue der Artusgesellschaft enthüllen soll. Nur die jüngste Königin, die Frau des spanischen Königs (vgl. »Frauw Tristerat«), der der älteste Monarch unter den Versammelten ist, vermag die Probe zu bestehen. Das Spiel endet mit einem Lob auf die reinen Frauen.

Thematisch stehen diese Werke in einem engen Zusammenhang, da sie alle den Ehebruch und die Treulosigkeit geißeln.

Literatur

Bruns, Paul Jacob: Zwei Erzählungen im Meistergesang. In: Beiträge zur kritischen Bearbeitung unbenutzter alter Handschriften, Drucke und Urkunden. Braunschweig 1802–1803 (»Frauw Tristerat«, S. 139–143; »Lanethen Mantel«, S. 143–147).

Keller, Adelbert: Fastnachtsspiele aus dem 15. Jh. 2. Theil, Stuttgart 1853 (BLVS 29); »Vasnachtsspil mit der Kron«, S. 654–663; »Der Luneten Mantel«, S. 664–678. Nachlese. Stuttgart 1858 (BLVS 148), »Ain hupsches vasnachtsspil«, S. 183–215.

3. England

Während in Frankreich und Deutschland die arthurischen Dichtungen seltener werden, teilt sich in England die Tradition in zwei große Überlieferungsstränge. Erstens besteht die chronikalische Tradition ungebrochen bis zum Ausgang des Mittelalters fort und zweitens entsteht im letzten Drittel des 13. Jahrhunderts die Artusdichtung *(romance)*, die besonders im 14. u. 15. Jahrhundert weite Verbreitung findet. Sie bildet ebenfalls zwei Richtungen aus, und zwar einerseits Werke, die stofflich eng an der Chronik orientiert sind und andererseits, die sowohl eigenständige Stoffe entwickeln als auch die französische Überlieferung der »Estoire del Saint Graal« und des »Merlin« wiedergeben. Ein Spezifikum der englischen Texte sind die alliterierenden Dichtungen. Die Neubelebung der heimischen Sprache hat auch zu einer Renaissance des englischen Stabreimes geführt, der aber nicht mit den formalen Kriterien der im Germanischen verwurzelten Dichtungstradition vergleichbar ist, da sehr viele Unterschiede zum frühenglischen Stabrein bestehen. Ferner sind auch Prosawerke überliefert und Dichtungen, in denen der Schweifreim (tail-rhymed verse) das Kennzeichen bildet. Die Versdichtungen (metrical romances) zeichnen sich oft durch eine sehr kunstvolle formale Gestaltung aus.

Literatur

Mehl, Dieter: Die mittelenglischen Romanzen des 13. und 14. Jahrhunderts. Heidelberg 1967 (Engl. Übers. London 1969).

Göller, Karl Heinz: König Arthur in der englischen Literatur des späten Mittelalters. Göttingen 1963 (Palaestra 238).

[Loomis], Laura A. Hibbard: Mediaeval Romance in England. New York 1963.

Barber, Richard W.: Arthur of Albion. An Introduction to the Arthurian Literature and Legends of England. London 1961.

3.1. Die späteren Chroniken

Kennzeichnend für die Chroniken ist, daß sie am Grundgerüst der durch Geoffrey geprägten historisierend-heroisierend-biographischen Darstellung von König Arthur festhalten und die Schilderungen teilweise durch Übernahmen aus Dichtungen walisischer Volksmärchen (durch die Vermittlung der walisischen Sänger, *cyvarwyddiaid*) und teilweise auch aus der französischen Literatur anreichern, wenngleich diese nie wirklich Eingang in die gesamte englische Tradierung gefunden hat. Die Chroniken bieten keineswegs das facettenreiche Bild der Gestaltung König Arthurs, das die Dichtung wiedergibt. Allerdings haben die Zeitgenossen die Gestaltungen über Arthur vom 12. bis zum 15. Jh. nicht nur begeistert aufgenommen, sondern sich auch kritisch mit ihnen auseinandergesetzt oder sie gar wegen ihrer fabulösen Elemente, speziell Arthurs Wiederkehr betreffend, abgelehnt.

Mit der zweiten nach Laȝamon in englischer Sprache verfaßten

Reimchronik (Septenarpaare) von Robert of Gloucester (nach 1270, von ihm stammt wahrscheinlich nur der Mittelteil bis 1270) beginnt eine Idealisierung von König Arthur. Nicht nur weist der Autor vielfach expressis verbis auf die überrragende Stellung hin, daß es einen solchen König weder vorher gegeben habe noch jemals geben werde, sondern er akzentuiert auch die Tugenden Arthurs (z.B. V. 3481–3485) und läßt ihn trotz der tödlichen Wunde durch die Mannen Modreds unbesiegt sterben (V. 4583). Arthur ist zum Vorbild und Maßstab der Ritterschaft geworden. Nicht uninteressant in diesem Zusammenhang ist auch, daß Robert die Entdeckung der Gebeine von Arthur in Glastonbury erwähnt.

Thomas Castelfords Chronik (nach 1327) lehnt sich im arthurischen Teil vorwiegend an die »Historia« Geoffreys an, wobei einige Details auch Wace, Robert of Gloucester und Pierre de Langtoft (gest. um 1307, in dessen »Chronicle« Guenevere verurteilt, während Arthur als der beste aller Könige gepriesen wird) entnommen sind. Dagegen stützt sich die Verschronik »Story of England« (1338) von Robert Mannyng of Brunne (Mönch oder Laienbruder des »Gilbertine Order« zu Sempringham) primär auf Wace und Pierre de Langtoft, aber – nach eigenen Angaben – auch auf Geoffrey, auf dessen Vorläufer Nennius und Gildas sowie auf Dares Phrygius (2. Jh. n. Chr., die Hauptquelle für die mittelalterliche Trojasage) und Beda Venerabilis (672/73–735). Robert Mannyng nimmt eindeutig zu der vergangenen Beurteilung des Königs Arthur Stellung, so daß die verherrlichende Tendenz hier ganz prononciert zutage tritt. Patriotisch argumentierend wirft er den Vorgängern vor, die Stellung des Herrschers Arthur, der der größte aller Könige in England gewesen sei, nicht adäquat herausgestrichen oder gar gänzlich – wie Beda – verschwiegen zu haben. Was über diesen König aller Könige bekannt sei, wisse man leider nicht von Engländern, sondern nur aus Quellen in französischer Sprache (wobei kein Unterschied zwischen den Chroniken und den französischen Prosaromanen gemacht wird). Robert, der Panegyriker Arthurs, preist den König als tapfersten, edelsten, frohgestimmtesten aller Könige, dessen *largesce* nicht nur materiell zu sehen ist, sondern im Bereich der *caritas* angesiedelt werden muß, da er vor allem die Hilfsbedürftigen unterstützt. In breiten Lobpreisungen, in denen er geradezu übermäßig die Hyperbolik verwendet, wird Arthur als König gelobt, der über allen steht. Deshalb ist seine Tafelrunde auch der Anziehungspunkt für die Ritter der gesamten Welt. Sein Hof ist so bedeutsam, daß kein Mensch es wagt, seinen Festen fernzubleiben. Diese Eulogie und die verklärte sowie mit phantastischen Elementen durchsetzte Vergangenheitsdarstellung dient als Kontrast zu der zerstrittenen Situation in England zur Zeit der Abfassung der Chronik. Dadurch erhält die Artusgestalt einen politischen Gegenwartsbezug.

Weite Verbreitung fand die Chronik »Brut of England« (167 erhaltene Hss.), die gemäß der Vorlage, dem französischen »Brut d'Engleterre«, bis zur Zeit 1333 (Schlacht von Halidon Hill) reicht. Die erste Fortsetzung bis zum Jahre 1337 fand in späterer Zeit weitere, voneinander unabhängige Bearbeitungen. Obwohl eine Steigerung der Vorbildlichkeit von König Arthur kaum mehr möglich scheint, übertrifft der »Brut« die Glorifizierung noch in vielen Bereichen. Arthur ist nicht nur der beste aller Herrscher, sondern er ist der christliche König par excellence. Arthur handelt – wie Karl der Große in den *chansons de geste* – im Auftrag Gottes. Die Kriegszüge werden durch ein Recht legitimiert, das auf Gottvertrauen basiert. Da diese Konzeption des »Brut« schwerlich mit dem Ende von König Arthur in Einklang zu bringen ist, nimmt der Autor zu diesem gar nicht Stellung. Denn er kann den guten König nicht das schlechte Ende erfahren lassen, das die von Geoffrey geprägte Tradition vermittelt. Patriotisch und apologetisch nimmt John Trevisas (um 1342–1402) im »Polychronicon« (1387), einer englischen Übertragung der Universalgeschichte von Ranulphi Higden, Stellung. Er kritisiert Higdens Bemerkung, daß Arthur zu oft gelobt worden sei. Wenn Toren behaupteten, daß er wiederkehren werde, so könne man doch daraus nicht schließen, daß es ihn nicht gegeben habe. Er ist ein Beispiel für vorbildliche Herrschaft und ein Mahnmal für die Gegenwart.

Der Flame Jean des Preis verarbeitet in der in England weit bekannten Chronik »Mer des Histoires« (ca. 1390) phantastische Episoden, so daß sich Chronik und Dichtung zu vermischen beginnen (in diesen Zusammenhang sind auch zu stellen Gervasius Tilburys »Otia Imperialia«, Thomas Sprotts »Chronica«, Thomas Otterbournes, »Chronica Regum Angliae«, »Flores Historiarum«, »Annales de Dunstaplia«). Als Kulminationspunkt der gesamten Tradition kann die Chronik von John Hardyng (1457, zweite Version 1464) gelten. Der Gelehrte hat im Auftrag des englischen Königshauses zahlreiche europäische Bibliotheken, darunter auch die Vaticana, besucht. Die von ihm benutzten Quellen sind heute kaum vollständig zu erschließen. Hardyng verschmilzt Teile der »Estoire du Graal« (Joseph von Arimathea und Galahads Grailsuche) mit seiner chronikalischen Darstellung. Zu dieser Zeit verwischen sich teilweise auch die Grenzen zwischen Chronik und Fürstenspiegel. Arthur wird dabei sogar auf eine Stufe mit dem Erwählten des Grail gestellt. Die kausale Verknüpfung von Schuld und Untergang be-

steht nicht mehr. Arthur wird nicht vom Verrat Modreds überrascht, als er versucht, sich Rom anzueignen. Im Gegenteil, sein
Ruhm erreicht den Zenit, als er in Rom mit drei Kronen zum Kaiser
gekrönt wird. Nur die Unbeständigkeit und Willkür der Fortuna,
die im späteren Mittelalter immer mehr an Bedeutung gewinnt,
bringt Arthur schuldlos den Tod. Nicht Arthurs Verhalten, sondern
die Wankelmütigkeit des Schicksals führen zum Untergang des Reiches.

Literatur

Gransden, Antonia: Historical Writing in England c550–c1370. Ithaca,
   N.Y. 1974.
Starke, F.J.: Populäre englische Chroniken des 15. Jahrhunderts. Berlin 1935
   (Neue dt. Forschungen, Abtlg. Engl. Philologie).
Brie, F.W. (Ed.): The Brut, or the Chronicles of England. London
   1906–1908 (EETS, OS 131 u. 136).
Fletcher, Robert Huntington: The Arthurian Material in the Chronicles,
   especially those of Great Britain and France. Boston 1906 (Harvard Stu-
   dies and Notes in Phil. and Lit. 10), 2nd Ed. by R.S. Loomis, New York
   1966.
Wright, William A. (Ed.): The Metrical Chronicle of Robert of Gloucester.
   2 Vols. Rs 88,1–2. London 1887.
Ders.: Chronicle of Peter Langtoft. 1866–1868 (RS).
Babington, C. u. *Lumby, J.R.* (Ed.): Polychronicon Ranulphi Higden,
   Monachi Cestrensis. Together with the English Translations of John
   Trevisa [...]. London 1865–86 (RS 41,1–9).
Ellis, Henry (Ed.): J. Hardyng. The Chronicle [...] Together with the Con-
   tinuation by Richard Grafton. London 1812.

3.2. Überlieferung der Dichtungen (Datierungen approximativ)

A. *Übereinstimmungen mit der chronikalischen Tradition*

A.1. Historisierende Dichtungstradition

Arthour and Merlin (ca. 1265/1300), 2 Versionen, eine längere ca. 9900 Verse
   (enthält die wundersame Geburt Merlins, seine Hilfe für Uther Pendra-
   gon, die Gründung der Tafelrunde); eine jüngere, kürzere, ca 2000 Verse
   (unterschiedliche Hss. aus dem 15. Jh.; enthält den Bericht nur bis zum
   Tod Pendragons, d.h. frühe arthurische Genealogie). *Ausg.*: Eugen Kölbing. Leipzig 1890. (AETB 4)
Le Morte Arthur (ca. 1360/1400), gereimte Stanzen, fast 4000 Verse; Vorlage
   »La Mort le Roi Artu«. *Ausg.*: P.F. Hissiger: Le Morte Arthur. A Critical
   Edition. The Hague, Paris 1975. J.D. Bruce. London 1903 (EETS, ES 88).

224

Neuengl. Übers. Andrew Boyle: Morte Arthur. Two Early Romances. Introd. by Lucy A. Paton. London 1912 (Everyman's Library).

Morte Arthure (ca. 1375), 4346 alliterierende Verse. *Ausg.*: Karl Heinz Göller: The Alliterative Morte Arthure. A Reassessment of the Poem. Cambridge 1981 (Arthurian Studies 2). E. Björkman. Heidelberg 1915 (AMT 9). Neuengl. Übers. John Gardner: The Alliterative Morte Arthure, the Owl and the Nightingale, and Five Other Middle English Poems. Carbondale, Illinois 1971 [Versübers.].

The Awntyrs off Arthure at the Terne Wathelyne (um 1375), 715 alliterierende Verse, Stanzen mit kompliziertem Baumuster. *Ausg.*: Ralph Hanna: The Awntyrs off Arthure at the Terne Wathelyn. Manchester 1974. Robert J. Gates, Philadelphia 1969; F. J. Amours: Scottish Alliterative Poems in Riming Stanzas. Edinburgh, London 1897 (STS 27), S. 116–171.

The Parlement of the Thre Ages (14. Jh.), 665 alliterierende Verse. *Ausg.*: M. Y. Offord: The Parlement of the Thre Ages. London 1959. Neuengl. Übers. John Gardner: The Alliterative Morte Arthure, The Owl and the Nightingale, and Five Other Middle English Poems. Carbondale, Illinois 1971.

Arthur (ca. 1350/1380), Art Verschronik, 642 Verse. Innerhalb der lat. Chronik der britischen Könige in Longleats Ms 55. *Ausg.*: Frederick J. Furnivall: Arthur. London 1864 (EETS, OS 2). Repr. London 1965.

Lancelot of the Laik (um 1482–1500), schottisches Fragment von 3484 Versen. *Ausg.*: Margaret M. Gray: L. of the L. Edinburgh, London 1912 (STS 2).

King Arthur's Death (16. Jh.), Ballade von 155 Versen. *Ausg.*: John W. Hales and Frederick J. Furnivall: Bishop Percy's Folio Manuscript. Ballads and Romances. London 1867, 1868, Bd. 1, S. 501–507.

King Arthur and King Cornwall (ca. 1520 oder früher), Balladen-Fragment, 301 Verse. *Ausg.*: Francis J. Child: The English and Scottish Popular Ballads. Boston 1857, repr. Boston 1884, repr. New York 1965; John W. Hales and Frederick J. Furnivall: Bishop Percy's Folio Manuscript. Ballads and Romances. London 1867, 1868, Bd. 1, S. 59–73 [Enthält den Bericht des Besuchs von Arthur bei einem rivalisierenden König, der übernatürliche Kräfte besitzt].

John Lydgate (1370–1451): *Fall of Princes. Ausg.*: Henry Bergen. Part 3, London 1924 (EETS, ES 121–124), S. 898–914. W. Perzl: Die Arthurlegende in Lydgates Fall of Princes. Krit. Neu-Ausg. mit Quellenforsch. Diss. München 1911 [Basiert auf der frz. Übersetzung Laurent de Premierfaits von Boccaccios »De Casibus Virorum Illustrium«, vgl. Part 4 der Edition von Bergen, S. 327–336; Kampf Arthurs gegen den röm. Konsul Lucius und sein Tod durch den Verrat Modreds].

A.2. Grail-Tradition

Henry Lovelich: *The History of the Holy Grail* (um 1450), ca. 23 000 Verse. *Ausg.:* Frederick J. Furnivall: 4 Bde. London 1874, 1875, 1877, 1878; Dorothy Kempe, Bd. 5. London 1905 (EETS, ES 20, 24, 28, 30,

95). [Freie Übers. der »Estoire del Saint Graal«; 8silbige Paarreime; frühe Geschichte des Grals – Joseph of Arimathie – bis zur Regierung Arthurs.]

Henry Lovelich: *Merlin* (um 1450), 27800 Verse. *Ausg.:* Ernst A. Kock. 3 Bde. London 1904, 1913, 1930 (EETS, ES 93, 112 u. OS 185). [Versübers. der 1. Hälfte der »Estoire de Merlin«; Prophet des Grals; Schilderung bis zum Sieg Arthurs über Claudas.] Robert W. Ackerman: H. L's ›Merlin‹. PMLA 67, 1952, S. 473–484.

Merlin [Prosa] (um 1450). *Ausg.:* Henry B. Wheatley: Merlin, or The Early History of King Arthur. London 1865, 1866, 1869, 1899 (EETS, OS 10, 21, 36, 112). Vgl. H. O. Sommer: Le Roman de Merlin, or The Early History of King Arthur. London 1894. [Paraphrase der »Estoire de Merlin«, erzählt von der Heirat Arthurs, seinen Kriegen und endet mit der Geburt von Lancelot.] Vgl. dazu die Volksbuch-Version »A Lytel Treatyse of þe Byrth and Prophecye of Merlyn« 1510.

B. *Artusritter-Dichtungen*

B.1. Verschiedene Ritter

Sir Perceval of Galles (um 1335), ca. 2200 Verse. *Ausg.:* John Campion u. F. Holthausen. Heidelberg 1917 (AMT 5); Dean R. Baldwin: Sir P. of G., an Edition. DA 33, 1972–73 (Ohio State University), 6299 A. Neuengl. Übers. Jessie L. Weston: The Chief Middle English Poets. Boston 1914, Repr. New York 1970, S. 236–262. [Die frühen Abenteuer Percevals einschließlich der Tötung des roten Ritters, die Gral-Geschichte fehlt].

Ywain and Gawain (um 1350), ca. 4000 Verse. *Ausg.:* Albert B. Friedmann u. Norman T. Harrington. London 1964 (EETS 254); Gustav Schleich. Oppeln, Leipzig 1887. Neuengl. Übers. J. L. Weston: The Chief Middle English Poets (s. o.), Repr. New York 1970, S. 228–236.

Sir Landeval (frühes 14. Jh.), ca. 500 Verse. *Ausg.:* A. J. Bliss: Sir Launfal. London, Edinburgh 1960, S. 105–128 [gekürzte Fassung des Lai »Lanval« von Marie de France; enthält nicht den Ausgang vom Artushof].

Thomas Chestre: *Sir Launfal* (bzw. Launfalus Miles, um 1340/1360), 1044 Verse, Stanzen in Schweifreim. *Ausg.:* A. J. Bliss: Sir Launfal. London, Edinburgh 1960. Neuengl. Übers. Weston: The Chief Middle English Poets (s. o.), S. 204–216 [Zusätze gegegenüber dem Text von Marie de France].

The Boy and the Mantle (15. Jh.), Ballade, 192 Verse. *Ausg.:* Hales and Furnivall: Bishop Percy's Folio (s. o.), Bd. 2, S. 301–311 [Mantel und Horn-Tugendprobe].

The Romance of Sir Corneus (bzw. The Cukwold's Daunce, bzw. The Horn of King Arthur, 15 Jh.), ca. 250 Verse. *Ausg.:* W. Carew Hazlitt: Remains of the Early Popular Poetry of England. London 1864–66, Bd. 1, S. 38–49.

Sir Lambewell (frühes 16. Jh.), ca. 700 Verse. *Ausg.*: Hales and Furnivall: Bishop Percy's Folio (s.o.), Bd. 1, S. 142–164 [Version wie »Sir Landeval«, nur daß die Fee nicht so schnell zur Versöhnung bereit ist].
Sir Lamwell (16. Jh.), Fragment von ca. 500 Zeilen. *Ausg.*: Hales and Furnivall: Bishop Percy's Folio (s.o.), Bd. 1, S. 521–535.

B.2. Gawain-Dichtungen

Thomas Chestre: *Libeaus Desconus* (Anfang oder spätes 14. Jh.), ca. 2200 Verse. *Ausg.*: Maldwyn Mills: Libeaus Desconus. London 1969 (EETS 261). Neuengl. Übers. Weston: The Chief Middle English Poets (s.o.), S. 21–69 [Enthält die Geschichte von Gawains Sohn, Guinglain; enger Bezug zu »Le Bel Inconnu« von Renaut de Beaujeu].

Sir Gawain and the Green Knight (späteres 14. Jh.), 2531 Verse, Stanzen unterschiedlicher Länge. *Ausg.*: Israel Gollancz, Mabel Day u. Mary S. Serjeantson. London 1940 (EETS 210); J.R.R. Tolkien u. E.V. Gordon. Oxford 1925, seither immer wieder Neuaufl., 2nd Ed. by Norman Davis, Oxford 1979. Neuengl. Übers. Brian Stone. Harmondsworth. Baltimore 1959, rev. ed. 1974 (Penguin Classics). Engl.-dt. Ausg. Manfred Markus: Sir Gawain and the Green Knight. Stuttgart 1974.

Syre Gawene and the Carle of Carelyle (ca. 1400), unvollständig, 660 Verse. *Ausg.*: Auvo Kurvinen: Sir Gawain and the Carl of Carlisle in Two Versions. Annales Academiae Scientiarum Fennicae. Ser. B. tom. 71,2. Helsinki 1951. Neuengl. Übers. Louis B. Hall: The Knightly Tales of Sir Gawain. Chicago 1976, S. 15–32 [Vgl. die 2. Version »The Carle off Carlile«, s.u.].

The Avowynge of King Arthur, Sir Gawan, Sir Kaye and Baldwyn of Bretan (ca. 1425), 1148 Verse, Stanzen. *Ausg.*: Roger Dahood: The Avowing of King Arthur. New York, London 1984. Walter Hoyt French u. Charles Brockway Hale: Middle English Metrical Romances. New York 1930, Repr. New York 1964, S. 531–603. Neuengl. Übers. Louis B. Hall: The Knightly Tales of Sir Gawain. Chicago 1976, S. 127–151.

The Weddynge of Sir Gawen and Dame Ragnell (um 1450), 855 Verse. *Ausg.*: Laura S. Sumner. The W. of Sir G. and D.R. Northhampton, Mass., Paris 1924 (Smith College Studies in Modern Languages Bd. 5, 4). Repr. by B.J. Whiting: Sources and Analogues of Chaucer's Canterbury Tales, ed. by W. Bryan and G. Dempster, Chicago 1941, repr. New York 1958, S. 242–264. Donald B. Sands: Middle English Verse Romances. New York 1966, S. 323–347.

The Jeaste of Syr Gawayne (2. Hälfte des 15. Jhs.), 541 Verse, Anfang fehlt. *Ausg.*: Freeric Madden: Syr Gawayne. London 1839, S. 207–223. Neuengl. Übers. Louis B. Hall: The Knightly Tales of Sir Gawain. Chicago 1976, S. 109–25 [2 Episoden aus der 1. Continuation von Chrétiens »Perceval«; Kampf Gawains mit dem Vater und den Brüdern wegen der Verführung des Mädchens].

The Marriage of Sir Gawaine (15. Jh.), Balladenfragment, ca. 200 Verse.

Ausg.: John W. Hales and Frederick J. Furnivall: Bishop Percy's Folio Manuscript. Ballads and Romances. London 1867–68, Repr. Detroit 1968. Bd. 1, S. 105–118.

Golagros and Gawane (Ende 15. Jh.), 1362 alliterierende Verse. *Ausg.*: F. J. Amours: Scottish Alliterative Poems in Riming Stanzas. Edingburgh 1897 (STS 27), S. 1–46; George S. Stevenson: Pieces from the Macculloch and the Gray Mss., together with the Chepman and Myllar Prints. Edinburgh 1918 (STS 65), S. 67–110 [Adaption von 2 Motiven aus der 1. Continuation von Chrétiens »Perceval«].

The Turke and Gowin (ca. 1500), Fragment von 335 Versen. *Ausg.*: J. W. Hales and F. J. Furnivall: Bishop Percy's Folio Manuscript (s. o.), London 1867, 1868, Bd. 1, S. 88–102.

The Green Knight (um 1500), 500 Verse. *Ausg.*: Hales and Furnivall: Bishop Percy's Folio (s. o.), S. 256–277 (stark gekürzte Version von »Sir Gawain and the Green Knight«].

The Carle off Carlile (frühes 16. Jh.), 500 Verse. *Ausg.*: s. »Syre Gawene and the Carle of Carelyle« [Enthält die Enthauptungsszene und die Entzauberung, die in der anderen Version fehlen].

C. *Sammelüberlieferung*

Sir Thomas Malory: *Le Morte Darthur* (William Caxton 1485; Winchester 1475). *Ausg.*: Spisak, James W.: Caxton's Malory. A New Edition of Sir Thomas Malory's »L. M. D.« 2 Vols. Berkeley, Los Angeles, London 1983. Eugène Vinaver: The Works of Sir Thomas Malory. 3 Bde. Oxford 1947, rev. 1973. Janet Cowen: Le Morte d'Arthur. Introd. by John Lawlor. 2 Bde. Harmondsworth, Baltimore 1969 (Penguin) [modernisierte Graphie]. N. P. Ker: The Winchester Malory. A Facsimile Edition. Oxford 1976 (EETS, Supplementary Series 4). Dt. Übers. Helmut Findeisen: Sir Thomas Malory. Die Geschichten von König Artus und den Rittern seiner Tafelrunde. 3 Bde. Insel Taschenbuch 239, 1977 (Lizenzausg. Leipzig 1973).

3.3. Haupttendenzen in den Werken

Während in der älteren Forschung nur wenige Werke der Artusdichtung Beachtung fanden, hat sich dieses Bild in der jüngeren Zeit grundlegend gewandelt, da jetzt zu fast allen Werken Studien vorliegen. Erstaunlich ist, daß die Grail-Thematik bei den mittelalterlichen Autoren nur wenig Beachtung gefunden hat und ausführlich nur bei Malory behandelt wird. Man hat dies dadurch zu erklären versucht, daß England der subtilen und tiefsinnigen Grail-Gestaltung den Handlungsreichtum, die Vielzahl der Abenteuer und den dramatischen Dialog vorzog. Ein solche Erklärung ist sicher zu oberflächlich, da sich ein großer Teil der Werke an die chronikalische Tradition anlehnt und daher vom heroischen Dichtungstypus her stärker auf eine Fülle von Ereignissen angelegt ist.

In der älteren Forschung wurden die Dichtungen, die auf der chronikalischen Tradition basieren, im Kontext heroischer Gestaltungsweise betrachtet. Heute werden diese Werke viel differenzierter gesehen. Im alliterierenden »Morte Arthure«, zu dem eine Fülle an Sekundärliteratur besteht, wurde früher darüber diskutiert, ob Arthur als gute oder schlechte Person gezeichnet sei. *Karl Heinz Göller* ist der Meinung, daß Arthur durch die wachsende Macht moralisch korrumpiert wird, und daß sich daraus eine »medieval tragedy of fortune« entwickelt (s. Edition). Schon *Turville-Petre* hatte in diesem Zusammenhang auf den Traum verwiesen, in dem wilde Tiere das Blut der Ritter lecken und Arthur von Fortuna auf ihrem Rad ganz nach oben gebracht wird, um ihn mittags nach unten zu stürzen und von dem Rad zerdrücken zu lassen. Neben den biographischen Arthur-Dichtungen weist z.B. in »The Awntyrs off Arthure« eine Vorausdeutung auf den Fall des Reiches. Gawain begegnet hier dem Geist der Mutter von Guenevere, die als fürchterliche Gestalt gezeichnet wird. Traumvisionen finden sich häufig in diesen Dichtungen. In »The Parlement of the Thre Ages« sieht ein junger Jäger drei Männer verschiedener Altersgruppen diskutieren. Der Älteste beschreibt Arthur als eines der neun Weltwunder und erzählt dessen Leben im Rückblick. Die Dichtungen zeichnen sich vielfach durch märchenhafte bis ins Phantastische gesteigerte Züge aus, die die Dramatik der Darstellung erhöhen sollen.

Innerhalb der Artusritter-Dichtungen, mit Ausnahme der Gawain-Texte, dominieren Adaptionen besonders des Lais »Lanval« von Marie de France, des »Lai du Cor« und der Mantelprobe. Von den zahlreichen Rittern wurde nur der Stoff von Perceval und Ywain übernommen. Der »Ywain« (nur in einer Hs. überliefert) geht zwar stofflich auf Chrétien zurück (ungeklärt ist, welche der zahlreichen Handschriften benutzt worden sein könnte), ist aber vom Autor drastisch gekürzt worden, so daß z.B. die Liebesdialoge, Beschreibungen und Erzählerbemerkungen fast gänzlich eliminiert sind. Damit wurden Akzentverschiebungen auch in dem Verhältnis von Alundyne (Laudine) und Ywain vorgenommen, die Auswirkungen auf die Aussageintention des Werkes haben. Auch die Schuldproblematik wurde teilweise dahingehend verändert, daß Ywain dem Vorwurf der Feigheit begegnen muß und sich daher als ruhmreicher Ritter und Kämpfer zu bewähren hat. Der »Perceval« muß als eine eigenständige englische Ausprägung des Stoffes erachtet werden, da die Umformungen gegenüber Chrétien viel zu tiefgreifend sind. Die Grail-Problematik wurde ausgelassen, dafür aber das Verhältnis

Percevals zu seiner Mutter zum Zielpunkt der Handlung gemacht. Denn am Schluß versöhnt sich Perceval mit ihr und nimmt sie zu sich nach Lufamour. Allerdings verbringt er die letzten Tage seines Lebens im Heiligen Land. Neben diesem Rahmenmovens der Handlung werden drei weitere Moventia eingeführt, die hauptsächlich das Geschehen tragen, und zwar 1. die Rache an dem Roten Ritter, der Percevals Vater getötet hat, Perceval tötet auch die Mutter des Roten Ritters; 2. die Begegnung mit der schlafenden Dame, mit der er Ringe tauscht (der Ring der Dame, so stellt sich später heraus, macht ihn unverwundbar, so daß er auf diese Weise die schweren Kämpfe hatte bestehen können); 3. die Befreiung der Dame von Lufamour (ersetzt Chrétiens Blancheflor und Wolframs Condwiramurs) aus der Gewalt des Sultans, dem er den Kopf abschlägt. Wurde das Verhältnis zur Quelle bisher sehr kontrovers diskutiert (der Verfasser habe z. B. Chrétien nicht gekannt, er habe den frz. Text bewußt adaptiert, um verdeckte Handlungsstränge zu verdeutlichen), so besteht doch eine gewisse Einhelligkeit in der Meinung, daß der Text dem Dichtungstypus der *enfances* (Jugendgeschichten) zuzurechnen ist.

Das außerordentlich oft interpretierte Werk »Sir Gawain and the Green Knight« wurde als »the finest of all the English medieval romances« bezeichnet. Die kunstvolle Gestaltung, einschließlich der subtilen Symbolik, und die konzeptionelle Geschlossenheit verleihen dem Werk einen hohen Grad an poetischer Ausdruckskraft. Zwei Proben sind durch die Hauptakteure, Gawain und Sir Bertilak de Hautdesert, miteinander verwoben. Bertilak fordert die Artusritter heraus, ihn zu enthaupten. Als Gawain dieser Forderung nachkommt, ergrift Bertilak sein abgeschlagenes Haupt und fordert Gawain auf, von ihm nach festgesetzter Frist den Gegenschlag zu erhalten. In der Zwischenzeit wird Gawain von Bertilaks Frau in einer Tugendprobe dreimal in Versuchung geführt. Da er den Gürtel, der sein Leben beschützen soll, behält, statt ihn auszuhändigen, erhält Gawain beim dritten Gegenschlag leider eine leichte Verletzung am Nacken, die Ausdruck seiner Verfehlung ist. Parallelen zum Enthauptungsmotiv finden sich in der mhd. »Crône« (s. S. 134 f.), in der mittelirischen Prosaerzählung »Fled Bricrend«, in der ersten Perceval-Continuation (»Le Livre de Caradoc«, s. S. 92), im Prosaroman »Perlesvaus«, in »La Mule sans Frein« und in dem frz. Versroman »Hunbaut«. Die Versuchungsszene der Frau, der eine Tugendprobe zugrundeliegt, läßt sich zwar in einigen frz. Werken im Grundmuster wiederfinden, entbehrt aber einer echten Parallelität. Das Motiv des Gürtels findet sich zwar in Wirnts »Wigalois« (s. S. 79 f.) und auch in Heinrichs »Crône«, allerdings wird es jeweils in einem ganz anderen Kontext verwendet. Wie engmaschig die Aussage geknüpft ist, zeigen nicht nur die Zahlensymbolik (die Zahl fünf, die sich in Gawains Wappenzeichen eines Pentagrammes widerspiegelt, oder die 101 Strophen des Epos', die als Anspielung auf die Unvollkommenheit Gawains gewertet wurden), sondern auch die interdependente Bildwelt (grüner Ritter, die Jagdsymbolik, der grüne Gürtel, etc.) und die dramatische Erzählweise, durch die die Zusammenhänge der Handlung nur langsam aufgedeckt werden.

Zu den Gawain-Dichtungen, die sich ebenfalls nicht auf eine bestimmte Quelle zurückführen lassen, gehören »The Wedding of Sir Gawain«, »The Turke and Gowin«. Höfische Sitten und Konventionen werden kritisch in »The Wedding of Sir Gawain« hinterfragt. Um ein Vergehen zu sühnen, muß Arthur in Erfahrung bringen, was Frauen am meisten begehren. Damit Arthur eine Antwort finden kann, stimmt Gawain zu, die abgrundhäßliche und herrische Ragnell, die einen unermeßlichen Liebeshunger besitzt, zu heiraten. Während der Artushof die Hochzeit in aller Stille stattfinden lassen will, besteht Ragnell auf einem öffentlichen Zeremoniell. Durch Gawains höfisches Benehmen wandelt sich die Einstellung Ragnells langsam. In der Öffentlichkeit unterwirft sie sich endlich ihrem Mann und wandelt sich dann zu einer schönen Frau. Gesittetheit siegt über das Ungebändigte, so daß das Häßliche in Schönheit verkehrt wird. Dieses Motiv beherrscht in abgewandelter Form die Ballade »The Marriage of Sir Gawain«. Gehorsam und höfischer Anstand bilden auch das Thema der beiden Versionen »Syre Gawene and the Carle of Carelyle« bzw. »The Carle off Carlile«, die Parallelen zu »Sir Gawain and the Green Knight« aufweisen. In der ersten, längeren Version erweist Gawain gegenüber seinem riesenhaften, ungeschlachten Gast, dessen Lieblingstiere ein Bulle, ein Eber, ein Löwe und ein Bär sind, sein höfisches Benehmen. Auch hier geht es um die Versuchung der Frau des Carle of Carelyle, die ihrem Mann jedoch treu bleibt und nicht mit Gawain schläft. Während hier das Enthauptungsmotiv nicht aufgenommen wurde, gehört es in der zweiten Version zum festen Bestandteil der Handlung. Diese Dichtungen, oft nicht ohne Ironie und Komik, wollen belehren und zu feinerem Benehmen anleiten. Die übrigen Gawain-Dichtungen (siehe Überblick) beziehen sich auf frz. Stoffe (z.B. »The Jeaste of Syr Gawayne«, »Libeaus Desconus«).

Eines der umfangreichsten Werke der Artusdichtung innerhalb der gesamten europäischen Überlieferung stammt von Sir Thomas Malory (gest. 14.3.1471). Gerade in den letzten 20 Jahren hat sich die Forschung verstärkt diesem komplexen Prosaroman zugewandt.

Es fehlt aber noch eine umfassende Analyse der gesamten Struktur (Ansätze bei *McCarthy, Moorman, Allen, Knight*), der Interdependenz der verschiedenen Handlungsteile und eine detaillierte Darlegung der Aussageintention. »Le Morte Darthur« ist bisher hauptsächlich inbezug auf folgende Probleme untersucht worden: a) einzelne Stoffe (z. B. primär der Lancelot-Stoff, ferner Tristan, Merlin, Elaine of Astolat; b) bestimmte Motive (z. B. Otherworld Castles); c) einzelne Handlungsabschnitte; d) die Gestaltungsweise (die Irrealität, Allegorie, Bildwelt, die Darstellung des Helden); e) den Stil; f) die Sprache (frz. Wörter, Personalpronomina, Possiva, Verben); g) einzelne Aspekte wie: die rechtliche Ahndung von Vergehen, die historisch-politischen Implikationen, die höfische Liebe, die Tragödie Arthurs bzw. seiner Ritter, die Personencharakterisierung, etwa im Hinblick auf das Verhältnis Gueneveres zu Arthur, die Parallelen zwischen Galahad und Arthur, die Nebenfiguren; h) die verschiedenen Quellen (vornehmlich in der älteren Forschung).

Malory beendete sein Werk während des 9. Regierungsjahres von Edward IV. (4. 3. 1469 oder 3. März 1470). Aus Urkunden ist zu entnehmen, daß er, möglicherweise aus politischen Gründen, des Mordes, des Diebstahls und anderer Delikte bezichtigt wurde, so daß man ihn schließlich von 1452–1460 einkerkerte. Ein Prozeß hat nicht stattgefunden. Die Gründe für seine Entlassung sind unbekannt. Ereignisse ab 1470 müssen ihn wieder zu Ansehen und Wohlstand gebracht haben, da seine Beerdigung sehr kostspielig war. Lange war nur der Text von Caxton bekannt. Als die Handschrift im Winchester College 1934 entdeckt wurde (*Vinaver*-Ausgabe), wurden Fragen zur Verfasserschaft aufgeworfen. Aufgrund dieser beiden voneinander abweichenden Handschriften entstand das Problem, ob der Text von Caxton auf Malory zurückgeht, bzw. Caxton eine freie Bearbeitung vorgenommen hat, oder ob die Handschriftenversion von Winchester den authentischen Text Malorys wiedergibt. Mit diesem Problem wuchs die Frage, wie Caxton an das Manuskript Malorys gelangt war, und auf welchem Wege eine Version nach Winchester gelangen konnte. Abgesehen von allen diesen kontrovers diskutierten Problemen ist die Art der Konzeption immer noch nicht hinreichend in ihren Ursachen und Wirkungen (vgl. Rezeptionsgeschichte in der Neuzeit, s. S. 10 ff.) erklärt worden. Stoffe wie der frz. »Prosa Merlin«, der Gralstoff, der engl. »Morte Arthure« wurden im Werk ebenso verarbeitet und miteinander in Beziehung gesetzt, wie große Teile des Lancelot-Zyklus' und des »Prosa Tristan«. Die Erzählweise ist wegen ihrer Verschachtelung (engl. *interlacement*) und ihrer ungeheuren Anzahl an Begegnungen so engmaschig, daß der Leser zunächst von der Häufung der Ereignisse erschlagen ist. Nach Caxtons Vorrede geht es aber darum, aufzuzeigen, wie die Edlen zu Ehren kommen und die Verderbten bestraft, wie tugendhaftes Verhalten mit Feigheit, Mord und Haß kontrastiert werden. Offensichtlich dient das arthurische Stoffkonglomerat dazu, dem Leser oder Hörer die Stärken und Schwächen menschlichen Daseins vorzuführen, damit die in Handlung umgesetzte Lehre zur Erkenntnis führt, an welchen Werten der Mensch sein Verhalten orientieren sollte. Das arthurische Reich geht hier aber nicht nur an seinen eigenen Schwächen zugrunde, sondern dokumentiert, daß der Mensch versagen muß, wenn er nicht den rechtlichen und ethischen Bedingungen folgt, die eine friedliche Koexistenz und ein soziales Aufeinanderbezogensein garantieren. Arthurische Dichtung ist am Ausgang ihrer Tradition in England nicht nur Universalgeschichte, sondern auch eine handfeste Aufforderung, im Geiste christlicher Sozialethik zu leben und zu wirken. Das untergehende arthurische Reich dient als Mahnmal und wirft Fragen auf, ob die Werte versagt haben, oder vielmehr die Menschen gegenüber dem strengen Wertsystem.

Die englische arthurische Dichtung entwickelt die vielfältigen Stoffe in der Art, daß sie den nationalen Belangen entsprechen und auf diese antworten. Ähnliches wird sich in der skandinavischen Dichtung feststellen lassen.

Literatur

Adams, Alison u.a. (Eds.): The Changing Face of Arthurian Romance. Essays on Arthurian Prose Romances in Memory of Cedric E. Pickford. Cambridge 1986 (Arthurian Studies 16) [11 Beiträge].

Pickering, James D.: Malory's Morte Darthur. The Shape of Tragedy. Fifteenth-Century Studies (Ann Arbor) 7, 1983, S. 307–328.

Salter, Elizabeth: Fourteenth-Century English Poetry. Context and Readings. Oxford 1983.

Hunt, Tony: The Medieval Adaptations of Chrétien's Ywain. A Bibliographical Essay. In: An Arthurian Tapestry. Essays in Memory of Lewis Thorpe, ed. Kenneth Varty. Glasgow 1981, S. 203–213.

Allen, Judson Boyce: The Medieval Unity of Malory's Morte Darthur. Mediaevalia 6, 1980, S. 279–309.

Barron, W. R. J.: »Trawthe« and Treason. The Sin of Gawain Reconsidered. A Thematic Study of Sir Gawain and the Green Knight. Manchester 1980.

Life, Page West: Sir Thomas Malory and the Morte Darthur. A Survey of Scholarship and Annotated Bibliography. Charlottesville, Virg. 1980.

Wasserman, Loretta: Honor and Shame in »Sir Gawain and the Green

Knight«. In: Chivalric Literature. Essays on Relations Between Literature and Life in the Later Middle Ages, Ed. Larry D. Benson and John Leyerle. Kalazmazoo, Mich. 1980 (Studies in Medieval Culture 14), S. 77–90.

Mischke, Reinhard: Lancelots allegorische Reise. Sir Thomas Malorys »Le Morte Darthur« und die englische Literatur des fünfzehnten Jahrhunderts. Frankfurt, Bern 1976 (Neue Studien zur Anglistik und Amerikanistik 8).

Lambert, Mark: Malory. Style and Vision in »Le Morte Darthur«. New Haven, London 1975.

McCarthy, Terence: Order of Composition in »The Morte Darthur«. Yearbook of English Studies 1, 1971, S. 18–29.

Turville-Petre, Thorlac: The Alliterative Revival. Cambridge 1977.

Blanch, Robert J.: Games Poets Play. The Ambiguous Use of Colour Symbolism in »Sir Gawain and the Green Knight«. Nottingham Medieval Studies 20, 1976, S. 64–85.

Eckhardt, Caroline Davis: Arthurian Comedy. The Simpleton-Hero in Sir P. of G. Chaucer Review 8, 1973/74, S. 205–220.

Soucy, Arnold F.: Linear Pattern within the Cyclical Patterns of Sir Gawain and the Green Knight. DA 33, 1972–73, 3613 A.

Baron, Francis Xavier: Mother and Son in Sir P. of G. Papers on Language and Literature 8, 1972, S. 3–14.

Howard, Donald R.: Sir Gawain and the Green Knight. In: Recent Middle English Scholarship and Criticism. Survey and Desiderata. Ed. J. Burke Severs. Pittsburgh 1971.

Pochoda, Elizabeth T.: Arthurian Propaganda. »Le Morte Darthur« as an Historical Ideal of Life. Chapel Hill 1971.

Finlayson, John: Ywain and Gawain and the Meaning of Adventure. Anglia 87, 1969, S. 312–337.

Knight, Stephen T.: The Structure of Sir Thomas Malory's Arthuriad. Sydney 1969 (Australian Humanities Research Council Monograph 14).

Howard, Donald R. and *Zacher, Christian* (Eds.): Chritical Studies of Sir Gawain and the Green Knight. Notre Dame 1968 [Sammlung von 23 früher publ. Aufsätzen].

Newstead, Helaine: Arthurian Legends. A Manual of the Writings in Middle English, 1050–1500. In: Romances. Ed. J. B. Severs. New Haven 1967, S. 38–79, 224–256.

Moorman, Charles W.: The Book of Kyng Arthur: The Unity of Malory's Morte Darthur. Lexington 1965.

Ackerman, Robert W.: The English Rimed and Prose Romances. ALMA 1959, S. 480–519.

4. Skandinavien

Die Rezeption der arthurischen Stoffe in Skandinavien wurde unter dem norwegischen König Hákon Hákonarson (1217–1263) zu einem kulturpolitischen Anliegen erhoben, was nicht heißt, daß nicht vorher schon Ansätze zu einer Tradierung dieser Stoffe bestanden haben. Ein unter dem Namen »Bruder Robert« überlieferter Geistlicher, der den Tristan-Stoff ins Nordische übertragen hat und der vielleicht anglo-normannischer Herkunft war, soll auch die Artusdichtung am norwegischen Hof eingeführt haben. Die meisten erhaltenen Texte sind jedoch in isländischer Sprache verfaßt. Obwohl in der Forschung vielfach von einer Übersetzungsliteratur aus dem Französischen gesprochen wird, ist doch eher von Bearbeitungen auszugehen, da selbst die Dichtungen, die sich stofflich eng an die Vorlage halten, keine wörtlichen Übertragungen enthalten. Vielmehr wird die Darstellung der Diktion des Sprachraumes angepaßt (Verwendung von einheimischen Sprichwörtern und Redewendungen, um nur zwei auffallende Merkmale zu nennen). Teilweise wurden die Stoffe den nordischen soziokulturellen Bedingungen angepaßt und deshalb in bezeichnender Weise verändert. Im Gegensatz zu anderen europäischen Ländern wie Spanien, Italien und den Niederlanden nimmt Skandinavien in der Rezeption insofern eine Sonderstellung ein, als vornehmlich auf die hochhöfische französische Dichtung zurückgegriffen wird, die umfangreichen Werke nach Chrétien hingegen keine Rolle spielen. In der nordischen Literatur sind die Artusdichtungen Teil der literarischen Gattung der Riddarasögur (Rittersagas). Hinzu kommen noch einige Balladen.

4.1. Aufstellung der Textüberlieferung
    (Datierungen oft nicht gesichert)

Gunnlaug Leifsson: *Merlínusspá* (um 1200), isländische skaldische Dichtung. *Ausg.*: Finnur Jónsson: Hauksbók (s. u. »Breta sǫgur«). Copenhagen 1892–1896, S. 272–283. E. A. Kock: Den Norsk-Isländska Skaldediktningen. Lund 1949, Bd. 2, S. 6–28. [Versdichtung, die in der Hs. der »Breta sǫgur« überliefert ist. Sehr freie Wiedergabe der Merlin Prophetie, Buch VII der »Historia Regum Britanniae« von Geoffrey of Monmouth].
Erex saga (um 1230, isländ. Mss. aus dem 16. u. 17. Jh.). *Ausg.:* Foster W. Blaisdell: Copenhagen 1965 (EA, B. 19). Engl. Übers. F. W. Blaisdell and Marianne E. Kalinke: Erex Saga und Ívens Saga. Lincoln 1977.
Íven(t)s saga (frühes 13. Jh.), isländisch. *Ausg.*: Foster W. Blaisdell. Copenhagen 1979 (EA, B. 18). Engl. Übers. s. o.
Mǫttuls saga (frühes 13. Jh.). *Ausg.*: Marianne E. Kalinke: Mǫttuls saga. With an Edition of Le Lai du cort mantel by Philip E. Bennet. Copenhagen 1987 (Editiones Arnamagnaeanae Series B 30). Bjarni Vilhjálmsson: Riddarasögur. Reykjavik 1954, Bd. 1, S. 249–281 [repr. der Ausg. von

Gustav Cederschiöld und Frederick A. Wulff, Lund 1877]. [Textgrundlage ist die französische Dichtung »Mantel mautaillié«].

Januals Lióð (frühes 13. Jh.). *Ausg.*: Robert Cook and Mattias Tveitane: Strengleikar. An Old Norse Translation of Twenty-one Old French Lais. Oslo 1979. Jean Rychner (Ed.): Le lai de Lanval. Geneva 1958 (Texts Littéraires Francais 77); darin Ianuals lióð, ed. von Paul Aebischer, S. 87–125 [mit frz. Übers., Teil der 21 nordischen Lais, die in der Sammlung Strengleikar überliefert wurden].

Parcevals saga (Mitte 13. Jh.), isländisch. *Ausg.*: Bjarni Vilhjálmsson: Riddarasögur. Reykjavik 1954, Bd. 4, S. 195–285 (Nachdr. der Ausgabe von Eugen Kölbing 1872). Dt. Übers. Rudolf Simek: Die Saga von Perceval und die Geschichte von Valver. Wien 1982 (Wiener Arbeiten zur germ. Altertumskunde u. Philologie 19).

Valvens þáttr (Mitte 13. Jh.). *Ausg.*: Bjarni Vilhjálmsson: Riddarasögur. Reykjavik 1954, Bd. 4, S. 287–317 [teilweise enge Wiedergabe von Chrétiens Gauvain-Episoden im »Perceval«, ab V. 6514 bis zum Abbruch des Textes].

Breta sǫgur (um 1230/1250), komprimierte Fassung der »Historia Regum Britanniae« von Geoffrey of Monmouth; zahlreiche Zusätze, Umstellungen und Auslassungen. *Ausg.*: Finnur Jónsson: Hauksbók, udgiven efter de Arnamagnaeanske håndskrifter No. 371, 544 og 675, 4° samt forskellige papirhåndskrifter. Copenhagen 1892–1896 (Det kongelige nordiske Oldskrift-Selbskab), S. 231–301.

Herr Ivan Lejonriddaren (um 1303), ca 6400 Knittelverse, schwedisch, Teil der Eufemiavisor. *Ausg.*: Erik Noreen: Herr Ivan. Uppsala 1931. 2nd Ed. 1956 (Samlingar utgivna av Svenska Fornskriftsällskapet 164–166).

Samsons saga fagra (spätes 13. bzw. 14. Jh.). *Ausg.*: John Wilson: Samsons saga fagra. Copenhagen 1953 (Samfund til udgivelse af gammel nordisk Litteratur). Dt. Übers. Rudolf Simek: Die Saga vom Mantel und die Saga vom schönen Samson. Möttuls saga und Samsons saga fagra. Wien 1982.

Herr Ivan Loveridder (14. Jh.), dänische Versdichtung in Anlehnung an die schwed. Fassung. *Ausg.*: Carl Joachim Brandt: Romantisk Digting fra Middelalderen. Copenhagen 1869, 1870, Bd. 1.

Skikkju rímur (15. Jh.), isländische balladenartige Dichtung von 740 Versen. *Ausg.*: Finnur Jónsson: Rímnasafn. Samling af de aeldste Islandske rimer. Copenhagen 1922. Bd. 2, S. 326–353.

Her Viegoleis með Guld Hiulet (1656), dänisches Volksbuch, das auf das Volksbuch von 1472 zurückgeht, dem Wirnts von Gravenberc Text zugrundeliegt. *Ausg.*: J. P. Jacobsen, Olrik Jørgen u. R. Paulli: En smuck lystig Historie / Om den berommelige Ridder oc Heldt Her Viegoleis med Guld Hiulet. In: Danske Folkeboger fra 16. og 17. Aarhundrede. Copenhagen 1921 (Det Danske Sprog-og Litteraturselskab 4).

Magnús Jónsson í Vigur (geb. 1637): *Gabons saga ok Vigoles* (zw. 1656 u. 1683, überliefert in 2 unterschiedl. isländ. Fassungen; der Text orientiert sich am dänischen Volksbucch »Her Viegoleis með Guld Hiulet«). *Ausg.*: Rasmus Nyerup: Almindelig Morskabslaesning i Danmark og Norge igjiennem Aarhundreder. Copenhagen 1816, S. 125–133. Hubert Seelow:

236

Die isländischen Übersetzungen der deutschen Volksbücher. Habil.-Schrift München 1984.

Ivint Herintsson. Färöische Ballade. 3 Fassungen. *Ausg.*: Napoleon Djurhuus: Føroya kvaeði. Copenhagen 1968. Bd. 5, S. 199–242 (Corpus Carminum Faeroensium).

Galians Táttur. Färöische Ballade, 119 Strophen zu je 4 Zeilen. Überliefert durch Jens Christian Svabo 1781–82. *Ausg.*: Napoleon Djurhuus: Føroya kvaeði. Copenhagen 1968, Bd. 5, S. 223–229 (Corpus Carminum Faeroensium)

4.2. Akzente der arthurischen Rezeption

Die Chrétienschen Werke »Erec«, »Yvain« und »Perceval« sind im Norden rezipiert worden, wobei sich nach Ausweis der Überlieferungslage der »Yvain« besonderer Beliebtheit erfreute, da er auch in Schweden und Dänemark rezipiert wurde. Der »Lancelot« ist nicht überliefert. Obwohl *Rudolf Simek* (»Lancelot in Iceland«, s. u. *R. Boyer*, S. 205–216) versucht hat, Spuren der Kenntnis des Karren-Romans nachzuweisen, sind die Zeugnisse zu spärlich, um daraus schließen zu können, daß es einen nordischen Text gegeben hat. Von den genannten Werken entfernt sich die »Erex saga« am stärksten von ihrer Vorlage. Nicht nur wird der Chrétiensche Stoff außerordentlich gerafft erzählt, sondern es sind auch neue Abenteuer eingefügt und andere erheblich abgewandelt. Vom Schweigegebot ist nach der zweiten *âventiure* nicht mehr die Rede. Erex und Evida begegnen 8 Räubern. Guimar (vgl. Guivreiz, der Zwerg bei Hartmann) ist sehr groß und der Vetter von Erex. Nach der Begegnung mit dem Riesen und Kalviel (vgl. Cadoc) werden zwei neue *âventiuren* eingefügt: die Befreiung Platos aus den Fängen eines fliegenden Drachen und die Befreiung des Jarl Iuben, seiner 3 Brüder sowie der 4 Frauen aus der Gewalt von 7 schwerbewaffneten Männern. Anders als in der frz. Vorlage ist auch, daß Erex nach jedem Kampf die Geretteten an den Artushof schickt. Statt der zweiten Guivreiz-Begegnung kämpft Erec gegen Kiaei. Schließlich muß Erex, nachdem er von seinen Abenteuern wieder an den Artushof zurückgekehrt ist, in sein Land gehen, da dieses nach dem Tod seines Vaters bedroht wird. Die Sinnstruktur ist durch die Eingriffe stark verändert worden. Immer wieder wird der Akzent auf die Begierde nach Besitz oder nach Liebe gelegt. Als Beleg für diese Thematik kann die Szene mit den 8 Räubern exemplarisch herausgegriffen werden. Der Anführer begehrt Evida, der zweite Räuber das Schwert, der dritte die Rüstung, der vierte Schild und Speer, der fünfte den Helm, das

Banner und die Geldbörse, der sechste die Kleidung Erex', der siebente Pferd, Zaumzeug und Sattel. Da nun kein Beutegegenstand mehr übrig ist, erklärt der achte Räuber, daß er sich die rechte Hand und den Fuß und schließlich das Leben Erex' nehmen will. Die Besitzgier wird dadurch ad absurdum geführt. Obwohl der Beuteanteil für den Räuber wertlos ist, erklärt er den Leib Erex' als erstrebenswerten Besitz. Die Verstümmelung und Tötung eines Menschen ist also noch in Kategorien der Besitzgier gefaßt. Dieses Thema wird in der Saga in vielfätiger Weise variiert.

Einige Sagas zeigen deutlich, daß die arthurische Dichtung im Norden zur Verfeinerung der Sitten beitragen sollte. So vermerkt der Dichter der »Mottuls saga« am Schluß, daß er eine Keuschheitsprobe dieser Art in seinem Lande nicht gerne durchführen würde. Auch der Bericht über die Königsweihe im Jahre 1247 in der »Hákonar saga«, auf den *Hermann Reichert* hingewiesen hat (»Soziologische Voraussetzungen für die Rezeption der Arturischen Tafelrunde in Skandinavien«, s. u. *R. Boyer*, S. 121–142), stützt diese These. Denn der Kardinal erklärte in seiner Rede, daß man ihm erzählt habe, daß die Menschen im Norden eher dem Wesen von Tieren glichen. Er stelle aber zu seinem Erstaunen fest, daß sie ein gutes Benehmen besäßen. Das hielt ihn nicht ab, nach dem Zeremoniell als erster die zugige Halle zu verlassen.

Die subtile Struktur und Aussagekraft der Artusdichtung fand nur in begrenztem Maße Eingang in die nordische Dichtung. Das belegt die »Parcevals saga«. Sie stimmt in groben Zügen mit Chrétiens Text überein, der Bearbeiter konnte jedoch offensichtlich die Handlungsfäden des Gralgeschehens nicht stringent zu Ende führen. Parceval gelangt zwar zur Gralburg, sieht das Geschehen dort, wird aber nicht Gralherrscher, so daß die Ereignisse ohne Konsequenz bleiben. Denn Parceval kehrt am Schluß zu Blankiflur zurück, heiratet sie und zeichnet sich immer als Sieger in den Kämpfen aus. Die Gralgeschichte bewirkt letztlich nur, daß er sein Tun überdenkt und daß er nach dem Besuch bei seinem Onkel am Karfreitag in die Kirche geht. Diesem Verständnis entspricht es auch, daß Valven (Gawein) in diesem Werk einige *âventiuren* bestehen muß; die eigentliche Gawein-Handlung ist aber mit einschneidenden Veränderungen separat im »Valvens þáttr« überliefert. Ereignisse, die sich an spätere Überlieferungen anlehnen, wenngleich nur frei entlehnte Übereinstimmungen feststellbar sind, werden mit der Orgeluse-Geschichte verschmolzen. Die Dichtung ist fragmentarisch, da die Handlung zu keinem echten Ziel geführt wird. Die bei Chrétien und bei Wolfram gestaltete Interdependenz von Gawein- und Perceval/Parzival-Handlung ist hier weitgehend ignoriert worden, weil das Hauptanliegen dieser Dichtung offensichtlich nicht im Norden verstanden wurde oder werden konnte.

Interessant ist, daß auf Island und in Dänemark die Volksbuchversion des nur im Mittelhochdeutschen tradierten »Wigalois« von Wirnt von Grafenberc in einer vergleichbaren literarischen Gattung rezipiert wurde. Das zeigt deutlich, daß in den skandinavischen Ländern die Rezeption nicht nur mit erheblicher zeitlicher Verzögerung aufgenommen wurde, sondern daß auch noch in der Neuzeit (17. Jh.) eine Tradition aus dem dt. Ausland des 15. Jhs. aufgegriffen wird. Mag die erste Blüte der arthurischen Rezeption im Norden bereits in das 13. Jh. datiert werden, an Hand der Überlieferung ist nachzuweisen, daß die Tradierung vom 15. bis zum 17. Jh. eine erneute Blüte erfahren hat. Welche Umstände hierzu führten, ist bisher noch kaum untersucht worden. Sicher ist hingegen, daß die späte Rezeption mit der im Norden sehr früh einsetzenden wissenschaftlichen Beschäftigung mit mittelalterlicher Überlieferung zusammenfiel. Es ist daher wohl richtig, wenn die Tradierung der nordischen Artusdichtung dahingehend gesehen wird, daß sie in mehrschichtigen Phasen erfolgte, wobei wahrscheinlich jeweils verschiedene Ursachen für die Rezeption wirksam gewesen sind.

Trotz eines eng begrenzten Textkorpus' in Skandinavien belegt die »Samsons saga fagra« durch ihre Motive, daß arthurische Elemente mit heimischem Material der Sagaliteratur verknüpft wurden. Zwar ist die Saga nur lose mit König Artus verbunden (Samson ist der Sohn Artus'), da die Suche nach seiner Geliebten, namens Valentinia, der Tochter des irischen Königs, den ersten Teil beherrscht, aber die Suche nach dem Zaubermittel (vgl. Mottuls saga), die dem Erzfeind von Samson auferlegt wird, und die Verfolgung des Hirschs zeigen, daß der Autor in vielfacher Weise Anleihen am arthurischen Roman gemacht hat, wenngleich die Grenzen zu den romantischen Sagas fließend sind.

Die Ziele der arthurischen Rezeption gelten teilweise der Kultivierung der Umgangsformen und des ausgewogenen ethisch-sozialen Verhaltens, teilweise aber auch der Festigung des norwegischen Königtums, das, in Anlehnung an die hochhöfische französische Artusepik, das Zentralkönigtum zu etablieren suchte.

Literatur

Boyer, Régis (Hrsg.): Les Sagas de Chevaliers. Riddarasögur. Actes de la Vᵉ Conférence Internationale sur les Sagas, Toulon 1982. Paris-Sorbonne 1985 (Civilisations 10).

Patron-Godefroit, Annette: L'adaptation suédoise d'Yvain. In: Lancelot, Yvain et Gauvain. Colloque Arthurien Belge de Wégimont. Paris, Nizet 1984 (Collection »Lettres Médiévales« 2), S. 125–132.

Kretschmer, Bernd: Höfische und altwestnordische Erzähltradition in den Riddarasögur: Studien zur Rezeption der altfranzösischen Artusepik am Beispiel der »Erex saga«, »Ivens saga« und »Percevals saga«. Hattingen 1982.

Kalinke, Marianne E.: King Arthur. North-by-Northwest. Copenhagen 1981 (Bibliotheca Arnamagnaeana 37).

Dies.: Amplifications in Möttuls saga. Its Function and Form. Acta Philologica Scandinavica 32, 1979, S. 239–255.

Dies.: Erex saga and Ivens saga. Medieval Approaches to Translation. Arkiv för nordisk filologi 92, 1977, S. 125–144.

Kratz, Henry: The Percevals saga and li contes del Gral. Scandinavian Studies 49, 1977, S. 13–47.

Barnes, Geraldine: The Riddarasögur and Medieval European Litterature. Medieval Scandinavia 8, 1975, S. 140–158.

Kalinke, St. Jane A. O.P.: The Structure of the Erex Saga. Scandinavian Studies 42, 1970, S. 343–355.

Loomis, Roger Sherman: The Grail in the Parcevals Saga. GR 39, 1964, S. 97–100.

Gutenbrunner, Siegfried: Über die Quellen der Erexsaga. Archiv f. das Studium der neueren Sprachen u. Literaturen 190, 1954, S. 1–20.

Schlauch, Margaret: Romance in Iceland. New York, London 1934.

Leach, Henry G.: Angevin Britain and Scandinavia. Cambridge, Mass. 1921.

5. Die übrigen Spachräume

Mit Ausnahme von zwei walisisch/keltischen Texten, wenigen lateinischen Werken, einigen Hinweisen im flämisch-holländischen Bereich und zahlreichen Belegen in Italien, die eine relativ frühe Rezeption anzeigen, wurden die meisten der aufgeführten Dichtungen im späteren Mittelalter überliefert. Bezeichnend ist, daß die hochhöfischen Dichtungen kaum rezipiert wurden, während die großen Zyklen entweder direkt übertragen wurden oder die Basis für eigenständige Veränderungen bildeten.

5.1. Überlieferung

5.1.1. Walisische Texte

Culhwch ac Olwen (Ende 10./11. Jh., wohl frühestes walisisches Textzeugnis), Prosa. *Ausg.*: John Rhys and J. Gwenogvryn Evans: The Text of the Mabinogion and Other Welsh Tales from the Red Book of Hergest. Oxford 1887–1890, S. 100–143. J. Gwenogvryn Evans: The White Book Mabinogion. Pwllheli 1907, S. 226–254. Engl. Übers. Thomas Jones and Gwyn Jones: The Mabinogion. London 2nd Ed. 1974 (Everyman's Library 97) (nach dem Weißen Buch, mit Zusätzen aus dem Roten Buch) [Hilfe von Arthur und seinen Rittern für Culhwch, der zahlreiche Aufgaben zu erfüllen hat, um die Tochter des Riesen Ysbaddaden zu gewinnen].

Geraint (13. Jh.?), Prosa. *Ausg.*: (s. o.) Rhys, Evans, S. 244–295. Evans, S. 193–226. Dt. Übers. Helmut Birkhan: Keltische Erzählungen vom Kaiser Arthur I. Wien, Köln, Graz 1985 (Fabulae mediaevales 5) [nach dem Weißen Buch]. Engl. Übers. Jones (s. o.). Jeffrey Gantz: The Mabinogion: Harmondsworth, Baltimore 1976 (Penguin).

Peredur (13. Jh.?), Prosa. *Ausg.*: (s. o.) Rhys, Evans, S. 193–243. Evans, S. 59–89. Glenys Goetnick: Historia Peredur vab Efrawc. Cardiff 1976. Dt. Übers. H. Birkhan (s. o.), engl. Übers. Jones (s. o.).

Owain (oder Iarlles y Ffynnawn »Dame des Brunnen«, 13. Jh.?), Prosa. *Ausg.*: (s. o.) Rhys, Evans, S. 162–192. Evans, S. 112–131. R. L. Thomson: Owain or Chwedyl Iarlles y Ffynnawn. Dublin 1970 (Institute for Advanced Studies). Dt. Übers. H. Birkhan (s. o.), engl. Übers. Jones (s. o.).

The Dream of Rhonabwy (oder: Breuddwyd Rhonabwy, 11. Jh., Ende 12. oder 13. Jh.?), Prosa. *Ausg.*: (s. o.) Rhys, Evans S. 144–161. Melville Richards: Breudwyt Rhonabwy. Cardiff 1948. Übers. Jones (s. o.). [Traumvision über das arthurische Britanien].

Nahm die ältere Forschung an, daß die meisten walisisch-/kymrischen arthurischen Dichtungen vor bzw. lange vor Chrétien zu datieren sind, so werden sie heute meist dem 13. Jh. zugeordnet, was aber nicht heißt, daß aus der älteren volkstümlichen Überlieferung nicht vieles in die Texte eingeflossen ist. Zu Unrecht wird die walisische Triade, bestehend aus »Peredur«, »Geraint and Enid« und »Owain« als Mabinogion, d. h. Geschichte der Taten eines jungen Mannes (Sgl. = mabinogi; mab »Sohn, infantia«) bezeichnet, da dieser Terminus nur für die sog. »four branches« (»Pwyll, Branwen, Manawydan und Math«) gilt. Bedingt durch die Handschriftenüberlieferung und die Wissenschaftsgeschichte, wurde dieser Terminus jedoch auf die Triade ausgedehnt. Die Bezeichnung ist von Lady Charlotte Guest eingeführt worden, als sie die Erzählungen in 3 Bänden 1838–1849 herausgab. Alle aufgeführten walisi-

schen Dichtungen sind in zwei großen Sammlungen überliefert:
1. Red Book of Hergest (»Llyfr Coch Hergest«), um 1400, und
2. White Book of Rhydderch (»Llyfr Gwyn Rhydderch«), um 1325.
Von den 3 Artusdichtungen zeigt der »Geraint« die größten
Übereinstimmungen mit Chrétien. Abweichend vom »Erec« ist
z. B., daß Geraint die Regentschaft übernehmen muß, da sein Vater
zu schwach und hinfällig ist. Obwohl der »Owain« in der Grund-
struktur mit der Handlung des »Yvain« übereinstimmt, ist die kymrische Erzählung stark gerafft und vielfach mit keltischen folkloristi-
schen Elementen durchsetzt. Die größten Abweichungen weist der
»Peredur« auf. Abgesehen von der Jugendgeschichte werden Handlungsteile gegenüber Chrétien umgestellt und gekürzt, neue *âventiuren* hinzugefügt sowie der Gral in seiner Bedeutung verändert.
Denn das Geschehen wird auf die blutende Lanze und den Kopf auf
einem Teller reduziert. Neu ist, daß sich Peredur am Hofe der
Zauberinnen bzw. Hexen von Caerloyw aufhält, die, wie sich erst
später herausstellt, Peredurs Vetter enthauptet und die Krankheit
seines Onkels bewirkt haben; ferner, daß er einen Drachen erschlägt
und mit der Kaiserin von Konstantinopel das Land regiert. Ungeklärt ist bis heute, ob den walisischen Texten Chrétien direkt als
Vorlage diente oder ob ihnen und den frz. Werken eine gemeinsame
Quelle zugrunde lag, die bereits das Produkt einer Verschmelzung
von walisischen und französischen Elementen war. Einig ist man
sich nur darin, daß die Werke frz. Einfluß aufweisen.

Literatur

Jarman, A. O. H. and *Hughes, Gwilym Rees:* A Guide to Welsh Literature
    I. Swansea 1976.
Bullock-Davies, Constance: Welsh Minstrels at the Courts of Edward I and
    Edward II. Transactions of the Honourable Society of Cymmrodorion
    1972/73, S. 104–122.
Loomis, Roger Sherman: Wales and the Arthurian Legend. Cardiff 1956.

5.1.2. Lateinische Texte (ohne Standard-Chroniken)

Andreas Capellanus: *De Amore* (um 1185). *Ausg.*: E. Trojel. Copenhagen
    1892. 2nd. Ed. München 1964 [enthält einen kurzen Bericht über einen
    Sperberpreiskampf. Als der Ritter den Sperber erhält, findet er auf einem
    Pergament Regeln der Liebe]. Vgl. Italien, Antonio Pucci: »Bruto«.
Vera Historia de Morte Arthuri (spätes 12. Jh.), Prosa, Hs. frühes 14. Jh.
    Ausg.: Michael Lapidge: An Edition of the »Vera Historia de Morte Arthu-

ri«. 1981 (Arthurian Literature 1) [Erzählt Arthurs letzte Schlacht, seine Verwundung durch einen vergifteten Speer eines jungen Ritters, den Versuch ihn in Avalon zu retten, das Beerdigungszeremoniell und das Verschwinden des Leichnams im Nebel].

Lailoken (12. Jh. oder später), Prosa. *Ausg.*: H. L. D. Ward: Lailoken (or Merlin Sylvester). R 22, 1893, S. 504–526. Engl. Übers. Basil Clarke: Life of Merlin. Cardiff 1973, S. 227–234 [Erzählung erhalten in der Hagiographie und in schottischen Chroniken. Lailoken sei in Wirklichkeit Merlin. In Anlehnung an die »Vita Merlini« wird der dreifache Tod prophezeit und berichtet, wie Lailoken den Ehebruch einer Königin entlarvt].

De Ortu Walwanii Nepotis Arturi (Ende 12. Jh. oder Ende 13. Jh.), Prosa; umstritten, ob Robert von Torigni (1154–1186) der Verfasser war. *Ausg.*: Mildred Leake Day (Ed. and Trans.): The Rise of Gauvain, Nephew of Arthur. New York, London 1984 [Erzählt von der Geburt, Jugend und den frühen Abenteuern Gawans. Er ist der illegitime Sohn von Arthurs Schwester Anna und lernt das ritterliche Handwerk beim römischen Kaiser. Als römischer Ritter zieht er aus, besteht bei der Belagerung von Jerusalem einen Kampf gegen einen persischen Krieger. Danach hilft er Arthur, sich erfolgreich gegen die Eindringlinge vom Norden zur Wehr zu setzen. Er erfährt seine Herkunft und wird als Neffe in die Artusritterschaft aufgenommen].

Historia Meriadoci (spätes 13. Jh.), Prosa. *Ausg.*: James Douglas Bruce: Historia Meriadoci and De Ortu Waluuanii. Göttingen, Baltimore 1913, S. 1–54 [In der Regierungszeit von Uther wird der walisische König Caradoc von seinem Bruder Griffin getötet. Die beiden Kinder, Meriadoc und seine Schwester Orwen, werden beschützt. Mit Hilfe von Arthur kann sich Meriadoc an Griffin rächen. Meriadoc tritt in die Dienste des deutschen Kaisers und kann dessen Tochter, die von Gundebald entführt wurde, wieder zurückgewinnen. Er heiratet sie schließlich. Walwanius geht in dieser Zeit nach Jerusalem].

Arthur and Gorlagon (frühes 14. Jh.), Prosa. *Ausg.*: G. L. Kittredge: Arthur and Gorlagon. 1903 (Harvard Studies and Notes in Philology and Literature 8) [Die Königin hält Arthur vor, daß er nichts über Frauen wisse. Daraufhin begibt sich Arthur auf die Suche, trifft König Gorlagon, der ihm seine eigene Geschichte erzählt. Durch eine böse Frau sei er in einen Werwolf verwandelt worden].

Ungeklärt ist, warum der arthurische Stoff in lat. Sprache rezipiert wurde, für welches Publikum er gedacht war, und von welchen Dichtern er verfaßt wurde. Zwar werden realhistorische Parallelen z. B. in der »Historia Meridoci« zwischen Arthurs und Meriadocs aushungernder Belagerung des Griffinus und dem Sieg Edwards I. über den letzten walisischen Prinzen Llywelyn (1277) gezogen, es kann aber nicht konstatiert werden, daß diese Dichtungen rein politische Ziele verfolgen. Vieles spricht dafür, daß die Werke im klerikalen Umkreis entstanden sind, eine definitive Zuordnung zu einem Raum (walisisch-englischer Grenzraum) oder einer Person ist bisher nicht gelungen (die wohl irrige Behauptung, daß der Abt von St. Michael, Robert von Torigni (gest. 1186), der Verfasser von »Historia Meriadoci« und »De Ortu Walwanii« gewesen sei, wurde von J. D. Bruce in seiner Edition zu widerlegen versucht). Erst wenn diese Texte eingehender interpretiert worden sind, als dies bisher geschehen ist, wird sich vielleicht eine präzisere Einordnung dieser Werke in den Gesamtüberlieferungsrahmen ergeben.

Literatur

Loomis, Roger Sherman: ALMA, 1959, S. 472–479.

5.1.3. Niederländische Texte

Penninc und Pieter Vostaert: *Walewein* (bzw. De Jeeste van Walewein, ca. 1250), 11 000 Verse. *Ausg.:* G. A. van Es: De Jeeste van Walewein en het schaakbord. 2 Bde. Zwolle 1957. Nachdr. 1. Bd. Culemborg 1976 [Reihe von Abenteuern Gawains, um für Artus ein zauberisches Schachbrett zu erlangen, das er nur erhält, wenn er das Zauberschwert mit den zwei Ringen erwirbt].

Jacob van Maerlant: *Historie van den Grale* (um 1261), 1600 Zeilen, Frgm., überliefert nur in der sog. mndt. »Umschreibung«. *Ausg.:* Timothy Sodmann: »Historie van den Grale« und »Boek van Merline«. Köln, Wien 1980 (Niederdt. Studien 26) [basiert auf Robert de Boron »Joseph d'Arimathie«; freie Gestaltung der Vorlage mit ablehnenden Bemerkungen über Roberts Erzählweise].

Jacob van Maerlant: *Merlijns Boec* (um 1260/1262), 8470 Zeilen. *Ausg.:* Sodmann (s. o.) [in enger Anlehnung an den Prosaroman von Robert von Boron »Merlin en prose«; darin die eigenständige Gestaltung (ca. 900 Zeilen) eines Prozesses, in dem Satan angeklagt und Mascaron = Belial sein Verteidiger ist (sog. Processus Satanae)].

Lancelot-Compilatie (um 1300), unvollständiger Text von ca. 87 000 Versen; überliefert in einer Hs. aus dem Anfang des 14. Jhs., von der der 1. Teil verloren ist. *Ausg.:* Willem J. A. Jonckbloet: Roman van Lancelot (XIII eeuw). 2 Bde. Den Haag 1846, 1849 [Kompilation von verschiedenen Texten, beginnend wahrscheinl. mit a) Jacob van Maerlant »Historie van den Grale« und b) Lodewijc van Velthem »Coninc Artur«. Überliefert sind in folgender Reihenfolge die Texte: »Perchevael«, fast 5900 Verse, unvollständig. *Ausg.:* (s. o.) und Napoleon De Pauw: Middelnederlandsche gedichten en fragmenten. Ghent 1903 [Korrespondenzen mit Chrétiens »Perceval«; beginnend mit der Verfluchung Perchevaels am Artushof, erzählt der Text vornehmlich die Gawein-Abenteuer, ergänzt durch Perchevaels Kämpfe, andere Artusritter zu befreien]. *»Moriaen«,*

4720 Verse (dazu ein Frgm. von 176 Zeilen, Brüssel). *Ausg.*: (s.o.) und Haaneke, Paardekooper van Buuren und Maurits Gysseling: Moriaen. Zutphen 1971 (Klassiek Letterkundig Pantheon 183). Engl. Übers. Jessie L. Weston: Morien: London 1901 [erzählt die Suche von Perchevael, der ein Mohr ist (vgl. Wolframs Feirefiz), nach seinem Vater. Partien sind Walewein und Lancelot gewidmet, die Artus retten und die Sachsen und Iren aus seinem Reich vertreiben. Auf Anraten von Artus wird Perchevael gesucht. Am Schluß heiratet Moriaens Vater, Acglovael, die Mohrenkönigin. Enthalten ist ein Traum von der Suche Perchevaels nach dem Gral]. *»Lanceloet«*, ca. 37000 Verse, enge Übertragung der Schlußteile von »Lancelot propre«. *»Queeste van den Heiligen Grale«*, ca. 11000 Verse, enge Anlehnung an die frz. »Vulgate«-Gestaltung. *»Arturs Doet«*, ca. 13000 Verse, enge Anlehnung an den frz. Text »Mort Artu«. Zwischen dem 2. und 3. Teil der Trilogie sind 5 Artusgeschichten eingefügt: *»De Wrake van Ragisel«* (vgl. La Vengeance Raguidel), 3414 Verse (daneben eine fragmentarische längere Version, nicht Bestandteil dieser Kompilation *Ausg.*: (s.o.) und W. P. Gerritsen: Die Wrake van Ragisel. 2 Bde. Assen 1963. *»Riddere metter Mouwen«*, 2. Hälfte 13. Jh., 4020 Verse (ferner ein Frgm. um 1360/70, das 320 Zeilen umfaßt, aber wohl urspr. ca. 13500 Zeilen lang war) [erzählt die nur im Holländ. überlieferte Geschichte von dem Ritter Miraudijs, der von seiner Dame einen Ärmel erhält; nach mehreren Abenteuern gewinnt er die Hand von Clarette]. *»Walewein ende Keye«*, 3660 Verse [Keye beschuldigt Walewein der Prahlerei, so daß sich Walewein genötigt sieht, viele Abenteuer erfolgreich zu bestehen. Der auf diese Weise der Lüge überführte Keye muß den Hof verlassen]. *»Lanceloet en het Hert met de Witt Voet«*, 850 Verse (es besteht eine gewisse Verwandtschaft mit dem »Lai de Tyolet«. *Ausg.*: (s.o.) und Maartje Draak, Culemborg 1979 [Lanceloet muß einer Dame den weißen Fuß von einem Hirsch bringen, der von Löwen bewacht wird. Ein Betrüger nimmt Lanceloet die Trophäe ab und gibt sich als Sieger aus. Walewein tötet den Betrüger]. *»Torec«*, ca. 3850 Zeilen. *Ausg.*: (s.o) und M. Hogenhout, J. Hogenhout: Torec. Abcoude 1978. [Wohl erste arthur. Dichtung von Jacob van Maerlant. Der Held sucht nach dem seiner Großmutter gestohlenen Diadem. Nach der Rückgewinnung heiratet er Miraude, nachdem er die Bedingung erfüllt hat, alle Artusritter der Tafelrunde zu besiegen].

Perchevael (1. Hälfte 13. Jh.); a) mittelfränk. fragmentarische Übers. einer niederländischen Fassung, die in gekürzter Fassung in der »Lancelot-Compilatie« (ca. 6000 Verse) erhalten ist; b) ndl. Fragmente von ca. 1150 Zeilen; c) Prager Bruchstücke. *Ausg.*: Napoleon de Pauw: Middelnederlandsche gedichten. Ghent 1903. Léopold Zatočil: Prager Bruchstück einer bisher unbekannten mittelfränk. Übertragung der mndl. Versbearbeitung von Chrétien de Troyes Percevalroman. Brno 1968.

Proza-Lancelot (um 1300), 2 Frgme. erhalten, die sich eng an dem frz. »Lancelot propre« orientieren. *Ausg.*: Jef Notermanns und Willem de Vreese: Fragmenten van de Middelnederlandsche Proza-Lancelot. TNTL 19, 1931, S. 221–251 [Rotterdam-Frgme.].

Lantsloot vander Haghedochte (ca. 1310 oder vorher), 34 Fragmente von etwa 6000 Versen; freie Adaption der Trilogie des frz. »Lancelot propre«. *Ausg.*: Maartje Draak: De Middelnederlandse vertalingen van de »Proza-Lancelot«. Amsterdam 1954 (Akademie der Wetenschappen). M. de Vries: Middelnederlandsche fragmenten III. een fragmentje van het eerste boek van den Lancelot. TNTL 3, 1883, S. 59–63. Willem de Vreese: Oude en nieuwe Middelnederlands fragmenten I. Roman van Lancelot. TNTL 52, 1933, S. 289–300. W. P. Gerritsen: Lantsloot vander Haghedochte. Fragments of an Unpublished Middle Dutch Verse translation of the »Roman de Lancelot en prose«: BBSIA 27, 1975, S. 167–169.

Ferguut (14. Jh.), Versepos von fast 6000 Zeilen, freie Adaption des frz. »Fergus«. *Ausg.*: E. Rombauts, E. N. de Paepe and M. J. M. de Haan: Ferguut. Culemborg 1976. M. J. M. de Haan: Ferguut. A Facsimile of the Only Extant Middle Dutch Manuscript. Leiden 1974 (Leiden University Library, Ms. Letterkunde 119).

Lodewijc van Velthem: *Merlijn-Continuatie* (1326), 36000 Verse. *Ausg.*: J. van Vloten: Jacob van Maerlants Merlijn. 5 Bde., Leiden 1880–1883 [Fortsetzungen von Jacob van Maerlants »Historie van den Grale« und »Merlijns Boec«, gefolgt von der Merlijn-Fortsetzung auf der Textbasis von »Suite du Merlin« und »Boec van Coninc Artur« nach der »L'Estoire de Merlin«, in dem die Zeit zwischen der Krönung von Artus und der Gründung der Tafelrunde geschildert wird].

Merlijn (Volksbuch, 16. Jh.?), Frgm. *Ausg.*: C. P. Burger: Fragmenten van een volksboek van Merlijn. Het Boek 19, 1930, S. 216–220 [Krönung von Vortigern, Beschreibung des Turmes und Geburt Merlijns].

Die mittelniederländischen Dichtungen des Artusstoffes weisen fünf Charakteristika auf: erstens wurden frz. Werke z. T. relativ frei wiedergegeben; zweitens sind einige wenige eigenständige Werke entstanden, die keine Parallelen in anderen Sprachräumen besitzen; drittens ist volkstümliches Erzählgut mit arthurischen Handlungsmustern vermischt worden; viertens läßt sich hier schon relativ früh eine kompilatorische Sammeltätigkeit feststellen, die in Deutschland erst im 14. u. 15. Jh. einsetzt, und fünftens erfreute sich der Lancelot-Stoff großer Beliebtheit, da er in mehreren Werken, teils in enger Abhängigkeit von den frz. Vorlagen, teils relativ frei, rezipiert wurde. Wichtig ist die Frage, ob die niederländischen Fragmente des »Proza-Lancelot« als Beleg für eine Zwischenstufe zum mhd. »Prosa-Lancelot« (s. S. 141 ff.) gewertet werden können, so daß der dt. Text vielleicht doch nicht direkt aus dem Frz. übertragen wurde (*Penntti Tilvis*: Mittelniederländisches im Prosa-Lancelot. Neuph. Mitt. 52, 1951, S. 195–205). Eine stattliche Zahl der Textzeugnisse ist allerdings fragmentarisch überliefert. Auffällig ist auch, daß von der Mitte des 14. Jhs. ab Artus an Bedeutung in der ndl. Lieratur verliert. Nur das Volksbuch über Merlijn (um 1540?) zeigt ein nachklappendes Interesse an der phantastisch-historisierenden Rezeption des Stoffes. Zwei Verfasser des 13. Jhs. ragen in diesem Sprachraum heraus: Jacob van Maerlant (geb. vor 1235– um 1280), dem 4 Werke zugeschrieben werden (»Historie van den Grale«, »Merlijns Boec«, »Torec« und »Spiegel Historiael« (1283–88)) und Lodewijc van Velthem (aus Brabant), der als Bearbeiter oder Herausgeber der Lancelot-Compilatie fungiert haben könnte, und der Maerlants Werke fortgeführt hat.

Bezeichenderweise blieben die deutschen Dichtungen in diesem sprachlich verwandten Raum ohne Echo. Der niederländische Sprachraum, der damals große Teile Belgiens und Hollands umfaßte, weist in seiner Rezeption des arthurischen Stoffes ganz bestimmte Beschränkungen auf. Abenteuer von einzelnen Artusrittern, durch die ihr Verhältnis zum Artushof (der eine bestimmte Wertkategorie darstellt) sichtbar wird, werden kaum gestaltet oder übernommen. Der Schwerpunkt der Rezeption liegt auf dem Lancelot-Graal-Zyklus und auf dem Perceval-Stoff, d. h. auf Werken nach Chrétien, wobei die historisierende Artus-Tradition im Zentrum der Darstellungen steht. Bezeichenderweise spielt die Gral-Thematik kaum eine Rolle. Hingegen wird auf die Abenteuer bzw. die kämpferischen Auseinandersetzungen Wert gelegt.

Literatur

Besamusca, Bart: Repertorium van de Middelnederlanse Artusepiek. Een beknopte beschrjving van de handschriftelijke en gedrukte overlevering. Utrecht 1985.

Berteloot, A.: Artus in den Niederlanden. Ein Überblick. In: Studia Belgica. Aufsätze zur Literatur- und Kulturgeschichte Belgiens. Hrsg. Hans-Joachim Lope. Bern 1980, S. 17–28.

Gerritsen, W. P.: Artus IV. Mittelniederländische Literatur. In: Lexikon des Mittelalters. Bd. 1, München 1980, Sp. 1085–1087.

Oostrom, F. P. (Hrsg.): Arturistiek in artikelen. Een bundel fotomechanisch herdrukte stuides over Middelnederlandse Arturromans. Utrecht 1978 [21 Aufs. im Nachdr.].

Sparnaay, Hendricus: ALMA, S. 443–461.

Draak, Maartje: Arthur en zijn Tafelronde. Den Haag 1951.

5.1.4. Italienische Texte

Hauptträger der italienischen Rezeption sind drei literarische Gattungen: der Prosa-Roman, die *novella* und das erzählende Lied *(cantari)*.

Cantari, ehemals gesungene Lieder, erzählen in volkstümlicher Weise von außergewöhnlichen Taten, verbunden mit ausgedehnten Schilderungen von Kleidungen und höfischem Zeremoniell. Die Verbreitung dieser Lieder ging von Norditalien aus (Florenz, Pisa, Bologna, Venedig und Verona) und erstreckte sich bis in den Süden (bes. Neapel). Ausgangspunkt der arthurischen Tradition in Italien dürfte aber wohl der Hof Friedrichs II. auf Sizilien gewesen sein. Bevor Textzeugnisse greifbar werden, zeugen Namen und bildliche Darstellungen für eine frühe Aufnahme dieses Stoffes. Kennzeichnend für die italienische Rezeption ist die außerordentlich vielgestaltige Tradierung des Tristan-Stoffes (in Prosa, in *cantari*, in Balladen und Kanzonen), die auch die Forschung beherrscht. In bescheidenerem Maße gilt das für den ähnlich strukturierten Lancelot. Neben diesen Stoffen erfreuten sich Merlin und der Tod Arthurs besonderer Beliebtheit. In Italien (und auch in Spanien) wurde die Stoffvermischung am weitesten vorangetrieben. Arthurische Strukturmerkmale der *aventure* (meist irreale Elemente) wurden mit dem Alexander-, dem Troja- und sogar dem Karlsstoff *(chanson de geste)* bzw. mit Roland verbunden.

Doch nicht nur die Vielzahl der überlieferten Werke legt ein beredtes Zeugnis für die lebhafte Rezeption ab, sondern auch die zahllosen Anspielungen und peripheren Darstellungen belegen, wie intensiv das dichterische Schaffen von Artus und seiner Ritterwelt beherrscht wurde. Dante Alighieri (1265–1321) war, wie zahllose Erwähnungen belegen, bestens über Artus informiert. Fazio Degli Uberti (um 1301–1367) schildert in seinem enzyklopädischen Gedicht »Il Dittamondo« (in *terza rima*) den Bericht einer Reise des Dichters nach Britannien, auf der ihn der antike Geograph Solinus begleitet und zu den Stätten arthurischen Geschehens führt. Die Werke von Giovanni Boccaccio (1313–1375), »Amorosa Visione« (1342), »Elegia di Madonna Fiammetta« (1343/44), »Decamerone«, enthalten vielfältige Anspielungen. Interessant ist das Kapitel in seinem Werk »De Casibus Virorum Illustrium« (1355–1362), das auf der Grundlage von Geoffrey of Monmouth die Geschichte von König Artus erzählt. Denn Artus ist hier kein Vorbild, sondern ein moralisches Exemplum, wie man sich nicht vehalten sollte. Matteo Maria Boiardo (1441–1494) war der erste, der in seinem »Orlando Innamorato« die Chanson de Geste von Kaiser Karl und Roland, die auf dem Konflikt zwischen Christen und Heiden basiert, mit der arthurisch-irrealen Welt verband.

Aufgrund der Vielzahl der Texte ist es bisher noch nicht gelungen, die charakteristischen Elemente des italienischen Beitrags der Rezeption herauszuarbeiten. Nur so könnte eine Standortbestimmung der Gattung in diesem Raum ermöglicht werden.

Il Novellino (oder *Cento Novelle Antiche*, um 1300?) Sammlung von Kurzerzählungen eines anonymen Florentiners. *Ausg.*: Guido Biagi: Le Novelle Antiche. Florenz 1880. Enthält 4 Erzählungen zum Artusstoff. Nr. 31 (Nr. 26 des Druckes, Bologna 1525): Merlin tadelt eine Frau, weil sie wegen des Wunsches, ein neues Kleid zu besitzen, den sündigen Wucherzins ihres Mannes unterstützt (Biagi, S. 40−41). Nr. 38 (Druck, Nr. 63): Meliadus befreit seinen eigenen Feind, der, ohne Meliadus zu erkennen, die Oberherrschaft des Königs über ihn verteidigt hat (Biagi, S. 47). Nr. 73 (Druck, Nr. 45): Lancelots Kampf mit einem sächsischen Ritter namens Alibano, der sich aufgrund des Namens von Lancelot und nicht wegen dessen Tapferkeit ergibt (Biagi, S. 78). Nr. 119: Der Tod Astolats wegen der Liebe zu Lancelot, die dieser verschmäht hat.

Storia del Re Artus (13. Jh.?) Prosafrgm. *Ausg.*: Pietro Fanfani: Notizie e saggio di codici Magliabechiani. Etruria 2, 1852, S. 145−148 [enthält den Prolog der Kompilation »Roman de Roi Artus« von Rusticiano da Pisa, der zwar in frz. Sprache schrieb, aber als erster den arthurischen Stoff in Italien eingeführt hat. Der Anfang gleicht dem Druck aus dem 16. Jh. »Gyron le Courtois«, des einen Teils der Kompilation von Rusticiano. Enthalten sind hier die Abenteuer von Branor le Brun am Artushof und die frühen Taten Guirons. Rusticianos Kompilation hatte Einfluß auf den gr. Text »Ho Presbys Hippotes«, den Tristán de Lenís und andere Tristan-Überlieferungen].

Conto di Brunor e di Galeotto suo Figlio (spätes 13. Jh.) Prosaerzählung. *Ausg.*: Giulio Bertoni: Il testo francese dei conti di antichi cavalieri. Giornale Storico della Letteratura Italiana 59, 1912, S. 82−84. Pasquale Papa: Conti di antichi cavalieri. Ebd. 3, 1884, S. 216−217 [Schilderung der Jugend und der frühen Taten des Galehaut, der gegen Artus Krieg führt und sich aus Freundschaft zu Lancelotto unterwirft. Er kämpft mit Tristan, da dieser seinen Vater Brunor getötet hat. Am Schluß kommt es zur Versöhnung].

Paolino Pieri: *La Storia di Merlino* (frühes 14. Jh.) Prosa. *Ausg.*: Ireneo Sanesi: Storia di Merlino. Bergamo 1898 (Biblioteca Storica della Letteratura Italiana 3) [Die Jugendgeschichte Merlins weicht von Robert de Boron ab. Der Text enthält auch die »Prophécies de Merlin«].

La Tavola Ritonda (um 1325/1340), Prosakompilation. *Ausg.*: Filippo-Luigi Polidori: La Tavola Ritonda o l'Istoria di Tristano. 2 Bde. Bologna 1864, 1865 (Collezione di Opere Inedite o Rare dei Primi Tre Secoli della Lingua 8, 9) [Erzählt in knapper Form die Geschichte der alten Tafelrunde unter Utherpedragon und berichtet dann über den Aufstieg und Fall der neuen Tafelrunde unter Artus, wobei Tristano ein breiter Raum eingeräumt wird. Grundlage ist der »Prosa Tristan« und aus dem Lancelot-Graal-Zyklus die »Queste« sowie »Mort Artu« und der »Palamedes«. Der Text enthält die Geschichte der Geburt Galahads, der erfolglosen Suche Tristanos nach dem Gral, der Pulzella, der Tochter der Fee Morgana, und vermittelt eine einzigartige Version des Todes von Marco].

La Morte di Artu (oder Lancilotto Panciatichiano, frühes 14. Jh.), Prosafrgm. *Ausg.*: Pierre Breillat: Une traduction italienne de »La Morte le Roi Artu«. Archivum Romanicum 21, 1937, S. 437–469 [Umgruppierung einiger Handlungsteile aus dem letzten Teil des Lancelot-Graal-Zyklus', des »Mort Artu«. Rückkehr Bors' von der Gralssuche; Geschichte der Dame Astolat und des vergifteten Apfels. Es fehlt die Geschichte, wie Artus durch die Wandgemälde Aufschluß über die Liebe zwischen Lancelot und Guenevere erhält].

La Pulzella (oder *Ponzela*) *Gaia* (um 1350), ca. 800 Verse. Ausg.: Giorgio Varanini: Ponzela Gaia. Bologna 1957 (Scelta di Curiosità Letterarie Inedite o Rare dal Secolo XIII al XIX 252) [Erzählt von der Liebe Gaweins zu der Tochter der Fee Morgana. Als der Gueneveres Liebe mit dem Hinweis auf Morganas Tochter zurückweist, verliert er Pulzella. Doch sie rettet ihn, als er zum Tode verurteilt wired. Morgana sperrt sie daraufhin in ein Verlies, aus dem Gawein sie befreit und mit ihr nach Camelot geht].

Antonio Pucci (um 1310–1388): *Bruto* (bzw. *Brito*) *di Bretagna* (spätes 14. Jh.), ca. 360 Verse. *Ausg.*: Natalino Sapegno: Poeti minori del Trecento. Mailand, Neapel 1952, Nachdr. 1964 (La Letteratura Italiana. Storia e Testi 10, S. 869–881) [erzählt die Geschichte nach, die sich bei Andreas Capellanus in »De Amore«, Buch II, Kap. 8, (s. Lat. Texte) findet. Die Auserwählte Brutos stellt in Aussicht, daß er ihre Liebe gewinnen kann, wenn er drei Bedingungen erfüllt. Er soll ihr vom Artushof einen Sperber, 2 Jagdhunde und die Pergamentrolle mit den Regeln der Liebe bringen. Von einer Fee erfährt er, daß er diese Dinge nur erwerben kann, wenn er sich rühmt, daß seine Frau die Schönste sei und dies als Sieger in einem Einzelkampf bestätigt. Um Zugang zum Artushof zu gewinnen, muß er zuerst den Handschuh des Sperbers gewinnen, der an der goldenen Brücke von 2 Riesen bewacht wird. Nach erfolgreichen Taten kehrt er zu seiner Dame zurück].

Antonio Pucci: *Gismirante* (spätes 14. Jh.), ca. 800 Verse. *Ausg.*: Ezio Levi: Fiore di leggende. Cantari antichi, I. cantari leggendari. Bari 1914, S. 171–198, und in: Giornale storica della letteratura italiana, Suppl. 16, 1914, S. 92–113 [Der Sohn des ehemaligen Artusritters Gismirante folgt dem Willen seines sterbenden Vaters in Rom und geht zu Artus, um Ritter zu werden. Dort ist er hoch angesehen. Nach 7 Jahren ereignet es sich, daß der Hof nicht essen darf, da keine *âventiure* geschehen ist, die erzählt werden könnte. Gismirante rettet mit Hilfe einer Fee den Hof vor dem Verhungern. Die Fee erzählt ihm von der schönsten Frau der Welt und gibt ihm eine blonde Haarsträhne. Er begibt sich auf die Suche nach dieser Frau, bei der er viele Abenteuer zu bestehen hat. So rettet er einen Greifen, einen Adler und einen Sperber, die ihm fortan helfen (vgl. mhd. »Wigamur«). Er erhält von einer Fee ein Pferd, das mit magischen Kräften ausgestattet ist. Er begegnet einer Prinzessin, die einen Fluß gegen den Strom fließen lassen kann. Er befreit eine Dame und 43 andere Leidensgenossinnen aus der Gefangenschaft eines Riesen in einer verzauberten Burg. Um jedoch den Riesen besiegen zu können, muß er herausfinden, wo sich dessen Herz befindet. Dieses wird von einem Tiersemble (Eber, Hase und Schwalbe) bewacht. Es befindet sich in einer Chinesischen Schachtel. Am Schluß findet Gismirante zu seiner Frau. Beide begeben sich an den Artushof].

Cantari di Tristano: Sammelbezeichnung verschiedener volkstüml. Erzählungen des 14. u.15. Jhs., in denen Tristan der Hauptheld ist. Hier werden nur solche Cantari angeführt, in denen Tristan als Artusritter agiert. *Ausg.:* Giulio Bertoni: Cantari di Tristano. Modena 1937. Carlo Milanese: Cantari due di anonimo fiorentino del sec. XV. Turin 1863 (Racolta di scritture varie publicata nell' occasione delle nozze Ricomanni-Fineschi), S. 79−94. *Il Cavaliere del Falso Scudo* (14. Jh.), fragmentarische Versdichtg. [Ein Ritter mit einem verzauberten Schild besiegt alle Artusritter, einschließlich Tristan, den er töten will. Durch Galasso (Galahad), der den Ritter besiegt, wird die prekäre Situation geklärt]. *La Vendetta della Morte di Tristano* (14. Jh.), Frgm. von ca. 120 Versen. *Ausg.:* s. o. G. Bertoni [Lancelot rächt sich für Tristan an Marke, der sich in seiner Burg tapfer verteidigt, bis er enthauptet wird]. *Tristano di Chornovaglia* (14. Jh.), Frgm. von fast 120 Versen. *Ausg.:* Daniela Delcorno Branca: I cantari di Tristano. Lettre Italiane 23, 1971, S. 289−305 [Der von Marco verbannte Tristano trifft auf Gawein, Breus sans Pitié, Palamedes und andere Ritter]. *Le Ultime Imprese di Tristano* (14. Jh.), ca. 440 Verse. [Tristano begibt sich auf die Suche nach dem Gral, gibt sie aber auf, um einer Dame zu helfen, die von einem gnadenlosen Ritter verfolgt wird]. Die Erzählung ist verbunden mit *La Morte di Tristano* (14 Jh.), ca. 280 Verse. *Ausg.:* s. o. Bertoni. Folco Anselmi: La Morte di Tristano e Isotta. Florenz 1946. [Tristano wird durch einen Speer von Marco getötet, der von Morgan le Fay stammt. Isotta stirbt in den Armen Tristanos]. *Lasancis* (14. Jh.), Frgm. von ca. 80 Versen. [Tristano erfährt, daß Isotta von Marco eingekerkert wurde. Als Tristano nach Cornwall fahren will, erscheint Lascancis. Aus Rache für den Tod seines Verwandten, den Tristano getötet hatte, fordert er die Artusritter zum Kampf heraus. Er besiegt alle, bis Tristan den Zauber bricht und Lasancis besiegt].

Morale di Galvano (14. Jh.), 78 Verse. *Ausg.:* Pio Rajna: Intorno a due canzoni gemelle di materia cavalleresca. ZfrPh. 1, 1877, S. 381−387 [Galvano/Gawein bricht den Brauch eines Gastgebers, seine Gäste vor dem Abschied zu schlagen].

Carduino (um 1375), ca. 850 Verse. *Ausg.:* Pio Rajna: Cantari di Carduino. Bologna 1873 (Scelta di Curiosità Letterarie Inedite o Rare dal Secolo XIII al XVII 135), S. 1−45 [wichtiger Text, da Chrétiens und Wolframs Jugendgeschichte (enfances) von Perceval/Parzival hier in einer etwas anderen Version vorliegt. Das gilt auch für den Zweig der sog. Fair Unknown bzw. »fier baiser« Geschichten. Ferner gibt es Ähnlichkeiten zur engl. Versromanze »Sir Perceval of Galles« und zu »Libeaus Desconus« sowie zu Malorys »Tale of Sir Gareth«. Die Erzählung beginnt mit dem Tod Dondinellos, Artus' Lieblingsritter. Flucht der Mutter mit ihrem Kind Carduino in die Waldeinsamkeit. Carduino wird Artusritter und leistet als Artusritter Hilfe, eine verzauberte Stadt zu befreien. Auf dem Weg dorthin kämpft er gegen Riesen, begegnet zahlreichen Damen in ihren Burgen und tötet schließlich unwissentlich Aguerisse, den Mörder seines Vaters. Vor der zu befreienden Stadt sieht der Held Drachen und andere wilde Tiere. Er besiegt seinen Gegner, bricht den Ring und kann die Stadt entzaubern. Er küßt den angeketteten Wurm, der sich in eine schöne Frau verwandelt (vgl. Ulrichs von Zatzikhoven »Lanzelet«)].

Vita di Merlino con le Sue Profetie (oder *Historia di Merlino*, um 1375), Prosa. *Ausg.*: Vollständig nur im Druck: La Historia di Merlino. 6 Bücher, Venedig, Michele Tramezzino 1480. Ed. des 1. Buches des Drucks von 1480: Jacob Ulrich: Istoria di merlino. Bologna 1884, Nachdr. 1968 [Freie Gestaltung mit umfangreichen Zusätzen des frz. »Merlin en prose« und Teilen aus dem Graal-Roman, in dessen Zentrum Galahad steht sowie der Bruder Tristans, Meliadus. Das Werk enthält zahlreiche Prophetien, die teilweise dem frz. »Prophécies de Merlin« entnommen sind, teilweise aber auch auf eigenständiger Gestaltung beruhen, da aktuelle italienische Ereignisse reflektiert werden].

Li Cantari di Lancelotto (oder: *La Struzione della Tavola Ritonda*, spätes 14. Jh.), ca. 1380 Verse. *Ausg.*: E. T. Griffiths, Oxford 1924 [7 Erzählungen in ottava rima. Es wird wie in dem engl. strophischen (stanzaic) »Morte Arthur«, der sich auf den Teil »Mort Artu« im Lancelot-Graal-Zyklus stützt, der Niedergang von Camelot und der Artusrunde erzählt (vgl. mhd. »Prosa-Lancelot«, S. 141 ff.). Beginnend mit der Warnung Mordarettes, daß Artus durch die Liebe zwischen Lancelotto und Ginevra betrogen wird, über die angebliche Vergiftung eines Ritters durch Ginevra, deren Verurteilung und Befreiung durch Lancelotto, Chavanos (Gawain) Rache für den Bruder, endet der Text damit, daß Lancelotto als Eremit stirbt].

La Battaglia di Tristano, Lancillotto e Galaso e della Reina Isotta (15. Jh.), Versdichtung. *Ausg.*: fehlt. Nur der Druck »Il Libro de bataglie...« Cremona, B. de Mistinti & Cesare Parmense 1492; Nachdr. Mailand 1523 [Bericht über die Befreiung Tristanos durch Lancilotto und Galaso (Galahad) aus der Burg eines Riesen].

La Vendetta dei Discendenti d'Estore (15. Jh.); Prosa. Nur periphere arthurische Bezüge, doch wichtig, weil die Ritter der alten Tafelrunde mit dem Troja-Stoff verbunden werden. Meliadus, Guiron und Utherpendragron helfen bei dem Kampf gegen die Griechen. Keine Edition, s. u. Gardner.

I Due Tristani (16. Jh.) Prosaromanze. *Ausg.*: Nur der Druck: L'Opere magnanime dei due Tristani, cavalieri della Tavola Ritonda. Venedig, Tramezzino 1555 [Bis auf eine größere Passage handelt es sich um eine Übertragung aus dem Span. »Don Tristán de Leonís«. In dem neuen Textstück wird die Geburt der Kinder von Tristan und Isolt, die den gleichen Namen wie ihre Eltern tragen, erwähnt. Tristan, der Sohn, wird König von Cornwall und nimmt an der Tafelrunde den Platz seines Vaters ein. Guinevere verliebt sich in ihn, doch er kann sich ihr entziehen].

Il Gran Re Meliadus (16. Jh.), Prosa [Übers. aus der gleichzeitigen Druckfassung des frz. »Meliadus de Leonnoys«]. Keine Edition, sondern nur der Druck Venedig 1558/59: Gli egregi fatti del gran Re Meliadus, con altre rare prodezze del Re Artu, di Palamides, Amorault d'Irlande […]. E. G. Gardner, s. u., S. 47−63. Wie der Titel des Druckes vermerkt, sind auch Teile der frz. Dichtung »Palamides« verarbeitet worden.

Lancilotto del Lago (16. Jh.), Prosa. *Ausg.:* Nur der Druck: L'illustre e famosa historia di Lancilotto del lago. Venedig, Michele Tramezzino 1558−1559. Übers. des frz. Drucks »Lancelot du Lac« 1533. Große Teile aus »Lancelot propre«, »Queste« und »Mort Artu«.

Parsaforesto (16. Jh.), Prosa. *Ausg.:* Nur der Druck: La dilettevole historia del valorosissimo Parsaforesto re della Gran Brettagna, con i gran fatti del valente Gadiffero re di Scotia, vero essempio di Cavalleria. 6 Bde. Venedig, Tramezzino, 1556−1558 [Übers. des frz. »Perceforest«, in dem Artus- und Alexanderstoff verbunden werden].

Literatur

Krauss, Henning: Der Artus-Roman in Italien. GRLMA, Bd. IV, 1, 1978, S. 667−675.

Kleinhenz, Christopher: Tristan in Italy. The Death or Rebirth of a Legend. Studies in Medieval Culture 5, 1975, S. 145−158.

Gardner, Edmund G.: The Arthurian Legend in Italian Literature. London 1930.

Viscardi, Antonio: ALMA, 1959, S. 419−429.

5.1.5. Spanische und portugiesische Texte

Lançalot (frühes 14. Jh.), fragmentarischer cataolonischer Prosaroman. *Ausg.:* Antoní Rubió i Lluch und Matheu Obrador: Noticia de dos manuscrits d'un Lancalot català. Revista de Bibliografia Catalana 3, 1903, S. 5−23 (Majorca Frgm.). Pere Bohigas Balaguer: Un nou fragment del Lancalot català. Estudis Romànics 10, 1962, S. 179−187 (Mataró Frgm.) [die Fragmente enthalten die Verzauberung Lançalots im Forest Perdue und seinen Kampf mit Carados, wie sie in »Lancelot propre« erzählt werden].

La Estoria de Merlín (14. Jh.), Prosa. *Ausg.:* Karl Pietsch: Spanish Grail Fragments. Chicago 1924, Bd. 1, S. 57−81 [Merlins teuflische Geburt, Verteidigung seiner verdammten Mutter und die Artusgeschichte, die er Blaise diktiert].

Guillem Torroella (Mallorca): *La Faula* [»Erzählung«] (14. Jh.), 1269 Verse. *Ausg.:* Pere Bohigas und Jaume Vidal Alcover: Guillem Torroella. »L. F.« Tarragona 1984 [einer der originellsten span.-catalon. Texte, der in Rudimenten auf »Mort Artu« des großen Lancelot-Graal Zyklus' zurückgeht. Der Autor berichtet von der Vision seiner Fahrt auf einem Wal zu Artus und seiner Schwester Morgana. Der Palast mit zahlreichen Bildern vergangener Taten der Ritter der Tafelrunde werden eingehend beschrieben. Der jugendlich aussehende Artus klagt über den Verfall des Rittertums. Er erzählt, wie Morgana ihn nach der Schlacht auf der Ebene von Salisbury auf die Insel gebracht hat, daß der Gral ihn mit einer jungerhaltenden Speise ernährt und daß die Bilder auf dem Schwert Excalibur Königen eine moralische Lehre gegen sollen. Artus trägt dem Dichter auf, das Erlebte für die Nachwelt zu erhalten].

Profecies de Merlín (14. Jh.), span. u. catalon. Prosa. *Ausg.*: Pere Bohigas Balaguer: La Vision de Alfonso X y las Profecías de Merlín. Revista de Fiología Española 25, 1941, S. 383–398.

Storia del Sant Grasal (14. Jh.), catalon. Prosa. *Ausg.*: Vincenzo Crescini und Venanzio Todesco: La versione catalana della Inchiesta del San Gral. Barcelona 1917 (Biblioteca Filològica del Institut de la Lengua Catalana 10 B) [Basiert auf der »Queste del Saint Graal« und erzählt die Geschichte von der Ankunft Galahads am Artushof bis zur Gralschau. Der Text endet mit dem Eremitentum von Perceval und der Rückkehr Bors an den Hof].

La Crónica General de 1404. Der Text ist nicht ediert. Auszüge in Ramón Menéndez Pidal: La Crónica General de 1404. Revista de Archivos, Bibliotecas y Museos Época 3.7., Bd. 9, 1903, S. 34–55 [span. u. portug. Weltgeschichte, die die Geschichte von Uther und Artus enthält sowie den Kampf Artus' gegen einen Riesen. Es wird die Schlacht gegen Lucius und Modreds Verrat geschildert; ferner werden Bezüge zur Gralgeschichte und zu dem Text »Baladro de Merlin« hergestellt].

Mossèn Gras: *La Tragèdia de Lançalot* (15. Jh.), catalonisches Prosafrgm., Inkunabel. *Ausg.*: Martín de Riquer: La Tragèdia de Lançalot, texto artúrico catalán del siglo XV. In: Filologia Romanza 2, 1955, S. 113–139 [Basiert auf dem »Mort Artu« des Lancelot-Graal-Zyklus', vom Turnier zu Winchester bis zur Forderung von Mador, Guenevere wegen Ehebruchs zu bestrafen, wobei bes. die Doppelung der Liebesverstrickungen, hie Lancalot, Guenevere und Artus, dort die Liebe der Dame von Ascalot zu Lancalot hervorgehoben wird].

El Balladro del Sabio Merlin (15. Jh.), Prosa. *Ausg.*: Justo García Morales, 2 Bde. Madrid 1957, 1960 (Colección Joyas Bibliográficas 16, 19); Pere Bohigas Balaguer, 3 Bde. Barcelona 1957, 1961, 1962 (Selecciones Bibliófilas, II, 14–15). [überliefert in 2 Fassungen: Inkunabel von 1498 und Abdruck von 1535. Am Anfang folgt die Darstellung dem frz. »Prosa Merlin«, dann werden zusätzliche Begegnungen nach der Krönung Artus' geschildert; der Tod Merlins wird breit ausgestaltet. Der Abdruck von 1535 ist so angelegt, daß er als Vorgeschichte zu »Demanda del Sancto Grial« gedacht ist].

Demanda do Santo Graal (15. Jh.?), portug. Prosaroman, der mit dem span. Text »Demanda del Sancto Grial« wohl auf eine gemeinsame Quelle zurückgeht. *Ausg.*: Augusto Magne: A Demanda do Santo Graal. 3 Bde. Rio de Janeiro 1944 (Instituto Nacional do Livro). Ders.: 2 Bde. Rio de

Janeiro 1955, 1970 [erzählt die Begebenheiten von der Schwertleite Galahads bis zum Tode von König Artus. Der Tristanstoff ist breit integriert. Bors' Rückkehr nach Camelot ist gegenüber der frz. Vorlage erweitert und die Abenteuer von Artus le Petit und Meraugis sind stark aufgeschwellt. Der span. Text ist stofflich fast identisch. Viele Begegnungen sind jedoch gekürzt oder ausgelassen. *Ausg.*: Bonilla y San Martín: Libros de Caballerías, I. Ciclo Artúrico-Ciclo Carolingio. Madrid 1907 (Nueva Biblioteca de Autores Españoles 6)].

Don Lançarote de Lago (15. Jh.), Prosa, castilische Version des Mittelstücks des frz. »Lancelot propre«. *Ausg.*: Pere Bohigas Balaguer: »El Lanzarote español de manuscrito 9611 de la Biblioteca Nacional. Revista de Filología Espanola 11, 1924, S. 282−297 [Die Erzählung beginnt mit Lancarotes Aufbruch vom Artushof, nachdem er Mitglied der Tafelrunde wurde, und endet mit der Suche nach Tristan. Sie enthält die Geschichte der falschen Guenevere, des Karren, der Verzauberung durch Morgan la Fée und der Ereignisse von Forest Perdue].

Lanzarote y el Ciervo del Pie Blanco (15. Jh.?), Versballade von 54 Zeilen. *Ausg.*: Colin Smith: Spanish Ballads. Oxford 1964, S. 189−191 [beschreibt die Jagd Lanzarotes nach dem weißen Hirsch, die ihm durch eine böse Dame aufgetragen wurde].

Lanzarote y el Orgulloso (15. Jh.?), Versballade von 34 Zeilen. *Ausg.*: Colin Smith: Spanish Ballads. Oxford 1964, S. 188−189 [berichtet von dem stolzen Ritter, der sich rühmt, Guenevere zu lieben, und den Lanzarote tötet].

Lope García de Salazar: *Libro de las Bienandanzas e Fortunas* (1471−1476), Universalgesch. in Prosa. *Ausg.*: Lope García de Salazar: The Lendendary History of Britain in Lope Garcia de Salazar's »L. de las B. e F.« Philadelphia 1979. Angel Rodríguez Herrero: Las Bienandanzas e Fortunas. Bilbao 1967 [enthält eine Zusammenfassung der Gesch. Englands von Brutus bis Edward III., in die die Geschichte des Grals, ein Bericht über Merlin und die Entrückung Artus' durch Morgan la Fée auf die nordatlantische Insel Brasilien (statt Avalon) eingefügt sind].

Tablante de Ricamonte y Jofré (16. Jh.), span. Prosa. *Ausg.*: Alfonso Bonilla y San Martín: Libros de Caballerías. I: Ciclo Artúrico-Circlo Carolingio. Madrid 1907, S. 459−499 [freie Übertragung des provencalischen »Jaufré«, dessen Komik und Ironie, die die arthurische Welt lächerlich machen sollen, getilt wurden. Der Stoff fand bis ins 19. Jh. weite Verbreitung durch das span. Volksbuch, das sogar als Versbearbeitung (19. Jh., ca. 1600 Verse) Eingang in den indonesischen Sprachzweig Tagalog (Philippinen) fand].

Fernando de Meno: *Historia del noble rey Persefores* (spätes 16. Jh.), Prosaübers. der ersten beiden Teile des frz. »Alexandre« (14. Jh.) und des »Perceforest«, der bisher nicht ediert worden ist (Hs. Madrid). Ian Michael: The Spanish Persefores: A Recent Discovery. Fschr. Frederick Whitehead. Ed. W. Rothwell, David Blamires u.a. Manchester 1973, S. 209−218 [Verbindung des Alexander- mit dem Artusstoff. Der sehr umfangreiche frz. Prosaroman »Perceforest«, dessen Edition wohl 6−7000 Seiten betragen würde, wurde 1459–60 für den Herzog von Burgund, Philip den Guten, zusammengestellt. Beginnend mit der Geschichte von Brutus nach Geoffrey of Monmouth, konzentriert sich die Erzählung zunächst auf die Zeit in England vor Caesars Eroberung. Durch Alexander und den neuen König Perceforest wird das Chaos beseitigt. England erlebt eine Zeit höchster Blüte. Die höfische Zivilisation wird durch Caesars Invasion zerstört. Anklänge an den Gralstoff, Joseph von Arimathea und die Christianisierung Englands dominieren im abschließenden Teil. Teiledition: Jane H. M. Taylor: Le Roman de Perceforest. Genf 1979 (Teil I). Studie: Jeanne Lods: Le Roman de Perceforest: origines, composition, valeur et influencé. Genf 1951].

Sumario de Historia de los Reyes de Bretaña (14. Jh.). *Ausg.*: Diego Catalán und Maria Soledad de Andrés: Edición crítica del texto espanol de la Crónica de 1344 que ordenó el Conde de Barcelos don Pedro Alfonso. Madrid 1971. Bd. 1, S. lvii, lix-lx, S. 239 und S. 274–290 [Geht wohl auf eine verlorene navarresische Version von Waces »Brut« aus dem 13. Jh. zurück. Überliefert in 2 span. Universalgesch., »Livro Velho«, Teil des portug. »Livro de Linhagens«, auch »Nobiliário« genannt, kompiliert im 14. Jh. von Dom Pedro, Conde de Barcelona, und der Abschrift des »Libro de las generaciones« von Martin de Larraya, 15. oder frühes 16. Jh.].

Die Artus-Rezeption in Spanien und Portugal, hauptsächlich vom 14. bis 16. Jh., stützt sich primär auf die frz. Prosaromane des »Lancelot-Graal-Zyklus'« und des »Roman du Graal« (»Le Cycle du Pseudo-Robert de Boron«). Zentren der Überlieferung waren im Norden Spaniens Catalonien, Aragon, Navarra, Galizien, León und der mittelspan. Raum von Castilien. Die Aufnahme des arthurischen Materials, die wohl tiefgreifender war, als die Textüberlieferung es erahnen läßt, wurde hauptsächlich vom Adel gepflegt, der sich an den höfisch-arthurischen Sitten orientierte. Ein Indiz für die lebhafte Rezeption ist die heftige Kritik des Dominikaners Antoni Canals (um 1352–1415) in seiner Epistel »De Modo Bene l'ivendi« gegen Lancelot und Tristan. In zahlreichen anderen Werken, die nicht direkt zur Artusdichtung gerechnet werden können, finden sich dezidierte Anspielungen auf die verschiedensten arthurischen Motive und Stoffe (vgl. »Libro del Caballero Zifar«, eines der frühesten Zeugnisse der Rezeption, um 1300, enthält Anspielungen: auf den Kampf Arthurs gegen Cath Palug nach dem frz. »Prosa Merlin«, auf »Yvain«, auf den Vorwurf des Ehebruchs von Guenevere, etc.). Noch wenig erforscht sind die Umstände, die dazu führten, daß Artus Eingang in die iberische Historiographie fand. Die Bearbeitung der Texte scheint darauf hinzuweisen (genaue Untersuchungen fehlen), daß das höfische Ambiente und die Abenteuer als Ausweis heroischer Taten das Publikum am meisten faszinierten. Diese Ansicht, meist an Cervantes »Don Quixote« (1605, 1615) orientiert, bedarf jedoch dringend der Überprüfung. Generell läßt sich feststellen, daß die spanische Rezeption noch in den zentralen Fragen unerforscht ist.

Wie im italienischen Sprachraum ist der Tristan-Stoff außerordentlich lebhaft rezipiert worden (vielleicht durch die Vermittlung über das Italienische oder Provencalische). Obwohl der frz. Prosa-Tristan, der den Artushof fest mit dem Tristan-Stoff verbindet, meist als Vorlage gedient hat, werden in den span. Texten kaum nennenswerte Bezüge zu Artus hergestellt. Wenn Artus und sein Hof eine Rolle spielen, dann ist sie meist peripherer Natur (vgl. im 14. u. 15. Jh. »Tristán«, galizisches, portug. Frgm.; »El Cuento de Tristán de Leonís«, span. unvollst. Prosa-Romanze; »Tristany de Leonís«, catalon. Prosafrgme.; »Don Tristán de Leonís«, castil. Prosa-Romanze; die erweiterte Fassung (16. Jh.) »Don Tristán de Leonís y su Hijo«, die auch die Geschichte des Sohnes und der Tochter von Tristán und Isolt enthält; die Ballade »Herido Está Don Tristán«, die den Tod Tristans besingt).

Literatur

Sharrer, Harvey L.: Hispanic Arthurian Material in the Middle Ages: A Critical Bibliography. Bd. 1 Texts: The Prose Romance Cycles. London 1977 (Research Bibliographies and Checklists).
Lida de Malkiel, María Rosa: ALMA 1959, S. 406–418.
Entwistle, William J.: The Arthurian Legend in the Literatures of the Spanish Peninsula. London, New York 1925.

5.1.6. Sonstige Sprachräume

Es ist bezeichnend für die Gattung der Artusdichtung, daß sie zwar eine extensive Verbreitung im westeuropäischen Raum erfuhr, im Osten Europas hingegen kaum rezipiert wurde. Die Ursachen dieses Faktums sind bisher noch nicht erforscht worden, dürften aber vielleicht in den staatspolitischen und geistesgeschichtlichen Bedingungen der betreffenden Länder begründet liegen. Deshalb kann nur von einem zaghaften Reflex dieser Dichtungstradition gesprochen werden, es sei denn, daß Quellen aufgetan werden, die bisher unbekannt sind.

Singulär ist das griechische Versepos ὁ πρεόβνς ἱππότης (Ho Presbys Hippotes, »der alte Ritter«), das relativ früh, d.h. um 1300, datiert wird, ca. 300 Verse umfaßt und vielleicht unvollständig ist. Es erzählt die Geschichte von Palamedes, Gawein, Lancelot und Tristan, die vergeblich versuchen, einen alten Ritter vom Pferd zu stoßen. Diese Episode könnte vielleicht direkt aus der Kompilation von Rusticiano da Pisa entlehnt sein (*Pierre Breillat*: La Table Ronde en Orient. Le poème grec du Vieux Chevalier. Mélanges d'Archéologie et d'Histoire Publiés par l'Ecole Francaise de Rome 55, 1938, S. 308–340).

Sehr frei geht die russische, serbo-croatische Prosaversion »Povest o Tristanu i Izoti« (16. Jh.) mit dem frz. »Prosa-Tristan« um. Von den über 38 Abenteuern nach dem Abschied Tristans von Markes Hof wurden 8 hinzugefügt, in denen Tristan als Kämpfer für Artus und Guenevere auftritt. Das Epos schließt damit, daß Marke freudig Isolt zu Tristan schickt, damit sie seine Wunden heile (*A. N. Veselovski*: Trischan i Izhotta. Iz Istorii Romana u Povesti. Petrograd 1888. Irena Grickat: Pvoest o Triš̌tanu i Izoti. Belgrad 1966 [Ed. der serbo-croat. Version des Epos']).

Bei den mittelhochdeutschen Epen des Pleier wurde bereits aufgeführt, daß es eine tschechische Bearbeitung des »Tandareis« gibt (s. S. 168ff.). Doch ist diesem Sprachraum ist auch eine Versbearbeitung unter dem Titel »Tristram Weliky Rek (»Tristan der große Held«) aus dem 14. Jh. überliefert, die nahezu 9000 Verse umfaßt. Eilhart, Gottfried und Heinrich von Freiberg bildeten offensichtlich die Stoffgrundlage (*Ulrich Bamborschke*, Hrsg. und Übers.: Das altčechische Tristan-Epos. 2 Bde. Wiesbaden 1968, 1969 (Veröffentlichungen der Abteilung für Slavische Sprachen und Literaturen 35) [mit synoptischem Abdruck der dt. Texte].

In einer Handschrift des Vatican wird ein hebräischer fragmentarischer Text über »Melech Artus« (»König Artus«), der um 1279 entstanden sein soll, überliefert. Er basiert auf den Texten des »Merlin« und »Mort Artu« des Lancelot-Graal-Zyklus'. Die Handlung enthält die Liebe zwischen Uther und Igraine und die Geburt von Artus. In nur wenigen Sätzen wird Artus dann als König eingeführt. Die Tafelrunde verliert durch die Suche nach dem Gral 42 Ritter. Nachdem für Ersatz gesorgt wurde, wird Lancelots anonymes Erscheinen auf dem Turnier zu Winchester, nachdem er Astolat/Askolot verlassen hat, dargestellt. Dort zeichnet er sich in den Kämpfen aus. Dann bricht der Text ab (*Curt Leviant*, Hrsg. u. Übers.: King Artus. A Hebrew Arthurian Romance of 1279. Studia Semitica Neerlandica 2. Assen, New York 1969) [italienischer Ursprung]. *Moses Gaster:* The History of the Destruction of the Round Table as Told in Hebrew in the Year 1279. Folk-Lore 20, 1909, S. 272–294 [Südfranz. Ursprung].

Register

SAMMLUNG METZLER

J.B. METZLER

Printed in the United States
By Bookmasters